国内外经典教材辅导系列·新闻类

丁法章《当代新闻评论教程》(第5版)
笔记和课后习题(含考研真题)详解
(修订版)

主编:圣才考研网
www.100xuexi.com

中国石化出版社
HTTP://WWW.SINOPEC-PRESS.COM

内容提要

本书是普通高等教育“十一五”国家级规划教材《当代新闻评论教程》（第5版，丁法章著）的学习辅导书。本书遵循该教材的章目编排，共分为26章，每章由四部分组成：第一部分为复习笔记，总结每章的重难点内容；第二部分为课（章）后习题详解，对该教材的所有习题都进行了详细的分析和解答；第三部分为考研真题与典型题，按概念题、简答题、论述题等形式对考研真题与典型题进行了整理；第四部分为考研真题与典型题详解，对第三部分的所有考研真题与典型题都进行了详细的分析和说明。

圣才考研网（www.100xuexi.com）提供丁法章《当代新闻评论教程》电子书、题库。购书即可免费享受一年大礼包增值服务【本书电子书＋专业咨询】。手机扫码（本书封面右下角）免费领取本书大礼包。

图书在版编目（CIP）数据

丁法章《当代新闻评论教程》（第5版）笔记和课后习题（含考研真题）详解/圣才考研网主编. —2版（修订本）. —北京：中国石化出版社，2019.7
国内外经典教材辅导系列·新闻类
ISBN 978-7-5114-5431-7

Ⅰ.①丁… Ⅱ.①圣… Ⅲ.①评论性新闻－研究生－入学考试－自学参考资料 Ⅳ.①G210

中国版本图书馆CIP数据核字（2019）第144593号

中国石化出版社出版发行
地址：北京市朝阳区吉市口路9号
邮编：100020　电话：(010)59964500
发行部电话：(010)59964526
http://www.sinopec-press.com
E-mail：press@sinopec.com
武汉市盛宏源印务有限公司印刷
全国各地新华书店经销
*
787×1092毫米 16开本 20.25印张 507千字
2019年8月第2版　2019年8月第1次印刷
定价：68.00元

序　言

我国各大院校一般都把国内外通用的权威教科书作为本科生和研究生学习专业课程的参考教材，这些教材甚至被很多考试(特别是硕士和博士研究生入学考试)和培训项目作为指定参考书。为了帮助读者更好地学习专业课，我们有针对性地编写了一套与国内外教材配套的复习资料，并提供配套的名师讲堂和题库。

丁法章著的《当代新闻评论教程》是我国高校采用较多的新闻评论优秀教材。作为该教材的学习辅导书，本书具有以下几个方面的特点：

1. 框架图表体系，通俗易懂易记

本书每章的知识梳理框图，在全方位把握重要考点的同时，提纲挈领地以知识框架思维导图形式，呈现重要的考点、难点，脉络清晰，一目了然，更容易记忆。

2. 整理名校笔记，归纳考点难点

本书每章的复习笔记均对该章的考点难点进行了整理，对部分关键词进行了标记，并将全书考点按照重要程度分为一星(一般了解)至五星(熟练掌握)，以便考生更有针对性地复习。

3. 赏析评论佳作，凸显写作技巧

本书精选了部分优秀的新闻评论作品，对其写作思路、文章结构、写作技巧等进行了详细的分析，并用波浪线划出了必背金句，方便考生背诵。

4. 解析课后习题，提供详尽答案

本书参考大量新闻评论学相关辅导资料，对每章的课(章)后习题都进行了详细的分析和解答，部分给出了提示。

5. 精选考研真题，补充典型习题

本书精选了部分名校近年的新闻评论学考研真题，并补充了典型习题。所选习题涵盖的知识点全面，特别注重理论联系实际，凸显当前热点。

要深深牢记：考研不同一般考试，概念题(名词解释)要当作简答题来回答，简答题要当作论述题来解答，而论述题的答案要像是论文，多答不扣分。有的论述题的答案简直就是一份优秀的论文(其实很多考研真题就是选自一篇专题论文，完全需要当作论文来回答)！

购书即可免费享受一年大礼包增值服务！手机扫码(本书封面右下角)免费领取本书大礼包。具体包括：①本书电子书；②考研专业课咨询服务。

圣才考研网(www. 100xuexi. com)是圣才学习网旗下的考研考博专业网站，提供考研公共课和全国各高校新闻传播类专业考研考博辅导班【一对一辅导(面授/网授)、网授精讲班等】、电子书、题库(免费下载，送手机版)、全套资料(历年真题及答案、笔记讲义等)、国内外经典教材名师讲堂、考研教辅图书等。

考研辅导：kaoyan. 100xuexi. com(圣才考研网)

资格考试：www. 100xuexi. com(圣才学习网)

圣才考研网编辑部

目　录

上　编　新闻评论学的一般原理

中编 评论写作的基本程序

下 编 常见评论形式与写作要领

上编　新闻评论学的一般原理

第一章　绪　论

1.1　复习笔记

【知识框架(庖丁解牛)】

- 绪论
  - 新闻评论学的定义
  - 学习和研究新闻评论学的意义
    - 新闻评论在现代传播和主流媒体上的独特地位
    - 新闻评论在社会转型和公共话语中的独特功能
    - 新闻评论在人才培养与媒体竞争中的独特效应
  - 学习评论写作的态度
    - 打破“评论神秘”的观念，树立苦战能过关的志向
    - 克服“评论无学”的思想，认清评论与政治及理论的关系
    - 改变“眼高手低”的状况，做评论园地里坚持练笔的耕耘者

【考点难点归纳(厚积薄发)】

考点一：新闻评论学的定义和学习评论写作应有的态度(见表1-1)　★★

表1-1　新闻评论学的定义和学习评论写作应有的态度

要点	具体内容	
定义	范围	应用新闻学的分支
	研究对象	纸质媒体、电子媒体和网络媒体新闻评论的原理、原则、方法及历史沿革
	主旨	逐步掌握新闻评论运作规律，发挥评论最大效用
	特点	很强的政治性和实践性
学习态度	①打破“评论神秘”的观念，树立苦战能过关的志向。 ②克服“评论无学”的思想，认清评论与政治及理论的关系。 ③改变“眼高手低”的状况，做评论园地里坚持练笔的耕耘者	

考点二：学习和研究新闻评论学的意义（见表1-2）★★★

表1-2　学习和研究新闻评论学的意义

要点	具体内容
新闻评论在现代传播和主流媒体上的独特地位	①新闻评论是判定一家新闻媒体政治面貌的旗帜，加强新闻评论是提高媒体引导力、影响力和核心竞争力的基本一环，新闻评论质量的高低是衡量媒体工作水准的重要依据之一。 ②就某家新闻媒体而言，抓好评论这一环，就可以把全部报道工作贯穿起来；加强评论工作和提高评论质量，是显示这家媒体工作水平的重要方面
新闻评论在社会转型和公共话语中的独特功能	①新闻评论是现代社会公民表达的重要手段，也是我党治国理政、加强民主政治建设的重要思想源泉。 ②人们缺少对新闻深入、准确的理解与认识，这需借助权威的分析与评论。 ③在价值多元、信息海量的当今，人们更加渴望有一个主流声音来引领，这个主流声音应适应社会和民众的需要
新闻评论在人才培养与媒体竞争中的独特效应	①做一个称职的优秀的新闻工作者，在采写新闻报道的同时，应努力提高评论素养，学习评论写作。 ②新闻从业人员正在逐步向一专多能的方向发展，努力做全能型记者。 ③在媒体竞争中，新闻评论已被公认为主打产品，成为决定胜负的一个重要方面

1.2　课后习题详解

1. 什么是新闻评论学？它研究的范围有哪些？

答：(1)新闻评论学是应用新闻学中的一个分支，是以纸质媒体、电子媒体和网络媒体新闻评论的原理、原则、方法以及历史沿革作为研究对象，以逐步掌握新闻评论运作规律、发挥评论最大效用为主旨的一门科学，具有很强的政治性和实践性。

(2)对于新闻评论学的研究范围，有以下几种代表性的论述：

①中国人民大学新闻学院教授秦珪、胡文龙、涂光晋认为："新闻评论学是新闻学的一个组成部分，它是研究新闻评论的运用和写作规律的科学，有很强的政治性和实践性。"

②《宣传舆论学大辞典》："新闻评论学是应用新闻学的重要学科，主要研究新闻评论的特征与类型、历史沿革与地位、评论与政治的关系、评论的规律等。"

③苏州大学文学院新闻传播系青年学者杨新敏认为："新闻评论学研究的范围要广泛得多，有关新闻评论的各种现象、各个方面，新闻评论的过程、规律，都在它研究的视野之内。"他还大胆提出了新闻评论学应涵盖本体论、创作主体论、对象论、创作论、文体论、媒体论、接受主体与传播环境论以及新闻评论史等的主张。

综上所述，新闻评论学是以纸质媒体、电子媒体和网络媒体新闻评论的原理、原则、方法以及历史沿革作为研究对象的。

2. 学习和研究新闻评论学的主要目的何在？

答：学习和研究新闻评论学的主要目的在于以下两个方面：

(1)按照新闻传播业的客观规律，发挥新闻评论的独特长处，探索真理、追求真理和传播真理，在不同的场合和条件下，让新闻评论这种体裁更好地起到反映舆论、引导并形成舆论，从而推动社会发展的作用。

(2)掌握新闻评论学的基本理论和基本知识，了解新闻评论的特点、种类、地位和作用，并懂得这种新闻体裁发展的历史、现状与趋势，以及我党数十年来评论工作的根本传统，明确从事新闻评论工作所应具备的修养和必须遵循的原则。在此基础上，通过思维训练和技能培养，初步了解新闻评论写作(或制作)的主要环节与基本程序；基本掌握几种常用评论形式，诸如社论、评论员文章、短评、编后、按语以及署名新闻时评、思想评论、微型评论、广播电视评论、网络评论等的写作要领，逐步掌握它的写作和运作规律，并在工作实践中较好地运用新闻评论打下扎实基础。

3. 怎样认识当今时代为新闻评论的兴盛和发展提供了深厚的社会和文化背景?

答：当今时代为新闻评论的兴盛和发展提供了深厚的社会和文化背景，主要表现在以下几个方面：

(1)随着社会主义市场经济体制和民主政治建设的推进，社会经济成分、组织形式、物质利益和就业方式的多样化，给人们的思想观念、价值取向、文化生活带来多元化，这不仅使人们的思想空前活跃，而且提高了人们的参与认识，人们迫切要求有更多的知情权、表达权和话语权。

(2)随着社会转型、经济转轨、企业转制、体制转换的深化，改革由局部转向整体、由经济领域转向上层建筑的各个方面，推进改革和加快发展都面临着一些从未遇到过的新矛盾、新课题，不断衍生着许多人们以前想所未想、见所未见的新事物、新思潮。无论是人们为之振奋、思考、争辩，抑或为之困惑，有一点是共同的，即在大众关心的现实话题面前，每个人都期待理智的光芒，渴求思想的启迪。如今有海量的信息传播，人们一般已不缺少新闻，而是缺少对新闻深入、准确的理解与认识，这需借助于权威的分析与评论。正因如此，有一位新闻学者满怀激情地指出：“我国新闻媒体已经进入评论与分析的黄金时代。”更多的人说：“我们进入了‘思想’‘观点’时代。”

(3)随着信息技术特别是互联网的普及，新闻传播更加快捷，方式更加多样，这既拓展了信息与思想交流的空间和渠道，提供了丰富多彩、生动活泼的公共话语平台，也给传统媒体(尤其是党报)整合新闻资源、做大做强自身带来了新的机遇和挑战。

4. 提高评论素养，对搞好新闻报道有什么帮助?

答：(1)评论素养的内涵

评论素养是指新闻工作者首先应当具备的素养，新闻工作者应当是具有高尚人格的思想政治工作者，是社会活动家，应当具有灵敏的政治嗅觉，做到眼观六路、耳听八方，对周围的一切，对社会、政治、经济等方面的情况有充分的了解，有自己的判断和估价，有发言的主动权。

(2)提高评论素养对搞好新闻报道的意义

评论素养应当成为每位新闻工作者的基本素养之一。胡乔木认为培养名记者的一条重要方法是多写评论和述评，因为评论和述评是一种高层次的新闻报道。懂一点新闻评论学，学一点评论写作，不断提高自己在评论方面的素养，这不仅是搞好当前学习、做好新闻工作的需要，而且对今后具有长远的意义。

①提高评论素养是提高新闻报道的思想性和媒体思想性的重要一环。良好的评论素养可以加深媒体从业者对党的路线、方针、政策的理解，加强同广大受众以及整个社会的联

系程度，最终提升媒体的水平。

②新闻评论是整个报纸宣传的纲，提高记者的评论素养，可以把全部报道工作贯穿起来。

③提高评论素养有助于一线记者和报刊通讯员科学地抽象新闻事实，快速发现问题并提升到应有的高度，抓住要害，提炼出新颖而深刻的报道主题。

④提高评论素养，对社会政治和全局情况留心观察，缜密思考，保持高度的政治敏感，往往能使记者从纷繁复杂的社会现象中捕捉事物的本质，理出报道的主线，采写新闻报道也更加得心应手。

⑤针对新形势下出现的新情况、新问题，提高评论素养有利于新闻从业者形成敏锐的新闻敏感，辨别真伪、判断是非的能力和良好的逻辑思维。

⑥提高评论素养使记者在搞好日常报道的同时，能采写出有分量的述评新闻，进行画龙点睛的评论，把摆事实和讲道理更紧密地结合起来，增强宣传效果和媒介影响力。

5. 学习评论写作的正确的态度是什么?

答: 学习评论写作的正确态度有以下几点:

(1)打破“评论神秘”的观念，树立苦战能过关的志向。新闻评论写作有规律可循，本身并不神秘，只要充分发挥人的主观能动作用，就能逐步掌握。冲破了思想牢笼以后，还必须树立苦战攻关的精神，并辅之以正确的方法。

(2)克服“评论无学”的思想，认清评论与政治及理论的关系。“评论无学”的思想，既是对新闻评论的误解，又是对自我创造精神的束缚。坚持运用科学的世界观和方法论，紧密联系当前国情、舆情，深入浅出地阐释党的现行路线、方针、政策，用正确的舆论引导人，是评论工作的出发点和归宿。但新闻评论不是纯理性的论证，也不是学术探讨，更不是政策、指示的翻版，而是具有强烈时效性的“时评”，蕴含鲜明针对性和普遍指导性的“政论”。要做到在分析客观形势，阐释党的路线、方针、政策时，将上头精神与基层实际相结合，与干群思想状况相结合，进行有说服力的舆论引导，需要总结、学习前人和今人的评论理念与实践经验。

(3)改变“眼高手低”的状况，做评论园地里坚持练笔的耕耘者。学习评论写作，固然主要取决于作者的思想理论水平，取决于作者深入调查研究和分析与解决实际问题的能力，但是也有一个努力了解和熟悉评论写作基本要求的问题，特别是在坚持练笔中逐步掌握写作技法的问题。虽然这是提高评论写作水平的第二位的问题，但在一定条件下，却可以起决定性作用。要坚持笔耕，在实践中将所学的评论写作要领认真体会，加以应用，摸索规律，把别人的经验变成自己的财富。

6. 有选择地走访一些报纸总编辑或专职评论员，请他们现身说法，谈谈对抓评论工作和写新闻评论的体会。

答: 参考示例:

找准共振点　说了不白说

——我写新闻评论的一点体会

我出生于新中国建立后的第四年，而从事新闻评论写作恰恰和改革开放同步，开始于1978年。三十年来的写作实践使我深深地体会到，新闻评论写作并非像某些人嘲讽或自嘲的那样，是什么“不说白不说，说了也白说”；在我看来，新闻评论写作，只要站在党和人民的立场上，找准党的政策和人民群众利益诉求的共振点，不仅“说了不白说”，而且还可能产生意想不到的积极效果。

和我的许多同行一样，我也是由文学青年走上新闻工作岗位的。从1972年在安徽日报发表第一篇“接受再教育札记”起步，我写过诗歌、散文、小说、曲艺。1978年，在“真理标准”讨论中，我写了一篇《“郑人买履”的启示》，很快被蚌埠日报采用。从此，我就爱上了评论写作。由于有文学创作培养起来的文学和文字功底，我的评论文字比较生动，也就很受编辑们的青睐。1983年，在编辑老师们的力荐下，我从某区政府调进蚌埠日报，开始了我的职业新闻生涯。

进了报社，不到半年，我即由记者转任编辑，我编过新闻，也编过专刊副刊，直到主编周末刊，参与创办《淮河晨刊》，担任副主编。20多年来，不管编什么，我始终没有放下手中写评论的这支笔。和同行们交流，我觉得，最适合我们编辑发挥的文体就是评论。我们可以和普通作者一样，写个人署名评论，也可以代表编辑部写评论员文章，写编后、编者按和短评，天地最为广阔。

从上世纪90年代中期开始，我在本报先后开辟的个人言论专栏《看报说话》和《听钟楼闲话》，每周刊发一到两篇。这个专栏借用杂文的手法写新闻评论，文字生动，紧跟本市和国内外的热点新闻评论，受到许多读者，包括党政官员的喜爱，并以栏题为书名，由新华出版社和人民日报出版社先后出版了两本选集。这个专栏中的文章，使我连续15年在安徽省报纸副刊好作品评选中获得一等奖；再由副刊一等奖推荐，获得一次安徽新闻奖一等奖，8次二等奖以及单独的5次安徽新闻奖，加上全国党报言论大赛等省以上奖项，大约有30多个。仅此而言，对我个人来说，已经是“说了不白说”了。

当然，评论的社会功用更重要的是要体现社会效果，在更高的层面上、更大的范围内体现“说了不白说”。而要做到这一点，我以为，必须坚持正确的舆论导向，即便是个人署名评论，同样要站在党和人民的立场上，潜移默化地引导梳理群众的情绪，冷静理性地分析热点新闻，担负起新闻人应负的社会责任。这实际上也是世界范围内负责任的新闻媒体和新闻从业者起码的职业道德和社会良知。如果我们逞一时之快，故作惊人之语，卖弄噱头，也许一时可以取悦一部分读者，但决不可能得到广大读者的长久尊重。

新闻评论的写作，同样离不开深入实际，深入群众，而且相比较记者的采访，评论写作的调查研究要求更深入，因为评论写作不是就事报事，而是要就事论理。道理说得不深刻、不新鲜、不生动，就没法说服别人。而要做到深刻、新鲜、生动，只有“从群众中来，到群众中去”，把握群众思想脉搏，反映群众呼声，运用群众语言，哪一样能离开深入实际，深入群众呢?

我深入实际开展调查研究的方法也是不拘一格。打的，我和出租车师傅聊；出差，我和旅客乘务员聊；住店，我和旅馆服务员聊。现实空间里聊，虚拟空间的QQ群里也可以和我的学生们聊(我在安徽财经大学新闻系讲授新闻写作和新闻评论课)。如果说这些还是随机的民间调查的话，那以我市政协委员和记者的身份，采访考察就更是职务行为，为我获取官方信息提供了便捷的通道。事实上也正是在民间和官方的信息交汇点上，我写了大量的新闻评论。

而在官方和民间的信息交汇点上做文章，也是对我们评论作者功力的考验。近年来，我在评论写作中注意将思路调整到党的“执政为民”的执政理念上来，将政府关注、又有能力解决的民生问题作为自己评论选题的主基调，找准时点，及时“发言”，不仅获得了读者的好评，还获得了两次意想不到的成功。

2006年年底，我在政协举行的均衡教育专题协商会上了解到，个别小学名校的地段外招生名额，已经在借读费之外“卖”到了1万元。于是，我写了一篇评论《市长的孩子上什么学校》，将我在参加市政协均衡教育调研组到铜陵考察学习中的见闻——分管教育的副市长自己的孩子就近上普通学校，从而带动教育均衡发展的“故事”写进评论，先“吹吹风”。此文一见报，立刻在市民中引起强烈反响，报社热线收到许多电话，本市的几家网上论坛也对此事展开了热烈讨论。趁热打铁，我牵头新闻界的8位政协委员联名提案，要求公开公平、公正透明地分配小学名校的择校名额。市政协高度重视我们的提案，将其改成“社情民意”直报市委市政府领导。我又结合新华社播发的南京在省直机关幼儿园招生中采取摇号的新闻，在我的专栏里写了评论《摇号，一个不错的选择》，建议我市小学名校地段外招生名额采用摇号的方式向社会公开分配。紧接着市政协领导将我这个普通委员安排到市政协常委会上，当着市长陈启涛(现在的市委书记)的面发言，建议改革小学名校的招生办法。随后，陈启涛在市政府常务会议上，亲自读了我的发言稿，并当即表态：“从我做起，不批条子，不开口子，公开摇号”。当年市政府就发文改革了招生办法，请人大代表、政协委员和家长代表到现场监督，公开摇号分配小学名校的地段外招生名额。

今年3月7日晚上，我在网上看到证监会主席尚福林在两会期间接受记者采访时表示，印花税还有下调空间。对此新闻，我认为可以看作政府意在降低投资者交易成本，执政为民的具体体现。但是我想，印花税已处在只向卖方单向征收千分之一的历史最低水平，下调空间不大。真要减轻股民负担，券商让利的空间要大得多。而在我们安徽，股民意见最大、反映强烈的是在佣金之外券商收取的“五块钱”。股民之所以叫它“五块钱”，是因为这笔5元钱的收费，没有名目，我所开户的券商，干脆就叫“其他费”，而且都是双向收取，买卖一次股票就要在佣金之外多交不明不白的10块钱，相当于单向卖出一万块钱股票的印花税。如果能取消这笔没有名目的收费，对散户股民来说，比降印花税还要实惠。

但是我也深知，要取消这个“五块钱”困难很大。市物价局为此干预过多次，但券商总是往总部身上推，说是总部的“统一规定”。结果就不了了之，拖了下来。

趁证监会意欲降低交易成本的契机，3月8日我写出了新闻评论《尚主席，先取消“五块钱”如何?》。当天下午，我将此文上帖到强国论坛，很快被编辑推荐到人民网主页，几个小时就有一万多网友点击，网友们纷纷跟帖，认为这个“五块钱”早就应该取消了。第二天，我的评论在本报见报后，本报热线陆续收到一些读者的电话，支持我的建议。随后，我给证监会尚福林主席和各位副主席写了一封信，进一步说明取消“五块钱”的必要性，同时寄上刊有我的评论的报纸。

六月初，中国证监会安徽证监局给我打来电话，并随后书面通知我，证监会已将我的建议转交安徽证监局办理。此后他们又多次和我电话联系，并派两位专员到蚌埠，当面征求我的意见。从6月26日开始，全省范围内先后取消了“五块钱”收费，这个拖了十多年的棘手问题，终于尘埃落定。据国元证券和安徽证监局提供的数据推算，安徽股民一年“减负”超过亿元。为此，我们报社党委经过认真研究，专门给我颁发了1000元的“最佳影响奖”。这是本报的历史上，第一次为一篇言论颁发如此重的奖励。市直机关工委书记颜以庆来本报视察工作时，专门来到我的办公室，拉着我的手，高兴地说："锡钰啊，全市全省甚至全国的股民都要感谢你！"

这两次意想不到的评论效果，为我"找准共振点，说了不白说"的观点，提供了更有力的证明。

（来源：江锡钰的新浪博客）

1.3　考研真题与典型题

实务题

1. 请对以下新闻评论做简要的点评。

评论一：

办好"举手之劳"的小事

生活中，我们经常可以看到这样的事实：失修多年的水管无人问津，涓涓细流，浪费着生命之源泉；公共场合的灯泡坏了，大家都看到了却不管不问，任凭官兵在黑暗中摸索行进；还有办公室里的长明灯，饭堂里的馒头洗碗事件……

这些看似不起眼的"小事"，已成为基层风气建设的"屏障"，不容小视。俗话说："勿以善小而不为，勿以恶小而为之。""千里之堤，毁于蚁穴。"要办好大事应先从办好小事、解决好举手之劳的问题入手，端正好真正服务基层、为基层办实事的思想。笔者认为，小事办得好不好，办事办得实不实，不仅体现出一个领导干部、一个单位发现问题、分析问题和解决问题的能力，而且可以折射出一个单位和领导机关"立党为公、执政为民"的务实新风和"以兵为本"的良好形象。把官兵"举手之劳"的小事办好，这不仅符合新《军队基层建设纲要》的要求，也是我们保持同群众血肉联系、改进作风建设的关键环节，更是我们按照"三个代表"重要思想落实"士兵第一、基层至上"的务实之本。试想，连群众亟待解决的小事都办不到位，解决不得力，领导机关在群众心目中的形象能不大打折扣吗？官兵投身基层建设的热情能不挫伤吗？

要从根本上调动官兵的积极性和创造性，就必须高举"权为兵所用、利为兵所谋"的旗帜，真正把官兵的利益举过头顶，从举手之劳的小事做起，从官兵生活上的点滴做起，把小事办实在，把困难解决到群众的心坎上，这样才会真正实现机关领导和基层官兵的"零距离"沟通、情感上的水乳交融，共同把我们部队的各项工作干好，事业干好。

评论二：

有感于"蜗牛背金杯"

近读这样一则寓言：从前，蜗牛不仅能跑，而且能飞，但它却总把比赛中得到的金杯，背在身上舍不得放下。天长日久，金杯与蜗牛的身体长到一块，蜗牛再也飞不起来了，只能在地上慢慢地爬。

其实，现实生活中类似"蜗牛背金杯"的现象并不鲜见。有的人取得一点点成绩，得到一点荣誉，便沾沾自喜，甚至得意忘形。生活中，常有些人把荣誉看得过重，只盯着掌声和桂冠，一旦得到了它，就不思进取，甚至蜕化变质，腐化堕落。众所周知，宋代的方仲永被人们誉为"神童"，但他陶醉于吹捧，最终没成大器。成克杰、胡长清何以由党的领导干部蜕变成人民的罪人？他们忘记了革命追求，改变了为人民服务的初衷，功绩荣誉反成了他们以权谋私、贪赃枉法的“踏板”，最终遭到人民的唾弃。可见，名利是把“双刃剑”，处理好了，它就会成为我们成长进步的动力、成功的阶梯；处理不好，就会成为人生路上的绊脚石。名利就好像一面魔镜，远些看，绚丽夺目，催人奋进；钻进去，意志不坚定者便会在它的诱惑下“中邪”。

时下，正是年终岁末，希望我们在总结成绩和经验的同时，不要忘记查找自身的不足和教训；在取得荣誉的时候，一定要保持清醒的头脑，自觉摒弃名利思想的束缚，千万不要学“蜗牛背金杯”。

评论三：

从子罕拒宝说做人之宝

《左传》里有一个这样的故事，有个善于拍马逢迎的宋国人，将自己的一块宝玉送给京城的长官子罕，子罕拒之曰：“宝玉是你的宝，不贪是我的宝，你把你的宝玉给了我，丢了宝玉之宝；我纳了你的宝，丢了不贪的宝，倒不如各自保住自己的宝。”

由此我想起我的祖父生前常给我们讲起的一句顺口溜：“心不偷，凉溜溜。”意思是，做人只要保持一颗不贪的心，人生路上就不会翻船，就没有什么小辫子怕人抓，心绪自然安定。对于贪心，古人尚能做到“君子持身当如泰山九鼎，任凭洪涛倒海，亦砥柱屹然，阴风四起，亦皓月朗然”。作为今天的共产党人，受党教育多年，难道还不如古人吗？江主席曾多次告诫我们，要“自重、自省、自警、自励”，这“四自”对于我们完善自己的品格和人格非常重要，我们每个党员同志，平时一定要经常反思自己和解剖自己，消除头脑中肮脏的东西，用正确的理论和观点，不断地冲洗头脑中的灰尘，不断地完善自己的人品和人格。生活中我们经常能目睹到一些人，平时满口的马列，一派正人君子相，一旦到了要紧时刻，特别是生死关头，就完全变了样。这些人平时表现出来的人品和人格实际上都是装出来的。成克杰、胡长清在平时的公开场合就是最好的演员，可惜他们失去了做人的珍宝，心灵的防线就像一张纸墙，经不起贪的冲击，最终以铁窗生涯结束了自己的后半生。可见，一个人如果失去了做人的珍宝，丧失了理想信念，就会迷失方向，在人生的道路上是断然走不到头的。这已被太多的事实所证明。

其实做人之宝归根到底就是一个人的理想信念。今天，我们共产党人的做人之宝，就是认认真真地学习马列主义毛泽东思想和邓小平理论，踏踏实实践行“三个代表”重要思想，在工作中时时处处体现党员的先进性，在大是大非面前，坚持党性原则，守住自己的做人之宝。惟有如此，我们共产党人，特别是领导干部才能在平时经得起考验，在关键时刻、生死关头做到“大火流金而清风穆然，严霜杀物而和气蔼然”。

2. 请以下面这则新闻为素材，撰写一篇评论，题目自拟，字数控制在1000字之内。（南开大学2011年研）

参考材料：

（新闻背景：中国文联副主席、中国民间文艺家协会主席、天津文联主席冯骥才受邀前往香港参加香港书展，于2010年7月26日晚上回到天津，行程为期六天。）

25日在会展中心举行的“名作家讲座系列”是香港书展的重头戏。继去年著名作家张贤亮受到读者追捧后，今年冯骥才的到来更令香港市民翘首期盼，讲座前几日，门票就已销售一空，这其中既有冯骥才的资深粉丝，更多的则是“文化保护”的坚定追随者。当天，更出现了众多读者站着聆听整场演讲的火热场面。

讲座由香港城市大学中国文化中心主任郑培凯主持。冯骥才演讲的题目是《我在做什么》，演讲围绕着在社会转型期，中国文化知识分子的社会责任及其思考，进行了近一个半小时的专题演讲。讲座中，冯骥才与郑培凯还以对话形式，谈论了中国非物质文化遗产的现状以及急需解决的问题。“中国非物质文化正在飞速的消失，每分钟都在消失。”冯骥才在讲座中特别用“我的心很疼痛”这样深情的句子表达出自己的担忧与急迫。

冯骥才还特别向香港读者介绍了自己参与的230个自然古村落的核查、保护工作以及对中国史诗的寻找。“外国人总说中国是没有史诗的民族，我们就在苗族发现了一万六千行的史诗。史诗记载了一个民族诞生及变迁的经过，少数民族的史诗有不少都是在歌声中传播。苗族的史诗还在沿用最古老的方法，族中有长者故去，年轻一辈就要在葬礼时听其他长者用歌声传唱民族历史。”

冯骥才说在这次演讲过程中他听到了来自“90后”的真实声音，这让自己感觉到兴奋与欣慰。特别是一个女孩在发言中还表达出对民间文化和中国古村落生存状况的担忧。冯骥才笑称自己与“90后”无代沟，更坦言自己对“90后”关心中国文化保护的现状很感动，他希望这一次的香港之行，能够唤起香港市民的一种自发与自觉，共同参与到非物质文化遗产的抢救与保护中来。

（来源：《今晚报》，2010-07-27）

1.4　考研真题与典型题详解

实务题

1. 请对以下新闻评论（材料略）做简要的点评。

答：(1)评论一：

①优点有：a. 选题开口较小，论述的问题相对集中。这一点从评论的标题“办好‘举手之劳’的小事”就可以看出；b. 文章一开头说到的“失修多年的水管无人问津”“公共场合的灯泡坏了，大家都看到了却不管不问”“饭堂里的馒头洗碗事件”等内容，都体现出“从小处着眼、从身边说起”的特点。

②缺点有：a. 说理方式生硬、呆板，缺乏生动性、形象性，导致文章的说服力不强，很难产生实质性的作用，沦为“说了也白说”；b. 对普遍存在的“老大难”问题，作者没有讲出令人信服的道理，更没有举出成功解决的实例，仅用“勿以善小而不为”这种人人皆知的道理，很难引起官兵们的关注。若能在“小事不小”上再做点文章，在“领导带头”上再下点功夫，在为士兵利益着想上举出实例，评论将更有力度，能真正做到以理服人。

(2)评论二：

①优点有：a. 这篇评论开头引用一则寓言，很新鲜，能够吸引读者；b. 方仲永的例子和成克杰、胡长清的例子，一古一今，却有“异曲同工之妙”，纵向的比较更能发人深省，加深读者对“蜗牛背金杯”的现象的认知和反省。

②缺点有：a. 这篇评论总体上是在揭露问题，讲“不应怎么办”多，而说“应当怎么办”少，缺乏应有的现实指导意义；b. 第三段本应该结合实际，以具体的事例进行论述，但作者只用几句口号式的倡议草草收尾，使整篇文章的说服力下降。“不要……”“一定

要……”“千万不要……”这类生硬的说教，显然难以使人信服。

(3)评论三：

①优点有：a. 这篇言论的选题是出自一个典故，开头先讲故事，增加了言论的生动性；b. 文中以顺口溜和引文相配合，使文章可读性增强。

②缺点有：a. 未能从典故中挖掘新意，只用今天的理论验证典故中所阐明的道理，缺乏趣味；b. 末段讲到“做人之宝”就是理想信念，点破主题，但却没有更具体深入的分析论证，显得有些牵强，甚至有讲大话、空话之嫌。

2. 请以下面这则新闻(材料略)为素材，撰写一篇评论，题目自拟，字数控制在1000字之内。(南开大学2011年研)

答：参考示例：

文化保护　刻不容缓

“中国非物质文化正在飞速的消失，每分钟都在消失。”冯骥才在香港城市大学的讲座中特别用“我的心很疼痛”这样深情的句子表达出自己的担忧与急迫。

的确，在非物质文化遗产的问题上，国人似乎一直有一种奇怪的心态。如前几年闹得沸沸扬扬的韩国端午祭申遗成功，对国人造成极大的冲击。在他们提出申报之时，我国掀起轩然大波，乃至响起“保卫端午节”的呼声，颇有点悲壮色彩，国人认为新一轮的“申遗”活动“刻不容缓”。

因为韩国端午祭一“闹”，为“保卫”我国的传统节日，人们才重新重视划龙舟，寻艾蒿斗百草……不得不说，这种“觉醒”实在是一种被逼出来的觉醒，不是骨子里的觉醒。现在只要还没人争中秋、争春节，人们就还不慌不忙，待到被别人“抢走了”，才开始做些补救的工作。躺在“资格”上吃饭，在我国习以为常，在国际上并不认可，他们认可的是文化的民间基础。因此，我们应扎扎实实地弘扬本国本地区最具特色的民间文化，从培育民间力量抓起。

冯骥才曾经说过：“外国人总说中国是没有史诗的民族，我们就在苗族发现了一万六千行的史诗。史诗记载了一个民族诞生及变迁的经过，少数民族的史诗有不少都是在歌声中传播。苗族的史诗还在沿用最古老的方法，族中有长者故去，年轻一辈就要在葬礼时听其他长者用歌声传唱民族历史。”

在这次演讲过程中，“90后”表现出的对于中国文化的关心令冯骥才倍感兴奋和欣慰。我国拥有五千年的绚烂文化，传承和发扬的重任其实也在青年人的肩上。因此冯骥才借此机会，呼吁香港市民共同参与到非物质文化遗产的抢救和保护中来。

第二章　新闻评论的特点

2.1　复习笔记

【知识框架（庖丁解牛）】

- 新闻评论的特点
  - 新闻评论的定义
  - 新闻评论与新闻报道的比较
    - 联系
      - 现代传播两种基本的表现手段
      - 相互依存、共同配合
      - 新闻务实，评论务虚
    - 不同点
      - 反映内容不同
      - 写作目的不同
      - 表达方式不同
  - 新闻评论与理论文章的比较
    - 共同点：议论对象、表达方式大体相近
    - 不同点
      - 新闻评论具有更强烈的时效性
      - 新闻评论具有更鲜明的针对性
      - 新闻评论具有更直接的现实性
  - 新闻评论的根本特征
    - 论题的新闻性
    - 论理的思想性
    - 论说的公众性

【考点难点归纳（厚积薄发）】

考点一：新闻评论（见表 2-1）★★

表 2-1　新闻评论

要点	具体内容	
定义	媒体编辑部或作者对有价值的新闻事实和社会现象，运用分析和综合的方法，发表意见以指导实践的一种文体	
根本特征	论题的新闻性	新闻时效性越强越好，论题要紧跟时代的脚步，充分发挥舆论导向作用
	论理的思想性	必须从政治的视角辨析是非，新闻评论贵在说理且所说之理应正确、科学，过程中要注意分析精当，说理明快
	论说的公众性	①要面向最大多数的公众，所提出的问题要有普遍的现实意义，要代表公众利益并且为大众喜闻乐见。 ②要努力吸引公众的积极参与，形成双向对话交流，使新闻评论更有活力

考点二：新闻评论与新闻报道的关系（见表2-2） ★★★★

表2-2 新闻评论与新闻报道的关系

要点		具体内容
联系		①二者都是现代传播两种基本的表现手段，互相依存、共同配合。 ②新闻是评论得以存在和发展的基础与条件，评论因有新闻提供的事实可使道理阐述得更具体、更有说服力
区别	反映内容	①新闻报道：新的事实信息，“用事实说话”。 ②新闻评论：以新闻事实为出发点，深挖事实表象所掩盖的本质
	写作目的	①新闻报道：传播事实信息、宣传政策、表彰先进、传播知识等。 ②新闻评论：讲道理
	表达方式	①新闻报道：记叙为主。 ②新闻评论：议论为主

考点三：新闻评论与理论文章的关系（见表2-3） ★★

表2-3 新闻评论与理论文章的关系

要点		具体内容
联系		二者的议论对象与表达方式大体相近
区别	更强烈的时效性	新闻评论关心“直接的当前现实”，迅速及时地评述最新事件、引导舆论；理论文章更注重分析的透辟和论证的严密，着眼于道理的说服力和生命力，更富有理论色彩
	更鲜明的针对性	新闻评论注重实际工作中迫切需要解决、人民群众迫切需要解释的问题，所论之题更具体且肩负着指导实践的重任
	更直接的现实性	新闻评论重在紧密联系现实，实事求是地以科学理论来开拓人们的思路，运用事物的客观规律、党的方针政策来启发和提高人们的认识水平，力求让受众感到可近、可亲、可信

【评论佳作赏析（见贤思齐）】

校园App应坚持服务为本

移动互联时代，网络为我们的生活带来极大的便利，手机支付、手机购物、网络教育等，都是移动互联网带来的“福利”。我们的日常生活离不开各具特色的智能手机App，与此同时，校园也享受到移动互联网的便利，国内一些高校引入了“互联网+校园App”的管理模式进行校园服务。［本段为由头］

2月28日，中国互联网络信息中心（CNNIC）在京发布第43次《中国互联网络发展状况统计报告》。截至2018年12月，手机网民规模达8.17亿，网民使用手机上网的比例达98.6%。［该处提供事实性论据。在考试中，引用CNNIC发布的相关数据，可以为文章添色］大学校园里，学生们更是人手一部手机，以便学习、生活和交流。高校对学生的教育和管理也与时俱进，通过“互联网+”的形式服务师生。高校通过智能App对学生进行线上管

理、在线服务，在节省了一定的人力和物力的同时，也提高了管理效率，为双方提供便利。[本段论述校园 App 的优点]

校方紧跟时代，想要利用智能 App 为师生服务的初衷可佳，但在推进使用的过程中，有时反而给学生带来了不便。跑步、打水、查询学分、找自习室、连接无线网络……大学生的手机被各类校园 App“霸屏”。曾有记者采访了全国多个省份、多所高校的大学生后发现，每位大学生平均下载约 4 个 App。[该处提供事实性论据]移动终端让大学生享受到一些便捷的服务，但手机 App 种类繁多、单个 App 的功能过于单一，也徒增了大学生的烦恼。而且，以智能手机为载体的 App 还可能因手机设备、网络环境、技术等方面的局限，不能随时随地进行便捷服务。实际上，校园 App 应坚持为师生服务的初衷，理性使用。[本段论述校园 App 的缺点，提出本文的中心论点：校园 App 应坚持服务为本]

让校园 App 真正发挥服务功能，确保给学生提供便利，需要校方、学生和有关部门三方联动，握指成拳。

校方在校园里推进智能 App 的使用时，应广泛调研，征求学校师生的意见，做到有的放矢，考虑师生实际需要，尽可能精简 App 的数量，采用具有多功能的智能 App，进行高效服务。同时，对于智能 App 要进行实时监管，定期收集学生反馈意见，与 APP 服务商沟通，促进 App 改进不足，提升服务质量。

学生应该具有主人翁意识，使用智能 App 时多反馈意见，与校方沟通，促进 App 服务的改进提升。

据教育部网站消息，3 月 12 日，教育部印发《2019 年教育信息化和网络安全工作要点》。其中提到，教育部将与网信部门开展联合行动，治理校园 App 乱象。研究制定规范校园 App 管理的意见，规范第三方校园 App 的引入和自主开发校园 App 的建设。有关部门的重视与相关意见的出台将会促进校园 App 朝着服务师生的正确轨道行进。[以上四段从校方、学生和有关部门三方面提出具体的措施]

校园智能 App 是顺应着智能化、信息化的时代潮流的新事物，但目前存在着一些不完善的地方。我们应该有一定的耐心，推动其朝着更加精简化、实用化、便捷化的方向发展，让校园智能 App 真正成为服务师生的工具。[总结全文]

（来源：《中国青年报》，2019-06-04；作者：白梓含；有改编）

2.2 课后习题详解

1. 什么是新闻评论？

答：新闻评论，是媒体编辑部或作者对最新发生的有价值的新闻事件和有普遍意义的社会现象、热门话题，运用分析和综合的方法，就事论理，就实论虚，有着鲜明针对性和思想启迪性的一种新闻文体，是现代新闻传播工具报纸、广播、电视、网络经常采用的社论、评论、评论员文章、短评、编者按、专栏评论和述评等的总称，属于论说文的范畴。简言之，新闻评论是就有价值的新闻事实和社会现象发表意见以指导实践的一种文体。新闻评论由于它的独特功能，在报刊上为区别于其他文字体裁，一般都采用正楷字体，清晰、醒目。一些特别重要的社论、编辑部文章以及特约评论员文章，有时还用大一号的正楷字或宋体字，多数评论都放在版面的显著地位，并围框，以示庄重。

2. 试比较各位专家、学者对新闻评论定义表述的长与短。

答：(1)台湾报人林大椿在《新闻评论学》一书中说："新闻为事实的客观记载，评论为基于事实而发表的意见。"该定义指出新闻评论区别于新闻报道的本质是基于事实而发表的意见，但忽略新闻评论的新闻性和所评述新闻事件的价值和普遍意义，并不是所有基于事实的意见都是新闻评论，定义缺乏针对性，过于宽泛。

(2)我国著名评论工作者、原《人民日报》副总编辑范荣康认为："新闻评论是就当天或最近报道的新闻，或者虽未见诸报端但确有新闻意义的事实，所发表的具有政治倾向的、以广大读者为对象的评论文章。"该定义比较完整地阐述新闻评论的内涵，指出新闻评论的新闻性、论说的公众性。但不是所有的新闻评论都具有政治倾向，随着广播、电视和网络媒体的繁荣，新闻评论所基于的事实和现象也更加广泛，而且该定义未能指出新闻评论的写作主体。

(3)曾从事过媒体评论工作、现在执教新闻评论课程的学者马少华这样表述："新闻评论是新闻体裁中重要的一类，它表达人们对新闻事件的判断、对由新闻引发的各类社会问题的思考。"该定义指出了新闻评论是一种新闻体裁，突出了新闻评论的新闻性和思想性，但并不是所有新闻事件都能引发新闻评论，此定义过于简单。

(4)华中科技大学新闻评论研究中心主任赵振宇教授则认为："所谓新闻评论是传者借用大众传播工具或载体，对新近发生或发现的新闻事实、问题、现象直接表达自己意愿的一种有理性、有思想、有知识的论说形式。新闻评论在报纸、广播、电视和网络上有不同的表现形式，或文字、或声音、或音像结合、或图文并茂，在新闻传播中发挥着重要作用。"该定义较为全面，对于新闻评论的主体、内容、形式都做了界定，还强调了其在新闻传播中的重要作用。但是该定义对评论的事实未做限定，并不是所有新闻事实、问题都引发新闻评论。

(5)丁法章在《新闻评论教程》中这样概括新闻评论的定义："新闻评论，是媒体编辑部或作者对最新发生的有价值的新闻事件和有普遍意义的社会现象、热门话题，运用分析和综合的方法，就事论理，就实论虚，有着鲜明针对性和思想启迪性的一种新闻文体，是现代新闻传播工具报纸、广播、电视、网络经常采用的社论、评论、评论员文章、短评、编者按、专栏评论和述评等的总称，属于论说文的范畴。"这一定义是对历来专家、学者的新闻评论定义的总结归纳，比较完整全面。

3. 新闻评论与新闻报道的共同点和不同点在哪里？

答：(1)新闻评论与新闻报道的共同点

新闻评论和新闻报道是新闻体裁中最常用的两种主要文体，它们在一个总的报道思想指导下，分工合作、紧密配合，完成一定的传播任务。这两种主要文体的大目标一致，都要求准确、鲜明、生动地宣传党的方针政策，发挥舆论导向的作用。

(2)新闻评论与新闻报道的不同点

①反映内容不同：

a. 新闻报道主要向受众传递新的事实信息，提供新闻事件的事实真相，力求反映客观事实，"用事实说话"，新闻报道的事实主要给受众以"知"。

b. 新闻评论以新闻提供的事实为出发点，深入挖掘事实表象所掩盖的本质，然后进行分析说理，由点到面，由表及里，深刻揭示事实所蕴含的意义，直接阐明作者对事实或问题的评价与看法，传播观点信息，反映传播的意图。

②写作目的不同：

a. 新闻报道是以传播事实信息为主，由此在社会上形成舆论。它在满足受众欲知未知目的的同时，发挥宣传政策、表彰先进、传播知识、激浊扬清等作用。

b. 新闻评论旨在使新闻内在的思想得以引申、提高与升华，直接阐明主张与思想观点，摆事实是其论证的手段，讲道理为其根本目的。

③表达方式不同：

a. 新闻报道以记叙为主，以讲清事实“五要素”（即时间、地点、人物、事情、为什么）为基本条件。

b. 新闻评论以议论为主，讲究概念、判断、推理，要求论点准确、论据充分、论证有逻辑性。

4. 新闻评论与理论文章的共同点与不同点在哪里？

答：（1）新闻评论与理论文章的共同点

新闻评论和理论文章有时难以辨别，主要因为二者的议论对象与表达方式大体相近。

（2）新闻评论与理论文章的不同点

①新闻评论具有更强烈的时效性。新闻评论所关心的是“直接的当前现实”，有较为明晰的时间概念，它以迅速及时地评述最新事件、热门话题，阐明事理，引导舆论见长，以提出和解决当前最迫切需要解决的问题取胜。理论文章虽然也服务于现实需要，但更注重分析的透辟和论证的严密，着眼于道理的说服力和生命力，它更富有理论色彩，其社会作用往往更深远些。

②新闻评论具有更鲜明的针对性。新闻评论要求针对当前具有新闻价值的事件和问题发表意见和主张，评论的对象是客观的、具体的，所揭示与促使解决的问题，都应是实际工作中迫切需要解决、人民群众迫切需要解释的问题；新闻评论所论之题更具体实在；新闻评论还肩负着指导实践的重任。

③新闻评论具有更直接的现实性。新闻评论重在紧密联系现实，实事求是地以科学理论来开拓人们的思路，运用事物的客观规律、党的方针政策来启发和提高人们的认识水平，力求让受众觉得这类文章所论述的问题既发生在我们的周围，又充满生活的哲理，因而感到可近、可亲、可信。

5. 凡是议论和说理的文章就是新闻评论吗？为什么？

答：不是所有的议论和说理的文章都是新闻评论，原因有以下几点：

（1）所依托事实的性质不同。与一般的议论和说理文章相比，新闻评论以新闻事实为依托，时效性越强越好，而且这个新闻必须是有价值的，是事关国计民生、为广大人民群众所密切关注的，或者针对现实工作生活中的某一个热点问题、某一类思想倾向。

（2）社会功能不同。新闻评论通过对具有新闻价值和普遍意义的事实或现象发表意见，摆事实，讲道理，进而引导舆论，协调社会。相比之下，议论和说理的文章一般并不具备这样的社会功能。

（3）论理的高度不同。议论重在发表意见，不一定拥有完整论据的支撑；说理文章要求引经据典，旁征博引，左右逢源，反复论证，不厌其详，不嫌其长，讲求理论的力度、厚度与深度；新闻评论虽然也讲求理论色彩，但主要技法是有的放矢、分析精当、说理明快、画龙点睛、恰到好处，强调触及当前的工作和思想实际，敢于触及时弊，开展思想交锋，做到善破善立。

(4)面向的受众不同。新闻评论不同于一般议论和说理文章，它从论题到论理，从语言到文风，都要面向最大多数的公众，具有广泛的公众性、公益性。这就决定新闻评论所提出和解决的应该是具有现实意义、同人民群众的利益密切相关，又能反映人民群众的要求和呼声的问题。另外，新闻评论的公众性还体现在，论述方式和语言表达上也要符合广大民众的特点和需要，深入浅出，通俗易懂。

6. 新闻评论最根本的特征是什么？各个特征之间的内在联系如何？

答：(1)新闻评论的根本特征

①论题具有强烈的新闻性。新闻评论以新闻为依托，这个新闻时效性越强越好；并且，这个新闻有价值，事关国计民生，为广大人民群众所密切关注。新闻评论是针对现实工作和实际生活中的某一个热点问题、某一类思想倾向而写，论题紧跟时代的脚步，追踪社会生活的进程，搭准人们思想的脉搏，力求“言当其时”“评在当口”，同样可以获得先声夺人的优势，充分发挥舆论的导向作用。

②论理具有鲜明的思想性。评论的思想性，是指必须从政治的视角辨析是非，阐明立场，纠正谬误，宣示观点，给出科学的思想方法，给出解读论题的正确思路。落实到新闻评论写作上，包含三层意思：a. 新闻评论贵在说理。就实论虚、析事明理是新闻评论的根本任务，离开揭矛盾、摆事实、讲道理，就不称其为新闻评论。b. 新闻评论怎样说理。说理的主要技法是分析精当，说理明快，恰到好处，同时要触及当前的工作和思想实际，敢于触及时弊，开展思想交锋，做到善破善立。c. 新闻评论说什么样的道理。新闻评论说的道理应该力求是正确、深刻，经实践检验证明是科学的道理。

③论说具有广泛的公众性。新闻评论，从内容到形式，从论题到论理，从语言到文风，都要面向最大多数的公众，具有广泛的公众性、群众性，或称大众化。这由媒体作为大众传播工具这一特性所决定。论说具有广泛的公众性的要求包括：a. 新闻评论所提出和解决的应该是具有普遍现实意义、当前实际工作和日常生活中迫切需要解决的、广大民众最关心和最感兴趣的、同广大人民群众切身利益密切相关的、又能反映人民群众的要求和呼声的问题。b. 立论客观、公允，为民代言，为民立言，真正成为公众利益的代表者，时代变化和时代进步的记录者和见证者，正确舆论的传播者和引导者。c. 评论的论述和语言表达方式符合广大民众的特点和需要，尽量照顾他们的兴趣和爱好，为他们所喜闻乐见。d. 各新闻媒体应想方设法，尽量吸引广大群众关心新闻评论工作，直接参与新闻评论的写作。

(2)各个特征的内在联系

①论题具有强烈的新闻性是前提，失去了新闻性，便不称其为新闻评论。

②论理具有鲜明的思想性是根本，新闻评论是有的放矢、就事论理的一种文体，就实论虚、析事明理是新闻评论的根本任务，新闻评论贵在说理，其主体就是围绕怎样说理和说何道理展开。

③论说具有广泛的公众性是归宿和目的，选题和论证的根本目的是将意见和道理传播

给广大公众，引导舆论，为公共利益代言。

7. 试从当地公开出版的党报上，找出反映同一题材和主题而分别采用新闻报道、新闻评论与理论文章三种不同体裁的例子。

答：参考示例：关于中美经贸摩擦。

(1)新闻报道

国务院关税税则委员会：美方延长过渡期措施
不改变其5月10日起提高对华加征关税本质

新华社北京6月6日电　(记者申铖、韩洁)国务院关税税则委员会办公室有关负责人6日发表谈话说，我们注意到美国贸易代表办公室宣布，对在2019年5月10日之前从中国离岸、并在2019年6月15日之前进入美国的相关商品，适用的加征关税将继续维持10%。就此，这位负责人表示，美方上述技术性措施不改变其从2019年5月10日起提高加征关税的本质。

(来源：《人民日报》)

(2)新闻评论

逆大势不可能得民心

中美经贸摩擦阴霾之下，人们迫切需要得到正解的问题是：中美为什么应当选择合作？为什么应当倡导和维护经济全球化？

美国决策圈一遍又一遍强调“为了避免高关税，很多企业从中国搬到了包括美国在内的其他国家”，但美国民众在社交媒体平台上纷纷发文反对加征关税的做法，美国各界纷纷致信美国政府呼吁停止贸易争端，美国研究机构基于民意调查纷纷发出预警报告。

牵连“所有人”的事情，人民的心愿至关重要。中国自古以来就强调政之所兴在民心，当以百姓心为心。在当今经济全球化时代，更当以天下心为心。

人民是中美合作实实在在的参与者、感知者、受益者，要听听人民怎么说。“我有时候自问为什么每天要这么辛苦工作，但想象在地球另一端的人们和小孩子，是多么兴奋地期待吃到最棒的樱桃，我就有了继续加油的动力——要用我们的樱桃让世界另一边的人感到幸福。”5年前为中国企业在纽约证券交易所正式挂牌而敲钟的美国农场主皮特·维尔布鲁格发出如是感言，他当时正沉浸在从中国电商平台上收获的巨大惊喜中：从其华盛顿州的农场摘下的樱桃，只需48~72小时就送到中国消费者手中；短短十余天在中国电商平台预售，5.5万消费者下单，累计卖出108吨樱桃，相当于1000个中国大中型超市一天的销量……

维尔布鲁格们的“全球化故事”告诉人们，全球供应链在新技术应用的助力下可以神奇地创造财富和机遇，当然这只有在合作的平台上、合作的意愿中才能实现。根据美中贸委会最新统计，过去10年，肯塔基州对华货物出口增长157%，超过该州对世界其他各国货物出口总和增长率的两倍；肯塔基州对华服务出口增长250%，是该州对世界其他各国服务出口总和增长率的10倍多。中国是田纳西州第三大货物出口市场和第三大服务出口市场，在科罗拉多州、密歇根州、华盛顿州的货物、服务出口市场中，中国均列前五位。事实一再表明，经济全球化时代，中美之间交往频繁、利益融合，合作是唯一正确选择。

中美两国人民渴望做互惠互利的伙伴、真诚相待的朋友。近期围绕中美之间的“斗”与

“合”，两种声音的交锋一直在持续。一边，美国一些政客为挑起争端、极限施压而不停叫嚣；另一边，美国民众呼唤合作的声音汇成洪流。就在上个月，纪念美国太平洋跨州铁路接轨150周年的“金钉节”在盐湖城隆重举行，当现场响起《茉莉花》悠扬的旋律时，人们深深缅怀1.2万多名中国劳工在林肯总统当年力推的铁路建设中做出的巨大贡献，穿越时空感悟两国人民携手创造工业奇迹的历史，且更加渴望当今时代的携手能够不断创造更多惠及双方的利益。

中美关系完全被割裂是难以想象的，也不符合美国民意。人们期待的是合作而不是对抗，是交往和了解而不是“脱钩”和隔绝。很多人坚定认为，民间真实存在的往来早就为中美友谊打下深厚基础，中美友好合作的大方向不该逆转；今天，更不能让一些别有用心的人把中美两国人民的利益当作其鼓动“新冷战”的牺牲品。

民意不可违，逆大势者终将被时代所弃。应当看到，经济全球化本就是在彼此“约定”的合作中推进的，“弃约方”自然会被淘汰，而经济全球化大势依然滚滚向前发展。美国前财政部长保尔森警告说，如果美国对其他创新经济和创业者关上大门，那么美国对外国投资的吸引力就会大打折扣，美国原有领先地位也会失去，最终美国有可能孤立自己。

全球化时代容不下以邻为壑的自私做法。准确把握经济全球化大势，是一门研究经济的必修课，也是事关民心的大学问。显然，美国决策圈里的一些人已经欠课太多了。日前，美国财政部长姆努钦在二十国集团财长和央行行长会议期间表示，愿根据原有谈判条件去完成同中方达成协议的谈判，并同时继续强调以关税相威胁。这种表态无异于告诉人们，美方还没有懂得什么是诚意，还没有懂得平等相待、相互尊重。他们在与时代大势隔绝的怪圈里受困，害人也害己，不得人心！

（来源：《人民日报》，2019-06-10）

（3）理论文章

信任是国际关系中最好的黏合剂

当今世界正经历百年未有之大变局。在这一大变局中，和平与发展仍然是时代主题，但世界面临的不稳定性不确定性明显增强，人类面临的各种挑战日益严峻。2017年1月18日，习近平主席在联合国日内瓦总部演讲时发出“世界怎么了、我们怎么办”之问。这是整个世界都在思考的问题。

为解决人类面临的各种挑战，人们设计出各种治理方案。应当承认，在过去几十年里，全球治理取得了明显成效。比如，巴黎气候变化协定的签署、多哈回合谈判的突破、联合反恐斗争的推进、网络犯罪的遏制等，都是世界各国开展有效合作的体现。但是，与挑战的严峻性相比，尤其是与各国人民的期望相比，全球治理的成效还难以令人满意。当前，从联合国到各种非政府组织，从各国领导人到不同国家的学者、民众，都认识到改进全球治理的必要性和重要性，人们呼吁进一步推动全球治理体系变革。

信任既是人与人之间和睦相处的前提，也是国与国之间和平共处的基础。习近平主席将信任视为“国际关系中最好的黏合剂”，只有在信任的基础上才能构建起命运与共的全球伙伴关系。

破解信任赤字，需要各国相互尊重、互商互谅。当前，由于国际竞争激烈、地缘博弈不断，国际社会的信任与合作受到侵蚀。在这种情况下，我们更需要把相互尊重挺在前头。

在国际关系中，相互尊重就要坚持求同存异，尊重各国人民自主选择发展道路的权利，不把自己的意志强加于人，不能以强凌弱，更不能干涉别国内政。在丰富多彩的大千世界中，不同国家有不同的现实情况。只有在相互尊重的基础上加强对话协商，才能增进互信、减少猜疑。那种唯我独尊、赢者通吃的做法，无疑会破坏信任与合作。国家间坚持求同存异、聚同化异，不断扩大利益汇合点，就能更好发挥各方优势和潜能，实现合作共赢。

正确义利观是增进信任的重要理念。以势交者，势倾则绝；以利交者，利穷则散；惟以心相交，方成其久远。中华文化倡导“君子义以为上”“国不以利为利，以义为利”。这样一种以义为先、义利兼顾的义利观，有助于增强人与人、国与国之间的信任。在国际关系领域，中国坚持正确义利观，倡导国际关系民主化，不以牺牲别国利益为代价来发展自己，得到了越来越多国家的认同。中国提出构建人类命运共同体、构建新型国际关系，推动共建“一带一路”，这些理念和实践丰富了新形势下多边主义的内涵，为增进国与国之间的信任作出了重大贡献。

恪守国际承诺、遵守国际规则，是增进信任的重要方面。作为负责任的大国，中国始终是世界和平的建设者、全球发展的贡献者、国际秩序的维护者。中国始终严格遵守国际规则，履行国际义务，体现了大国担当、大国信用。同时，中国主动参与国际规则制定。中国倡导的新机制新倡议，不是为了另起炉灶，更不是为了针对谁，而是对现有国际机制的有益补充和完善，目标是实现合作共赢、共同发展。

破解信任赤字，还需要加强不同文明之间的交流对话。在人类社会发展史上，先后出现了多种多样、各具特色的文明。每一种文明都有其独特魅力和深厚底蕴，都是人类的精神瑰宝。因此，不同文明要取长补短、共同进步，而不能居高临下，以傲慢和偏见对待其他文明。文明因交流而多彩，文明因互鉴而丰富。文明交流互鉴能够加深相互理解和彼此认同，让各国人民相知相亲、互信互敬。应让文明交流互鉴成为增进各国人民友谊的桥梁、推动人类社会进步的动力、维护世界和平的纽带，推动全球治理取得更大成就。

（来源：《人民日报》，2019-05-29；作者：江时学）

8. 试从新闻媒体的专栏评论里，找出不太具备新闻评论基本条件的文章，并说明理由。

答：参考示例：

（1）文章材料

莫让“段子”溜进军营

时下，随着通信网络技术的飞速发展，一些“段子”在社会上也流传开来。猛然一听，有的段子饱含生活哲理，引人思考；有的针砭社会时弊，发人深省；有的诙谐风趣，博人开怀一笑。勿庸讳言，在紧张的学习、生活和工作之余来一两个内容积极健康的“段子”，不失为调节紧张情绪、放松疲惫心情、活跃日常生活气氛的好方法。

但值得我们警惕注意的是，有的同志将地方流传的一些内容不够健康、格调不够高雅的“荤段子”引入了军营，有的同志甚至对一些笑话幽默，不讲情趣，不分良莠，茶余饭后广为传播。说者神采飞扬，绘声绘色，乐此不疲；听者专心致志，津津有味，前仰后合。

充满低级趣味、庸俗的“荤段子”，可以使人意志消沉，精神委靡，受其影响就会大大削弱部队的战斗力，更是与部队精神文明建设的要求格格不入。传播此类“段子”不可取，更不应该。作为经受过党和军队培养的军营好儿男，理应是社会主义精神文明的传播者和忠实的实践者，要大力提倡心灵美、语言美、行为美，明辨是非，树立坚定正确的政治理想，带头拒绝抵制无聊俗气的“精神鸦片”。对于那些低级、劣质、庸俗的“段子”，努力做到不听、不信、不传，切断其传播的渠道和途径，不让其溜进我们的部队，影响我们的同志，确保军营成为传播先进思想文化的阵地。

(2)理由

如果从军营的角度出发，仅把军队的同志作为传播对象，这篇评论有很强的针对性。针对当前军营中出现的“‘荤段子’广为传播”的现实问题摆事实、讲道理，并提出解决问题的建议。论述没有采用“一刀切”的方式，而是先辩证地对社会上流行的“段子”进行分析，既肯定积极向上的“段子”，又针砭格调不高的“荤段子”；既指出“荤段子”之危害，又指出扼制的方法。

但这些优点如果没有“把军队同志作为传播对象”这个大前提，而是作为公开发行的报刊的专栏评论，在新闻评论基本条件方面就显示出不足。

文中“荤段子流行”及其遏制方法都只是结合军队的情况、针对战士们而写，基层领导干部和普通群众应如何做并没有涉及。作为面向社会公众公开发行的报刊，文章针对性不足、公众性特征不明显。另外，扼制“段子”不是个简单的问题，需在综合治理上做点文章，因此不妨引入事实、介绍一两个行之有效的经验和方法，否则只写几句应该怎样和不应该怎样，怕难以使人心服口服。

2.3 考研真题与典型题

2.3.1 概念题

1. 新闻评论(中国地大 2016 年研；湖南大学 2011 年研；江西师大 2009 年研)
2. 评论的新闻性(上海大学 2013 年研)

2.3.2 简答题

1. 什么是新闻评论？其社会功能和作用有哪些？(西安交大 2008 年研)

相关试题：新闻评论的具体作用有哪些？

2. 简述新闻报道与新闻评论的不同。(湖南大学 2005 年研)
3. 新闻评论与一般议论文有何区别？(中央民大 2004 年研)
4. 新闻评论最根本的特征是什么？各个特征的内在联系如何？(山西大学 2019 年研)

相关试题：

(1)简述新闻评论的特点。(兰州大学 2015 年研；暨南大学 2014 年研)

(2)新闻评论的根本特征是什么？(江西师大 2009 年研)

(3)新闻评论有哪些特性，举例说明其中一个特性。(华中科大 2007 年研)

(4)简述新闻评论的特征及内在联系。(西南交大 2018 年研)

5. 简述新闻评论说理的两个原则。(中国政法大学 2007 年研)

2.3.3 实务题

请按照新闻评论的根本特征，针对当前的社会热点问题，为校报撰写一篇新闻评论。

2.4　考研真题与典型题详解

2.4.1　概念题

1. 新闻评论(中国地大 2016 年研；湖南大学 2011 年研；江西师大 2009 年研)

答：参见本章课后习题第 1 题答案。

2. 评论的新闻性(上海大学 2013 年研)

答：评论的新闻性是指新闻评论在选题、策划、组织材料、论证观点等的一系列安排上都要以新闻事实为参照标准和论说中心。评论的对象和观点来源于新闻事实。评论的目标所指也是新闻的价值所在。新闻评论的新闻性是指评论文章中所涉及的事实具有新闻性，这也是区别于文学创作和理论研究的根本属性。新闻评论所选用的事实还需要有典型性和代表性，只有这样才有针对性，才有说服力。具体而言，评论的新闻性有以下两个含义：①新闻评论要起到影响人们思想、引导社会舆论、促进社会发展的作用，就必须要有强烈的时效性；②新闻评论应针对现实工作和实际生活中的某一个热点问题、某一类思想倾向而写。

2.4.2　简答题

1. 什么是新闻评论？其社会功能和作用有哪些？(西安交大 2008 年研)

相关试题：新闻评论的具体作用有哪些？

答：(1)新闻评论的定义，参见本章课后习题第 1 题答案。

(2)新闻评论的社会功能和作用主要表现在以下几个方面：

①引导。新闻评论运用马克思主义的立场、观点、方法，对当前的形势、社会生活中的重大问题、重要的新闻事实做出分析，可旗帜鲜明地表彰先进、针砭时弊，从而帮助群众弄清客观事物的发展方向，区分先进和落后、正确和错误，明确应该赞成什么、反对什么。

②解惑。社会生活的内容非常丰富，并且在不断地发展变化，各种新事物、新情况、新问题层出不穷。新闻评论主要是通过对客观事物的具体分析，对群众最关心、最焦虑而又议论纷纷、莫衷一是的问题做出明确的、实事求是的回答，为他们释疑解惑。

③表态。新闻评论作为一种直截了当的发言方式，在某些情况下，可以代表编辑部对当前的重要事件或问题表明态度。对于国内外的重大问题或对外关系中的问题，全国性的新闻媒介还可以通过发表评论的方式，表明党和政府的立场和态度。新闻媒介的传播迅速而广泛，评论的表态易于形成社会性的舆论压力，发挥引导和监督的作用。

④深化。新闻评论要尽可能从思想、政策、理论的高度提出问题、解决问题，要用马克思主义的立场、观点、方法分析问题，把理论和实践相结合。对于新闻报道而言，评论可以深化报道的主题。新闻报道传播大都是具体的事实，有时是零散的、微观的事实。而新闻评论则可通过对这些事实的分析，经过思想的提炼和升华，挖掘其普遍的社会意义，从全局的高度说明问题，虚实结合。

2. 简述新闻报道与新闻评论的不同。(湖南大学 2005 年研)

答：参见本章课后习题第 3 题答案。

3. 新闻评论与一般议论文有何区别？（中央民大 2004 年研）

答：新闻评论与一般的议论文相比具有以下不同点：

（1）强烈的新闻性。与一般的议论文所讨论的对象不同，新闻评论所评论的对象是当前重要的新闻事件和现实生活中需要解决的问题，它的内容具有迫切的现实意义。新闻评论可以针对一件新闻事实，或是针对一个事件、一种倾向、一个问题发言，但这些都必须是广大干部和群众最关心、最感兴趣的。新闻评论在选题和立论的时候就要有针对性，要有的放矢。强烈的新闻性是新闻评论的首要特征，也是它与一般议论文的重要区别。

（2）鲜明的政治性。新闻评论的政治性，是决定于新闻传播工具的性质。新闻宣传总要反映一定的观点和倾向，代表一定的阶级、政党或政治集团的利益。有些新闻媒介虽然标榜不偏不倚的纯客观态度，但它们的立场和态度总是会在报道中特别是在言论中表现出来。自近代报刊产生以来，中外报刊概莫能外。

（3）广泛的公众性。新闻评论的公众性主要表现在以下几个方面：①它的内容是广大群众最关心和最感兴趣的，是同人民群众的切身利益息息相关的，又是能反映人民群众的要求和呼声的。即使是专业性的新闻媒介，在宣传上也应该面向更大范围的受众，以求更充分地发挥作用。②立论客观、公允，为民代言，为民立言，真正成为公众利益的代表者，时代变化和时代进步的记录者和见证者，正确舆论的传播者和引导者。③论述方式和语言表达上应当符合广大民众的特点和需要，尽量照顾他们的兴趣和爱好，为他们所喜闻乐见。④群众对于新闻评论的积极参与。

4. 新闻评论最根本的特征是什么？各个特征的内在联系如何？（山西大学 2019 年研）

相关试题：

（1）简述新闻评论的特点。（兰州大学 2015 年研；暨南大学 2014 年研）

（2）新闻评论的根本特征是什么？（江西师大 2009 年研）

（3）新闻评论有哪些特性，举例说明其中一个特性。（华中科大 2007 年研）

（4）简述新闻评论的特征及内在联系。（西南交大 2018 年研）

答：参见本章课后习题第 6 题答案。

5. 简述新闻评论说理的两个原则。（中国政法大学 2007 年研）

答：新闻评论说理的过程，是表述论点和论据（或用论据阐明论点）的过程。由于论据包括理论性论据和事实性论据，所以在说理过程中，通常既说理也叙事，同时还注入情感。实践告诉我们，一篇评论要达到预期的效果，必须坚持两个原则——围绕立论说理和看对象说理。

（1）围绕立论说理。围绕立论说理包含着两个相互联系的环节，即围绕立论组织论点和围绕论点组织论据。

①围绕立论组织论点。这个环节首先涉及如何设置、安排论点的问题。设置多少论点，只能以立论的需要为转移，在充分表现立论的前提下力求简约，这样才能突出中心，突出主题。如果论点在两个以上，那就要根据立论的需要，根据论点之间的逻辑关系，恰当地确定主次、安排先后。

②围绕论点组织论据。立论—论点、论点—论据，是关系相似的两个层次。就一篇评论来说，所有的论点必须围绕立论来组织、安排；就一层道理来说，所有的论据必须服务

于论点，按论点的需要选择和剪裁。后者是前者的基础，因为只有经过充分证明和说明的论点，才能更好地为表现立论服务。围绕论点组织论据，以论点正确、准确、明确为前提。

(2)看对象说理。新闻评论强调有的放矢，问题是如何理解这个“的”。按照新闻评论的性质和它所肩负的任务，它的“的”应当包括评论的对象和评论的接受对象，即既要针对现实中的问题，也要从受众的实际出发。评论要尽可能地面对广大群众。说理要看对象，首先是看主要接受对象，从主要接受对象的实际出发，这与面向广大群众并不矛盾，甚至可以说是必要的条件。

①看接受对象的需要。与评论所论述的事件或问题关系最直接、最密切的各类受众关注的焦点、主要疑难和迫切需要解决的问题等都属于接受对象的需要，评论针对这些说理，不管是阐明正确的主张、陈述可行的意见，还是解答有关问题、批评错误倾向，都可以使读者、听众或观众有所触动，引起他们的注意，这是评论发挥作用的前提条件。

②看对象的接受习惯。人们的接受习惯，有共同点，也有特殊性。共同点为思维规律所决定，是构成接受习惯的主要因素；而特殊性则是由于职业、经历、文化程度以及年龄等的影响而形成的差别。从目前的情况看，更值得注意的还是共同点，即首先照顾广大受众的共同接受习惯，力求评论作品短小精悍、生动活泼、深入浅出、雅俗共赏；并在这个基础上，适当照顾主要对象。当然，对象性特别强的评论，应着重考虑主要对象的接受习惯。

2.4.3 实务题

请按照新闻评论的根本特征，针对当前的社会热点问题，为校报撰写一篇新闻评论。

答：参见本章评论佳作赏析部分例文。

第三章　新闻评论的社会价值

3.1　复习笔记

【知识框架(庖丁解牛)】

- 新闻评论的社会价值
  - 新闻评论的功能定位
    - 主要功能：媒体的灵魂和旗帜
    - 根本任务："坚持用正确的舆论引导人"
  - 新闻评论的具体作用
    - 紧密联系当前工作实践和思想实际，准确及时地阐释党的路线、方针、政策，统一思想认识，使其变为广大干部群众的统一行动
    - 触及现实，激浊扬清，兴利除弊，为提高全民思想文化道德素质和社会文明程度，积极发挥舆论引导作用

【考点难点归纳(厚积薄发)】

考点：新闻评论的功能定位、具体作用(见表 3-1)　★★★

表 3-1　新闻评论的功能定位、具体作用

要点	具体内容
功能	新闻评论是媒体的灵魂和旗帜，是代表媒体编辑部立场和主张，反映和影响社会舆论，帮助受众开辟认识真理道路的有效载体
任务	①根本任务："坚持用正确的舆论引导人"。 ②具体要求：自觉地运用马克思主义的世界观和方法论，对当前具有新闻价值的现象，具有普遍意义的重大事件和思想倾向，进行及时的有说服力的评论
作用	①紧密联系当前工作实践和思想实际，准确及时地阐释党的路线、方针、政策，统一思想认识，使其变为广大干部群众的统一行动。 ②触及现实，激浊扬清，兴利除弊，为提高全民思想文化道德素质和社会文明程度，积极发挥舆论引导作用

3.2　课后习题详解

1. 新闻评论的功能定位是什么？

答：(1)新闻评论的主要功能

新闻评论是媒体的灵魂和旗帜，是代表媒体编辑部立场和主张，反映和影响社会舆论，帮助受众开辟认识真理道路的有效载体。

(2)新闻评论的根本任务

"坚持用正确的舆论引导人"是新闻评论的根本任务和最大追求。舆论是指社会群体对

某种事件或事态发展所持的大体一致的意见与议论，是一种社会思潮。舆论在任何时候总有正确与错误、全面与片面、唯物与唯心、辩证与僵化之分。

①新闻媒介反映与引导舆论的两种基本手段

a. 新闻报道手段，即采写消息、通讯、特写、调查报告等，主要是告诉人们社会上新近发生的事情。

b. 评论手段，即撰写社论、评论员文章、短评等。旨在告诉人们如何正确认识这些事情，或深挖事件原因、阐明事物实质，或说明事物的意义与价值，或指出应采取何种措施来解决矛盾等。

②新闻评论根本任务的具体要求

自觉地运用马克思主义的世界观和方法论，对当前具有新闻价值的社会、政治、经济、文化现象，对具有普遍意义的重大事件和思想倾向，进行及时的有说服力的评论，指出什么看法和行为是正确或是错误的，什么应该干或是不应该干，以及当前应该干什么和怎么干，从而引导舆论、影响社会、指导人生。

2. 在把党的政策交给群众，变成群众的自觉行动方面，新闻评论有何优势?

答：新闻评论是把党的政策交给群众，变成群众的自觉行动的最有效形式。

因为新闻评论在宣传党的现行方针政策时，不是简单地照搬文件，而是密切联系当前形势任务和工作实际，紧扣干部群众的思想情绪，有的放矢地阐明政策精神，帮助大家解疑释惑，提高认识，了解制定政策的依据，懂得贯彻政策的意义，从而把执行政策作为自己的自觉行动。

3. 在针砭时弊、激浊扬清方面，新闻评论有何具体作用?

答：新闻评论，作为以议论和说理为主要特征的新闻体裁，作为以论是非、说短长为基本内容的舆论工具，应该立足于对现实问题的理性思考，着眼于对人们思想认识的正确引导，把弘扬新风、树立正气、兴利除弊、激浊扬清作为自己的神圣职责，把坚持用正确的舆论"武装人、引导人、塑造人、鼓舞人"作为自己的追求目标。这由社会主义新闻传播业的性质所决定，也由新闻评论的根本功能所决定。

(1)新闻评论切中时弊、扶正祛邪，为提高全民思想道德素质和社会文明程度，发挥了积极的舆论引导作用。各种媒介的评论以其独特的魅力吸引着读者、听众、观众，成为大家公认的通向真理之路的先导，提高理性认识的良师，解开思想疙瘩的益友；对新闻媒体自身来说，也收到了深化报道思想、提升引导水准的实效。

(2)我国改革正处在攻坚阶段，各种新事物、新课题、新矛盾层出不穷，新与旧、是与非、真与假、美与丑、善与恶往往呈现胶着状态，难以分辨。此时特别需要新闻评论发挥扶正祛邪、激浊扬清的作用，为提高人们的思想道德素质，为改革、发展、稳定创造良好的舆论环境。

4. 在你周围的人群中，做一次科学抽样调查，了解各种媒体的新闻评论在受众中的不同反应，并写成书面报告。

答：参考示例：

(1)调查问卷(参见本书电子书)

(2)调查报告

中国报刊新闻评论满意度调查报告

××媒体研究中心所进行的××年中国报刊新闻评论满意度调查，共收到有效问卷××余份。

本报告共分三个部分：

第一部分是对读者的社会人口特征的调查。这部分内容包括读者的性别、年龄构成、文化程度、职业分布、收入和地区分布等基本情况。

本部分内容主要描述《金华晚报》读者的社会人口特征。通过以上分析可以发现，《金华晚报》读者的男女比例为×∶×，×性读者略多于×性读者。从读者年龄看，××××××。与此相对应，在职业构成上，×××××。

第二部分是对读者阅报倾向与阅报行为的调查。这部分内容包括受访读者对阅报总体态度、阅报目的、在报纸选择上的态度、读报频率以及对报纸的总体评价等。

本部分调查显示，×××读者认为阅读报纸非常重要或比较重要，他们最喜欢的是××××的新闻评论，阅读新闻评论的目的主要是×××××××。

第三部分是对读者对报纸的评价及期待的调查。这部分内容包括受访读者对《××××报》各类新闻、各采编部门的新闻的意见和建议，为报纸的产品设计和内容制作提供参考。

这一部分调查结果显示，××××××(具体数据分析请按照调查结果自行整理)。

3.3　考研真题与典型题

3.3.1　简答题

1. 结合实例谈谈新闻评论的社会功能。(中国传媒大学2017年研)
2. 新闻评论的主要任务是什么?(暨南大学2008年研)
3. 新闻评论的具体作用有哪些?(郑州大学2006年研)
4. 新闻评论对读者的作用有哪些?(山东大学2017年研)
5. 新闻评论有沟通情况、提供信息作用的原因。(江西师大2018年研)

3.3.2　论述题

联系实际简述新闻评论引导舆论的功能。

3.3.3　实务题

根据你对“新闻评论的新闻价值”的认识，写一篇文章。

3.4　考研真题与典型题详解

3.4.1　简答题

1. 结合实例谈谈新闻评论的社会功能。(中国传媒大学2017年研)

答：新闻评论是当代各种新闻媒体普遍运用、面向广大受众的政论性新闻体裁，具有强烈时效性、评论对象特定性和直接针对性三个特点。新闻评论与新闻媒体向来相互依存，媒体的需要是这种体裁存在和发展的基本条件之一。新闻媒体需要的背后，其实是社会或受众的需要。与新闻评论体裁性质联系在一起的，是它肩负的社会功能。从理论上说，这大致可以概括为：

(1)认识功能。新闻评论通过对新闻事件、社会现象、社会问题的分析，帮助人们洞察其本质，明白其现实意义(正面的或反面的)及影响，把握其原因和发展趋势，乃至从中引出可以举一反三的规律性认识。新闻评论主要以概念、判断、推理这样明确的认知形式表达观点，能够有效率地传播对新闻事件的认知结果。

例如，从新闻评论的内容上来划分，新闻评论可划分为经济新闻评论、时政新闻评论、文化新闻评论等类别。从不同门类的新闻评论中，受众能获取不同质的信息和知识。在经济新闻评论中，受众能逐渐接触到很多经济学领域的专业知识；在文化新闻评论中，也能掌握许多关于民俗、文学、艺术等多方面的信息。为了佐证观点、充实文章，作者往往还会旁征博引、引经据典，信息量更加丰富，所涉及的领域会更广阔。

(2)教育功能。由于着重从思想、政治和伦理的角度分析问题，新闻评论一般都具有按一定的社会思想、政治、伦理准则，规范人们思想行为，以及引导社会思潮、社会风尚的作用。新闻评论涉及社会生活各个方面，还有政治、法律、伦理道德等方面，对人们的思想和行为能够产生潜移默化的影响，有利于形成良好的社会规范，对公众产生积极影响。

(3)导向功能。新闻评论因事立论，乍看似乎“纷杂错歧”，其实“未尝没有一贯的中心思想”，或在一个时期内提倡什么、反对什么的基本设想，因此可以给予社会舆论以程度不同的影响和引导，直至形成某种主导性舆论。例如，每当国内国际发生大事，《人民日报》及时组织的评论，就会成为国内国际读者解读事件、判断时局和分析问题的重要参考。政论是保证《人民日报》在坚持正确舆论导向、提高舆论引导能力方面发挥重要作用的关键，也是《人民日报》最具核心竞争力的优势所在。

(4)监督功能。新闻评论通过分析时政、世风以及人们的思想行为倾向，对政治、经济、文化等各个领域的活动，实行舆论监督。例如，从“躲猫猫事件”到“唐慧案”，如果没有新闻媒体以及广大网友对知情权的执着追求，结果很可能就是另外一个模样。新闻评论本就是一种意见信息，通过新闻评论，个人或者团体的意见、诉求得到表达，引起相关方面的关注与重视。新闻评论赋予了民众和媒体更多的知情权、表达权、参与权和监督权。

正是由于新闻评论具有上述社会功能，所以不仅新闻媒体，社会各个阶级、政党、社会集团无不重视这种舆论形式。

2. 新闻评论的主要任务是什么？(暨南大学2008年研)

答：“坚持用正确的舆论引导人”是新闻评论的根本任务和最大追求。

(1)内涵阐释

新闻评论的根本任务要求自觉地运用马克思主义的世界观和方法论，对当前具有新闻价值的社会、政治、经济、文化现象，对具有普遍意义的重大事件和思想倾向，进行及时的有说服力的评论，指出什么看法和行为是正确的，什么看法和行为是错误的，什么是应该干的，什么是不该干的，从而引导舆论，影响社会，指导人生。

舆论是社会群体对某种事件或事态发展所持续的大体一致的意见和议论，是一种社会思潮。舆论在任何时候总有正确与错误、全面与片面、唯物与唯心、辩证与僵化之分，因此，新闻评论在进行舆论引导时，一定要坚持马克思主义的立场、观点与方法，注重科学的分析，把握正确的导向。

(2)新闻评论对于引导舆论的必要性

随着改革开放的不断深入，政治文明进程的加快，社会的宽容度已经越来越大，健康的舆论环境逐渐形成，这为新闻评论向新的广度和深度拓展提供了广阔的空间。社会正处于转型期，需要思考的问题层出不穷，社会舆论亟需权威的引导和疏通。毫无疑问，新闻媒体应担负起这份引导责任。一个重要新闻事件发生后，媒体仅仅快速、全面报道出来是远远不够的，还要通过新闻评论加以引导、解释。在这种情况下，新闻评论在很大程度上创造了一个公众化的言论社区，即为公众在社会公共领域里发言提供了一个话语平台。新闻评论的存在，等于把媒体放在了扩张公共话语的言说空间之中，从而也扩大了媒体的功能。

实践证明，由于新闻评论在就某一重大事件或重要问题发表意见时，往往直接阐明某种舆论的基本立场与原则，因此它是新闻事业中影响社会舆论的最主要的方式。特别是社会主义主流媒体上的新闻评论(社论为最)，由于它不同于任何个人与团体发表的谈话，而是既代表党委又代表群众的一种发言形式，因此是影响某种社会舆论的一个重要因素。从宏观的角度来看，新闻传媒是社会生活中最重要的舆论工具，新闻评论作为一种重要文体，它对舆论的引导和形成作用更加不可低估。

(3)新闻评论引导舆论的有效做法

新闻评论本身蕴含的社会作用和价值是一回事，而在实践中能不能充分体现则是另一回事，这里就有一个双向互动、有效传播的问题。因此，新闻评论在围绕党和政府工作中心，服务大局，面向公众的前提下，怎样满足受众需求，通过对评论对象严密辩证的分析、推理，将有关政策、观点传达给受众，实现新闻评论“引导舆论，烛照社会，启迪心智”的社会作用，这是必须面对的一个现实而又至关重要的问题。经验告诉我们，讲求新闻评论信息的新鲜性、及时性和真实性；选题要触及与受众休戚相关的直接现实；立论要着眼于受众的认识水平和接受能力；逐步建立和完善受众直接参与评论的机制，都是行之有效的做法。

3. 新闻评论的具体作用有哪些?(郑州大学2006年研)

答：新闻评论的具体作用主要有以下两个方面：

(1)紧密联系当前工作实践和思想实际，准确及时地阐释党的路线、方针、政策，统一思想认识，使其变为广大干部群众的统一行动。

新闻评论在宣传党的现行方针政策时，不是简单地照搬文件，应密切联系当前形势任务和工作实际，紧扣干部群众的思想情绪，有的放矢地阐明政策精神，帮助大家解疑解惑，提高认识，了解制定政策的依据，懂得贯彻政策的意义，从而把执行政策作为自己的自觉行动。

(2)触及现实，激浊扬清，兴利除弊，为提高全民思想文化道德素质和社会文明程度，积极发挥舆论引导作用。

新闻评论应该立足于对现实问题的理性思考，着眼于对人们思想行为的正确引导，把弘扬新风、树立正气、兴利除弊、激浊扬清作为自己的神圣职责，把坚持用正确的舆论“武装人、引导人、塑造人、鼓舞人”作为自己的追求目标。

4. 新闻评论对读者的作用有哪些?(山东大学2017年研)

答：新闻评论是指媒体或个人就新近发生的重要事件或当前具普遍意义的问题发表的论说性文体。新闻评论对读者的作用有以下几个方面：

（1）新闻评论为受众提供观点信息

新闻媒体通过消息报道和新闻评论来产生影响，发挥其自身功能。新闻媒体的功能既包括监视和引导人们应对环境的变化、实施舆论监督、开展公众外交、为公众提供服务、传播知识和提供消遣等直接功能，也包括培育人的社会化、推动社会经济形态的发展、推进社会的政治变革等间接功能。

媒体功能的实现，在源头上是将各类信息作用于传播受众，使受众直接或长期受到影响，从而推动社会公众的意识与观念的转变。从短期看，新闻媒体能促使受众及时应对经济、社会、文化、社会、生态等多方面的变化；从长远看，则会使社会不断积聚多方面的能量，最后导致社会发生深刻的变革，把人们带入崭新的世界。在媒体功能的实现过程中，新闻评论和消息报道一起，向受众提供最新、最快、最多的观点新闻。它的对象是传播受众，作用是满足对象获取观点信息的欲望。

（2）新闻评论推动社会进程

新闻评论一直被视为媒体的灵魂与旗帜。中国正经历着一场前所未有的社会转型。对于新闻评论来说，一方面，社会转型中的热点问题及冲突，社会各领域的变化、发展乃至停滞都为新闻评论提供了源源不断的选题；另一方面，人们观点的表达、建设性意见的提出、舆论场的形成又在推动着中国社会转型的不断深入。

社会转型为新闻评论的发展提供了契机，而新闻评论的勃兴也必将为经济建设、政治建设、文化建设、社会建设、生态文明建设等社会各领域的转型建言献策，凝聚智慧与力量。

（3）新闻评论培育公民理性

在社会发展中，新闻评论是公民表达自己意愿的一种直接方式，它有利于促进社会进步，特别是有利于促进社会的民主进程。一篇好的评论不仅要逻辑清晰、有理有据，也要充分考量各个层面的合理性，以期符合社会发展的长远利益。而新闻评论正是在一次次有理、有据、有节的论辩与交锋中，培养人的认知合理性，进一步培育公民理性。

①新闻评论推动公民参与公共事务。新闻评论能培养公民思想活动的独立性、选择性、差异性和多样性，使公民能够根据理想目标主动选择一些有益于自身政治性和公民性锻造的行为，实施有益于维护公共领域公正的行为。

②新闻评论培养公民合理运用权利。党的“十六大”报告第一次提出了加强政治文明建设的任务，特别强调要“健全民主制度、丰富民主形式，扩大公民有序的政治参与，保证人民依法实行民主选举、民主决策、民主管理和民主监督，享有广泛的权利和自由，尊重和保障人权”。新闻评论是帮助读者认识到自己“广泛”的权利和自由、“有序”进行政治参与和“依法”行使民主权利的重要手段。

③新闻评论塑造公民社会。公民社会或市民社会是指围绕共同的利益、目的和价值上的非强制性的集体行为。告别传统的启蒙与革命，共同呵护、支持正在发育中的公民社会，最终形成坚实的社会底盘，走向真正的公民社会，是每个公民的历史使命。而公民手中的武器，除了碎片化的观点，往往便是新闻评论。

5. 新闻评论有沟通情况、提供信息作用的原因。（江西师大2018年研）

答：新闻评论是社会各界对新近发生的新闻事件所发表的言论的总称。新闻和评论是构成报纸的两大文体。新闻评论是一种写作形式、传播力量和社会存在，它以传播意见性信息为主要目的和手段。新闻评论具有沟通情况、提供信息的作用的原因主要表现在以下几个方面：

(1)新闻评论本身是一种新闻体裁，新闻文本具有传播信息的功能。

(2)新闻评论是认识与意见表达的文本。新闻评论是新闻体裁中重要的一类，它表达人们对新闻事件的判断、对由新闻引发的各类社会问题的思考。新闻评论在形式和内容上都不同于新闻报道。它之所以产生、存在和发展是因为人们不仅需要通过新闻媒体了解新闻事实本身，也需要通过新闻媒体了解新闻事实的意义、产生的原因及发展方向。因此新闻评论表达作者特定的认识——对具体新闻事件的认识。这种认识作为一种意见性认识本身也具有沟通情况、提供信息的作用。

(3)有些评论传达政党或政府的新观点、新精神。评论的措辞、语调显示出一个政党或政府对某个事件的态度的变化，这可能是有意的，也可能是不由自主的。

3.4.2　论述题

联系实际简述新闻评论引导舆论的功能。

答：舆论，是指社会群体对某种事件或事态发展所持的大体一致的意见与议论，是一种社会思潮。新闻评论是媒体的灵魂和旗帜，它不仅反映社会舆论，而且还引导舆论，帮助受众开辟认识真理的道路。

(1)舆论在任何时候总有正确与错误、全面与片面、唯物与唯心、辩证与僵化之分，因此，新闻评论在进行舆论引导时，应把“坚持用正确的舆论引导人”作为自己的根本任务和最大追求。这要求新闻评论要自觉地运用马克思主义的世界观和方法论，对当前具有新闻价值的社会、政治、经济、文化现象，对具有普遍意义的重大事件和思想倾向，进行及时的有说服力的评论，指出什么看法和行为正确，什么看法和行为错误，什么应该干，什么不应该干，以及当前应该干什么和怎么干，从而引导舆论，影响社会，指导人生。

(2)新闻媒介反映与引导舆论有两种基本手段：①新闻报道手段，即采写消息、通讯、特写、调查报告等；②评论手段，即撰写社论、评论员文章、短评等。前者主要是告诉人们社会上新近发生什么事情；后者旨在告诉人们如何正确认识这些事情，或深挖事件原因、阐明事物实质，或说明事物的意义与价值，或指出应采取何种措施来解决矛盾等。

(3)我国社会正处于转型期，新闻评论在很大程度上创造了一个公众化的言论社区，为公众在社会公共领域里发言提供了一个场所。新闻评论的存在，把媒体放在扩张公共话语的言说空间之中，从而也扩大了媒体的功能。

(4)实践证明，由于新闻评论在就某一重大事件或重要问题发表意见时，往往直接阐明某种舆论的基本立场与原则，因此它是新闻事业中影响社会舆论的最主要的方式。特别是社会主义媒体上的新闻评论(社论为最)，由于它不同于任何个人与团体发表的谈话，而是既代表党委又代表群众的一种发言形式，因此是影响某种社会舆论的一个重要因素。从宏观的角度来看，新闻传媒是社会生活中最重要的舆论工具，新闻评论作为一种重要文体，它对舆论的引导和形成作用更加不可低估。正因如此，有媒体对新闻评论在当今社会的功能作了重新定位，提出值得探讨的理念：新闻评论与社会转型期的启蒙作用以及媒体独特的思考与社会认识能力提高的对应，这很有见地。历史上任何一种政治力量为取得社会舆论的主动权，为宣传自己的政策主张，在开始他们报刊活动的同时，便开始他们积极的政论活动，以求得更广泛的社会影响。

3.4.3 实务题

根据你对“新闻评论的新闻价值”的认识，写一篇文章。

答：参考示例：

新闻评论的新闻价值

新闻评论是媒体编辑部或作者对最新发生的有价值的新闻事件和有普遍意义的紧迫问题发议论、讲道理，是有着鲜明针对性和引导性的一种新闻文体。“盛世多危言”，这些年新闻评论尤为活跃。有价值的新闻评论，或直抒民意，振聋发聩；或如同航标，引领航向。著名报人戈公振先生曾说过：“报纸不仅报告事实，对于重要问题，独立加以评论，且其评论乃以个人丰富知识为依据，有时可以超越普通仅由事实观察者之意见，甚至超越一报纸之意见因而成为一般公众之意见，是即谓之舆论。”

表层价值：感知事态信息

新闻文本最基本、最直接的功能就是“告事”，新闻评论亦是如此。我们将接受主体获取事态信息视为其从新闻评论中获取的最基本需求，即表层的新闻价值。这里所定义的表层价值只是对新闻价值的分层概念，而并非其重要性的判定。事实上，可以将其理解为普遍价值，因为“就大多数读者来说，读报主要是了解，而不是研究；是主动性的选择，而不是被动式的接受；是享受一种知晓的权利，而不是完成指定的任务”。

基于客观事实基础上的分析论证，往往具有纯粹说理性的时评文章所无法企及的说服力。尤其是在当下中国信息公开透明的渠道与程度依然不足的情况下，我们乐见有心人向读者披露他们的发现，从而分析解决问题。

例如，有细心读者从公开数据中发现，一个编制为 72 人的不以赢利为目的的事业单位，每年从增值收益中扣除的管理费超过 2000 万元，而管理费用列支的则是公积金中心的基本工资、补助工资、职工福利费、社会保障费等，保守估计人均超过 27 万元/年。

笔者认为，应该分几个层次进行分析解读。首先要分析一下“一个 72 人的不以赢利为目的的事业单位”年管理费用达到 2000 多万元，人均 27 万元，是多还是少。

感知事态信息是接受主体从一篇新闻评论中获得其他方面价值的必经途径。接受主体只有通过表层新闻价值才能进一步触及和领略到其内层价值和深层价值。

内层价值：体验情态信息

如果说感知事态信息达到了接受主体“知事”的目的，那么新闻评论的内层新闻价值可以称之为满足了“知情”的需求，这是一个体验新闻评论文本情态信息的过程，即“不仅理解传播内容记叙了什么，而且能够体会、理解内容所表现的感情、情绪、情味等”。

新闻评论中所提到的情态信息往往是双重的：一是指事实本身蕴涵的情态信息。不管是铺陈的背景事实还是引用的论据事实，这些新闻事实特别是社会性的新闻事实本身就是人类活动的产物，所以其中必然包含着各色人等的喜怒哀乐，那么则使所叙述的事实具备了不一样的情感色彩。二是指传播主体在新闻评论中表现的情态信息。新闻评论的作者，不管是从事传媒工作的专业人士，还是来自广大民间的平民百姓，在陈述再现新闻事实时，多多少少会表现出自己的情感态度。有些主观情感比较浓重的新闻评论中个人意识可以得到充分的体现，例如 2006 年春节前夕一位广州市民在南方都市报发表的评论：

这两天又冷了。前天晚上我在街边等夜车，等了半个小时，一辆都没有，和我一起等车的倒有几十个。冷雨如刀打在脸上，我打了几个哆嗦，觉得自己很惨。

……

回家的渴望和回家的艰难，春运的故事，多么像一群人集体命运的浓缩或者寓言。

作者把自己的经历与感受静静地倾诉给大家，仿佛是在与亲人拉家常而不是在写评论。个中的担忧与悲悯让人不能不为之感动。“这种情感态度为传播内容染上了特定的情感色彩”。传播主体适度的情感表达，能够增强新闻评论的感染力，拉近与接受主体的心理距离，从而取得较好的传播效果，也使新闻价值得到更充分地实现。

在愈发呼唤“人文精神”的时代，情态信息的表达与传播、感受与体验，使新闻评论不仅成为传播主体与接受主体进行情感交流的桥梁，同时也成为营造整个社会人文关怀环境的手段和中介，“比没有人的灵魂的‘纯客观报道’更能体现出对人的关怀”。

深层价值：理解意态信息

新闻评论通过事态信息，传递出情态信息，同时还蕴涵着意态信息。一篇优秀的新闻评论应该是这三重信息的统一体。通过事态信息的感知、情态信息的体验，接受主体可能会在评论中获得更深一层的价值——对意态信息的理解和转化。

出色的新闻评论所蕴涵的意态信息“不是像橡皮糖那样外加的、硬贴的，而是像糖溶于水那样内含的、无形的”，接受主体从新闻评论的事态信息、情态信息中，读出暗含的观点和思想，体悟出看不见的意图和道理，即“通过新闻语言感知新闻事实，透过新闻事实体验情感、明白事理，进而认识‘道’——世界观、方法论以及客观事物的本质和规律”。

90名西点军校学员考试作弊行为的曝光，只是当今美国人道德滑坡问题的一个侧面。这种道德滑坡已使许多国人思虑：美国是否也会走上促使罗马帝国崩溃的腐败之路。这是一个清醒的认识：必须面对现实。

……

是重振道德的时候了。西点事件只是令人沮丧的编年纪事中的一节。罗马帝国灭亡了，不是因为外部力量推翻了它，而是亡于内部的腐败。如果我们需要祈求回复到古代宗教规范下的日常行为和尊重上帝的道德法则的话，那就这么做吧。当一个国家的道德格局开始损坏的时候，就应该在整个烂掉之前进行修补。全国性道德滑坡的前因后果将成为下届总统选举的议题。

这篇新闻评论的切口不大，考试作弊自古就有，且不分地域民族。作者从一美国著名军校的作弊入手，旁征博引，高屋建瓴，追根溯源，一步一步引出了美国社会存在的至关紧急甚至危及命脉的问题：公民道德丧失引发的全社会的道德危机——几乎足以导致整个社会的崩溃。文章以小见大，将作弊背后公众道德滑坡给美国社会带来的危害讲述得触目惊心，作者因此获1952年普利策最佳社论奖。

上述关于新闻评论的三重新闻价值并没有绝对清晰的界限，它们往往是融合在一起相互依托、相互支撑的。后一层价值多半需依赖于前一层价值的实现；后一层价值的实现同时又有助于前一层新闻价值中信息的再现和意义的升华。接受主体在不同的价值层面可以获得不同的价值享受。

（来源：《青年记者》）

第四章　新闻评论的嬗变

4.1　复习笔记

【知识框架（庖丁解牛）】

新闻评论的嬗变
- 新闻评论的缘起
  - 我国的新闻评论源远流长
  - 应该继续开拓创新
- 我国民主革命时期的报刊言论
  - 以政论为主的报纸评论的兴起（1874—1894年）
  - 从政论向评论的演变（1894—1914年）
  - 新闻评论进入新的时期（1915—1949年）
- 欧美等国报刊新闻评论

【考点难点归纳（厚积薄发）】

考点：我国民主革命时期报刊言论的三个发展阶段（见表4-1）★★

表4-1　我国民主革命时期报刊言论的三个发展阶段

要点	具体内容	
政论为主	概述	19世纪60年代之后，政论报刊产生，始终以政论为主要内容
	代表人物	王韬：我国历史上第一个有影响力的报刊政论家，其创办的《循环日报》是我国历史上第一张以政论为主的报纸
政论向评论演变	概述	甲午战败后“时评”出现，新闻与评论相结合，《时报》首倡的“时评”是新闻评论演进为独立新闻体裁的重要标志
	代表人物	梁启超：创刊《时务报》，形成“时务文体”，影响一代文风
新时期	概述	随着工人阶级的力量壮大和革命形势的发展，我国报刊的历史进入新的阶段。以陈独秀、李大钊、鲁迅为代表的革命民主主义者，高举起“民主”“科学”和文学革命的旗帜，向封建教条展开有力的冲击
	代表人物	①邹韬奋：其《小言论》和《读者信箱》对读者影响深远。 ②张季鸾：1926年接办《大公报》，主持笔政15年，期间写出大量新闻评论，是20世纪20年代末至40年代初中国最著名的资产阶级政论家

【考点拓展（触类旁通）】

新闻评论的发展趋势

（1）由大型为主向大与小结合，并逐步向小型化方向发展的趋势。

(2)评论与新闻相互结合的趋势。

(3)由少数专业人员主持笔政开始向专群结合、注重吸引受众参与的开放搞活的方向转型。

(4)在说理论述上由以往形象思维与逻辑思维互相割裂而向相互结合方向发展的趋势。

(5)声像评论的逐渐兴起，因而呈现声像评论之间以及它与报刊文字评论之间相互争夺受众进而竞争共荣的发展趋势。

【评论佳作赏析(见贤思齐)】

雾霾下的中国不是美丽中国

这几天，多个城市再度被雾霾笼罩。似乎已成常态的雾霾天气，让民众很焦心。恶劣的空气质量不再只是一个警告，而已成切实的危害。一些患者在雾霾的侵袭下，走进了医院。事实上，雾霾不仅伤害人的健康，其影响还包括：高速公路被迫关闭，许多航班被迫取消，一些污染企业在政府部门的紧急指示下停工……这是一幅多么乱哄哄的图景。[本段为由头＋中心论点]

这样的图景，伦敦曾出现过，洛杉矶也出现过。雾霾下的中国，与一些发达国家的重要城市曾有过的情景并无二致。程度越来越深的工业化，加上汽车驶入千家万户，是空气污染最重要的成因。以燃煤为主的能源结构、升级滞后的油品、城市建设中的大量扬尘，以及汽车尾气等，都是空气污染的“罪魁”。[本段属于“是什么”部分：将中国的雾霾天气与伦敦、洛杉矶曾出现的雾霾天气进行对比，指出雾霾成因]

没有一个人喜欢雾霾天。菜场的大妈不喜欢，资本市场的投资者不喜欢，进入中国发展的跨国公司的外籍高管不喜欢，各级政府官员也不喜欢。[该处为举例论证]正视环境污染的严峻挑战，并谋求逐渐解决，成为无可回避的时代课题。面对不断出现的雾霾天气，接下来必有艰难的挑战。在这个挑战中，所有人都必须有所作为。[本段属于“为什么”部分：通过举例子的方法论述为什么雾霾下的中国不是美丽中国]

从政府的角度来说，首先要明确：不能再走先污染、后治理之路。那是一条死路。环保部门须制定更为严格的环境标准，并力求不打折扣地执行。前者涉及的是未来如何发展的问题，后者则跟环境制度的完善与执行联系在一起。

就在昨天，新华社发表了一篇述评，称“雾霾天气敲响中国经济转型警钟”。这还算是一种温和的告诫。环境的破坏，对这片土地及居住其上的人的伤害在不断增大，环境污染的经济成本也在急剧上升。这样的现实，在倒逼诸多地方主政者要以大局为重，勿为眼前利益而失长远利益。

在改善空气质量方面，接下来要做的事情很多，其中最为重要的，是能源结构的改善，是抑制高污染企业的排放，是降低汽车尾气的污染量。在这个过程中，有必要提醒的是，为一己之政绩而不顾环境者，仍会存在；为一企业之利益而阻碍治理的力量，仍会存在；环境系统中为小部门甚至个人私利而执法不严的情形，仍会存在。对抗环境污染，不会是一个单纯的挑战，其中一定夹杂着许多人为的、利益的因素。这些因素使得问题更为复杂。

雾霾天气的不断出现，也在警告所谓汽车时代的沉重代价。大城市部分居民的生活方式，需要有新的审视。汽车尾气污染量的下降，显然有赖于每一个车主的努力。城市追求更为优质的公共交通系统，当与个人自觉地尽量选择公共交通出行结合在一起。这同样是挑战很大的一个工程。

[上述四段属于“怎么做”部分：从政府、环保部门、汽车车主等角度提出应对雾霾问题的措施]

美国经济学家奥尔森在其名作《集体行动的逻辑》一书中早就论证过，所谓理性的“经济人”难以为集体的共同利益采取行动。很多人总想着“搭便车”，由别人来付出努力，自己享受成果。其结果，少有人为共同利益而努力，共同的目标也往往成为泡影。呼吁全民为治污担起责任的时代命题，很重要的一点，就是要走出集体行动的困境，要在观念层面达成共识，内化为各自的理念，并将理念转成实践。[本段为理论性论据]

雾霾下的中国，不是美丽中国。是打破纠结、直面环境挑战的时候了。[结尾段发出号召]

（来源：《第一财经日报》；有改编）

4.2 课后习题详解

1. 按照今天对新闻评论的理解，我国的新闻评论发端于什么时候？

答：按照现在的理解，新闻评论是媒体编辑部或作者对最新发生的有价值的新闻事件和有普遍意义的社会现象、热门话题，运用分析和综合的方法，就事论理、就实论虚，有着鲜明的针对性和思想启迪性的一种新闻文体。

我国报刊言论发端于19世纪初期。1815年在马六甲出现的最早的以我国文字刊行的《察世俗每月统记传》，开始登载论说；1833年在广州发刊的《东西洋考每月统记传》，也登有少许言论。这类言论多为宣传宗教道德的文字，对政治经济所涉不多。

随着外国人在我国办报活动的开创，陆续出现了《中外新报》(1858年)、《上海新报》(1862年)以及首倡社论的《申报》(1872年)。这些报纸虽然发表了不少言论，但多半宣传宗教，宣传西方的进步文明，灌输殖民思想，对中国人民只能起到麻醉的作用。新闻评论在报纸上地位的真正确立，是在19世纪70年代我国民间报纸勃兴以后。

2. 我国民主革命时期报刊言论的发展大概可分为几个阶段？每个阶段的代表性人物是谁？

答：我国民主革命时期报刊言论的发展可以分为三个阶段：

(1)以政论为主的报纸评论的兴起(1874—1894年)

①概述：19世纪60年代之后，一部分具有资产阶级观点的知识分子提出了一些改良政治的主张，把办报作为宣传自己的政治主张、扩大政治影响和推动改良运动发展的重要手段，政论报刊从此产生，始终以政论为主要内容。

②代表人物：我国历史上第一个有影响的报刊政论家王韬。王韬于1874年在香港创办《循环日报》，这是公开宣传变法的第一家报纸，也是我国历史上第一张以政论为主的报纸。王韬撰写的100多篇政论，表达力主变法的政治观点，反映了我国新兴的民族资产阶级要求在政治上和经济上获得发展的愿望。

(2)从政论向评论的演变(1894—1914年)

①概述：甲午战败后，报刊评论文体也随时代变革，维新派和革命派都把报纸作为宣传政治主张的舆论工具，“时评”出现，新闻与评论相结合，《时报》首倡的“时评”是新闻评

论演进为独立新闻体裁的重要标志。两派的论战进一步促进政论的发展。

②代表人物：改良派首领之一、著名报刊政论家梁启超。梁启超于1896年在上海创刊《时务报》，发表大量论说，文笔犀利，思想新颖，形成“时务文体”，影响一代文风。革命派报刊言论的代表人物多为当时政坛的活跃人物，如孙中山、宋教仁、陈天华、邹容、秋瑾等。

（3）新闻评论进入新时期（1915—1949年）

①概述：随着工人阶级的力量壮大和革命形势的发展，我国报刊的历史进入新的阶段。以陈独秀、李大钊、鲁迅为代表的一部分激进的革命民主主义者，高举起“民主”“科学”和文学革命的旗帜，向形形色色的封建教条展开有力的冲击。

②代表人物：最为著名的是邹韬奋和张季鸾。邹韬奋重视报刊言论，他的《小言论》（以后为“社评”）和《读者信箱》对读者影响十分深远。张季鸾于1926年接办《大公报》，担任总编辑，主持笔政15年，期间写出大量的新闻评论，是20世纪20年代末至40年代初中国最著名的资产阶级政论家。

3. 由政论报纸演变为新闻评论，其重要标志是什么？

答：由政论报纸演变为新闻评论，其重要标志是《时报》首倡的时事短评“时评”。

《时报》是维新派报纸，创办于1904年，其首倡的“时评”给新闻评论注入新的生机，是新闻评论演进为独立新闻体裁的重要标志。该报主办人狄平子（楚青）说：“吾之办此报，非为革新舆论，而欲革新代表舆论之报界尔。”

“时评”大致相当于现在报上的“短评”或“编后”，它抓住当天报上的一则新闻，题目具体，一事一议，使报纸找到一个新闻和评论相配合的形式，为各报开辟时评或类似时评的言论专栏起示范作用。

4. 欧美等国家新闻评论的发端早于我国，主要原因是什么？

答：欧美等国家新闻评论的发端早于我国，主要原因在于这些国家较早地完成资产阶级革命，近代报纸的出现和新闻自由思想的确立都早于我国。这些国家的报纸起初也是没有社论的，只是办报人每每于编发稿件之余，对新闻事件抒发一些个人的意见。英国是最早开始“政论报纸”时代的国家。

5. 从邹韬奋全集或选集中，选读若干篇小言论，分析其内容和文风的特点。

答：邹韬奋重视报刊言论，在其主办的《生活周刊》到以后的《大众生活》等报刊中，亲自主持报刊的言论工作。他的《小言论》（以后为“社评”）和《读者信箱》对读者的影响十分深远。

（1）邹韬奋的《小言论》善于抓群众最关心的问题，说群众想说的话，往往从一件具体的事情出发，采取谈家常的方式，评论三五百字，开门见山、一针见血、简单干脆、明白晓畅，既生动活泼又有战斗性，很适合群众阅读，被广大读者视为良师益友。

（2）文风“明显畅快”，采用平民式的文字，用“最生动，最经济的笔法”，短小精悍、亲切感人，对广大读者像老朋友谈心一样，推心置腹、循循善诱。

（3）在批驳国民党当局的错误言行和揭露社会丑恶现象时，慷慨陈词、锋芒凌厉，具有很强的说服力和号召力。

4.3 考研真题与典型题

4.3.1 概念题

主笔

4.3.2 简答题

试将司马迁的《史记》中的“太史公曰”与新闻评论做一比较。

4.3.3 论述题

在我国新闻评论两个世纪的发展历程中，新闻评论不论在形式上，还是在内容上甚至功能上都发生了变化。请你对报纸新闻评论舆论功能的嬗变进行阐述。

4.3.4 实务题

上海及长三角地区连日受到重度雾霾的侵袭，让人们呼吸都失去了自由，引来一个重大的民生问题。之前，雾霾天气多出现在北方，有专家说，是因为那里的地理位置问题造成的，而上海面向大海，不大会有重大雾霾，现在看来，这一说法并不靠谱，长三角同样受到雾霾之灾。雾霾的肆虐，虽然与特定的地理、气候环境有关，但从根本上来说，是人类盲目发展，对自然过度开发、破坏所结的苦果。

请紧密结合社会现实，根据以上话题写一篇报纸新闻评论。具体要求：自拟标题；篇幅在1200字左右。(中国传媒大学2014年研)

4.4 考研真题与典型题详解

4.4.1 概念题

主笔

答：主笔，是指评论记者，或称社论撰述委员，是一个很高的尊誉。主笔主持一家报馆的言论方向与编辑方针，是新闻政策的执行人。主笔在整个报社的运作中地位极为重要，可以说主笔存则报存，主笔亡则报亡。因此，主笔一般都由社会上享有名望的人担任。

4.4.2 简答题

试将司马迁《史记》中的“太史公曰”与新闻评论做一比较。

答：司马迁在《史记》中所使用的“太史公曰”与新闻评论之间既有联系又有区别。具体分析如下：

(1)联系

①两者都是评论的一种形式。《史记》以“太史公曰”对所述人物、事件、故事等评论对象发表议论，这些议论总是因事立论，以事明理，褒贬臧否，其发表的是个人见解，成一家之言，爱憎好恶之情流溢在字里行间，体现作者的政治观、伦理观、史学观和文学观，作者个人的倾向性表露无疑，是一种典型的评论方式。这与新闻评论相类似，甚至很多学者提出将“太史公曰”与新闻文体中的“编者按”“编后话”相联系。

②两者都是从事实出发。司马迁的“太史公曰”从求真出发，通过对历史事实的考信，去伪存真，寻求历史的真，从一系列具体史实的陈述中成一家之言，达到以史立言的阶段；

新闻评论的倾向性也以事实为依据，新闻的倾向性和真实性在新闻作品中统一的载体是新闻事实。

(2)区别

①“太史公曰”主要是个人观点，新闻评论代表的是媒体机构的观点。“太史公曰”的评论纯为一家之言，以人物为中心，表达司马迁对历史人物的褒贬，达到惩恶劝善，鼓励个人立名立节，劝诱为政者清平尚贤的目的；而新闻评论表明的观点是新闻媒体机构或组织的观点，具有新闻价值的判断因素，其评论表达的观点也是为新闻传媒组织服务的。

②“太史公曰”主观性较浓，而新闻评论的客观性较强。古人著述，讲究微言大义。《史记》公开宣扬“太史公”的倾向性和“究天人之际，通古今之变，成一家之言”的主旨，与当代西方新闻学理论中标谤的“公正评论”和所谓的“客观新闻学”大相径庭。

4.4.3　论述题

在我国新闻评论两个世纪的发展历程中，新闻评论不论在形式上，还是在内容上甚至功能上都发生了很大变化。请你对报纸新闻评论舆论功能的嬗变进行阐述。

答：20世纪90年代后，新闻评论在基本特征方面开始发生变化，随之也拓宽了评论的舆论功能。

(1)主动引导舆论，实施舆论监督

随着我国改革开放和市场经济深入发展，人们的价值观念、思想意识都已发生深刻变化。为适应社会生活和读者观念的这一深刻转变，报刊不仅增加言论在媒体中的分量，打造名牌专栏评论和评论名家，还日益拓宽评论题材，丰富评论表现形式。

①新闻评论在报纸中的分量加重，主要表现在评论专栏的增加上。

a.《人民日报》：1995年元旦，一向以权威言论著称的《人民日报》扩版，新闻评论在新版中占有更加重要的地位。扩版后，除原有的“今日谈”“人民论坛”老牌言论专栏外，“短评”“编者小语”“编后”等评论文章不断出现在版面上，其他“经济漫笔”“新语丝”“大千絮语”等言论也各领风骚。

b. 其他报纸：其他报纸除保持传统评论专栏外，一批贴近实际、贴近百姓的评论栏目脱颖而出，如《新民晚报》的“未晚谈”、《羊城晚报》的“街谈巷议”等，还有许多经济、文娱、法制、体育等领域的评论专栏，不少个人署名评论如雨后春笋般出现。

②专栏评论已从单一的引导舆论转向引导与反映舆论相统一。

专栏评论的不断涌现，顺应进一步解放思想的大势，适应读者口味和市场需求。它们把评论选题范围拓展到政治、经济、文化、历史、教育、社会等各领域，论及的问题也具有强烈的针对性和社会意义，出现了不少既能正确宣传党的路线、方针、政策，又能充分反映群众要求的评论。

由于这些评论专栏贴近生活，而且开始吸收群众直接参与撰写评论，并以个人署名发表，因此它们特别敢于面对众所关注的热点和疑点问题，想百姓所想，说百姓所说。

(2)“时评”专版成为广开言路的舆论平台

“时评”是根据新闻事实所作的评论，时效性强，贴近生活，短小精悍。伴随着经济体制改革向纵深发展，社会现象的复杂性和价值观念的多元化，使人们迫切需要了解各种事情及其背后的原因，这就需要媒体帮助解释缘由、透视趋势。1998年，我国近现代报刊史上又一次“时评热”兴起。

①各大报纸纷纷开设评论专版。

a.《深圳特区报》：1998 年 9 月 4 日，中国内地最早开办的报纸言论版《群言》在《深圳特区报》诞生。这个开放式的言论版设置了多个评论栏目，该言论版以呈现观点为主，是我国新闻评论专版的最初探索，是搭建舆论交流平台的重要一步。

b.《中国青年报》：1999 年 11 月 1 日，《中国青年报》的《青年话题》言论专版开始与读者见面，不但把名牌专栏《冰点时评》置于该版面中，还不断组织专题策划，经常同时发表对同一话题或同一事件持不同观点的评论，引发真正意义上的思想交锋。

c.《工人日报》《北京青年报》《南方周末》《南方都市报》：2000 年后，《工人日报》《北京青年报》《南方周末》也先后推出言论版，但当时的整体发展并未成熟。直至 2002 年，由都市报带动报纸言论版进入一个快速成长期，而掀起新一轮言论版热潮的当数《南方都市报》。该报在 2002 年 3 月 4 日扩版为 88 个版，设在 A2 版的《时评》版也在当天面世；4 月 2 日，该报又在 A3 版推出《来论》版，以“时事评论 · 社论”和“时事评论 · 来论”区分社内和社外观点。

d.《新京报》：《新京报》在创刊之日，即开设“社论/来信”版和“评论”版。《社论批评》专栏“鼓励欢迎读者在此栏目对本报发表的社论文章提出批评、质疑、补充、反对等意见”，为公众与媒体之间提供一个交流和争论的平台，并将其作为一种机制固定下来；而《来信》栏则“刊发关于本报报道的新闻以及对本报做法的评论稿件”。

②“时评热”充实和丰富新闻评论的舆论功能。

由都市报带动的新一轮“时评热”，不仅是编辑形式的变化和市场竞争的结果，其蕴含的深层意义是为更多的公民和专家搭建意见交流的平台。这期间，我国社会主义民主政治建设稳步推进，各类媒体开始广开言路，而新闻观念也由“为百姓说话”向“让百姓说话”转变，新闻评论的作者也逐步扩大到社外专家及其他社会阶层。

中国新闻评论舆论功能的嬗变并不是一个简单的、线性的替代关系，而是各种舆论功能的先后发展成熟、共同存在和交互影响的过程。时至今日，报刊新闻评论已经实现了引导舆论、反映舆论、舆论监督和搭建舆论交流平台的有机统一。随着社会民主法制建设的不断推进，我们有理由对新闻评论发挥更加完善、更加全面的舆论功能怀有期待。

4.4.4　实务题

上海及长三角地区连日受到重度雾霾的侵袭，让人们呼吸都失去了自由，引来一个重大的民生问题。之前，雾霾天气多出现在北方，有专家说，是因为那里的地理位置问题造成的，而上海面向大海，不大会有重大雾霾，现在看来，这一说法并不靠谱，长三角同样受到雾霾之灾。雾霾的肆虐，虽然与特定的地理、气候环境有关，但从根本上来说，是人类盲目发展，对自然过度开发、破坏所结的苦果。

请紧密结合社会现实，根据以上话题写一篇报纸新闻评论。具体要求：自拟标题；篇幅在 1200 字左右。（中国传媒大学 2014 年研）

答：参见本章评论佳作赏析部分例文。

第五章　无产阶级报刊新闻评论的传统

5.1　复习笔记

【知识框架（庖丁解牛）】

- 无产阶级报刊新闻评论的传统
  - 国际无产阶级革命导师十分重视报纸言论
    - 马克思：《评普鲁士最近的书报检查》
    - 列宁：《火星报》《前进报》《无产者报》《新生活报》《真理报》
    - 斯大林：《真理报》
  - 建党后党报评论在革命实践中不断发展
    - 中国共产党成立和第一次国内革命战争时期
    - 第二次国内革命战争时期
    - 抗日战争时期和第三次国内革命战争时期
  - 解放后党和政府对新闻评论的重视
    - 全面恢复和开始建设时期
    - 以阶级斗争为纲时期
  - 毛泽东对党报评论工作的贡献
    - 实践方面
    - 理论方面
  - 我国改革开放以来的新闻评论工作
    - 发生的变化
      - 思想活跃、观点新颖、论述深刻
      - 新闻评论受到普遍重视
      - 评论专栏多、内容丰富、形式活泼
    - 变化的原因
      - 清除极“左”路线
      - 对四项基本原则的大力宣传
      - 经济建设的持续发展

【考点难点归纳（厚积薄发）】

考点一：国际无产阶级革命导师的报纸言论与实践总结（见表5-1）★★

表5-1　国际无产阶级革命导师的报纸言论与实践总结

要点	具体内容
马克思	1842年写下《评普鲁士最近的书报检查》，是无产阶级新闻评论的开端
	1848年6月至1849年5月，任《新莱茵报》总编辑，《新莱茵报》成为无产阶级公开发表评论的阵地

续表

要点	具体内容
列宁	1900 年创办全俄第一份马克思主义的报纸《火星报》。其后陆续创办《前进报》《无产者报》《新生活报》，发表大量政论
	1912 年《真理报》创刊，从 1912 年至 1923 年，列宁在《真理报》上发表论文 852 篇，其中绝大部分是评论和署名评论
斯大林	在准备和实现十月革命期间，为《真理报》撰写 70 多篇评论

考点二：毛泽东对党报评论工作的贡献（见表 5-2）★★★

表 5-2　毛泽东对党报评论工作的贡献

要点	具体内容
实践方面	①“五四”运动时期：创办《湘江评论》，发表《民众的大联合》，评论天下大事，讨伐封建礼教，向反动统治和一切旧势力、旧习惯进行大无畏的冲击。 ②抗日战争、解放战争时期：为新华社、《解放日报》撰写重要评论、社论。 ③全国解放以后：关心党报的评论工作，撰写和大量修改重要社论文章
理论方面	①在文风上，兼收并蓄，集中西之大成，形成独特的风格，开一代先河，对当代新闻评论的影响至深且远。 ②经常教导各级党委负责同志和新闻工作者要重视评论工作，并对如何搞好言论宣传作过多次指示

考点三：我国改革开放以来的新闻评论工作的发展变化（见表 5-3）★★

表 5-3　我国改革开放以来的新闻评论工作的发展变化

要点	具体内容
变化	①内容更丰富，思想更活跃。 ②紧扣时代脉搏，引领主流舆论，强化评论的影响力和引导力。 ③不断吸引公众参与，专业化和学者化的趋势也日渐明显。 ④专栏越来越多，由一线群众作者撰写评论以及公众积极参与的广播、电视评论和谈话类、专题类节目异军突起。 ⑤越来越多的报纸开设社论版、评论专版
变化原因	①清除极“左”路线。 ②结合实际宣传马克思列宁主义、毛泽东思想基本观点的需要。 ③改革开放为新闻传播业提供新的发展机遇。 ④新兴媒体对传统媒体的有力冲击。 ⑤深厚的思想和文化背景为新闻评论注入新的生机和活力
存在问题	①评论生态有待优化，发展不平衡，评论数量不多，品种不全，质量不高等。 ②同质化严重，大量评论主题雷同、观点相似、写法格式化，独家评论较少
应对方法	高度重视并大力加强新闻评论工作，改进评论写作，努力通过各种形式发表评论，提高评论质量

5.2　课后习题详解

1. 马克思、恩格斯、列宁等革命导师是怎样重视报刊言论工作的?

答：革命导师马克思、恩格斯、列宁等在领导国际共产主义运动的过程中，都有过自己参加办报和写作言论的经历。他们在当时的历史条件下，在自己所主办的《新莱茵报》《火星报》《明星报》等报刊上所发表的大量评论，都及时地对当时发生的重要历史事件表明自己的观点和态度，对革命运动中提出的新问题作卓有远见、深刻透辟的解答。

(1)马克思和恩格斯的报刊言论工作

1842年，马克思写下《评普鲁士最近的书报检查》一文，这可以算作无产阶级新闻评论的开端。1848年6月1日至1849年5月19日，由马克思任《新莱茵报》总编辑，使无产阶级有了自己公开发表评论的阵地。马克思和恩格斯在《新莱茵报》上发表大量述评、社论，表现了坚定的革命立场和爱憎分明的态度。《新莱茵报》被迫停刊后，马克思和恩格斯又在美国的进步报纸《纽约每日论坛报》等报纸上继续战斗。据统计，从1851年8月到1862年3月，马克思和恩格斯应邀为美国《纽约每日论坛报》写评论，共写500余篇，几乎占他们一生撰稿1600余篇的三分之一。

(2)列宁的报刊言论工作

列宁的办报活动与他的革命活动紧密联系在一起。1900年12月，他在德国莱比锡创办全俄第一份马克思主义的报纸——《火星报》。后来，又陆续在日内瓦创办《前进报》《无产者报》，在彼得堡创办俄国第一份公开出版的布尔什维克报纸《新生活报》，发表大量政论。1912年5月5日，俄国第一份公开出版的工人报纸《真理报》创刊，后来成为布尔什维克党中央机关报。从1912年至1923年，列宁在《真理报》上发表论文852篇，其中绝大部分是评论和署名评论。

(3)斯大林的报刊言论工作

斯大林仅在准备和实现十月革命的几个月里，为《真理报》写了70多篇评论。

革命导师的这些光辉评论撰述，高瞻远瞩、生动泼辣，富有炽烈的战斗激情和巨大的精神力量，成为激励无产阶级和人民群众投身斗争的号角和旗帜，是一笔宝贵的财富。

2. 我们党报新闻评论是如何在革命实践中不断发展的?

答：我们党报的评论工作，是随着革命斗争的深入发展而发展，随着全党马列主义水准的不断提高而提高的。

(1)在中国共产党成立和第一次国内革命战争时期，以《向导》《政治周报》《工人周刊》《中国工会》《中国青年》等报刊为代表的无产阶级报刊先后创办，大大发挥了报刊评论在革命斗争中的巨大指导作用。

(2)第二次国内革命战争时期，在国民党反动派先后五次发动的反革命围剿中，在二万五千里长征中，党仍然创办以《布尔什维克》《红色中华》《新中华报》《解放》周刊等为主的一系列报刊，及时通过社论、评论指导革命斗争。党的领导通过这些报刊发表的大量政治评论，广泛地宣传马列主义和党的纲领路线，为广大群众指明斗争方向和行动目标，成为鼓动群众投身火热斗争的号角。

在党的早期报刊言论中，由于用马克思主义的立场、观点、方法来分析和解决实际问题才刚刚开始，因而有少数评论缺乏周密的分析过程，说服力不强，这同我党在当时还不够成熟有直接关系。

(3)抗日战争时期和第三次国内革命战争时期，党的报刊评论工作又有新的发展，其中尤以1941年5月创刊于延安的《解放日报》和1938年1月创刊于国统区武汉的《新华日报》特别出色。

(4)此后，各省市陆续办起了机关报，广播电台也相继出现。这些报纸和电台都极为重视新闻评论。这一时期我们的党报的新闻评论，由于全党思想理论水平的明显提高，能比较娴熟地运用马克思主义的立场、观点、方法来分析中国的实际问题，把握着历史发展主动权的无产阶级的战斗风貌，在党报评论发展史上写下了新的一页。

3. 从建国以后到“文革”以前，我国报纸新闻评论的发展大约可分为几个阶段？每个阶段的突出问题是什么？

答：从建国以后到“文革”以前，我国报纸新闻评论的发展大约可分为两个阶段：

(1)全面恢复和开始建设时期(1949—1957年)

①全国解放之后，党和政府在许多决议、文件中一再指示报纸要加强评论工作，搞好言论宣传。

②党和政府在召开报纸工作会议时，对加强评论工作也多次作了明确的指示。改进和加强评论工作，成为每一次改进报纸工作的一个重要方面。

(2)以阶级斗争为纲时期(1957—1966年)

①1958年在报纸“大跃进”中，评论工作出现不少“左”的偏差，提出一些脱离实际的口号，说了很多直接违背客观经济规律的话，在政治问题上常常混淆敌我两类矛盾，背离实事求是的思想路线，造成严重误导，教训深刻。

但当时群众性的评论队伍有所加强，不少地方的党委组成言论写作小组，使报纸评论数量有很大增长，也出现一些具有理论色彩、对实际工作有指导意义的好评论。

②1960年以后，各报在总结报纸工作的过程中，又进一步梳理评论工作中正反两方面的经验教训，但就根本而言，并没有真正摆脱自1957年业已开始的“左”的影响。

4. 毛泽东对党报评论工作的贡献，主要表现在哪里？

答：毛泽东重视并经常撰写党报评论，在理论和实践这两个方面都为党报评论工作的发展做出了重要贡献。

(1)实践方面

①“五四”运动时期，毛泽东在他创办的《湘江评论》上发表了《民众的大联合》等大量战斗檄文，以震撼人心的文字，评论天下大事，讨伐封建礼教，向反动统治和一切旧势力、旧习惯进行大无畏的冲击。

②在抗日战争、解放战争时期，毛泽东经常为新华社、《解放日报》撰写重要评论、社论。如《第二次世界大战的转折点》《质问国民党》《将革命进行到底》《南京政府向何处去?》《别了，司徒雷登》《“友谊”，还是侵略?》等。毛泽东以坚定的无产阶级世界观和一往无前的革命气势，“傍着活事件来讨论”，使评论高屋建瓴，道人所未道之理。

③全国解放以后，毛泽东继续关心党报的评论工作，撰写和大量修改重要社论文章。仅20世纪50年代前期，他为《人民日报》撰写的社论，就有《应当重视武训传的讨论》《元

旦献词》等。

(2)理论方面

毛泽东的评论著述不仅内容博大精深，在国内外产生过广泛、深远的影响，是我国无产阶级革命真实而生动的历史记录，而且也是报纸评论的珍品。

①在文风上，毛泽东的新闻评论兼收并蓄，集中西之大成，形成自己独特的风格，开一代先河，对当代新闻评论的影响至深且远。当代中国新闻评论工作者的评论风格，无不是在毛泽东言传身教或潜移默化中形成的。

②毛泽东还经常教导各级党委负责同志和新闻工作者要重视评论工作，并对如何搞好言论宣传作过多次指示。“组织大家写评论”“写得不要刻板，形式要多样化”“政论应该像政论，但并不排斥抒情”等建议对动员全党尤其是党的负责同志重视报纸评论工作，学习评论写作，具有十分重要的意义。

5. 改革开放以来，尤其是跨入新世纪以来，我国新闻评论发生了哪些变化？原因何在？

答：(1)改革开放以来，我国新闻评论在媒体上的地位和作用愈益凸显，在现实生活和公众中的影响日益增长，新闻媒体的传播质量不断提高，党报在群众中的公信力和影响力大大增强。

①在内容方面，新闻评论内容丰富，思想活跃，观点新颖，论述深刻，形式多样，文风活泼，作者广泛。它所关注的话题，就是全党工作的重点，社会发展的热点，群众关心的焦点；“党和人民都满意”的原则，在新闻评论中得到有机的统一。

②在社会作用方面，近些年各种媒体的新闻评论受到普遍重视，在紧扣时代脉搏、引领主流舆论、强化评论特别是党报评论的影响力和引导力方面尤为突出。新闻评论坚持“三贴近”，加强调查研究，沟通社情民意，疏解公众情绪，实施舆论监督。

③在队伍建设方面，不断吸引公众参与，新闻评论在搭建社会公共话语平台，注意发挥各种形式的新闻评论的作用方面，已经作了很大的努力，出现了不少既能正确地宣传党的路线、方针、政策，又同群众心连心，站在群众中间引导群众前进的评论。同时，专业化和学者化的趋势也日渐明显。

④在专栏设置方面，各种媒体上的评论专栏越来越多，一种主要由一线群众作者撰写的微型评论、网络评论、手机话语、公共论坛、博客、微博，以及公众积极参与的广播、电视评论和谈话类、专题类节目，异军突起，大放异彩，受到普遍欢迎。

⑤在评论专版方面，随着新闻评论实践的发展，有些报纸如《中国青年报》《南方都市报》等已经出现社论版的雏形，《解放日报》《新民晚报》《羊城晚报》《嘉兴日报》等也相继开设评论专版。

(2)新闻评论发生变化的原因

①清除极“左”路线时，中央明确提出报纸和其他新闻工具为了加强理论宣传，最重要的是要运用马列主义、毛泽东思想的普遍原理，回答重心转移和四化建设中出现的种种新问题。

②对于马克思列宁主义、毛泽东思想的基本观点，应当结合当前的实际情况，持久不懈地进行生动有力的宣传。

③20 世纪 80 年代末以来，在邓小平理论、“三个代表”重要思想和科学发展观的指引下，我国改革不断深化，开放进一步扩大，经济建设持续快速健康推进，这一切为新闻传播业提供了新的发展机遇。

④步入新世纪以来，随着高新技术的迅猛发展，特别是以互联网为代表的新兴媒体对传统媒体的有力冲击，加上我国社会深厚的思想和文化背景，更为新闻评论的繁荣和发展，注入新的生机和活力。

5.3　考研真题与典型题

5.3.1　概念题

1. 《评普鲁士最近的书报检查》
2. 《火星报》

5.3.2　简答题

简述新闻评论的发展趋势。（湖南大学 2017 年研）

相关试题：

（1）我国新闻评论的发展有什么样的趋势？（吉林大学 2011 年研）

（2）简述当前新闻评论的发展趋势。（暨南大学 2008 年研）

5.3.3　论述题

1. 试就中西方当代新闻评论作一比较。
2. 试论述新闻评论改革三十年来的变化和原因。（江西师大 2009 年研）

5.4　考研真题与典型题详解

5.4.1　概念题

1. 《评普鲁士最近的书报检查》

答：《评普鲁士最近的书报检查》是指马克思于 1842 年写下的一篇评论文章，被认为是无产阶级新闻评论的开端。马克思在文中痛斥普鲁士政府推行的书报检查制度，他评论道：“这样一来，作家就成了最可怕的恐怖主义的牺牲品，遭到了怀疑的制裁。”他还提出，“你们并不要求玫瑰花和紫罗兰散发出同样的芳香，但你们为什么却要求世界上最丰富的东西——精神只能有一种存在形式呢？”这篇评论在捍卫无产阶级言论自由方面有重要意义。

2. 《火星报》

答：《火星报》是指 1900 年 12 月 24 日，普列汉诺夫、列宁等为重建俄国社会民主工党，在德国莱比锡创办的全俄第一份马克思主义的报纸。《火星报》的宣传内容主要是同经济派论战和宣传党的纲领。列宁实际上是《火星报》的主编和领导者。他在《火星报》上发表许多有关党的建设和俄国无产阶级革命问题的文章，对国际生活的重大事件作评论。

5.4.2　简答题

简述新闻评论的发展趋势。（湖南大学 2017 年研）

相关试题：

(1)我国新闻评论的发展有什么样的趋势?(吉林大学 2011 年研)

(2)简述当前新闻评论的发展趋势。(暨南大学 2008 年研)

答：考虑到社会发展、受众心理以及当今新闻评论的发展态势，我国新闻评论在今后的发展中至少可能会出现以下几个方向的趋向或势头。

(1)由于契合受众高层次的信息需求和舆论引导的功能，新闻评论的发展空间将得到进一步拓宽。

①由于新的信息技术和传播技术的发展以及直接参与社会的局限性，受众对媒介提供经媒介整合的信息的需求增加。而对信息进行整合加工，为受众提供旨在指导和影响受众认知、态度和行为的意见性信息，是新闻评论的题中之义和生存基础。新闻评论今后发展的空间相当广阔。

②大众传播媒介要发挥其“以正确的舆论引导人”的舆论功能，单靠向受众提供事实性信息远远不够，它必须在适当的时候，对这些信息进行专门的解释和评论，即针对新闻事实表明一定的态度和意见，才可能起到以正视听的作用，才能在社会上形成统一且有利于社会政治目的和有利于社会发展的公众舆论。这样新闻评论会因为更契合受众的信息需求和更符合媒介的功能需要而实现进一步的发展。

(2)由于多元信息社会对个性的呼唤以及传播新媒体的兴起，新闻评论将向着更加个性化、人格化的方向发展。

无论是从信息社会信息增长的角度，还是从认知主体对信息加工处理的内在机理而言，呼唤个性都是这个时代乃至未来新闻评论的发展趋势。富有个性的新闻评论容易受到受众的注意，给受众留下深刻的印象，进而在受众中产生较大影响。新闻评论的个性化、人格化趋势在某种意义上还是大众传播窄播化及传播新媒体兴起的必然结果。

(3)由于新闻业务的发展和受众认知规律的需要，新闻评论将出现述与评进一步融合的趋势。

新闻传播规律和受众接受心理的需要。新闻评论中述与评的结合，形象思维与抽象思维的结合，即新闻评论中采用述评结合的手法，夹叙夹议，边述边议的评论手法更为群众所喜闻乐见，因而更有利于发挥舆论导向的作用。正因如此，当今的新闻传播理论已在悄悄发生变化，新闻评论与新闻报道的结合正在进一步地拓展，出现配合、融合、糅合以及耦合等多种结合方式。

(4)由于社会民主的进步和受众自主意识的增强，新闻评论将呈现更加开放化的特点。

①新闻评论的开放首先是其内容上的开放，这主要表现在新闻评论在选题上的禁区越来越少，新闻评论的选题范围有相当大的开放，已不再只把目光盯在“上头”，而是将评论的触角伸向整个社会的方方面面。

②新时期新闻评论的开放性特点还体现在它的评论主体上。随着开放的深入，我国新闻媒体上新闻评论的“一言堂”局面也有显著改变。

③新闻评论的开放性趋势还体现在新闻评论的开放性结论上。新闻评论的结论并不是确定、唯一或闭合的，不同的受众在接受其所提供的意见性信息时完全可以根据自己的体验和需要得出属于自己的结论，新闻评论在结论上的这种开放性特点是多元信息社会受众

自主意识的必然产物。

(5)由于传播技术的发展和新媒介的出现，新闻评论的形式和手段将出现更加多样化的局面。

评论的体裁越来越多，除传统评论，即社论、评论员文章、短评、编者按语之外，诸如述评、论坛、随感、漫笔、絮语、点评等等形态各异、小巧灵活的评论体裁也开始见诸报端，使新闻评论的体裁更加多姿多彩。随着多媒体技术的应用，尤其是在网络传播中，各个媒体之间或各种评论手段之间的界线终将变得越来越模糊。而所有的新闻评论手段也将会在重新整合之后生发出新的评论手段和形式。

5.4.3 论述题

1. 试就中西方当代新闻评论作一比较。

答：新闻评论是指媒体编辑部或作者对有价值的新闻事实和社会现象，运用分析和综合的方法，发表意见以指导实践的一种文体，是整个媒体报道中一个重要的组成部分。这在中外都是一样的：美国普利策称评论为“报纸的心脏”。而在中国，更是将评论定义为“代表报刊、通讯社、广播电台、电视台编辑部的权威性言论。是一种对最新发生的新闻事件或重大问题提出一定看法和意见的文章”。但是，由于政治体制、经济程度、文化传统等的不同，中西方新闻评论也呈现出很多差异。

(1)中西方当代新闻评论的原则差异

①中国：党性原则

在中国，新闻媒体作为党和人民的喉舌，是党的舆论宣传工具。而新闻评论，又是各种宣传形式中最重要、最权威的一种形式，体现党对实际工作的指导性，它最集中最鲜明地体现着报纸的立场、观点和党派性。

新闻评论党性原则的主要表现：坚持党的基本路线和方针政策，坚持唯物辩证法，对新闻事件和重大问题进行具体分析，从而正确地阐明观点和主张。

②西方：独立性原则

西方新闻界为新闻评论确定三项原则：保持独立性；为公众利益服务；在社会舆论中保证领袖地位。独立性是其中的首要原则。

普利策曾给《世界报》确定了原则：《世界报》永远致力于推动社会进步与改革，决不向不公正与腐败现象妥协；永远同任何党派别有居心的宣传唱反调，决不从属于任何政党；永远坚决地保持独立性，决不畏惧向危害社会的势力进攻，不管它是富人还是穷人。由于西方媒体重视自己的社会责任功能和“以读者为中心”的理念，其评论必然要坚持独立性。评论一旦失去客观公正的立场，无原则地为某种特殊利益所驱使，那便谈不上“服务公众利益”，当失去读者的信任时，它在社会舆论中的地位自然也岌岌可危。

(2)中西方当代新闻评论的作用差异

①中国：舆论引导，宣传政策

我国新闻评论的根本作用是进行积极的、正确的舆论导向，它不仅反映舆论，而且影响舆论、引导舆论。纵观我国报纸上的新闻评论，由于它不同于任何个人与团体发表的谈话，而是既代表党委又代表群众的一种发言形式，因此是影响某种社会舆论的一个重要因素。

从宏观的角度来看，新闻事业是社会生活中最重要的舆论机关，新闻评论作为一种重要的文体，对舆论的导向作用不可低估。从微观角度来看，新闻评论的首要作用是宣传党的政策；其次，弘扬精神文明也是评论的一大作用。新闻评论旗帜鲜明地宣传马克思主义观点，宣扬共产主义道德情操，表彰先进，针砭时弊，批评错误言行，对弘扬社会主义精神文明具有十分重要的作用。

②西方：赢得读者，帮助读者

纵观西方新闻评论的理论与实践，不难找出一条贯穿线，这就是“以读者为中心”。西方的政治体制及新闻体制是多元化的，各个不同的利益团体，包括如政党、企业集团、宗教和社会团体等，都有自己主办或控制的新闻媒介；即使是相对独立的媒介，也有政治、经济、社会事务等观点以至文化价值观念上的倾向性。这就形成媒介彼此之间在评论上激烈竞争和对抗的局面。此外，经济上的压力也大大促进带有企业性质的媒介对受众的争夺。因此，客观的环境使报纸评论不得不注重读者的政治倾向、利益要求及阅读趣味。但是，这种注重并非简单的迎合，而更着眼于对读者的帮助、引导和思想上的启示。

西方评论界提出评论的重要职能，即帮助读者在阅读纷繁复杂的事件报道时理清头绪，特别是提供认识、思考有关问题的方法。因为评论能告诉读者事件的背景，使模糊的事实变得清晰，并指出事件的意义。此外，评论还有一个大任务是帮助读者更新观念。有些陈旧过时的想法，或传统的思维习惯对人们影响至深，而且自己往往不易察觉，评论要慎思明辨这些会阻碍新生事物的旧观念。西方评论界把自己社会责任的实现首先寄希望于影响读者，而不是影响上层。同时，他们自觉地把激励思考、使读者能够持有独立见解的目标置于宣传己方观点之上，这或许是民主政体的一个侧影。

2. 试论述新闻评论改革三十年来的变化和原因。（江西师大2009年研）

答：参见本章课后习题第5题答案。

第六章　社会主义新闻评论的党性原则

6.1　复习笔记

【知识框架（庖丁解牛）】

- 社会主义新闻评论的党性原则
  - 把握正确的舆论导向
    - 在政治上与党中央保持高度一致
    - 加强宣传的组织纪律性
  - 坚持实事求是的思想路线
    - 讲事实
    - 讲真话
    - 讲道理
  - 贯彻全党办报、群众办报的方针
    - 三个“结合”
      - 上下结合，领导和群众相结合
      - 点面结合，评论部（组）同志和全编辑部同志相结合
      - 内外结合，报社内部力量和外部力量相结合
    - 组织集体写作
      - 要求：集体研究、认真讨论
      - 优点
        - 快
        - 能够集思广益
        - 是带徒弟的一种方法

【考点难点归纳（厚积薄发）】

考点：坚持社会主义新闻评论党性原则的三条要义（见表6-1）★★★

表6-1　坚持社会主义新闻评论党性原则的三条要义

要点	具体内容	
把握正确的舆论导向	要求	立论必须以马克思主义世界观和方法论为基础，内容必须正确地体现党的路线、方针、政策和策略，体现党的基本主张
	注意问题	①在政治上必须与党中央保持高度一致。既要体现党的主张，又要反映人民诉求，使人民群众提高觉悟，树立全局观念。 ②必须加强宣传的组织纪律性
坚持党的实事求是的思想路线	讲事实	新闻评论的论理离不开以事实为依托，以事实为基础
	讲真话	敢于讲真话，提倡讲真话，必须坚持真理
	讲道理	弄清事物的必然联系，抓住事物的本质联系，讲出事物的规律性，讲究表达的方式和技巧

续表

要点	具体内容	
贯彻全党办报、群众办报的方针	三个“结合”	①上下结合，即领导和群众相结合。 ②点面结合，即评论部（组）同志和全编辑部同志相结合。 ③内外结合，即报社内部力量和外部力量相结合
	组织集体写作	①要求：坚持集体研究，充分讨论写作的整体流程。 ②好处：速度快、集思广益、是带徒弟的一种方法

【评论佳作赏析（见贤思齐）】

社交媒体正改变传统政治传播生态

2016年的美国总统大选结束，结果是没有什么从政经验的特朗普战胜了从政经验丰富的希拉里。大逆转的背后，社交媒体的作用不可小觑。[本段为由头＋论点]

特朗普是一个标准的美国“网红”。有报道称，自去年6月参选开始，他在社交媒体上的人气暴涨，推特粉丝1030万，脸谱粉丝990万。相比之下，希拉里只有778万推特粉丝、480万脸谱粉丝。利用社交媒体的传播平台，特朗普进行了一次成功的政治营销。[本段采用列数字和作比较的方法论证特朗普是一个标准的美国“网红”]

特朗普并非利用社交媒体取得竞选成功的第一人。早在20世纪90年代初，网络媒体作为一种全新的媒介形式已经登上历史舞台，介入政治传播中。奥巴马在和罗姆尼竞争时，还雇用了超过100人的团队，专门负责运营他的社交媒体账户。[该处为事实性论据]自此，社交媒体被认为是政治传播中具有颠覆性的媒体，将会带来政治传播的革命。这种“颠覆性”，在4年之后以特朗普的“逆袭”再次得到印证。得社交媒体者得天下，似乎并非耸人听闻。

一是社交媒体打破了传统媒体线性传播格局。电视媒体曾是政客的助选利器，但其制作周期长、成本高，并且受频道、时间等多重因素制约。而在社交媒体上，选民可以直接参与到内容的创造和生产中，享有表达、分享和传播的权利，也有获得关注与被关注的机会。这为实现双向传播提供了平台。

二是社交媒体改变了传统政治传播生态。在美国，相当比例的选民不再观看或很少观看电视，而社交媒体为人们获取政治信息、参与政治讨论提供了便捷条件，这激发起了年轻一代巨大的政治参与热情。

三是社交媒体为政治营销提供了无限可能。特朗普深谙媒体传播规律，他知道如何以不同的叙事方式最大程度地争取受众支持。据统计，他平均每月在推特上发371.6条推文，相当于每天至少12条；还善于使用Instagram社交平台把日常生活影像发布上去；还看中了视频直播应用Periscope，开通了“问答特朗普”并用视频作回答。特朗普借助社交媒体节省了巨额宣传经费。

[上述三段具体论述了社交媒体改变传统政治传播生态的有利表现]

在社交媒体的强大攻势下，美国主流媒体已处于下风。但对政治传播来说，社交媒体也是把双刃剑，既可以助力竞选，也可能让政治人物处于尴尬境地。“征战”双方犯下的哪怕一点点失误，都有可能迅速在社交媒体上演变成大问题，希拉里“邮件门”事件的持续发酵就是很好的例证。特朗普的一些言论，在争取到众多选民的同时，也不可避免地形成负面舆论。这些在社交媒体上的“个人观点”，是否会为其未来执政埋下隐患，还有待验证。［本段论述不利表现］

可见，社交媒体既拥有巨大能量，也会带来一定政治风险，用好社交媒体这个“宠儿”并非易事。社交媒体背后是汹涌激荡的民意，民不可欺。得一时民意易，获长期民心难。对深得社交媒体之利的政治人物来说，真正提高自己的诚信度和执政能力，方是王道。［结尾提出作者的意见］

（来源：《人民日报》，2016-12-04；作者：陈利云）

6.2　课后习题及详解

1. 社会主义媒体特别是党报的新闻评论为何必须坚持无产阶级党性原则？

答：社会主义媒体特别是党报的新闻评论必须坚持无产阶级党性原则，由我国社会主义新闻媒体的功能和新闻评论的性质决定的。

(1)社会主义媒体最主要的功能是作为党和人民的喉舌，是党进行思想政治工作的重要舆论工具。

(2)新闻评论是各种宣传形式中最重要、最权威的一种形式，尤其是党报的社论和其他重要评论，最集中最鲜明地体现着媒体的立场、观点和它的党派性。因此，在新闻评论工作中，忠贞不渝地坚持无产阶级党性原则，既是搞好评论工作的首要条件，又是改进和加强媒体工作、提高新闻传播质量和核心竞争力的根本前提。所以，社会主义媒体特别是党报的新闻评论必须坚持无产阶级党性原则。

2. 新闻评论要在政治上把握正确的舆论导向，应注意哪些问题？

答：新闻评论在政治上把握正确的舆论导向，是指新闻评论的立论必须建立在马克思主义世界观和方法论的基础之上，向广大受众开辟认识真理的道路。当前，其内容必须正确地体现党的路线、方针、政策和策略，体现党的基本主张。新闻评论要在政治上把握正确的舆论导向，应注意以下几个问题：

(1)在政治上与党中央保持高度一致

具体而言，在评论工作中，一定要高举邓小平理论伟大旗帜，坚持“三个代表”的重要思想，坚持科学发展观，坚持习近平新时代中国特色社会主义思想，归根结底，就是要坚持党的全心全意为人民服务的宗旨。在这方面，需要强调的是，在新闻评论工作中既要体现党的主张，又要反映人民诉求，把对上负责与对下负责结合起来；既要注意关心人民疾苦，反映人民的呼声和要求，勇于同种种损害人民利益的不正之风作斗争，密切联系人民群众的实际利益和切身体验去进行宣传，使人民群众从自己的切身体验中一步步地提高觉悟，理解党的政策，拥护党的主张；又要十分注意引导人民树立全局观念，自觉地为全国各族人民的根本利益而斗争，决不能“言不及义，好行小惠”，不讲社会主义的前途、理想以及党和国家的整体利益，使人们的思想局限在个人眼前利益的狭隘圈子里。

坚持新闻评论的党性原则，在政治上与党中央保持高度一致，并不是一句空话，而有着实实在在的内涵。譬如，当前党中央对社会转型期的道德文化建设高度重视，这要求新闻传播包括评论工作在内，应积极主动地把加强同市场经济、民主法治、和谐社会建设相适应的道德文化建设放到更加突出、更加重要的位置上来，应创造性地在全社会营造讲道德、讲诚信、讲责任、讲良心的强大舆论氛围。

(2)加强宣传的组织纪律性

作为社会主义的新闻从业人员，媒体的一切舆论(评论工作包括在内)，如果不置于党的统一领导下，不遵守党的宣传纪律，搞“上有政策，下有对策”“打擦边球”，就会“各吹各的号，各唱各的调”，以致走偏方向，贻误和危害党和人民的事业。因此，对于党中央的路线、方针、政策和决策，哪些应该在媒体上公开宣传，哪些不应该公开宣传；哪些现在不能公开宣传，以后可以宣传，以及怎样宣传，讲到什么程度，采取什么方式等，都必须与党的步调一致，不得自行其是。

3. 在新闻工作中如何做到对党负责和对人民负责的有机统一?

答: 在社会主义新闻事业的全部工作中，对党负责与对人民负责应当是完全统一的，新闻实践工作应从以下几个方面着手:

(1)坚持马克思主义思想路线，发扬党内民主和社会主义民主

只有坚持党的正确领导，坚持马克思主义的政治路线和思想路线，发扬党内民主和社会主义民主，才能保持和加强党和人民群众的联系，才能有效地发挥社会主义新闻事业的纽带作用，做到对党负责和对人民负责的统一。

(2)加强党的领导，做好党的耳目喉舌

新闻媒介及时向党政机关提供大量新鲜、准确的调查材料，充分反映舆情民意，帮助党政机关掌握实际情况。

(3)充分发挥新闻工作者的主动性和创造性，发挥好舆论监督的作用

改善党的领导，按照新闻工作的特点和规律，鼓励新闻工作者发扬独立负责的精神，充分发挥积极性、主动性和创造性。贯彻党委的决议，配合党的中心任务，但是不能把媒体办成党的“公告牌”和“讲话录”，要能动地发挥舆论工具的作用，对执政情况加以监督。

(4)做好人民的耳目喉舌和舆论引导

新闻媒介要及时反映人民的呼声、愿望和要求，帮助群众了解政府的决策工作信息，发挥好桥梁纽带的作用；同时防止“左”“右”倾思想，认清形势，明确思想，把握方向。

总之，实现这种一致的保证就是在党的正确领导下充分发挥新闻单位和新闻工作者的独立负责精神，发挥工作的自主性。要坚持党性原则，积极地、主动地、创造性地做好新闻工作，同时又要代表人民的利益，充分反映民意舆情，真正成为党和人民的耳目喉舌。

4. 讲事实、讲真话、讲道理与新闻评论的关系如何?

答: 是否坚持实事求是，这是衡量新闻评论有无党性的标准之一。坚持新闻评论工作实事求是的原则，应努力按照党中央关于“宣传工作的三条基本要求”(即讲事实、讲真话、讲道理)去做。

(1)讲事实。即要多讲事实，以事实为基础，事实是最好的宣传。夸夸其谈、歪曲事实、隐瞒真相、粉饰太平是不应该有的恶劣作风。但一些重大问题的宣传，也要注意时机、掌握步骤，做到内外有别。

(2)讲真话。即要敢于讲真话，提倡讲真话，必须坚持真理，而真理必须旗帜鲜明。新

闻宣传的风格，要旗帜鲜明，不要吞吞吐吐、含含糊糊。方式方法要稳妥，不要粗暴，但不能放弃原则。党所进行的一切宣传工作，都应当是生动、鲜明、尖锐的。

(3)讲道理。即新闻评论工作就是讲道理的工作。讲道理不能恐吓，不要讲套话、大话、空话，大搞现象罗列，要深入到事物的内部去，弄清事物的必然联系。道理要讲得深刻，就要抓住事物的本质联系，讲出事物的规律性，还要讲究表达的方式和技巧。

5. 新闻评论工作要贯彻全党办报、群众办报方针，有哪些基本做法?

答: 要坚持新闻评论工作的党性原则，就必须坚持全党办报、群众办报的方针，贯彻这一方针，一般可采取三个“结合”和组织集体写作的办法。

(1)三个“结合”

①上下结合，即领导和群众相结合。就报社内部来讲，针对重要评论，总编辑、副总编辑等主要领导从明确主题、撰写提纲到最后定稿，都要给予具体指导。领导同志较高的思想政策水平和对全局情况的把握是写好评论的有利条件。

②点面结合，即评论部(组)同志和全编辑部同志相结合。搞好评论工作，光依靠专业评论人员还不行，还要发动编辑部其他各部(组)的同志关心评论工作，努力营造一个人人出题目、个个写评论的局面。每个编辑、记者，都应依据所采写典型和组织版面的需要，主动配发各种形式的评论，把这当作自己的应尽职责。这样，媒体就可以做到“天天有评论，版版有声音”，充分发挥新闻评论在新闻传播中的独特作用。

③内外结合，即报社内部力量和外部力量相结合。在报社外，应约请有丰富工作经验和真知灼见的同志担任特约评论员，应组织党委负责同志和有关部门的负责同志为报纸写评论，也需要有在社会各方面都有影响的评论家，还应积极吸引广大受众在媒体上对各种问题通过各种形式发表自己的评论。

(2)组织集体写作

组织集体写作，是贯彻群众路线、发挥集体力量的一个好办法，通常情况下，这种办法不宜也不必过多采用，但在撰写一些应急的重要评论上，又不失为一个多快好省的办法。组织集体写作，一定要坚持集体研究，从确定论题、选择内容到表现形式，进行认真的充分的讨论。这样做的好处，一是快，二是能够集思广益，三是带徒弟的一种方法。不过，这样做一定要研究得透，主题要明确，认识要一致，而且又要有一个切合实际的统一的提纲，这样才能够达到既提高效率，又能保证质量的目的。

6. 在2010年3月召开的全国两会上，一位政协委员作了题为《狠刹搞形式唱高调耍花架子的不正之风》的大会发言，直指一些领导干部说得好，唱得好，干得不好，只知道搞形式唱高调耍花架子的不正之风。短短8分钟的发言，却在人民大会堂里获得了台下全国政协委员们的9次掌声。通过阅读下列发言全文，你从中获得了哪些启示?(材料略)

答: 这位政协委员的大会发言，直指一些领导干部搞形式、唱高调、耍花架子的不正之风，读来大快人心，虽然批评的对象是一些领导干部，但是这股不正之风也存在于新闻评论界。

(1)搞形式

社会主义的新闻事业，有着鲜明的阶级性和党派性，特别是作为媒体旗帜和灵魂的新闻评论。新闻媒体是党和人民的喉舌，是党进行思想政治工作的重要舆论工具。新闻评论要坚持党性原则，把握正确的舆论导向，首先要做到与党中央保持高度一致。于是评论工作者为了不犯政治错误，就照抄照转或“穿鞋戴帽”，形式主义愈演愈烈，上级精神没吃透，就急于表态。实际上评论工作并不是上“论”下效，依葫芦画瓢。新闻评论要吃透两头，并非只顾一头；吃透上头，也并非照抄上头。现实生活中新事物、新问题层出不穷，评论的触及面广阔，内容丰富，新闻评论者应根据党的基本观点去分析各种实际问题，敢于开第一腔，敢于提出新问题、议出新见解，敢于写出新观点、闯出新天地。

(2)唱高调

由于急功近利、急出“政绩”的浮躁心态，一些地方、一些领导爱唱高调，往往不顾条件是否具备、社会是否需要，也不顾能否做到，什么都要高级、高端、高标准、高规格，什么都要最大、最快、最优、最佳，什么都要国际一流、世界一流；动不动就是“新口号”“新概念”“新思路”“新规划”，动不动就是中心、核心、龙头、高地，动不动就是集群、体系；说的、写的、唱的、吹的调子越来越高，却没有采取具体措施抓落实或者根本没有准备落实；他们不怕做不到，就怕别人看不到、听不到。新闻评论也紧跟这些领导干部的步伐，为他们大吹特吹，报喜不报忧，甚至弄虚作假。

(3)耍花架子

一些官员喜欢赶时髦、变花样、造气氛、装“门面”，追求轰动效应。新闻评论界也不乏耍花架子的高手。为了追求轰动效应，不顾新闻是否属实，就妄加评论，为了赶时髦，都围着热点事件大写评论。其他关乎民生的新闻很少关注。为了追求发稿量，东拼西凑，评论文章没有实际内容，只有空架子。

6.3　考研真题与典型题

6.3.1　简答题

1. 社会主义新闻评论的党性原则体现在哪些方面？(浙工大 2012 年研)
2. 新闻评论以事实为依托有哪些特点？(暨南大学 2006 年研)
3. 为什么说新闻评论选题要做到上下结合？(暨南大学 2013 年研)

6.3.2　实务题

1. 结合材料和自己的认识，对以下事件进行评论。要求观点鲜明，论述有逻辑和条理，题目自拟，字数不少于 800 字。(浙工大 2018 年研)

参考材料：

北京时间 2016 年 11 月 9 日下午，共和党候选人唐纳德·特朗普获得了 276 张选举人票，成为美国第 45 位总统。早在 11 月 4 日，新华社便在旗下微信公众号“新华视点”发表文章《特朗普 VS 希拉里＝新媒体 PK 传统媒体？》。文章中提到，美国主流纸媒几乎一边倒地宣布支持希拉里，而特朗普在过去 12 个月里经由社交媒体获得 3.8 亿美元免费曝光量。甚至有评论认为，如果大选只是一场社交媒体数字游戏，总统选举已经结束了。当然，这不意味着特朗普和希拉里的竞选代表了社交媒体与传统媒体的对决。作者认为，在美国大选中，与其说是传统媒体与社交媒体的对决，毋宁说是社交媒体在占领传统媒体，大规模夺走受众和广告资源，在新闻内容上反哺传统媒体，塑造和引导舆论的作用也越来越大。

11月8日，新华社再次刊文，认为“今年大选中，美国传统媒体处境可以用‘悲凉’二字加以形容。最悲凉的不是与社交媒体对决失利，而是根本就没有发生对决，只是发生了社交媒体对传统媒体的占领。今年大选中，传统新闻媒体的受众，以惊人规模转移到社交媒体平台上。同时，社交媒体不再是舆论导向的追随者，而成为舆论导向的塑造者。社交媒体已经成为政治工具，对选民产生非常巨大的影响，而网民点赞、转推或其他下意识的在线行为，也从未像今年大选这样暴露出美国政治状态的阴暗面”。

当然，也有不少媒体提出，特朗普逆袭，并不代表美国大选是一场“社交媒体”的胜利。社交媒体的滥用，也显现出种种弊端，信息窄化、滋生偏激情绪都是社交媒体深入渗透大选后不得不面对的问题。

2. 请根据下列见报稿件，配发一篇短评，要求自拟标题，内容需立意新颖、层次清晰、论证条理、观点鲜明，字数不少于500字。（暨南大学2013年研）

参考材料：

孩子，你慢慢来——当兴趣班成为信仰

新华社杭州5月31日专电（新华社“中国网事”记者章苒　余靖静）

每年小升初，杭州市的顶尖初中都会为争夺两三百名“最最优质的生源”而激战一番。

他们被称作“牛孩”。一位网名“牛爸”的家长为今年刚刚进入初一的这群新生建起了一个QQ群“杭州牛孩集中营”。顶尖的民办初中，某种程度上也是“集中营”。牛孩们来不及骄傲，已经进入了更高层次的焦虑。不论孩子已经有多出色，家长们仍然期待神一般的培训班，神一般的辅导老师，孩子则像神一般地学习。一些家长在恐慌和焦虑中无从依赖，于是催生了一种共同的奇特信仰——兴趣班。

在杭州有一位传得神乎其神的奥数徐老师。家长每天写博客记录自己孩子与徐老师亲密接触的过程，很多“孩子还没到年纪”的家长则每天等着看更新，为这个孩子“什么时候被淘汰”捏着一把汗。

一名台北学生注意到了大陆奇特的兴趣班文化。这名中国美院的学生对两地进行了比较：台湾没有那么多专为考试服务的画室，而大陆的学生把在画室学习当作人生一件非常严重的事情，因为考不上就完了。他疑惑地问：“画画不是兴趣吗？画画应该没有压力啊！”

大家都把兴趣班当成应试捷径的一个结果是，行情水涨船高，为了加分或者应试而学的孩子并没有得到应有的回报。据了解，杭州一所小学，班主任曾让孩子们填兴趣特长，一个班50个孩子，35个孩子在学钢琴。老师不得不宣布说，弹钢琴不算特长，因为“会的人太多了”。

据了解，2012年杭州建兰中学招生，以特长生名义报名的学生就有三四百名，其中钢琴十级的学生就有60多个，而按照学校的招生计划，钢琴特长生只招收一两个。

问题是，经过如此惨烈厮杀进入民办中学的艺术特长生，很多人会在初中比较严峻的课业压力下，放弃艺术特长。

当兴趣班成了“信仰”，这些奇特的场景才能在各地上演：周末孩子在少年宫上一天的课，家长就在外面扎帐篷，孩子睡个午觉继续上课。幼儿园也不能幸免，四五岁的孩子下了课，家长在走廊上喂饭，这些还没有解决自主吃饭问题，晚上还要抱着奶瓶入睡的孩子，吃完饭还要接着学习。

杭州市第二中学是当地重点高中的“第一梯队”，近年来挑战“轻负高效”教学，希望能“把时间空出来让孩子玩”，结果遭致家长集体反对。“他们问我，为什么不把时间利用起来给孩子补课?”校长叶翠微说。

杭州市教育局初等教育处处长蒋锋也有类似苦恼，“我们这两年开始重点查违规补课，有天晚上十点多，有家长打进市长热线‘12345’投诉，我以为哪里在违规补课了，结果家长要投诉的是‘为什么不让孩子补课’!”

“我觉得现在的孩子很可怜，真的很可怜。”长期关注幼儿教育的浙江省特级教师王芳说。即便在看似离高考指挥棒十万八千里的学前阶段，家长们“很急，很疯，很可怕”。

“家长患了一种病，集体焦虑症。”浙江省教育学会副会长鲁林岳说，“这种病是我们整个社会焦虑的折射，所以大多数家长不能幸免，无法超脱。”

“另外一个原因，今天的家长对子女追求成功的诉求比以往任何时候都要强烈。因为现在大多数孩子是独生子女，独生子女的成败对家庭来说，是百分之百，简单来说就是输不起。再追究下去，跟我们的文化、传统教育价值观有密切关系，跟人才观、幸福观存在误区有密切关系。”

“我觉得身边的同学都很急，急着嫁人，急着找个稳定的工作，”在浙江大学新闻系就读的台湾学生李伶在接受《钱江晚报》采访时说，“台湾的年轻人大多追求自己的梦想，过自己想要的生活，然后再考虑安定下来。”

浙江大学社会学教授冯钢说：“有一种声音我听了不知道多少遍，家长对孩子说，如果考不上大学，你怎么跟有钱人家的二代拼，你怎么跟机关领导干部的二代拼，你根本拼不过。你唯一能拼的，就是你如果考进大学，你可能还有希望。”

冯钢说，从上世纪90年代后，社会结构开始逐渐固化了，社会向上流动的机会越来越少。如果说一个社会所有能够向上流动的渠道只有一条，就是考大学，那么家长肯定都围着高考打转。

冯钢说，在这种时代背景下，家长焦虑不能完全避免，但当焦虑成为一种社会群体性疾病，并且非理性地蔓延时，那么在这个群体中最脆弱的那些人，一定会出现不理智的行为，而这些行为的承受者是他们自己的孩子。

6.4　考研真题与典型题详解

6.4.1　简答题

1. 社会主义新闻评论的党性原则体现在哪些方面?（浙工大2012年研）

答：在新闻评论工作中，忠贞不渝地坚持无产阶级党性原则，既是搞好评论工作的首要条件，又是改进和加强媒体工作、提高新闻传播质量和核心竞争力的根本前提。社会主义新闻评论的党性原则主要体现在把握正确的舆论导向、坚持党的实事求是原则以及贯彻全党办报、群众办报的方针三个方面。（具体参见本章课后习题第2、4、5题答案）

2. 新闻评论以事实为依托有哪些特点?（暨南大学2006年研）

答：新闻评论就事论理，析事明理，都离不开以事实为依托，以事实为基础。事实最有说服力，事实是最好的宣传。新闻评论以事实为依托具有以下特点：

(1)新闻评论中的事实要准确无误。虚构的或莫须有的事实没有任何说服力。同时，评论者对所引事实要真切了解，只有在对事物、事实真切了解的基础上(需要积累和调查研究)，才有可能将之融合于说理体系之中。

(2)新闻评论中的事实是为作者表达自己的观点服务的，事实与观点见解之间具有内在联系。选择哪一个新闻事实来陈述，并不是因为作者认为这一新闻事实有让读者了解的新闻价值，而是因为作者对这一新闻事实有自己的看法。事实与观点见解之间具有内在联系，联系愈紧密，则逻辑性愈强，说服力愈强。用事例来证明和阐述观点，事例要典型，内容要充足，要能够反映事例与论点之间的客观联系。

(3)新闻评论中的事实不一定都具有新闻性。作者用来支持自己观点的论据材料，就可能是以往的事实材料，甚至是历史材料。而新闻报道，一般不会包含过去的事实。

(4)新闻评论中的事实之间应当具有认识上的相关性。这是因为它们都为表达作者的观点服务。而新闻报道中涉及的不同的事实因素，虽然可能具有空间、时间上的相关性，却不一定具有、也不一定能保证在认识上的相关性。这是因为，一篇报道可能对于读者具有认识性，但提供报道的作者却没有、也不应该在报道中有一个统摄所有事实的观点，他也不应以这样一个观点来选择事实。

3. 为什么说新闻评论选题要做到上下结合?(暨南大学2013年研)

答:(1)新闻评论的选题

新闻评论的选题是指新闻评论所要评述的事物或要论述的问题，它规定着评论的对象与范围。选题是新闻评论写作的首要环节，一篇评论的成败，首先取决于选题。能否正确选准、选好论题直接关系到评论的指导作用和影响到写作程序的进行。

(2)成功的评论选题，总是真正吃透上下两头、上下紧密结合的选题

①上，是中央的精神，中央的路线、方针、政策，中央的重大决策和重要部署。党和国家的最新决策、重大部署和主要领导人的重要讲话，往往反映了特定时期的工作大局和政策精神，体现着中央的意图。及时宣传中央决策和领导的讲话精神，是新闻评论选题的首要考虑。

②下，是基层实际，群众呼声，现实问题。选题要从大处着眼，从小处着手，即从大问题的某一个侧面选定论题，选取最贴近生活情感，最体现时代精神，最吸引受众“眼球”的那一点入笔，使论题具体集中，有鲜明的针对性。同时，也要学会小题大做，即善于从一个看似极普通的事件中，找出其背后存在的具有普遍意义的大问题，从而深入开掘，写出大主题。

③吃透上头，大多可以通过阅读文件、参加会议和听报告解决，而吃透下头，则必须“身入”下去，真正深入基层、深入实际、深入群众，即坚持“三贴近”。

6.4.2 实务题

1. 结合材料(材料略)和自己的认识，对以下事件进行评论。要求观点鲜明，论述有逻辑和条理，题目自拟，字数不少于800字。(浙工大2018年研)

答:参见本章评论佳作赏析部分例文。

2. 请根据下列见报稿件(材料略)，配发一篇短评，要求自拟标题，内容需立意新颖、层次清晰、论证条理、观点鲜明，字数不少于500字。(暨南大学2013年研)

答:参考示例:

别让兴趣班没了兴趣

听说升学考试中传统文化才艺能加分，于是一些戏剧、古琴班便如雨后春笋般冒了出来；发现艺术类考试对文化课要求低，于是不少学生就突击学习绘画、提琴，企图“另辟蹊径”；看见有孩子因为羽毛球打得好，被学校优先录取了，于是一些家长就开始琢磨培养孩子打球……诸如此类打着素质教育幌子的功利性兴趣班，如今依然广泛存在。

纵观当下的兴趣班，英语、绘画、音乐等属于基本款，如果时间和金钱充裕，女孩子可能会学个舞蹈，男孩子就学个球类。看上去，似乎每个孩子都有一两门拿得出手的特长，但事实上，孩子们上的兴趣班几乎都是家长们“觉得孩子需要掌握”的技能，而不是他们真正的喜好。甚至更有些家长觉得孩子自身的兴趣“没用”，强行让孩子上自己认为“好”的兴趣班。如此强扭的兴趣，最终只会得不偿失。

兴趣班，顾名思义，目的应该是发展孩子兴趣、提高孩子素质。如果兴趣班丧失了“兴趣”二字原本的意义，变成了应试教育加分的砝码，那无疑会与育人的本质背道而驰。

如今，我们常常抱怨，现在音乐学院出不了音乐家，美术学院出不了画家，电影学院出不了好演员。扪心自问，这究竟是为什么？恐怕其中有一点不容忽视，那就是很多孩子在当初选择这个行当时，就不是因为喜欢，而是出于各种利益的考量。试想，如果我们培养的人才，都只是为谋求一份稳定的工作和体面的生活，而没有钻研的兴趣与冲动，那么我们将注定与大师无缘。

兴趣是人的本能，也是人的一种基本权利。所以，请尊重和保护孩子的爱好，别让兴趣班没了兴趣，别折断孩子梦想的翅膀。

（来源：人民网－人民日报，2017-04-27）

第七章　党报评论应对新媒体冲击的主要方略

7.1　复习笔记

【知识框架（庖丁解牛）】

- 党报评论应对新媒体冲击的主要方略
  - 化被动为主动
    - 化被动为主动的原因
    - 化被动为主动的内涵
      - 先声夺人，占领舆论制高点
      - 关键时刻不缺位、不“失声”
  - 化说教为说理
    - 化说教为说理的原因
    - 化说教为说理的内涵
      - 由命令向对话转变
      - 由指导向引导转变
      - 由灌输向疏导转变
  - 化生硬为生动
    - 化生硬为生动的原因
    - 化生硬为生动的内涵
      - 深入群众、深入基层
      - 适当借鉴文学表现手段
      - 韵律优美、节奏明快、文字个性
  - 化单向为双向
    - 化单向为双向的原因
    - 化单向为双向的内涵
      - 从命令训诫式向平等商量式转变
      - 从专家主导式向公众参与式转变
      - 从道德评判式向专业分析式转变
  - 化互动为互赢
    - 化互动为互赢的原因
    - 化互动为互赢的内涵
      - 加速自身改革，实现“报网互动”
      - 注重时效性、贴近性、互动性和大众化

【考点难点归纳（厚积薄发）】

考点：党报评论应对新媒体冲击的主要方略（见表7-1）★★★

表7-1　党报评论应对新媒体冲击的主要方略

要点	具体内容	
化被动为主动	原因	①党报评论在社会公共事件中的缺位、“失声”，是对引导舆论主导权的自我放弃，是评论工作者的最大失职。 ②在社会转型时期，社会舆论常常会在短时间内发酵

续表

要点	具体内容	
化被动为主动	内涵	①及时准确地发布权威观点，占领舆论制高点。 ②主动设置话题
化说教为说理	原因	①党报评论的内容和形式固化。 ②新兴媒体评论快捷、新鲜、犀利，挤压传统媒体评论生存空间
	内涵	①由命令向对话转变，平等沟通。 ②由指导向引导转变，其主旨是带领。 ③由灌输向疏导转变，要以人为本
化生硬为生动	原因	党报评论太感性、情绪化、空泛枯燥、套话连篇，不够生动活泼
	内涵	①要坚持深入群众、深入基层。 ②要适当借鉴文学表现手段。 ③文章要有优美的韵律、明快的节奏以及个性化的文字
化单向为双向	原因	党报评论脱离实际、脱离群众，不能发挥引导社会舆论的作用
	内涵	论述方式应向平等商量式、公众参与式、专业分析式转变
化互动为互赢	原因	网络评论对传统媒体评论产生冲击
	内涵	①“取其长、避其短”，加速自身改革，实现“报网互动”。 ②加强评论的时效性、贴近性、互动性和大众化

7.2　课后习题详解

1. 党报评论为何要采取应对新媒体的方略?

答：党报评论要采取应对新媒体方略的原因如下：

(1)当今，人们正处在瞬息万变的信息化社会和全媒体时代。新兴媒体已经成为人们获取信息、表达观点的重要途径。网络、手机话语以及论坛、博客、微博等，凭借其强大的资源整合能力和独家性、贴近性、交互性等特点深刻地影响和改变着人们生活的各个领域。网络评论的迅速发展及其产生的越来越大的冲击波，对传统媒体评论尤其是党报评论构成了严峻的挑战。

(2)在新兴媒体评论以其快捷、新鲜、犀利、“草根”、贴近、互动的优势，对传统媒体评论特别是党报评论形成“抢、逼、围”之势的今天，党报评论如不下决心切实扭转上述状况，势必要影响自己的生存与发展。

(3)党报评论面对新兴媒体的冲击，为应对网络评论的挑战，化“危”为机，顺势而为，创新驱动，转型发展，在新闻报道特别是新闻评论的变革上进行可贵的探索，采取应对新媒体的方略，是党报发展的必然结果。

2. 党报评论化被动为主动的内涵是什么?

答：党报评论化被动为主动的内涵是：

(1)为壮大主流舆论，提高舆论引导的及时性、权威性和公信力、影响力，在各类突发事件、热点新闻面前，党报评论一定要及时准确，抢占舆论引导第一落点，将突发事件舆论引导与事件处置同步推进，在第一时间发布权威观点，先入为主，先声夺人，掌握主动，从而最大程度地挤压谣言传播空间，真正占领舆论制高点。

(2)党报评论要化被动为主动，在关键时刻不缺位、不“失声”，除对突发事件、热点新闻要在第一时间发布权威观点外，主动设置话题，紧紧围绕经济社会发展中的重大问题，紧紧围绕人民群众尤为关切和反映强烈的突出问题生发评论，也是党报评论化被动为主动的一个重要路径。

3. 党报评论怎样才有说服力和感召力?

答: 党报评论要有说服力和感召力，须从五方面做努力：(1)化被动为主动；(2)化说教为说理；(3)化生硬为生动；(4)化单向为双向；(5)化互动为互赢。(具体参见本章复习笔记相关内容)

4. 党报评论能否做到全面准确与生动活泼相统一？为什么?

答: 党报评论能做到全面准确与生动活泼相统一，具体分析如下：

(1)全面准确与生动活泼并不矛盾。没有全面准确，花里胡哨的文字只能是持之无据的游谈；没有生动活泼，再大的嗓门、再正确的道理也不会入脑入心。

(2)党报评论首先必须全面准确地宣传党的理论、方针、政策，全面准确不等于空泛枯燥、套话连篇，说一些永远正确的话，讲一些大而无当的道理。因而党报评论必须贴近实际、贴近生活、贴近群众，力求使读者在轻松、愉快的阅读中受到教育和启发。

(3)党报评论要坚持深入群众、深入基层，善于使用源于生活本身的“新鲜”语言，吸收富有表现力的时代语言，使评论同拍共振。适当借鉴文学表现手段，嬉笑怒骂皆成文章，把评论写得五彩缤纷、绚烂夺目，就能做到全面准确与生动活泼相统一。

(4)评论文章要有优美的韵律，要有明快的节奏，要有个性化的文字。语意含糊的句子要改，不够有亮度的句子要换，不够简洁的句子要删。改、换、删之后还要朗诵，直到文字达到比较完善为止。

5. 党报评论为何要遵循双向传播的规律?

答: 党报评论要遵循双向传播规律的原因如下：

(1)党报评论停留于单向传播：内容上，自上而下的多，传达上级精神的多，指导当前工作的多；论述上，一味灌输的多，命令训诫的多，“我说你听”的多；受众上，面向领导干部的多，面向上层人士的多，面向知识精英的多。这会致使党报评论脱离实际、脱离群众，“曲高和寡”，不能在引导社会舆论中发挥应有的作用。

(2)党报评论遵循双向传播的规律，化单向为双向，面向基层，面向实际，能够既体现党的意志又反映群众心声，体现领导意图又通达社情民意、反映公众诉求，也能够把对上负责与对下负责相结合。

党报评论遵循双向传播的规律，在论述方式上，要从命令训诫式向平等商量式转变，从专家主导式向公众参与式转变，从道德评判式向专业分析式转变。对一些有争议的话题，通过设置正方和反方，给公众提供思考问题的不同视角，注重引导公众积极参与；对同一个话题，从不同角度和侧面加以讨论，以深化对问题的认识；运用对话和访谈的方式，主要由编辑记者依据特定的新闻事件设置话题，请专家学者发表高见，提高分析问题和解决问题的能力。

报纸为全社会的成员所共同拥有、共同使用，谋取的是公共利益。职之所在，责有攸归。新闻媒体是“时代风云的观测站，时代航船的瞭望哨，时代变化的记录者，时代进步的见证人”。作为新闻媒体“旗帜和灵魂”的新闻评论，尤其是党报评论，在这方面所担负的责任特别重大。党报评论只有遵循双向传播的规律，才能更好地完成它的任务，更好地谋取公共利益。

6. 党报评论与网络评论各有什么长处和短处？应如何相互学习，实现双赢？

答：(1)网络评论的长短处分析：

①长处包括：a. 时效性强，往往在第一时间就作出反应，发表意见；b. 因事抒感，借题发挥，直抒胸臆，一吐为快；c. 平民视角，平民情怀，平民语言，平民风格；d. 善于交流，长于互动，一呼百应，效应集聚。

②短处包括：a. 理性不够，容易偏激，说理往往失之简单，缺乏论证过程，缺少逻辑力量；b. 相互转发，彼此“复制”，克隆现象严重，原创作品不多；c. 作风不够严谨，常常因急于求成而“失真、失信、失误”。

(2)党报评论的长短处分析：

①长处包括：a. 及时、准确地宣传党和政府的路线、方针、政策和工作部署；b. 长期积累的良好的社会信誉、公信力；c. 根据中央精神和省委意图发表具有预见性的评论文章和阐释新闻事件。

②短处包括：a. 传播本位；b. 受众市场主要是单一的党政干部；c. 单纯的政治指导；d. 时效性不强；e. 互动性差；f. 贴近性差。

(3)党报评论和网络评论应互相“取其长、避其短”，加速自身改革，实现“报网互动”，在评论的时效性、贴近性、互动性和大众化上狠下工夫，努力抓出成效。对网络评论而言，也应采取同样的态度，这样才能达到互学共赢的目的。

7. 请尝试写一篇1000字的网络评论。

答：参考示例：

共享汽车撞死人，责任也当“共享”

6月4日，湖南湘潭大学校内东门附近发生一起交通事故。一名23岁的大学男生驾驶先导出行旗下的共享汽车，与一名推婴儿车的34岁女子相撞，婴儿车内年仅1岁6个月的男婴不幸死亡。受伤女子伤情稳定，暂无生命危险。目前，肇事者已被警方控制。经调查，该男子持有C1驾驶证。

这名男生涉嫌交通肇事罪，应当没有多少疑问。如果该男生“开车时看了下手机导致事故发生”情况属实，说明其在驾驶机动车的过程中，有违反《道路交通安全法》等法规的行为。从造成的严重后果看，也达到了刑法规定入罪的标准。根据相关司法解释，类似“死亡1人，负事故全部或者主要责任”的情况，应以交通肇事罪“处3年以下有期徒刑或者拘役”。

当然，这只是个人可能承担的刑事责任。根据《刑法》有关规定，“对犯罪分子除依法给予刑事处罚外”，还“应根据情况判处赔偿经济损失”。鉴于因为对方的肇事行为造成自己和被监护人的人身伤害，孩子的母亲可以提起附带民事诉讼，要求对方承担相关赔偿。

这注定是一笔不菲的费用。很有可能，这名男生会主张，自己还是学生，并没有经济来源，无法对受害人及其家庭做出经济赔偿。在这种情况之下，是不是受害人只能自认倒霉了呢？

根据《侵权责任法》，“因租赁、借用等情形机动车所有人与使用人不是同一人时，发生交通事故后属于该机动车一方责任的，由保险公司在机动车强制保险责任限额范围内予以赔偿”，“不足部分，由机动车使用人承担赔偿责任”，“机动车所有人对损害的发生有过错的，承担相应的赔偿责任”。

据此，一般情况下，先由共享汽车的保险公司在保险限额范围内承担赔偿责任，不足部分再由机动车使用人来赔偿。

还应当看到的是，男生与共享汽车之间，形成的是一种特殊的租赁关系。男生提供了租金，共享汽车方面则按照约定，为其提供安全可靠的驾驶交通工具等。如果因汽车质量出现安全事故，则平台就要承担相应的责任。

此外，共享汽车平台还有审核注册用户驾驶资质和真实身份的义务。按照先导出行的合同约定，平台须审查对方上传的身份证和驾照是否合法有效。如果在审核过程中，共享汽车平台疏于把关，导致“鱼龙混杂”，如对方已扣满12分，或者驾照已被吊销，那么，平台方面就应为过错承担责任。

当然，这种过错责任的承担，并不利于充分救济受害人。从公平的角度看，可以确定共享汽车平台的连带法律责任。因为租车人的过错发生重大交通事故，损害赔偿可以先由共享平台赔付，平台方面再向租车人行使追偿权。

未来已来，共享汽车已如雨后春笋般出现大街小巷。但令人遗憾的是，法规并没有跟进完善，与之相关的《合同法》《侵权责任法》《道路交通安全管理法》等法律又过于抽象，实际起到规范作用的，主要还靠共享汽车与使用人之间的合约。从长远看，共享汽车立法还须提速，如此，新事物才能行稳致远。

（来源：澎湃新闻，2019-06-06；作者：欧阳晨雨）

7.3　考研真题与典型题

实务题

1. 针对给定材料，思考当代中国社会矛盾的特点及化解这些矛盾的政策策略，写出一则评论的开头两个段落以及此后的分论点，并拟写标题。（人大2018年研）

参考材料：

据洛阳当地媒体爆料，2017年5月26日傍晚时分，在河南洛阳王城公园篮球场上发生暴力事件，广场舞大妈大爷与年轻篮球迷因为场地问题发生斗殴冲突，导致警方介入调查。

在微博名为“兄弟篮球008”的网友爆料当中，他晒出一段不足1分钟的冲突事件视频。只见一名光着上身的年轻男子被数名大爷大妈围殴，他被堵在围墙附近遭遇团团围攻，尤其是一名红衣大爷更是用拳头朝着该年轻人脑部袭击。不过双方在力量与年龄上的差距，也让该名年轻人随后一度奋起反击，逼开将他按压在围墙上的数支手臂。不和谐一幕也招致不少理性人群围观，并在劝阻之下及时制止冲突，避免事态进一步升级扩大。

事件爆料者继续在微博写道：“王城公园篮球场，是洛阳市区为数不多的球场之一，每到下午19点钟，上班族刚下班，正是打球时间，可跳广场舞的大妈们每天按时按点都来球场占场。广场舞，这个又不是广场，这个是球场，年轻人锻炼的地方，希望有关部门能重视起来，整顿一下。公园那么大，哪里不能跳，非要跟年轻人占球场。”

针对如此事件网友议论纷纷：

“广场舞属于娱乐项目，不属于体育项目，篮球场应该是为体育项目服务的。”

“他们已经侵占了很多商场门口和广场，连篮球场都不放过？难道让年轻人去街上打篮球？”

“尊重是互相的，篮球场本来就是打球的。”

“第一，视频中很明显的是年轻人先在球场打球，老年人后来并且逐渐把球场给全部占领的，这个从视频的一开始就能看出来；第二，年轻人在视频的中间部分明显地做出了让步，说球场一人一半，但老年人并没有理睬；第三，视频的后半段老年人仗着人多势众不许年轻人走还打人。从视频来看，年轻人骂人有待考证，但打人属实。”

“这事我站孩子们，你们退休的天天霸占篮球场，孩子们才有几个星期天啊。”

该事件引起了当地警方的重视，河南省洛阳市公安局在微博下方留言道：“具体位置在哪儿？这个篮球场是否有明确的管理机构？”

6 月 2 日晚上，微博认证为“广场舞大妈抢篮球场事件当事人”的网友“兄弟篮球 008”发微博称，洛阳王城公园篮球场之争告一段落，球场被暂时关闭。

篮球场的门被封上，并贴了公告：为保障游客人身安全，防止突发事件发生，按公安部门要求，篮球场暂停使用。

半个月后，封闭的篮球场再次间断开放，具体的开放时间是在早上 6 点到下午 16 点半，而 16 点半之后，篮球场则处于关闭状态。

另外，公园方给广场舞大爷大妈新修建的广场舞场地，已经建好铺平，并安装好了灯光。

2. 请为以下人民网电稿拟定标题，并编写 150 字的编者按。(电子科大 2016 年研)

参考材料：

10 月 19 日，国务院总理李克强在北京出席首届“全国大众创业、万众创新活动周”。李克强总理强调，要坚持创新驱动，扎实推进“双创”，不断激发市场活力、潜力和社会创造力。

推进“大众创业、万众创新”，实施创新驱动发展战略，是党中央、国务院打造经济增长新引擎、增强发展新动力的重大举措。当前，声势浩大的“双创行动”已经在全国展开，并取得了明显的成效。下一步，“双创”如何进一步加快推进，还有什么难题需要破解，又如何引导广大民众主动融入、积极参与并营造活跃的创建氛围，无疑是总理记挂心中的一件大事，是各级政府要着力解决的重要问题。而这也是举办全国“双创周”的一个出发点。

以创新赢得未来！在考察本次“双创周”活动时，李克强总理打破议程，上台发表即席讲话，体现出对做好“双创”工作的殷殷期待。仅今年以来，在李克强总理主持的多次国务院常务会议上，就有很多议程是直接涉及并部署“双创”工作；总理外出视察时，高度关切并反复叮嘱的也是“双创”工作。今年全国两会上，总理说推动“双创”，就是要让更多的人富起来！今年 9 月在大连高新区众创空间示范基地考察时，李总理指出，政府要当好创业创新“娘家”！在众创空间的项目路演现场，他还表示，让每个创业者都能享受天使服务。自 2014 年李克强总理在达沃斯夏季论坛期间倡导“大众创业、万众创新”以来，创业创新正在成为一股热潮。在推动创业创新事业上，也涌现了许多新思维、新办法、新模式，而这都凝聚着总理力促“双创”的心血。各地各级政府都要积极响应中央“大众创业、万众创新”的号召，持续改革创新工作，像总理那样，为广大创业创新者“站台”，切实把“双创”作为转方式、调结构、提升经济发展质量与水平的动力。

当前，很多地方都根据自身实际，制定了各种推进“大众创业、万众创新”的具体实施方案。笔者注意到，为创新创业空间出台扶持措施，创新体制机制，发展“双创”服务体系，加大财税扶持力度，尤其是加大对各类众创空间的奖补等等，成为各地培育“大众创业、万众创新”成长和发展良好环境的常用做法。笔者以为，我们的“双创”事业大有作为，更大有可为。在为推进“双创”探求破题之策时，应该注意以下几个问题：

其一，推进“双创”要与实施“中国制造2025”紧密联系起来。李克强总理在全国“双创周”活动中指出，要主动拥抱“双创”，通过众创、众包、众扶、众筹等新模式，带来大中小企业生产方式和组织管理模式变革，催生新的工业革命。他认为这不仅将促进传统产业改造升级，也会推动现代服务业等新兴业态加快成长。笔者以为，当前“中国制造”正深处经济新常态下的“三期叠加”压力之中，必须加快推进“中国制造”的“三个转变”，才能提升对内对外市场竞争力。这“三个转变”就是制造向创造转变，速度向质量转变，以及推动“中国制造”产品向品牌转变。要实现“三个转变”，将“双创”与实施“中国制造2025”紧密联系起来至关重要。

企业要通过设计引领和内在技术创新，加快机器换人和两化融合，促进产品制造走向智能制造，并带动产业向高端化迈进。毫无疑问，“大众创业、万众创新”是做好这项强化创新驱动、推进产业转型升级工作的一个重要支点。

其二，要高度重视构建多渠道“双创”投融资体系的工作。李克强总理强调，政府要做创业创新者的“后台服务器”，通过不断完善所需的公共产品和服务，不断清除制约“双创”的障碍，不断织牢民生保障之网，增强创业创新者试错的底气和勇气。笔者以为，支持“双创”的一个重要环节，就是破解投融资难题。创新创业，离不开金融体系的改革创新，也需要完善市场功能。各级PE投资机构，如何利用价值发现功能，相应跟进并推出涉及“双创”的产品？我们的资本市场、银行，如何提供更多的服务，拓宽融资途径，来积极支持“大众创业、万众创新”？对于政府来说，怎么更好地为创业创新的“小苗”提供成长的土壤，注入适合的投融资“肥料”，也需要进一步改革工作的方式方法和办事流程。

其三，要把创业和就业结合起来。李克强总理一直强调，要把创业和就业结合起来，以创业创新带动就业。总理在今年的一次国务院常务会议上指出，“大众创业、万众创新”是富民之道、强国之举，有利于产业、企业、分配等多方面结构优化。面对今年就业压力加大的形势，必须采取更加积极的就业政策，大力支持“大众创业、万众创新”。笔者注意到，今年5月1日总理签批的国务院《关于进一步做好新形势下就业创业工作的意见》里，就高度重视以创业、创新带动就业工作。

当前，我国就业总量压力依然存在，结构性矛盾也相当突出。我们必须以“双创”为新引擎，实施更加积极的就业政策。因此，在建设创业创新载体（众创空间）时，不但要注意重点突出、资源集聚，以及通过简政放权、减免规费等举措来降低创业创新门槛，更要注意到“人”是大众创业万众创新的第一要素。我们要建立科研人员双向流动机制，支持科技人员创业创新，以及高校、科研院所的科技成果转化。同时，还要加强创业培训辅导，鼓励大学生创新创业。

（作者：王振峰）

7.4　考研真题与典型题详解

实务题

1. 针对给定材料（材料略），思考当代中国社会矛盾的特点及化解这些矛盾的政策策略，写出一则评论的开头两个段落以及此后的分论点，并拟写标题。（人大 2018 年研）

答：（1）评论开头参考示例：

小伙为打篮球与广场舞大叔大妈抢场地，双方爆发冲突，此事件在社会上引起舆论如潮。在爆发冲突的视频中显示，涉事双方各执一词，最终爆发了冲突，舆论对此也有不同反应。尽管管理部门已经做出了协调安排，但能否从根本上解决这一问题，还是未知数。

“运动场地之争”事件产生的背后原因是什么？事实上，这是在有限的公共活动空间中，有不同需求的群体之间因为有限的场地而产生的矛盾和冲突。这一现象也折射出“人民日益增长的美好生活需要和不平衡不充分的发展之间的矛盾”。

（2）分论点参考示例：

①市民的活动场地不足，以及很多活动场地的建设没有注意其功能的完善，导致了不同运动爱好者必须共用同一块场地。

②公共场所的各活动团体在遇到利益冲突时，要理性处理，学会换位思考，遵循共享原则和精神，在追求自身利益的同时学会兼顾他人的利益。

③有关管理部门的政府服务应当做到位，要正确引导和解决人民的需求，要及时发现问题，并予以解决。

（3）标题参考示例：《“篮球场之争”：公共活动场所应当如何使用》

2. 请为以下人民网电稿（材料略）拟定标题，并编写 150 字的编者按。（电子科大 2016 年研）

答：参考示例：

（1）新闻标题：《像李克强总理那样，为创业创新站好台》

（2）编者按：

创新是民族之魂，是时代主题；创业是发展之基，是富民之本。随着我国经济进入新常态，党中央、国务院适时作出了大众创业、万众创新的重大战略部署。习近平总书记强调，“创新是社会进步的灵魂，创业是推动经济社会发展、改善民生的重要途径”。实践证明，广泛开展大众创业、万众创新，是培育和催生经济社会发展新动力的必然选择，是扩大就业、实现富民之道的根本举措，是激发全社会创新潜能和创业活力的有效途径。

第八章　评论工作者的基本素养

8.1　复习笔记

【知识框架(庖丁解牛)】

评论工作者的基本素养
- “目光四射，触觉锐敏”——政治家的眼光
- “以其昭昭，使人昭昭”——理论家的头脑
- “上‘天’有路，入‘地’有门”——社会活动家的本领
  - 党的路线、方针、政策，党委的工作意图
  - 群众的要求、愿望，社会的实际情况
- “视野开阔，知识渊博”——杂家的智能
  - 原因
    - 是一个优秀评论工作者必备的素养
    - 更容易产生新的联想和独到的见解
    - 文章更具有感染力和说服力
  - 收集资料的形式
    - 各种描写摘录
    - 名言佳句汇集
    - 成语典故集释
    - 阅读书报札记
- “下笔千言，倚马可待”——作家的技巧
  - 地位：是诸素养的综合体现和最终归宿
  - 培养写作技巧的方式
    - 在立论与论证上下功夫
    - 在语言准确、鲜明、生动上下功夫
    - 多读些古文，有较扎实的文学修养
    - 勤练笔，天天写，天天练
    - 认真学习范文

【考点难点归纳(厚积薄发)】

考点：评论工作者需要的基本素养(见表8-1)　★★★

表8-1　评论工作者需要的基本素养

要点	具体内容
政治家的眼光	①要有正确的立场，坚定的信念，同党中央保持高度一致。 ②敢于提出新问题，新见解。 ③高度的政治敏感性

续表

要点	具体内容
理论家的头脑	①要有超高的理论水平和理论素养。 ②要有客观、全面、深入、灵活、具体、发展、群众的观点。 ③要认真学习、切实掌握党的各项基本政策
社会活动家的本领	①“吃透两头”：一头是党；一头是群众。 ②关心群众、了解群众、向群众学习
杂家的智能	①要有开阔的眼界，渊博的知识。 ②刻苦学习、博览群书。 ③了解各行各业
作家的技巧	①立论要新，论证逻辑要严密，论证方法要多样。 ②力求把文章写得有声有色，在语言的准确、鲜明、生动上下工夫。 ③多读古文，要有较扎实的文学修养。 ④勤练笔，学会写各种新闻文体的文章，认真学习范文

8.2 课后习题详解

1. 提高基本素养与评论写作的关系如何?

答: 新闻评论工作搞得好不好，评论的质量高不高，关键取决于评论工作者的基本素养如何。评论工作者不但必须具备新闻工作者(主要是编辑、记者)所应具备的基本素养，而且还必须具备评论工作者特有的修养。称职的评论工作者，应该既是报纸的代言人，又是编辑部能出观点、出主意的参谋员，是既能写评论又能写重点报道的多面手。评论工作者的基本素养如何，往往在一定程度上代表和反映一家媒体队伍的基本面貌和素养。

做好评论写作，必须提高评论工作者的基本素养:

(1)只有提高政治觉悟，加强道德修养，才能站到时代的前列，体现时代精神。

(2)只有学习和掌握马克思主义的科学理论和政策观念，才能学会分析问题，做好党的“耳目喉舌”。

(3)评论工作者必须注意文化知识的学习和基本功的训练，做到学识渊博，精通业务，因为一篇好的评论是各种知识的综合运用和写作功底的集中体现。

2. 加强政治素养最根本的要解决哪方面的问题?

答: 新闻评论工作者往往代表编辑部、在某些情况下甚至可以代表同级党委发言，经常通过评论向广大干部和群众就有关全局性的重大问题、重大事件，从政治角度阐明党的路线方针和基本政策，分析实际工作和生活中具有指导意义的新事物、新问题等。所以，评论工作者首先要求具备较高的政治素养。加强政治素养最根本的是要解决以下几方面的问题:

(1)加强政治素养要求评论工作者要有正确的立场、坚定的信念，潜心钻研党的路线方针和基本政策，坚持四项基本原则，同党中央保持政治上思想上的高度一致。这也是对党的新闻评论工作者一条最基本的政治要求。所以，撰写新闻评论一定要站在党的立场，体现党的重要思想、部署、方针、政策，及时传达党中央和各级党委的声音。

(2)每个评论工作者都要像政治家那样，满怀政治热情，关注党和国家大事，随时随地胸怀全局、目光如炬，熟知党的路线方针政策，力求及时、准确地通过评论文章宣传党的路线方针和工作意图，动员和引导广大群众为实现党的总任务、总目标而奋斗。

(3)评论工作者要同党中央保持政治上思想上的高度一致，丝毫不意味着一切照抄照搬照转。阐述党的路线、方针、政策的评论以及一些涉及一个时期党的重大工作部署的评论，力求从内容到文字都准确可靠，切不可掉以轻心、论出多门。但是，这并不意味着所有评论都非要上"论"下效、依葫芦画瓢不可。评论工作者的政治素养，表现在吃透两头，并非只顾一头；吃透上头，也并非照抄上头。敢于提出新问题、议出新见解，敢于写出新观点、闯出新天地，这也是评论工作者的一个不可缺少的重要素养。

(4)评论工作者，要有高度的政治敏感性，目光四射，触觉锐敏，能在风起于青萍之末时就识别到风向，对于新出现的社会动向、社会思潮能敏锐地辨别、清醒地分析，并作出明确的政治判断，从而产生写作评论的欲望和激情。

3. "以其昏昏"为什么不能"使人昭昭"?

答: "以其昏昏"不能"使人昭昭"是指一个理论水平不高的评论员，不能透过错综复杂的社会现象，抓住事物的本质，无法拥有见微知著、鞭辟入里的透视力和纵横捭阖、透彻深刻的剖析力。评论工作者要具有深刻的新闻洞察力、独到的新闻视角、较高的理论功底和透过错综复杂的社会现象把握问题实质的能力。政治上的坚定，首先取决于理论上的清醒。所谓理论素养，是指能较为自觉地运用马克思主义世界观、方法论，全面而非孤立地、系统而非零碎地、发展而非静止地观察事物、剖析问题。

(1)新闻评论要正确地阐述党的方针政策，及时地分析各种社会现象，帮助广大读者提高认识世界和改造世界的能力，就需要评论工作者具有较高的理论素养、明辨是非的能力和洞察社会的目光。自己昭昭，才能使人昭昭，以其昏昏，不能使人昭昭。

(2)评论工作者的理论水平，主要表现在善于用辩证唯物主义和历史唯物主义的理论来观察社会，提出问题，分析问题，善于从纷繁复杂的现象中揭示事物的本质，解决问题。这是评论员所应具备的透视力和剖析力。这方面的素养越好，写出的评论就越有质量，越具有理论说服力，越能起振聋发聩的作用。实践证明，评论工作者的理论素养主要表现在开动脑筋，运用科学的世界观和方法论去研究新问题，把具体问题、具体事件上升到理论上来，作透彻、精辟、深刻的分析，从而帮助广大受众解决新形势下遇到的新问题。经验表明，只有对评论的话题有深刻的了解和独到的把握，能够"钻得进去"，又能"跳得出来"，才能"深入浅出，直达人心"。

4. "吃透下头"对评论写作的关系如何?

答: 新闻评论要"吃透两头"，一头是党的路线、方针、政策，党委的工作意图；一头是群众的要求、愿望，社会的实际情况。"吃透下头"是指评论工作者一定要有社会活动家的本领，要熟悉社会，了解群众。

(1)丰富的社会生活，永远是评论工作者取之不尽、用之不竭的源泉。观察社会、了解社会，注意从社会动向中了解群众的情绪、意愿，了解政治发展的趋向，从而在头脑里形成评论的讯息，产生写作的欲望和激情。这是评论工作者不可缺少的社会素养的锤炼。

(2)写评论要有的放矢，要有针对性，深入了解社会，是寻"的"、抓"活思想"的重要途径之一。评论工作者要具有社会活动家的本领，必须在关心群众、了解群众、向群众学习上多下工夫。

(3)评论工作者要懂得群众的心，应及时了解群众所想、所需、所求。如果评论工作者在耳边能经常听到各种声音(包括群众的讽刺和牢骚)，触摸到群众的脉搏，即能说出人民群众想说、要说，但是还没有说出的话。

(4)评论工作者一定要培养一种能和各种人接近、同"三教九流"交往的品质和本领。要善于同人打交道，交朋友，使他们乐于跟你谈心交心，说真话。评论工作者要有甘当小学生的精神。

5. 评论工作者为何要力求具有杂家的知识涵养?

答：评论者要力求具有杂家的知识涵养，原因如下：

(1)眼界开阔，知识渊博，是一个评论工作者必备的素养。评论文章本身是多种知识的综合构成件。评论的严密论证需要有逻辑知识；评论的巧妙构思需要有文学知识；评论语言的准确生动需要有语法修辞知识；评论的精辟论述、典故运用、背景穿插更离不开历史知识等。

(2)具有丰富知识的评论员比只有浅陋知识的评论员更容易产生新的联想和独到的见解，会有更多的生发、激情和文采，写出的评论文章也就更具有感染力和说服力。

(3)新闻评论涉及各行各业、各类问题，要求评论工作者对文、史、哲、经、法、教、科专门知识都懂一点，要成为一个杂家，知识储备多多益善。

(4)当今，世界信息浪潮汹涌激荡，高新技术蓬勃发展。我国已经正式加入世贸组织，形势喜人又逼人。在信息爆炸的知识经济时代，评论工作者一定要下决心学点科技知识、市场经济知识和经济管理知识，要尽可能了解一点不熟悉的新事物、新知识，不仅要懂政治经济学，还要懂一点部门经济学、现代管理学。

(5)知识贵在日积月累。"不积跬步，无以至千里；不积小流，无以成江海"。平时无论看书、看报、看杂志，手要勤，看到新鲜有用的知识，随时记下，一定时期再作归纳整理。

6. "下笔千言，倚马可待"为何要成为评论工作者的努力目标?怎样练就这方面的功夫?

答：(1)"下笔千言，倚马可待"是指文思泉涌，写作极为迅速。新闻评论文章的新闻性、针对性，要求评论文章针对新闻事件和当时重大社会问题选题立论，及时写作和发表，但又要求准确鲜明，不能草率从事和含含糊糊。所以评论工作者要很快地确定选题，明确中心观点，很快地完成收集材料、调查研究和形成思路的过程，尽快进入写作阶段。要比别的文章更快地写作和发表，中间又少不了反复修改的过程。这就要求评论工作者锻炼"下笔千言，倚马可待"的真功夫、硬功夫。

(2)练就"下笔千言，倚马可待"功夫的方法

①勤练笔。坚持天天写，天天练，使自己的思路和运用文字的技巧能做到"召之即来，来之能战，战之能胜。"实践长才干，多写出技巧。

②学会写各种新闻文体的文章。包括新闻报道、通讯、特写、述评等，重点在练习评论写作。一个优秀评论员应当对各种评论文章都得心应手，娴熟走笔。

③认真学习范文。可以选100篇好评论，包括革命导师的文章、鲁迅的杂文、古代优秀散文以及延安时期《解放日报》和建国以来《人民日报》的优秀社论等，细细咀嚼，精心揣摩，从文章的题目，到开头、立论、布局、选材、论辩、语言、句式、笔法，直至文章结尾，逐一加以研究领会。

7. 在评论工作者的五个要素中，你认为最关键的是哪一个？请用1000字左右说明你的理由。

答：参考示例：

“视野开阔，知识渊博”——杂家的智能

新闻评论工作搞得好不好，评论的质量高不高，关键的一条，取决于评论工作者的基本素养如何。

评论工作者要有比较全面、扎实、广博的知识，新闻界的老前辈邓拓同志就是一个榜样。他博览群书，学精才广，无论写新闻报道还是撰写社论、短文，都“笔走龙蛇”，游刃有余。论历史，他是有名的明清史专家，18岁在上海参加左翼社会科学家同盟，23岁发表专著《中国救荒史》，建国后又是中国哲学社会科学部的学部委员和中国历史研究所的学术委员。论新闻，他25岁任《晋察冀日报》社长，30多岁任《人民日报》社长，写过上百万字的社论，是著名的政论家，担任过中国新闻工作者协会主席。论文学艺术，他是著名的诗人和散文家，又是有造诣的书法家、鉴赏家。1961年，他为《北京晚报》撰写150余篇《燕山夜话》短文，几乎是天文地理、古今中外、社会科学、自然科学无所不包。

眼界开阔、知识渊博，是一个评论工作者必备的素养。一篇好评论，是同善于运用知识积累分不开的。实践表明，具有丰富知识的评论员比只有浅陋知识的评论员更容易产生新的联想和独到的见解，会有更多的生发、激情和文采，写出的评论文章也就更具有感染力和说服力。

大凡政论家都是刻苦学习、博览群书的。王安石“自百家诸子之书，至于《六经》《素问》《本草》、诸小说，无所不读，家夫女工，无所不问”，所以他的文章才能传诸后世。英国著名哲人培根说得好：“阅读使人充实，会谈使人敏捷，写作与笔记使人精确。”“史鉴使人明智，诗歌使人巧慧，数学使人精细，博物使人深沉，伦理之学使人庄重，逻辑与修辞使人善辩。”评论工作者就需要通过广博的阅读，像蜜蜂采百花那样酿蜜，那样吸取知识，使自己充实、敏捷、精确、明智、巧慧、精细、深沉、庄重、善辩。

新闻评论涉及各行各业、各类问题，要求评论工作者对文、史、哲、经、法、教、科专门知识都懂一点，要成为一个杂家，知识储备多多益善。评论员的知识领域越宽广，其发展的潜力就越大。单一的爱好，过窄的兴趣，把自己的视野限制在极其狭小的天地里，搞不好评论工作。评论工作者要精读马克思主义的基本著作，其重要性是不言而喻的。除此以外，多学些历史知识、文学知识、法律知识，也是必不可少的。

在知识经济时代，评论工作者一定要下决心学点科技知识、市场经济知识和经济管理知识，要尽可能了解一点不熟悉的新事物、新知识，不仅要懂政治经济学，还要懂一点部门经济学、现代管理学。学习科技知识，旨在了解当代科学技术的方向、内容、目的和问题，了解科学技术的主要门类大体上包括一些什么问题，它是管什么的，每一门类的科学技术与生产和人民生活的关系如何，自身的发展历史又如何，等等。可以读一些有关科学

技术史方面的书，以及通俗科技杂志。知识贵在日积月累。平时无论看书、看报、看杂志，手要勤，看到新鲜有用的知识，就随时记下来，一定时期再作归纳整理。古今中外的杂家积累资料的形式，大致有以下几种：①各种描写摘录。见到精彩的肖像描写、心理描写、环境描写、景物描写等等，分类加以摘录；②名言佳句汇集。凡言简意赅、生动形象、富有哲理的名言佳句，摘录下来；③成语典故集释；④阅读书报札记。

一篇好的评论作品的写作，是各方面知识的综合运用和写作功底的集中表现。这就要求评论工作者勤于涉猎，重视知识积累，具备丰富的想象力。在丰富知识的同时，还要努力提高自己的文字表达能力，提高写作水平。

8.3　考研真题与典型题

8.3.1　简答题

1．评论工作者究竟应当具备哪些基本素养？（浙工大 2012 年研　填空题）

相关试题：新闻评论员应具备哪些修养？（暨南大学 2011 年研；郑州大学 2007 年研）

2．评论工作者的政治敏感的含义是什么？（湖北大学 2004 年研）

3．新闻评论员要做一个杂家，你认为这个“杂家”是指什么？（华中师大 2012 年研）

8.3.2　实务题

1．请根据下列材料，写一篇 500 字左右的评论。（暨南大学 2012 年研）

《生命时报》发起的一项“2011 上班族亚健康”调查表明，我国白领健康状况不容乐观，超过四成的受访者觉得自己处于“亚健康”状态，仅有 12.28% 的人认为自己健康。与此同时，有调查称，我国职场人仅 3 成能享受带薪休假，时间是世界最短。长时间在重重压力下工作，使得疲劳、睡眠质量差、记忆力下降、腰痛等，成为白领人群最常见的亚健康症状。

超过五成的上班族觉得特别容易疲劳

当问及“您觉得自己的身体状况怎么样”时，42.47% 的受访者认为自己是亚健康，31.53% 的人偶尔有点不舒服，13.72% 的人觉得自己“很糟糕，有慢性病”，只有 12.28% 的受访者认为自己“健康”。平时觉得自己“特别容易疲劳”的受访者高达 50.27%，超过了一半，觉得“精力充沛”的仅为 23.51%。

六成人“被工作狂”

《京华时报》联合搜狐健康发起了另一项“你恐惧过劳死么”的调查。在参与调查的近两千人中，以 20－50 岁的中青年居多，大多来自文化教育、IT、通讯、制造业和商业等行业。其中，有近五成网友表示自己“经常加班、熬夜”，近三成的网友“偶尔加班、熬夜”。而“经常加班、熬夜”带来的后果则是参与调查的人中多数人都已经开始出现“过劳死”的早期信号，其中，出现记忆力减退的人最多，占调查人数的近两成，其次出现较多的症状依次为“睡眠时间越来越短，醒来也感到不解乏”“情绪容易失控”等。

谈到“经常加班、熬夜”的原因，多数人表现出了无奈。其中，近七成网友表示自己“并不是工作狂，但是工作量太大，不得不加班”，两成多的网友表示“已经算是准工作狂，每天要工作 10 小时”，只有不到一成的网友表示为主动自愿加班，“算是工作狂”。

2011年"过劳死"部分事件

4月12日，普华永道会计师事务所一名女硕士由于过度劳累引发急性脑膜炎，不治身亡。

6月27日，中芯国际董事长江上舟因癌症去世。

7月2日晚间，百事通首席运营官、总编辑吴征在游泳过程中突发心脏病抢救无效死亡，时年39岁。

9月16日，《中国青年报》副总编辑唐为忠出差期间突发心梗不幸去世。

"过劳死"界定困难

"过劳死"一词源于日本。1988年日本"压力疾病工伤研究会"开设了"过劳死110热线"后，过劳死一词在日本被广泛使用。所谓过劳死，在日本主要是指因工作劳累、工作压力导致心脑血管疾病致死的现象。因工作压力等原因导致精神抑郁而自杀的，则被称为过劳自杀，也属过劳死范畴。

我国目前尚没有关于"过劳死"的明确定义。现行《工伤保险条例》列举了"在工作时间和工作场所内，因工作原因受到事故伤害的"等应当认定为工伤的情形，也规定了"视同工伤"的诸多情形。不过"视同工伤"认定中有一条残酷的规则：只有在工作时间和工作岗位，突发疾病死亡或者在48小时之内经抢救无效死亡的，才能作为可以视同工伤的情形。

2. 根据下列材料写一篇不少于800字的新闻评论。（西安交大2007年研）

材料一：

1993年3月26日，美国《纽约时报》刊登了南非摄影家凯文·卡特一幅照片《饥饿的小女孩》：一个瘦得皮包骨头的苏丹小女孩在前往食物救济中心的路上再也走不动了，趴倒在地上。而就在不远处，蹲着一只硕大的秃鹰，正贪婪地盯着地上那个奄奄一息的瘦小生命，等待着即将到口的"美餐"。照片发表之后，立即引起了全世界人民对苏丹叛乱活动给老百姓带来的灾难进行控诉。此幅照片在1994年4月获得普利策新闻奖。然而自图片刊发后，人们更为关注那个小女孩的命运，成千上万的人打电话给《纽约时报》，询问小女孩最后是否得救。在普利策颁奖仪式结束3个月后，因为无法忍受越来越大的精神压力，凯文·卡特自杀身亡。他的身旁遗留着一张纸条："真的，真的对不起大家，生活的痛苦远远超过了欢乐的程度。"

材料二：

2005年5月9日，福建厦门下了一场暴雨，市区道路上的多处水坑让不少骑车人栽了跟头。在厦门市厦禾路与凤屿路交叉路段，厦门《东南快报》一摄影记者在暴雨中"守株待兔"，苦苦守候近一个小时后，终于拍摄了一组一名骑自行车的人突然陷入水坑摔倒的全过程照片。这组照片发表后，立即引起了社会各界人士关于职业道德与社会良知的大讨论。

材料三：

2006年7月10日17时，河南电视台都市频道女记者曹爱文与同事接到新闻线索称，郑州黄河公路大桥西300米有一13岁女孩不慎落入黄河水中。将近18时孩子被救了上来，当地村民将她倒提起来，以排出孩子体内的污水，来自省会的部分媒体记者纷纷抓拍着这一新闻现场。

出身医生家庭的曹爱文不顾小女孩淌着白沫的嘴角，俯身做起了人工呼吸。8分钟后，还不见小女孩醒来，给孩子做着心肺复苏术的曹爱文急得直掉泪。18时47分，120急救车终于疾驰而至。

19时30分，医生宣布抢救无效。

“我当时连溺水女孩名字都没问到……”由于一直忙着给孩子做人工呼吸，曹爱文的这次新闻采访显然已经失败。曹爱文放弃采访而抢救当事人的事迹，引来了各界好评，并被众多网友誉为“中国最美的女记者”。但围绕这一新闻事件也展开了讨论，争论的焦点在于记者传达新闻的责任和社会公德心之间应如何平衡。

8.4 考研真题与典型题详解

8.4.1 简答题

1. 评论工作者究竟应当具备哪些基本素养？（浙工大2012年研 填空题）

相关试题：新闻评论员应具备哪些修养？（暨南大学2011年研；郑州大学2007年研）

答：作为党报的评论工作者，首先应当是党的思想政治工作者，是具有真知灼见的政治家、目光敏锐的观察家、思想深邃的理论家和关心实际生活、充满激情的社会活动家。换言之，一个具有领悟力、剖析力、表达力和知识面广的优秀评论工作者，应当具备的素养主要包括：

(1)“目光四射，触觉锐敏”——政治家的眼光；

(2)“以其昭昭，使人昭昭”——理论家的头脑；

(3)“上‘天’有路，入‘地’有门”——社会活动家的本领；

(4)“视野开阔，知识渊博”——杂家的智能；

(5)“下笔千言，倚马可待”——作家的技巧。

(具体参见本章复习笔记相关内容)

2. 评论工作者的政治敏感的含义是什么？（湖北大学2004年研）

答：新闻评论工作者往往代表编辑部、在某些情况下甚至可以代表同级党委发言，经常通过评论向广大干部和群众阐明有关全局性的重大问题、重大事件，阐明党的路线方针和基本政策，分析实际工作和生活中具有指导意义的新事物等。所以，评论工作者首先要求具备较高的政治素养。评论工作者的政治敏感的含义有以下几点：

(1)评论工作者的政治敏感是指评论工作者要像政治家那样，始终满怀政治热情，关注党和国家的大事，随时随地胸怀全局、目光如炬，熟知党的路线、方针、政策，力求自己能及时正确地通过评论文章宣传党的路线方针和工作意图，动员和引导广大群众为实现党的总任务、总目标而奋斗。

(2)一个有作为的评论工作者，总是蕴含着高度的政治敏感性，他目光四射，触觉锐敏，能在风起于青萍之末时就识别到风向，对于新出现的社会动向、社会思潮能敏锐地辨别，清醒地分析，并作出明确的政治判断，从而产生写作评论的欲望和激情。这是评论工作者政治素养中一项极其重要的基本功。

(3)新闻评论工作者应当是自觉地“站在党的中心和斗争的中心的人”，应当是党的路线、方针、政策的阐发者和宣传者。党领导下的各种新闻媒介的评论工作者，更应当意识到自己是马列主义、毛泽东思想的宣传者。我们强调评论工作者要同党中央保持政治上思想上的高度一致，丝毫不意味着一切照抄照搬照转。敢于开第一腔，也就是敢于提出新问题、议出新见解，敢于写出新观点、闯出新天地，这也是评论工作者的一个必不可少的重要素养。

(4)新闻评论工作者只有具备高度的政治鉴别力和政治敏感性，才能在新闻天地里，发现具有不同寻常的意义。

3. 新闻评论员要做一个杂家，你认为这个“杂家”是指什么？(华中师大2012年研)

答：“杂家”是指新闻评论员要有广博的知识。因为新闻评论涉及的面广、问题多，没有广博的知识是不行的。新的时代对新闻人提出了许多新的要求，新闻评论员要不断吸取人类文化宝库中的最新成果，以新知识、新技术武装自己，这样才能不落伍。作为一个杂家要具有以下几方面的素质：

(1)加强政治修养。一个评论工作者应提高自己的政治觉悟，站到时代的前列；加强道德修养，表现时代精神。

(2)评论工作者应学习和掌握马克思主义的科学理论，掌握基本理论，学会分析问题；加强政策观念，做好党的“耳目喉舌”。

(3)评论工作者必须注意文化知识的修养和基本功的训练，做到学识渊博，对哲学、经济学、历史、法律等知识都要有所了解，并且精通各项新闻业务。一篇好的评论作品的写作，是各方面知识的综合运用和写作功底的集中表现。这就要求评论工作者勤于涉猎，重视知识积累，具备丰富的想像力。在丰富知识的同时，还要努力提高自己的文字表达能力，提高写作水平。

8.4.2 实务题

1. 请根据下列材料(材料略)，写一篇500字左右的评论。(暨南大学2012年研)

答：参考示例：

“过劳死”是生命不可承受之重

近年来，“过劳死”不仅威胁着中国生产一线上劳作的普通职工，还呈现出逐渐向高科技领域、“白领”阶层蔓延的趋势。过度加班和带病工作导致的“过劳死”，给社会敲响沉重的警钟，也让现行劳动保障制度遭到严峻拷问。

“过劳死”反映了劳动者的生存状况，又折射出资本与劳动力的错位：资本值钱，劳动力不值钱，资本强势，劳动力弱势。岗位的工作量太大，8小时内根本无法完成工作，老板为减少用工成本，又不愿再招新人，以致加班成为常态。劳动者并不是不知道劳逸结合，但老板让加班就得加班，不干可以走人。今天职场竞争激烈，工作难找，年轻人对现有工作很珍惜，不会随便放弃，所以对老板的加班要求不敢轻易拒绝。在加班和丢饭碗之间，又有多少人有勇气选择后者？

在劳动者无力保护自己的时候，应当有制度来保护劳动者。从某种程度上讲，有些单位无节制的加班，已经成为员工生命不可承受之重。首先应在医学框架内增加对“过劳死”的界定，推动“过劳死”的医学认定标准。为法律规范提供条件。目前法律对“过劳死”未有明确规定，“过劳死”也不在法定职业病目录的10大类115种之中，立法部门应对《劳动法》进行完善，明确加班的限度与强度，将“过劳死”纳入法定职业病范围。在法律上构建包括保障劳动者休息权、健康权乃至生命权的一个完整系统的制度体系，给“过劳死”以最大限度的法律救济。

(来源：《河北法制报》，2013-07-15；作者：奚旭初)

2. 根据下列材料（材料略）写一篇不少于800字的新闻评论。（西安交大2007年研）

答：参考示例：

先做人，再做记者

像凯文·卡特一样，许多记者在自己的工作过程中会遭遇一些无法解决的矛盾。在某些情境下，好像无论怎么做都不对。不拍，不算一个合格的记者，因为记者的天职是及时地报道真相。拍了，面临的就是道德的谴责和良心的质问。在我看来，记者很有可能不会一辈子都是记者，但他一辈子都是人，做人比做记者更重要。

首先，记者在任何时候把职业放在第一位很容易陷入道德的悖论。有些情况，像凯文·卡特一样，他的一张照片确实能唤起许多人对战争的谴责，凯文·卡特甚至可以理直气壮地说，我的照片会拯救更多的人，这比抱起那个小女孩更有意义。但是一张照片里不仅可以看到被拍的人，人们也可以感受到拍摄的人。在无助的小女孩面前，在摔下自行车的人面前，我们可以知道，有个人站在一旁看着，这个人就是记者。记者竟然可以见人陷于危难而无动于衷，那么我们怎么相信你的照片里的诚意呢？你希望读者能伸出援手救别人，你自己为什么冷眼旁观呢？在有些场合，能伸出援手的人很多，大家可以各司其职，别人救人的时候，记者拍摄和记录新闻事件无可厚非。但有些场合，记者也许是唯一能施救的人，在这种情况下，记者还无动于衷，这就让人无法原谅。所以，记者面对新闻事件本身的反应也是新闻的一部分，你希望唤起别人的爱心和责任，你就要表现出自己的爱心和责任。

其次，要达到新闻效果可以寻求多种途径，但生命逝去就再无回转余地。每一个新闻事件都不止一个画面，一种事实，很多时候也不止一个报社一个记者在报道。记者不要说“这个镜头不拍就再也没有了”，这个没了还有下一个，你没拍别人拍了，不要把自己某个举措的意义无限放大。反倒是那些限于危难的人，你不去救，他的生命可能就真的凋谢了。有个故事说的是一场暴风雨把很多鱼儿卷上了岸，鱼儿在沙滩的浅水洼里艰难地挣扎，这时候一个小男孩弯腰把一条条鱼儿捡起来，用力地扔回大海里。有人笑他，别费力了，这么多条你扔不完的。男孩还是没有停下，那人又说，你这样做谁会在乎呢？“这条小鱼在乎！”男孩儿一边回答，一边拾起一条鱼扔进大海。“这条在乎，这条也在乎！还有这一条、这一条、这一条……”每个人的生命就像这鱼一样，记者可能有时候会看到许多需要救的鱼儿。记者不要觉得救一两个没什么意义，因为这一个两个会在乎，他们所在的家庭会在乎。不要等到鱼儿都死光了才去感叹，这场风暴太猛烈，下次我们要记得预防。

记者只是一种人类分工的结果，分工是为了人类能更好地生活。如果分工反而阻止了人们去爱护同胞，那岂不是本末倒置了？所以记者在人道和职业冲突的两难面前，要把人道放在首位。

中编　评论写作的基本程序

第九章　新闻评论的要素及其应用

9.1　复习笔记

【知识框架（庖丁解牛）】

- 新闻评论的要素及其应用
  - 论点
    - 概念：作者对所论述的事物或者问题的主张、看法和所持的态度
    - 分类
  - 论据
    - 概念：论点赖以形成的根据和用来证实、说明论点的证据
    - 分类
      - 事实性论据
        - 人证
        - 物证
        - 典型事例
        - 历史资料
        - 统计数据
      - 理论性论据
        - 科学理论
        - 国家的法律、政策以及主要领导人的讲话等
        - 权威性的言论
        - 道德规范、生活常识，以及科学公理、法则
        - 格言、谚语、歇后语以及佳句、炼语等
  - 论证
    - 概念
      - 形式逻辑角度：论证是运用和组织论据去说明和证实论点的过程和方法
      - 写作角度：论证过程是把材料和观点统一起来，组成一个完整的说理体系的过程
    - 任务：使论据能够突出地说明论点，帮助读者理解论点的意义
    - 地位
      - 严密的论证是使新闻评论具有战斗力和说服力的保证
      - 在新闻评论里，论点是灵魂，论据是血肉，论证是骨骼

【考点难点归纳（厚积薄发）】

考点一：论点（见表9-1）★★★

表 9-1　论点

要点	具体内容	
概念	指作者对所论述的事物或者问题的主张、看法和所持的态度	
分类	总论点	是评论中全部观点的高度概括和集中，是作者需要全力说明的总主张、总看法，是贯串全文的一条红线
	分论点	又称子论点，是证明、补充或者发挥总论点的从属论点，为阐明总论点服务
关系	①总论是纲，分论点是目；总论点统率分论点，分论点说明总论点。 ②分论点对所论述的部分而言是论点，对全文的总论点而言是论据。 ③一篇评论一般只有一个总论点。 ④总论点是全文的论述中心，其作用是提挈全篇，把各个论点、材料统率起来，组织成一个有内在联系的说理体系	

考点二：论据（见表 9-2）　★★

表 9-2　论据

要点	具体内容	
概念	指论点赖以形成的根据和用来证实、说明论点的证据	
分类	事实性论据	指用事实作为根据、证据，是对客观事物的真实地描述或概括，是证明中心论点的最有说服力的论据。如：人证、物证、典型事例、历史资料等
	理论性论据	指用来源于实践，并且已被实践证明和检验过的正确的理论作为根据、证据。如：科学理论、国家的法律、法令、权威性的言论等

考点三：论证（见表 9-3）　★★

表 9-3　论证

要点	具体内容
概念	①形式逻辑角度：运用和组织论据去说明和证实论点的过程和方法
	②写作角度：把材料和观点相统一，组成一个完整的说理体系的过程
任务	使论据能够说明论点，帮助读者理解论点的意义，相信论点的正确
地位	①论证是评论写作的主要环节之一，是评论写作的骨骼。 ②严密的论证是使新闻评论具有战斗力和说服力的保证

【考点拓展（触类旁通）】

新闻评论结构的特点（见表 9-4）

表 9-4　新闻评论结构的特点

要点	具体内容
效率性	新闻评论的结构应该简单、清楚，与受众之间有明确的“约定感”。这样，受众在阅读新闻评论时，才会在不觉中“忘记”结构本身，而对作者观点留下深刻印象。这种效率包括：①信息的量——限定空间（包括字数）之内的信息量。②速度——受众的接受、理解速度。③给读者留下印象的深刻程度。④表达的确定性程度

续表

要点	具体内容
论证性	评论作为表达观点的作品，它内在的基本关系是论证性关系，这种关系在总体上表现为：所有材料直接或间接地支持论点的关系，以及所有材料之间起到支持、配合的认识性关系

9.2　课后习题详解

1. 什么是论点？

答：论点，是指作者对所论述的事物或者问题的主张、看法和所持的态度。它明确地表示作者肯定什么，否定什么；赞成什么，反对什么；歌颂什么，批判什么。

论点是经过提炼和浓缩的观念、思想，是作者站在正确立场上，以马克思主义为指导，以党的路线、方针、政策为准绳，对客观实际做周密的调查和认真的分析研究之后，对所论述的问题提出的看法、主张和观点，它集中地反映着作者对某个事物或某个问题的基本见解。

2. 什么是论据？

答：论据是指论点赖以形成的根据和用来证实、说明论点的证据。论据由作者从客观事实中直接或间接提炼出来，是论点提出的依据。

论据可以分为两类：事实性论据与理论性论据。前者是对客观事物的真实描述或概括，包括现实生活中典型的人证、物证、以及典型事例、历史资料和统计数据等；理论性论据是用来源于实践，并且业已被实践证明和检验过的正确的理论作为根据、证据。包括科学理论；国家法律、法令，党和政府的政策、决议以及党和国家主要领导人的讲话；历代政治家、思想家、文学家、科学家和知名人士的权威性的言论；公认的道德规范，人人皆知的生活常识，以及反映客观事物本质和规律的科学公理、定义、法则；古今中外各种著作中带哲理性的格言、谚语、歇后语以及诗文中的佳句、炼语等。

3. 什么是论证？

答：论证，从形式逻辑角度讲，就是运用和组织论据去说明和证实论点的过程和方法。从写作角度讲，论证过程就是把材料和观点相统一，组成一个完整的说理体系的过程。

论证是评论写作的主要环节之一。其任务是使论据能够突出地说明论点，帮助读者理解论点的意义，相信论点的正确。严密的论证是使新闻评论具有战斗力和说服力的保证。

4. 论点、论据与论证之间的关系怎样？

答：在新闻评论里，论点是灵魂，论据是血肉，论证是骨骼。具体而言，论点、论据与论证之间的关系如下：

(1)论点是灵魂，因为它对论据、论证起统率作用。

(2)论据是血肉，因为论点靠论据证明或说明，通常所指的“持之有故”中的“故”，其实是论据。

(3)论证是骨骼，因为它是连接论点与论据的桥梁和纽带。“言之成理”，除所论之理正确以外，主要靠论证的力量。

三者紧密联系，构成一个完整的论证过程。

5. 以《人民日报》最新发表的一篇社论为范文，概括其总论点以及主要分论点，并找出典型的事实性论据与理论性论据。

答：参考示例：

(1)社论资料

让五四精神在新时代放射新的光芒

百年岁月沧桑，百年风雨兼程，百年风华正茂。今天是五四运动100周年，我们致敬100年前那段激情燃烧的岁月，期许当代青年不辜负党的期望、人民期待、民族重托，不辜负我们这个伟大时代。

习近平总书记在纪念五四运动100周年大会上的重要讲话中，高度评价了五四运动的历史意义，明确提出了新时代发扬五四精神的重要要求，深情寄语当代青年，极大鼓舞了广大青年积极拥抱新时代、奋进新时代的坚定信心，对于我们在新时代发扬伟大五四精神，激励全党全国各族人民特别是新时代中国青年为全面建成小康社会、加快建设社会主义现代化国家、实现中华民族伟大复兴的中国梦而奋斗，具有十分重大的意义。

五四运动是中国近现代史上具有划时代意义的重大事件，五四精神是五四运动创造的宝贵精神财富。救亡图存，挽狂澜于既倒；思想启蒙，发历史之先声。爆发于民族危难之际的五四运动，是一场伟大爱国革命运动、伟大社会革命运动、伟大思想启蒙运动和新文化运动，孕育了爱国、进步、民主、科学的伟大五四精神，拉开了中国新民主主义革命的序幕，促进了马克思主义在中国的传播，推动了中国共产党的建立，在近代以来中华民族追求民族独立和发展进步的历史进程中具有里程碑意义。

从五四运动出发，马克思主义成为中国革命、建设、改革事业的指导思想，中国共产党担负起领导人民实现民族独立、人民解放和国家富强、人民幸福的历史重任，社会主义在中国落地生根并不断完善发展，中华民族迎来了从站起来、富起来到强起来的伟大飞跃。今天，站在中华民族5000多年文明史、中国人民近代以来170多年斗争史、中国共产党90多年奋斗史的长河中，回望五四运动以来实现中华民族伟大复兴的三大里程碑——建立中国共产党、成立中华人民共和国、推进改革开放和中国特色社会主义事业，我们尤其能感受五四运动对当代中国发展进步重大而深远的影响，尤其能理解五四精神对实现中华民族伟大复兴中国梦的重大意义。

青年兴则国家兴，青年强则国家强。五四运动以来的100年，是中国青年一代又一代接续奋斗、凯歌前行的100年，是中国青年用青春之我创造青春之中国、青春之民族的100年。在中国共产党领导下，一代又一代有志青年“以青春之我，创建青春之家庭，青春之国家，青春之民族，青春之人类，青春之地球，青春之宇宙”，汇聚起了中华民族穿越风雨、走向复兴的磅礴力量，谱写了一曲曲感天动地的青春乐章。历史深刻表明，青年是整个社会力量中最积极、最有生气的力量，国家的希望在青年，民族的未来在青年。正如习近平总书记所指出的：“新时代中国青年运动的主题，新时代中国青年运动的方向，新时代中国青年的使命，就是坚持中国共产党领导，同人民一道，为实现‘两个一百年’奋斗目标、实现中华民族伟大复兴的中国梦而奋斗。”广大青年要继续发扬五四精神，把树立远大理想和脚踏实地统一起来，把个人理想融入民族复兴伟大理想和中国特色社会主义思想，担负起时代赋予的光荣使命，奏响新时代的青春之歌。

在五四精神激励下，当代青年要激扬家国情怀，与祖国共奋进。爱国主义是五四精神的核心，是我们民族精神的核心，是中华民族团结奋斗、自强不息的精神纽带。历史充分证明，爱国主义始终围绕着实现民族富强、人民幸福而发展，最终汇流于中国特色社会主义；祖国的命运和党的命运、社会主义的命运密不可分。正如习近平总书记所强调的："当代中国，爱国主义的本质就是坚持爱国和爱党、爱社会主义高度统一。"实现"两个一百年"奋斗目标、实现中华民族伟大复兴的中国梦，是当今中国最鲜明的时代主题。广大青年要树立与这个时代主题同心同向的理想信念，坚定"四个自信"，厚植爱国主义情怀，把爱国情、强国志、报国行自觉融入实现伟大梦想的奋斗之中，努力成为社会主义建设者和接班人，努力成为担当民族复兴大任的时代新人。

在五四精神激励下，当代青年要坚持知行合一，同人民齐奋斗。同人民一起奋斗，青春才能亮丽；同人民一起前进，青春才能昂扬；同人民一起梦想，青春才能无悔。习近平总书记强调："当代中国青年要有所作为，就必须投身人民的伟大奋斗。"今天，新时代中国青年处在中华民族发展的最好时期，既面临着难得的建功立业的人生际遇，也面临着"天将降大任于斯人"的时代使命。广大青年只有把自己的小我融入祖国的大我、人民的大我之中，与时代同步伐、与人民共命运，才能更好实现人生价值、升华人生境界，在祖国的万里长空放飞青春梦想。

百年风云变幻，不变的是精神；百年沧海桑田，不老的是青春。今天，对五四运动最好的纪念，就是让五四精神在新时代放射新的光芒。让我们紧密团结在以习近平同志为核心的党中央周围，释放青春激情、追逐青春理想，拥抱新时代、奋进新时代，以青春之我、奋斗之我，为民族复兴铺路架桥，为祖国建设添砖加瓦，让青春在为祖国、为人民、为民族、为人类的奉献中焕发出更加绚丽的光彩！

（来源：《人民日报》，2019-05-04）

（2）分析

①总论点，又称作中心论点或基本论点，或通常所指的主题，它是评论中全部观点的高度概括和集中，是作者需要全力说明的总主张、总看法，是贯串全文的一条红线。本文的总论点是当代青年应不辜负党和人民的期望，让五四精神在新时代放射新的光芒。

②不少新闻评论，由于论述的内容比较复杂，为更好地阐明总论点，往往需要从几个方面或层层深入地来论述，提出一些证明、补充或者发挥总论点的从属论点，也称分论点或子论点，它们都派生于总论点并为阐明总论点服务。总论点是纲，分论点是目；总论点统率分论点，分论点说明总论点。本文的主要分论点包括以下方面：

a. 五四运动是中国近现代史上具有划时代意义的重大事件，五四精神是五四运动创造的宝贵精神财富。

b. 五四运动对当代中国发展进步有着重大而深远的影响，对实现中华民族伟大复兴中国梦意义重大。

c. 在五四精神激励下，当代青年要激扬家国情怀，与祖国共奋进。

d. 在五四精神激励下，当代青年要坚持知行合一，同人民齐奋斗。

③事实性论据，是用事实作为根据、证据。这类证据是对客观事物的真实的描述或概括，具有直接现实性的品格，因此是证明中心论点的最有说服力的论据。"事实胜于雄辩"，

就是这个道理。事实性论据主要指现实生活中有代表性的人证、物证，以及典型事例、历史资料和统计数字等等。本文中的事实性论据主要包括以下方面：

"从五四运动出发，马克思主义成为中国革命、建设、改革事业的指导思想，中国共产党担负起领导人民实现民族独立、人民解放和国家富强、人民幸福的历史重任，社会主义在中国落地生根并不断完善发展，中华民族迎来了从站起来、富起来到强起来的伟大飞跃。"

④理论性论据，是用来源于实践，并且业已被实践证明和检验过的正确的理论作为根据、证据。可以做理论性论据的材料包括：科学理论；国家的法律、法令，党和政府的政策、决议以及党和国家主要领导人的讲话；历代政治家、思想家、文学家、科学家和知名人士的权威性的言论；公认的道德规范，人人皆知的生活常识，以及反映客观事物本质和规律的科学公理、定义、法则；古今中外各种著作中带哲理性的格言、谚语、歇后语以及诗文中的佳句、炼语等。本文中引用的理论性论据主要包括以下方面：

a. 正如习近平总书记所指出的："新时代中国青年运动的主题，新时代中国青年运动的方向，新时代中国青年的使命，就是坚持中国共产党领导，同人民一道，为实现'两个一百年'奋斗目标、实现中华民族伟大复兴的中国梦而奋斗。"

b. 青年兴则国家兴，青年强则国家强。

9.3 考研真题与典型题

9.3.1 概念题

1. 总论点
2. 分论点
3. 立论(复旦大学 2005 年研；陕西师大 2005 年研)

9.3.2 简答题

1. 新闻评论三要素。(陕西师大 2014 年研)
2. 试述论点、论据、论证及三者之间的关系。(南京师大 2008 年研)

相关试题：新闻评论有哪些要素，这些要素之间具有怎样的关系？(西南交大 2015 年研)

3. 简述新闻评论的结构方式。(吉林大学 2016 年研)

相关试题：新闻评论的结构方式有哪些？(吉林大学 2013 年研)

9.3.3 实务题

1. 以所给材料为由头，写一篇评论。题目自拟，角度自选，不偏离话题，字数不少于 600 字，不超过 1200 字。(中国海洋大学 2018 年研)

2017 年 11 月初，携程托管亲子园教师打孩子的视频在网上流传，视频显示，教师除了殴打孩子，还强喂幼儿疑似芥末物。2017 年 11 月 9 日，长宁警方以涉嫌虐待被监护、看护人罪，对携程亲子园的三名工作人员依法予以刑事拘留；11 月 13 日以涉嫌虐待被监护、看护人罪，对携程亲子园实际负责人郑某依法予以刑事拘留。2017 年 11 月 15 日，上海市妇女儿童工作委员会公布了对"携程亲子园事件"的调查情况，认定这是一起严重伤害儿童的恶劣事件。

2017 年 11 月 22 日晚，有幼儿家长反映北京管庄红黄蓝幼儿园国际小二班的幼儿遭遇老师扎针、喂不明白色药片，称幼儿园园长和老师涉嫌猥亵，并提供孩子身上多个针眼的照片。警方介入调查。

据财新记者不完全统计，从 2010 年至今，经媒体和网络曝光的发生在幼教机构的虐童或疑似虐童事件，已超过 60 起。涉事机构以民办幼儿园或私立托儿所、早教园为主，其中多为资质不全或无证机构。而被曝光的虐童行为包括针扎、殴打儿童，喂食病毒灵等不明药物，还包括猥亵幼儿。此外，虐童事件多发于城郊地区或城乡交界地带。以北京为例，2015 年被曝出的 4 起幼儿园虐童事件集中于昌平、石景山、房山等城乡接合部。

2. 根据下述材料，写作一篇时评，篇幅不超过 800 字。（中国传媒大学 2010 年研）

参考材料：

世界媒体峰会共同宣言

北京 · 2009

2009 年 10 月 8 日至 10 日，世界媒体峰会在中国北京举行。这是一次史无前例的世界传媒盛会，来自世界各地的通讯社、报刊、广播、电视、网络等各种媒体形态的 170 多家传媒机构参加了峰会。

我们以"合作、应对、共赢、发展"为主题，围绕八项议题进行了广泛而深入的交流，分析了世界传媒业的现状和发展趋势，着重探讨了国际金融危机、迅速变化的受众需求和不断涌现的高新科技背景下，传媒机构面临的一系列重大问题。我们相信本次峰会深化了认识，扩大了共识，加强了合作，取得了积极成果。

我们关注到，当今世界正经历着复杂而深刻的变革，经济全球化、全球信息化、传播技术新型化以及世界文化多样性与共通共融，为世界传媒业的发展提供了广阔前景，也为媒体报道世界事件和全球问题构建了重要舞台。我们希望，世界各地媒体向全世界传播真实、客观、公正、公平的新闻信息，提高政府和公共机构的透明度和公信力，促进世界不同国家和地区人民间的相互理解和交流。

我们密切关注国际金融危机给全球经济，特别是给世界传媒业造成的严重冲击。我们还就媒体应对危机、创新发展的策略和经验交换了意见。

我们认为，数字化、网络化时代，世界传媒业的环境与格局正在发生着深刻变化。挑战与机遇并存，机遇大于挑战。积极适应时代发展潮流，充分应用高新技术成果，加强与用户的互动，鼓励受众的参与，将有助于推动世界传媒业变革和进步。我们希望，在世界传媒业发展进程中扮演着重要角色的各种形态媒体，相互学习，相互借鉴，功能互补，不断创新，共同发展。

我们相信，通过世界媒体峰会搭建的有效平台，各媒体之间加强沟通与交流，开展信息交流、人员交流、技术交流和经验交流，增进相互了解，分享机遇与成果。我们确信，本次峰会的举行将对世界传媒业产生广泛、积极和深远的影响，推动世界各地媒体共同应对挑战、增进彼此合作、实现共赢发展。

9.4 考研真题与典型题详解

9.4.1 概念题

1. 总论点

答：总论点是指评论中全部观点的高度概括和集中，是作者需要全力说明的总主张、总看法，是贯串全文的一条红线。一篇完整的新闻评论，一般总有一个总论点，也可称作中心论点或基本论点，或通常所指的主题。不少新闻评论，由于论述的内容比较重要、比较丰富，为了更好地阐明总论点，往往需要从几个方面一层又一层地进行深入论述，提出一些证明、补充或者发挥总论点的从属论点，也叫做分论点或子论点，它们都是派生于总论点并为阐明总论点服务的。可以说，总论点就是纲，分论点就是目；总论点统率分论点，分论点说明总论点。

2. 分论点

答：分论点是指派生于评论的总论点、并为阐述总论点服务的从属论点。不少新闻评论由于论述的内容比较重要，比较丰富，为更好地阐明总论点，往往需要从几个方面或层层深入论述，提出一些证明、补充或者发挥总论点的从属论点，又称分论点或子论点，它们都派生于总论点并为阐明总论点服务。总论点与分论点之间，可以形成多种多样的关系，如主从关系、递进关系、因果关系等。评论中的分论点，对所论述的部分来说是论点(即部分论点)，需要加以证明(用以证明的文字称之为部分论据)；而对全文的总论点来说，同时也起论据(称为全文论据)的作用。

3. 立论(复旦大学 2005 年研；陕西师大 2005 年研)

答：立论是一篇评论所形成和提出的主要论断或结论，是作者对所提出的论题的主要见解，是选择论据和分析事物的指导思想，是整篇文章的“纲”，起统率全文所有观点和材料的作用。选题和立论是新闻评论写作不可分割的两个方面，如果选题旨在提出问题，那么立论正是经过思考酝酿而形成和提出的解决问题的论断和结论，它是决定文章成败的关键。一篇成功的新闻评论作品，就其立论而言，理应具备四个基本要求：针对性、新颖性、准确性和前瞻性。

9.4.2 简答题

1. 新闻评论三要素。(陕西师大 2014 年研)

答：参见本章课后习题第 1 ~3 题答案。

2. 试述论点、论据、论证及三者之间的关系。(南京师大 2008 年研)

相关试题：新闻评论有哪些要素，这些要素之间具有怎样的关系？(西南交大 2015 年研)

答：参见本章课后习题第 1 ~4 题答案。

3. 简述新闻评论的结构方式。(吉林大学 2016 年研)

相关试题：新闻评论的结构方式有哪些？(吉林大学 2013 年研)

答：新闻评论的结构指根据论点的需要、体裁的要求，按照事物的内在联系和发展规律，对评论文章进行组织、安排和构造，使之成为一个严密完整的整体。结构是作者的思路在文章中的外在表现，恰当、合理的结构是新闻评论中心突出、说理有效的保证。新闻评论的常见结构方式主要包括以下几种：

(1)并列结构。并列结构又称横式结构或辐射式结构，指几个分论点或论据同在一个平面上，并无主次之分，它们围绕着中心论点，分别从几个侧面、几个角度去分析论证，发挥同等重要的作用。

(2)对照结构。对照结构指论点或论据之间形成两两对比关系的结构类型。进行对照的目的在于突出或证明其中的一个论点或论据。对照结构中常用类比或对比的手法。

(3)层进结构。层进结构指由一点开始，逻辑上环环相扣，内容安排上层层深入、步步推进的一种结构类型。这类结构由简单到复杂、从表象到本质逐步纵向展开，前后顺序一定，不能随意变动。新闻评论的“纵向”与新闻报道的“纵向”有所不同，新闻报道的“纵”大多强调时间顺序，新闻评论的“纵”则体现了思维的逻辑脉络，这种思维与表达一致的结构，能够引导和启发读者去思考问题，从而接受作者的观点。

(4)总分结构。总分结构指总论点和分论点在分布上形成的一种关系，如先总说后分说，先分说后总说，或者先总说、后分说、再总说等，这种结构在新闻评论中十分常见。

9.4.3　实务题

1．以所给材料(材料略)为由头，写一篇评论。题目自拟，角度自选，不偏离话题，字数不少于600字，不超过1200字。(中国海洋大学2018年研)

答：参考示例：

虐童事件频发，祖国的花朵不容侵害

2017年11月初，携程托管亲子园教师打孩子的视频在网上流传，视频显示，教师除了殴打孩子，还强喂幼儿疑似芥末物；2017年11月22日晚，有幼儿家长反映北京管庄红黄蓝幼儿园国际小二班的幼儿遭遇老师扎针、喂不明白色药片，称幼儿园园长和老师涉嫌猥亵，并提供孩子身上多个针眼的照片。有媒体不完整统计，从2010年至今，经媒体和网络曝光的发生在幼教机构的虐童或疑似虐童事件，已超过60起。绝大多数托幼机构、幼儿园，都有着规范、科学的管理，能够让孩子健康成长、家长放心托付。而虐童事件频发，家长和社会的神经都在紧绷着，相关案件会有法治部门进行处理，而我们也应该进行反思：到底是哪里出了问题？孩子的安全又该由谁负责？

我们都说“儿童是祖国的花朵”，孩子的重要性对社会不言而喻。对孩子自身而言，在学校受到虐待可能会产生心理阴影，对孩子的健康成长产生不良影响；对家庭而言，孩子是一个家庭的希望，是父母手中的珍宝，孩子的身心健康发展是家长关注的焦点；对国家而言，“少年强则国强”，孩子们是属于未来、属于明天的。孩子们所受的身心伤害，哪怕是百分之一千分之一的几率，都需要社会引起足够的重视，并对事件进行妥善的解决。

在法律方面，我们既要制定严厉的法律又要贯彻执法，做到“有法可依、有法必依、执法必严、违法必究”。只有真正制定保护儿童的法律并严惩不法行为，才能让定罪和处罚更具针对性、更有威慑力。

在课堂教育方面，针对儿童的防护教育和监控刻不容缓。虐童事件舆情短期集中爆发，当务之急应该组织起来，让防虐待、防性侵等儿童课程进入托幼机构，给孩子、家长、老师都上一课，讲清楚如何对虐待、性侵说“不”，如何发现和处理问题，以及触碰红线的严重后果。此外，也应加强投入，通过技防监控，确保监控探头全覆盖，实现园内无死角。

在学校监管方面，要对办学机构实行严格的监督。我国的幼儿办学与其他国家相比，进入壁垒较低，办学与管理、监管与保障之间存在巨大缝隙。为解决这一问题，不能光靠给管理者打棒子、压担子，还应该加派人手，提高治理水平。

在教师素质方面，提升教师素质必不可少。虐童事件频发，无不表明若是幼师素质差，幼儿就会遭殃。提高幼师素质、抬升准入门槛、完善幼师培养，是解决此类问题时不能绕开的一环。严惩虐童幼师，与关心幼师待遇和培养，是一个硬币的两面。从问题出发，针对"幼师真穷、幼教真苦、托幼真难"的现实情况，有必要设定幼师收入补偿制度，有必要弥补幼师心理落差以增强职业认同感，有必要通过职称评定等方式将幼师纳入统一管理，有必要对幼师上岗进行资格审查、定期考核、不定期淘汰……或许，这样才能让真正爱孩子的人从事培育"祖国花朵"的工作，才能让孩子在健康温馨的学前教育中免受无谓的伤害、形成完整的人格。

2. 根据下述材料(材料略)，写作一篇时评，篇幅不超过800字。(中国传媒大学2010年研)

答：参考示例：

世界媒体应长袖善舞促共赢

2009年10月8日至10日，世界媒体峰会在中国北京举行。这是一次史无前例的世界传媒盛会，来自世界各地的通讯社、报刊、广播、电视、网络等各种媒体形态的170多家传媒机构参加此次峰会。(《世界媒体峰会共同宣言》)

这是一次世界媒体的盛宴，170余家世界媒体的到来，让北京熠熠生辉。在这样一个网络大潮下，世界媒体间长袖善舞，加强合作，促进共赢已经显得很是必要。这是一个新媒体时代，在互联网大行其道的今天，在信息流动如此频繁快速的时代，各国间息息相关，牵一发而动全身。危机共尝，在大事件之下，任何一个国家都不能置之度外。如今人们共同生活在同一个地球村。日本3.11地震受牵连的不仅仅是日本本土，核污染、抢购食盐风波和超级月亮的流言已经遍布世界的角落。中国作为最大的发展中国家，一举一动也牵动着世界的神经。

信息流动如此快捷频繁，不得不归结于世界间媒体的合作以及媒体专业化水平的提高。胡锦涛总书记在世界媒体峰会上致辞时说道，要遵循共同的传媒工作理念，遵守新闻从业基本工作准则。其所讲的新闻传播理念，在我看来，有着双重的含义：第一，对国外媒体而言，承担媒体的社会责任，报道要客观全面真实，媒体间的彼此合作是建立在双方共同遵循的传媒职业理念之上的；第二，对中国媒体而言，既对外运用该准则，也将该准则运用于国内。同时，对于各类媒体而言，树立和秉持高度的社会责任感比以往任何时候都重要。

另外，对中国媒体而言，既要遵循新闻传播的规律，重视媒体自身的发展，又要同外国媒体在新闻传播、人力资源、信息技术、业务发展等方面加强交流、深化合作，还要将这些国际准则贯彻到国内的"三贴近"和创新工作中，搞好舆论监督，保障人民的各项自由权利。

世界媒体间的合作共赢是大势所趋，也是势在必行。在合作的态势下，我们期待世界间的媒体长袖善舞，共同更好地传递信息，更好地为世界人民服务，同时也促进媒介间的互利共赢。

第十章　选　题

10.1　复习笔记

【知识框架(庖丁解牛)】

- 选题
  - 选题的定义
  - 选题的地位
  - 选题的重点
    - 最新方针、政策、重大部署及领导人最新讲话精神
    - 先进典型和好人好事好思想、新人新事新风尚
    - 实际工作中存在的值得注意的倾向或薄弱环节
    - 人们共同关注而又议论纷纷莫衷一是的问题
    - 一些违反科学而人们又见怪不怪的种种言行
  - 好的论题应具备的条件
    - 触及现实，富有新意
      - 触及现实是生命所在
      - 时效性决定富有新意
    - 面向全局，准而有当
      - 体现特定时期的主要倾向
      - 具有普遍的指导意义
      - 理性思考掌握事物内部联系
    - 大中取小，以小见大
      - 从大处着眼，从小处着手
      - 学会小题大作

【考点难点归纳(厚积薄发)】

考点：选题(见表10-1)　★★★

表10-1　选题

要点	具体内容
定义	指选择新闻评论所要评述的事物或要论述的问题，它规定着评论的对象和范围。选题是立论的前提
地位	①选题是新闻评论写作的首要环节，一篇评论的成败首先取决于选题。 ②选题决定评论能否引起人们的阅读兴趣，能体现出媒体的性质和特点
重点	①最新方针、政策、重大部署及领导人最新讲话精神。 ②先进典型和好人好事好思想、新人新事新风尚。 ③实际工作中存在的值得注意的倾向或薄弱环节。 ④人们共同关注而又议论纷纷莫衷一是的问题。 ⑤一些违反科学而人们又见怪不怪的种种言行

续表

要点	具体内容
条件	①触及现实，富有新意。 ②面向全局，准而有当。 ③大中取小，以小见大

【考点拓展(触类旁通)】

选题的类型与影响因素(见表10-2)

表10-2　选题的类型与影响因素

要点	具体内容	
选题的类型	事件性选题	这类选题已成为新闻评论中的主流。事件性选题的评论时效性强，能够及时满足读者的期待。它对作者的判断力、迅速反应和写作的能力都有较高的要求
	非事件性选题	这类选题通过积累和思考，在许多新闻事实或社会生活的普遍现象中发现共同的、突出的问题。因此一般来说是“选问题”的选题，非事件性选题的评论节奏较缓，时效性较差
	周期性选题	以固定的时间周期出现，具有可预期性，这类选题常以社论居多
选题的影响因素	①作者个人的价值观、立场、利益、知识结构、情感结构、观察视野和日常认识思考。 ②媒体宗旨和传播对象。 ③特定时期媒体报道重心和社会关注倾向	

10.2　课后习题详解

1. 什么叫选题？选题在评论写作中的地位怎样？

答：(1)新闻评论的选题，即选择新闻评论所要评述的事物或要论述的问题，它规定着评论的对象与范围。换言之，择定就事论理的“事”，有的放矢的“的”，其中也包括有感而发的“感”。评论的选题往往是主题的概括。

(2)选题在评论写作中的地位：

①选题是新闻评论写作的首要环节，一篇评论的成败，首先取决于选题。能否正确选准、选好论题直接关系到评论的指导作用和影响到写作程序的进行。

②一个好的选题，是决定一篇评论能否引起人们阅读兴趣的重要前提，更体现出媒体的性质和特点。其原因具体如下：a. 评论写作的目的是解决实际工作中存在的各种认识问题，对受众思想和实际工作起积极的作用，所以作者所确定的将要论述的基本思想是否正确和切中时弊，直接关系到这篇评论的根本价值。b. 评论写作的其他一些环节，诸如论题的分析论证、文章的谋篇布局、语言的恰当运用等等，也只有在论题确定以及在作者对评论要提出什么问题、解决什么问题，做到心中有数之后，才有所依据，才能比较有把握地写好文章。

2. 为什么说评论的“深入”首先取决于评论作者的“身入”？

答：评论作者的“身入”是指评论选题应该吃透下头，真正深入基层、深入实际、深入群众。评论工作者的“身入”，是为达到评论的“深入”。

(1)成功的评论选题，总是真正吃透上下两头、上下紧密结合的选题。上，是中央的精神，中央的路线、方针、政策，中央的重大决策和重要部署。下，是基层实际，群众呼声，现实问题。吃透上头，大多可以通过阅读文件、参加会议和听报告解决；而吃透下头，则必须“身入”下去，真正深入基层、深入实际、深入群众，即坚持“三贴近”。

(2)“身入”是“深入”的前提和基础，因为评论的论题，主要应该从上头精神和下头情况的结合中去找，最根本的是从实际工作中去找、从现实生活中去找，要把群众关心的问题，群众迫切需要解决的问题列入选题范围。因为群众关心的问题，是党委关心的问题；群众迫切需要解决的问题，也是党应该解决的问题。把这些问题列入选题范围，可以使党报新闻评论同群众的思想、群众的生活结合得更紧，更好地起到密切党群关系的作用。

(3)新闻评论在分析客观形势，阐述党的路线、方针、政策时，并不是一般地复述和解释有关政策条文，它总是力求把党中央的精神和基层的实际相结合，和广大干部群众的思想状况相结合，做到有的放矢、虚实并举，进行具体切实的宣传。新闻评论工作者要努力“身入”生活，深入实际，吃透两头，努力写出既有现实针对性又能很好体现党的意图的评论，这样的工作才是创造性的工作，才能对实际工作有帮助，才能使党和人民都满意。

事实上，任何一位优秀的评论作者，都在坚持“到生活中去”“身入”实际、调查研究。各种评论的要求不同，对调查研究的具体要求和做法也应有所不同。但是写一篇重要的评论，一般都应深入实际部门，深入基层单位，就有关问题的各个方面作广泛的了解，对其中的主要问题作深入的分析，力求详细地占有材料，从全面情况的分析中选定论题，并寻找出正确分析论题的方法。实践表明，“身入”一线，走“进”生活撰写出来的评论，一般都具有较鲜明的时代感和现实感，都能较好地配合和深化新闻报道，产生一定的社会反响。

3. “三贴近”原则与评论选题的关系如何?

答: (1)“三贴近”原则是指贴近实际，贴近生活，贴近群众。

①贴近实际，是指要立足于社会主义初级阶段这个最大的实际，适应现阶段经济、政治、文化发展的实际状况和要求，适应不断发展变化的客观现实，真实反映改革开放和现代化建设的实践，回答和解决实践中提出的重大课题。要从实际出发部署新闻工作，按实际需要推进新闻工作，以实际效果检验新闻工作，使新闻工作更加具体实在、扎实深入。

②贴近生活，是指要深入到火热的现实生活中去，深入到社会经济、政治、文化生活和人民群众的日常生活中去，服务生活、引导生活。

③贴近群众，是指要深深扎根于群众之中，想群众之所想，急群众之所急，盼群众之所盼，充分体现群众意愿，满足群众需求，把握群众脉搏，说群众想说的话，讲群众能懂的话，为群众提供想看爱看、真实可信的新闻信息产品。

(2)新闻评论的选题，即选择新闻评论所要评述的事物或要论述的问题，它规定着评论的对象与范围。换言之，择定就事论理的“事”，有的放矢的“的”，其中也包括有感而发的“感”，评论的选题往往是主题的概括。

(3)“三贴近”原则与评论选题的关系:

近年来，党中央一再要求宣传思想战线的同志，包括从事新闻工作的同志，一定要坚持“三贴近”，要在这方面取得新进展。撰写新闻评论，更要坚持这一原则。无论是思想内容，还是表现形式，只有贯彻“三贴近”原则，评论写作才有出路，才能提升质量。

①在贴近实际方面，新闻评论的选题要坚持从实际出发，真实地反映建设中国特色社会主义的实践；要适应群众的接受能力，形成与社会主义初级阶段相适应的思想观念，舆论导向；要贴近中心、贴近大局，不能远离改革开放和现代化建设的主战场；要敢于说实话，鼓实劲，求实效，不求形式上的轰轰烈烈。

②在贴近生活方面，新闻评论的选题要以生活为源泉，真实地反映生活实际；要抓住生活本质，反映生活中的难点、热点问题；必须跟上生活变化的新节奏，传递生活变化的新信息，满足群众精神文化生活的新需求。

③在贴近群众方面，新闻评论的选题要高度重视群众的主体地位，吸引群众广泛参与新闻工作；要高度重视听取群众的意见、要求和呼声，尽最大努力实现群众的切身利益，所有工作都要着眼于能为人民群众办实事、办好事；要高度重视人民群众多层次、多方面、多样化的信息需要。

4. 好的评论论题应具备哪些条件？

答：好的评论论题应具备以下几个条件：

(1)触及现实，富有新意

①触及现实，是新闻评论的生命力之所在。新闻评论所涉及的问题，一般都是党和群众所关心的迫切需要解决的现实问题，旨在向广大群众及时明确提出如何用正确的立场、观点和方法去对待和处理当前的一些重大问题。

②新闻评论的强烈的时效性决定它一定要以现实生活中的新人物、新事物、新风尚、新问题、新动向作为主要评述对象，及时发言，给人新的启迪。

③新闻评论的选题讲究时效性，要充分注意时间和时机的关系。

④选题要新，并不意味着每篇评论都要提出新问题、讲出新观点，这在实际上是做不到的，要学会老题新做、常做常新。

(2)面向全局，准而有当

①评论所评述的问题应体现着特定时期的主要倾向，应为当时广大人民群众所关注并与他们的利益直接相关。

②评论应面向最广大的受众，力求具有普遍的指导意义。

③用作评论对象的新闻事实或社会现象，必须绝对真实，来不得半点虚假。

④选题要准而有当，须通过理性思考，掌握事物的内部联系，了解此一事物不同于另一事物的质的规定性，从而达到恰到好处的目标。

⑤新闻评论是媒体的旗帜，体现着媒体的方向，一定要注意准确性，要有全局观念。

(3)大中取小，以小见大

①新闻评论的选题要从大处着眼，从小处着手，即从大问题的某一个侧面选定论题，选取最贴近生活情感、最体现时代精神、最吸引受众“眼球”的那一点入笔，使论题具体集中，有鲜明的针对性。

②新闻评论的选题也要学会小题大做，即善于从一个看似极普通的事件中，找出其背后存在的具有普遍意义的大问题，从而深入开掘，写出大主题。

5. 请阅读下列李天扬撰写的《从胡锦涛代表纠错说起》一文(材料略)，想一想这篇时评选题的主要特点在哪里？为什么？

答：这篇《从胡锦涛代表纠错说起》的选题的主要特点体现在大中取小，以小见大。原因表现在以下方面：

(1)两会召开，全国瞩目，有许多事关国计民生的大事引人关注。作者却独独选取胡锦涛代表纠错这一小事进行评论。从两会这件大事上选取一个不太为人注意的小事入手，即大中取小。

(2)胡锦涛纠错虽然是小事，但是作者从这件看似极其普通的事件中找出其背后存在的具有普遍意义的大问题。总书记能够放下身份与人大代表一起讨论，总理也能以身作则听取代表意见。但是很多人大代表却没有把自己放到代表的位置上，许多官员代表更是对上对下两种姿态。作者从这件小故事，提出政治文明进步的问题，即以小见大。

10.3 考研真题与典型题

10.3.1 概念题

1. 新闻评论的选题
2. 新闻评论的稿件选择(云南大学 2017 年研)

10.3.2 简答题

1. 简述新闻评论的选题标准。(四川大学 2018 年研)

相关试题：好的评论选题应该具备的条件。(复旦大学 2012 年研)

2. 新闻评论选择和确定论题的根据是什么？(吉林大学 2015 年研)
3. 新闻评论老选题怎样才能常做常新？(湖北大学 2003 年研)
4. 简述新闻评论选题的意义。(暨南大学 2014 年研)

10.3.3 实务题

若为以下新闻材料撰写评论，有哪些选题角度？

参考材料：

如果说，在超级女声之前，选秀对于中国的娱乐界还是一个新鲜事物的话，那么，随着超级女声、加油好男儿、快乐男声等众多的选秀节目相继“火”了一把之后，选秀这个看似与中国传统娱乐节目大不相同的“舶来品”已经大有可能形成独立的产业。

传统的媒体与商业的互惠互利形式，是媒体出售受众，而商业资本购买受众，其载体便是广告。但选秀节目与其他所有的节目形式都有所不同，硬新闻、评论等形成媒体的公信力，进而塑造出一批忠实受众。他们中的大多数演化成一个特殊的群体，即我们通常所说的“粉丝”。他们对选秀节目不只是收视率上的影响，在很多时候形成的是对某选手持久的关心和支持，他们在精神和经济上的无私奉献客观上促进整个选秀产业的发展。通过媒体塑造出“平民偶像”，虽然在一定意义上已经算是媒体的一个成功之举，但毕竟如湖南卫视、上海东方卫视等媒体，根本性质上还是“党的耳目喉舌”，无法公开地直接对这些“平民偶像”进行进一步的运作，于是便出现了媒体与商业合作的新范式，通过选秀节目而“一炮走红”的选手，直接签约特定的经纪公司，接受进一步的包装。同时，作为回报，艺人也优先为自己的“伯乐”争取收视率和人气。这样，选秀不单单作为一个节目形式，而是催生了一个产业。

但选秀在“大红大紫”了近五个年头之后已经明显出现了“疲态”。明显症状一个接一个地出现在人们面前。07 年《第一次心动》的闹剧之后，选秀节目开始受到各方的质疑和狂轰滥炸。08 年，广电总局明确限制选秀节目的数量，选秀节目退出电视黄金时间。另一方面，比起不久前媒体爆出天娱公司经济状况不佳导致裁员及重组的状况，选秀选人出道之后的发展和生活状况可能更令人担忧：07 快男冠军陈楚生被爆料生活困窘，节衣缩食；亚军苏醒被公司“雪藏”被迫回到澳洲；季军魏晨“5.12 照片”事件之后陷入事业低谷；04 型秀冠军张杰发展不佳转投“快男”；型秀选手师洋与公司不合遭“雪藏”靠粉丝接济生活；相对于这些比赛中名次靠前的佼佼者，其他选秀选手的现况甚至更悲凉。以上这些让作为受众和衣食父母的我们不禁开始为选秀产业和那些怀揣梦想义无反顾的孩子们担心，选秀还能坚持多久？选秀新人们还能坚持多久？他们的梦想有效期还能持续多久？

在我们探索选秀及选秀选手们堪忧的现状的同时，我们也可看到了个别成功走出选秀背景成为华语歌坛娱乐圈红人的例子，例如屡次登上《时代》等国外知名杂志、率领粉丝投身公益事业的李宇春，例如签约华谊后有所发展的张靓颖。近期天娱公司从快男选手中选出送至韩国受训一年的几人学成归国，组成了号称励志组合的“至上励合”。这可以看成是选秀制作者的一种尝试，但不知这样颇具模仿韩国 SM 模式的尝试是否可以引领选秀产业走出目前的阴霾。

10.4　考研真题与典型题详解

10.4.1　概念题

1. 新闻评论的选题

答：新闻评论的选题，即选择新闻评论所要评述的事物或要论述的问题，它规定着评论的对象与范围。换言之，也就是择定就事论理的“事”，有的放矢的“的”，也包括有感而发的“感”。评论的论题往往是主题的概括。选题是新闻评论写作的首要环节，一篇评论的成败，首先取决于选题。能否正确选准、选好论题直接关系到评论的指导作用和影响到写作程序的进行。一个好的选题，是决定一篇评论能否引起人们阅读兴趣的重要前提，更体现出媒体的性质和特点。好的评论选题应具备这样几个条件：①触及现实，富有新意；②面向全局，准而有当；③大中取小，以小见大。选题的重点包括：①最新方针、政策、重大部署及领导人最新讲话精神；②先进典型和好人好事好思想、新人新事新风尚；③实际工作中存在的值得注意的倾向或薄弱环节；④人们共同关注而又议论纷纷莫衷一是的问题；⑤一些违反科学而人们又见怪不怪的种种言行。

2. 新闻评论的稿件选择（云南大学 2017 年研）

答：新闻评论的稿件选择，即选择新闻评论的评论对象，新闻稿件一般充当新闻评论的“由头”、作为判断的对象或者是论据。在新闻评论中，可以作为评论对象的新闻稿件大致有三类：①稿件所报道的事件是读者关注的焦点或热点事件，读者对此事的热议程度很高；②稿件在个别性中蕴含着一般性和典型性；③稿件虽然从表面上看平平无奇，但它却反映出了一些令人忧心或足以引起注意的问题。新闻评论中的稿件选择具有重要意义，并不是每一则新闻都值得配评论，只有具备“评论价值”的新闻稿件才值得配发评论。

10.4.2 简答题

1. 简述新闻评论的选题标准。（四川大学2018年研）

相关试题：好的评论选题应该具备的条件。（复旦大学2012年研）

答：参见本章课后习题第4题答案。

2. 新闻评论选择和确定论题的根据是什么?（吉林大学2015年研）

答：新闻评论选题要求在于，它所评论的对象和范围应当是当前具有迫切意义的、有着普遍引导作用、又能配合整体的新闻宣传部署的问题。要体现此要求，关键在于必须明确选题的根据。新闻评论选择和确定论题的根据主要包括三方面：

（1）当前的客观形势、舆论动向和宣传任务，以及最近中央发布的重要决定、工作部署和最新的政策精神。这些不仅是选题的重要来源，而且有助于选题和立论体现坚定正确的政治方向，赢得人们的重视。

（2）实际生活中层出不穷的新情况、新变革、新矛盾、新风险，以及来自广大群众和社会基层的呼声和要求。这是新闻评论选题取之不尽、用之不竭的源泉。

（3）重要的新闻事实、新闻事件和新闻典型。这是社会舆论关注的热点，是结合实际引导舆论、发挥教育功能的好教材，也有助于评论选题富有针对性、新闻性和时代感。

3. 新闻评论老选题怎样才能常做常新?（湖北大学2003年研）

答：新闻评论的选题要新，并不意味着每篇评论都要提出新问题、讲出新观点，这在实际上做不到。新闻评论确实会常常遇到一些“永恒的主题”，即那些每年必写的老题目。评论老题目，如不精心写作，免不了会老话重提、老调重弹。真理是要进行反复宣传的，但这种反复，绝不是原来水平上的重复，而是在更新内容和更高程度上的深入。因此，要做到老题新做、常做常新，关键在于以下方面：

（1）要下苦工夫，肯花大力气，多研究当前实际，多一点主观能动性。只要善于把普遍意义和当前的现实意义相结合，或选择一个新的角度论述，讲究一点表达方式，老题目同样可以写出新的思想、新的内容、新的语言来。例如，有关世界观、人生观、价值观方面的评论，前人已写过不少，要想常写常新，要靠寻找新的角度，或运用新的背景材料，新的表达方式。《长沙晚报》曾发表《曾乐的乐》短评，把上海宝钢总厂高级工程师、焊接专家曾乐的人生格言“以付出为快乐”作为评论的突破口，恰当地对比学者之乐、志士之乐、隐士之乐、醉汉之乐、贫夫之乐，再引申为祖国人民奉献者之乐，显示“以付出为快乐”的人生价值观的高尚、华美。这同样富有新意，给人以思想启迪。

（2）在老选题中渗入时代新观念。“文章合为时而著”，要把闪耀时代新思想光辉的观念及时吸收、融入新闻评论的立意中，这是新闻评论立意具有新颖性的重要原则。比如伯乐相马本是个老题材、老题目，从《庄子・外篇・马蹄》到韩愈的《杂说四》，许多人就这个题材发表见解。在新形势下，新闻评论《“相马”不如“赛马”》对“伯乐相马”作出新解，使评论立意跟时代脉搏合拍。

（3）反思传统意识。对传统意识，尤其是其中不合时代潮流的内容认真探讨，或摒弃，或吸收，或改造，从而从老话题中推出新的立意。

（4）善于“点石成金”。这是指对一般并无新意的观念，经过点化升华、成为神奇的观念。就人们常常谈到的“干部取经”而言，似乎是一个无可争议的老题目，但究竟怎样看待

"干部取经"?《光明日报》发表的一篇《干部"取经"也要计成本》的评论，却提出新的见解，收到"点石成金"的效果。

(5)在事件性选题与非事件性选题之外，有一些特殊的选题是以固定的时间周期出现的，比如纪念日或其他周期性活动，称为周期性选题。在写相关评论时，应寻找最近的新闻事件作由头，以淡化周期性选题给读者造成的"重复性"感觉。

4. 简述新闻评论选题的意义。(暨南大学2014年研)

答：新闻评论是党报宣传的重要手段。在新闻评论中，选题尤为重要。所谓选题，就是选择新闻评论所要评述的事物或要论述的问题，它明确了评论论述的方向、对象和大致范围。如果选题准确，就能很好体现党报的政治质量和宣传水平；如果选题有偏差，就会在导向上出现问题。因此，选题所规定的评论范围和大致内容，直接关系到评论对实际工作的指导作用。新闻评论选题的意义有以下几点：

(1)选题是新闻评论写作的首要环节，一篇评论的成败，首先取决于选题。能否正确选准、选好论题直接关系到评论的指导作用和影响到写作程序的进行。

(2)评论写作的目的是解决实际工作中存在的各种认识问题，对受众思想和实际工作起积极的作用，所以作者所确定的将要论述的基本思想是否正确和切中时弊，直接关系到这篇评论的根本价值。

(3)评论写作的其他一些环节，诸如论题的分析论证、文章的谋篇布局、语言的恰当运用等等，也只有在论题确定以及在作者对评论要提出什么问题、解决什么问题，做到心中有数之后，才有所依据，才能比较有把握地写好文章。

10.4.3　实务题

若为以下新闻材料(材料略)撰写评论，有哪些选题角度?

答：选题角度：

(1)媒体与商业的合作

典型例子是湖南卫视与天娱传媒公司，两者的互惠互利已经获得很好的效果。这种模式是否还存在问题?是否值得借鉴?

(2)媒体在选秀节目中所承担的义务

选秀节目被批"恶俗"，媒体在操作上难辞其咎。媒体除追求收视率之外，是否该为选手负责，该为广大受众负责?

(3)重建选秀活动的文化价值

主要是选秀节目的理念问题。2007年，"伊利优酸乳大学生音乐节"以掀起校园音乐第三次浪潮的名义在各地开展，主要以推出校园原创音乐为主，进行全国高校的校园原创歌手选拔。这样的形式，其实是一种选秀的再加工。由企业冠名资助，部分高校承办。这次的音乐节做出一种为复兴校园原创音乐而战的姿态，对于爱好音乐的大学生以及音乐界而言，都是一种希望。这些都使它多少摆脱无聊与低俗，体现出一种社会责任。

(4)蛋糕有那么大么

选秀节目的遍地开花带来的不是资源的共享，让人们看到的是市场资源的稀缺。选秀节目多，出来的选秀明星也多，可是却没有足够多的平台让他们展示，唱片公司为歌手发行的探测市场的EP唱片也少有叫座，更不用说一张完整的专辑，准明星选手们在打完选秀这场胜仗之后却被市场无情地抛弃。音乐和影视不是快餐，需要时间的积累，蛋糕不是我们想的那么大。能否借鉴奥运会、世界杯搞个选秀周期？隔几年做选秀，使人才能够得到更好的储备，娱乐经纪公司的运作更加流畅和有力。

（5）模仿 + 学习是否等于成功

中国的歌手，从 90 年代后就开始“学习”韩日，到现在的“至上励合”，算是程度最深、学习最完善的一次，制作团队也邀请韩方的加入。但是学习不等于单纯的照搬，并且国内目前并不拥有韩日那样完善的艺人培养机制。在全球唱片市场普遍萧条的环境下，这一尝试到底能否见效？选秀选手怎样发展才能成为音乐界的新希望？

第十一章　立　意

11.1　复习笔记

【知识框架(庖丁解牛)】

- 立意
  - 立意的含义
  - 立意的主攻目标
    - 论题要有新思想
    - 论理要有新高度
    - 论述要有新角度
  - 立意的思维方法
    - 正确的分析
    - 深入的分析
    - 全面的分析

【考点难点归纳(厚积薄发)】

考点：立意的含义、目标和方法(见表 11-1)　★★★

表 11-1　立意的含义、目标和方法

要点	具体内容	
含义	指确定评论的主要意思，以构成文章的中心思想	
目标	论题有新思想	新闻评论的目的是“立言”，讲出新道理、新思想、新见解、新观念，做到“言近旨远”
	论理有新高度	①从局部出发，着眼全局，展示未来。 ②审时度势，力戒主观性，避免脱离实际
	论述有新角度	寻找新的角度与突破口，去阐发相同的主题
方法	正确的分析	指以实事求是的科学态度，对事物作出客观、中肯、切合实际的评价，反对主观随意性
	深入的分析	指透过事物的现象，分析它的内部联系，揭示它的思想意义，克服表面性
	全面的分析	指用发展、联系以及一分为二的观点分析问题，恰如其分地评述事物的矛盾，力戒随意性、片面性、绝对化

【考点拓展(触类旁通)】

立论的基本要求(见表 11-2)

表 11-2　立论的基本要求

要点	具体内容
针对性	指立论能够针砭时弊，针对不良社会风气和倾向性矛盾，针对偏颇乃至错误思想，运用正面引导或批评论辩的方式对症下药，以促使矛盾转化，帮助人们提高思想认识，产生积极的社会效应。其方法包括：①针锋相对，拨正舆论导向；②针砭时弊，对症下药；③针对迫切需要解决的实际矛盾进行立论；④针对人们的思想疙瘩进行说理引导；⑤寓针对性于正面引导之中，有助于强化立论的赞誉效应
新颖性	使立论新颖引人的方法包括：①论题新颖，且有独到见解；②与错谬或片面观点的交锋中闪现真理的亮点；③有新的由头或论据；④选取新的立论角度
准确性	立论的准确性包括：论点的准确；论据、引语的准确；语法、逻辑的准确；完整、准确地阐明党和政府的方针政策和法规；坚持一切从实际出发，实事求是，力戒浮夸和武断等。
前瞻性	指能够及时洞察矛盾和预察将会出现的矛盾，尽早地去探寻事物的内在规律及其发展趋势，进而设想出解决矛盾的办法和途径，以便站在时代潮流的前头引导舆论，推动事物的发展。前瞻性包括三方面：①敏锐感；②洞察力；③预见性

【评论佳作赏析(见贤思齐)】

人口需要“质”的发展

“单独两孩”政策刚一启动，从北京到广东，各地纷纷酝酿落实。既涉及国家发展的人口战略，也涉及亿万人民的切身利益，这一新时期我国生育政策的重大调整完善，受到广泛关注。[本段为由头]

不管是“少生了 1.33 个美国”的民间说法，还是“减轻了人口过快增长对资源环境带来的压力”的官方表述，都说明计划生育政策实施几十年来巨大的作用与影响。中国改革的伟大成就，是各方面因素综合作用的结果，而计划生育作为 1982 年确立的基本国策，在促进国家经济和社会进步、实现人民生活由贫困到温饱再到总体小康的历史性飞跃中，可谓至关重要。[本段论述在上一个人口发展的十字路口，中国所采取的计划生育政策的作用与影响]

今天，中国的人口发展又走到十字路口。如果说当年人口压力主要是“增长”，今天则可谓面临双重压力——增长压力之外，更添失衡隐患。[从本段开始论述目前中国的人口问题]

前段时间，“常回家看看”入法引来诸多讨论。这个新法条，不仅折射流动时代的社会关切，更凸显人口发展的时代考题。上世纪 90 年代初，我国就进入低生育水平国家行列，平均每对夫妻生育孩子数一路下降到目前的 1.5～1.6 个。而国际经验表明，妇女总和生育率一旦跌到 1.5 以下，就很难再回升。[该处为理论性论据]另一方面，随着步入“银发社会”脚步的加快，2013 年末我国 60 岁以上老人将达到两亿，本世纪 30 年代中期将达到 4 亿。少子化趋势与老年化浪潮二者叠加，导致人口结构迅速变化，传导至社会保障和公共服务层面，则是养老、医疗等全方位的挑战。

实际上，即便是从经济发展的角度看，人口问题也同样形势严峻。20 年的低生育水平、快于预期的老龄化进程，导致我国劳动年龄人口规模开始缩减，2012 年比上年减少 345 万人。曾给中国带来巨大比较优势的“人口红利”是否在消失，尚需仔细研判，但所谓“刘易斯拐点”的存在，基本已成共识。在改革系统性、整体性、协调性要求不断提高的情况下，不能不站得更高、看得更远一些。

人口问题的本质是发展问题。正如人口学家马寅初所说，“在人口问题上，我们要赶的是‘质’，不是‘量’”。实施“单独两孩”政策，有利于保持合理的劳动力规模，延缓人口老龄化速度；有利于逐步实现国家政策与群众意愿的统一，提升家庭抵御风险的能力，增强家庭养老照料功能，促进家庭幸福与社会和谐；有利于稳定适度低生育水平，促进人口长期均衡发展。[该处运用排比的修辞手法]可以说，调整完善生育政策，启动“单独两孩”新政，实现人口“质”的发展、人口结构“质”的调整，不仅顺应民众的期盼，更可为促进国家可持续发展、保持国际竞争力提供持续的动力。[本段论述实施“单独两孩”政策的意义]

法国社会学家孔德曾说，人口是一个国家的命运。人口问题始终是关系我国全面协调可持续发展的重大问题，在经济社会发展中处于重要的基础性地位。事实上，从调整生育数量政策，到调整生育间隔政策，再到实施“单独两孩”政策，我国生育政策一直处于动态调整的“进行时”。“世易则时移，时移则备变”[该处为理论性论据]，既看到我国人口众多的基本国情没有根本改变，也看到人口结构调整的必然性、可行性，才能在继续坚持计划生育基本国策的同时把握住“时间窗口”，掌握改革和发展的主动权。

（来源：《人民日报》，2013-11-18；作者：李晓宏）

11.2　课后习题详解

1．什么叫立意？它在评论写作中的地位如何？

答：(1)立意，是指作者对所评述的事物或问题，提出自己的看法，表达自己的见解。换言之，是指确定评论的主要意思，以构成文章的中心思想。

(2)立意在评论写作中的地位

“意”是指文章中统摄“事”(即材料)的中心思想。虽然它并不是具体论点，但却是诸论点的总和并且统率诸论点，是全文的基调。立意是评论写作全过程中的一个具有决定意义的中心环节。写作评论，难在立意，而立意力求有新道理、新思想、新见解、新观念。

2．立意与选题的关系怎样？有何区别？

答：(1)立意与选题的关系

选题是选择新闻评论所要评述的事物或要论述的问题，是写作新闻评论的第一步，接下来便是立意，即提出观点和看法，亦称立论。这两步相辅相成，但又不是一回事。有时候是有题有意，题意相伴，题到意到。

①一般而言，自发撰文，总是意在题先。作者在现实生活中捕捉到某种问题、某种倾向，又找到行文的相关材料，于是意思确定，题目也有，这样写评论也比较顺手。

②但也有题在意先的情况。譬如，领导布置写的题目，或者学生的命题作文，对写作者而言，往往有题无意，这首先要解决“立意”的问题——明确全文的中心思想。解决这个问题才可以行文成篇。

(2)立意与选题的区别

①选题规定评论的对象和范围，立意是对所评述的事物和问题提出自己的看法和见解，是确定文章的主要思想。可以题在意先，也可以意在题先，关键是只有选题和立意同时具备，才能行文成篇。

②选题是立意的基础，立意则是选题的思想升华。立意是指确立中心论点，原则是联系实际，提炼出对事实的独特的观点和见解。如果选题旨在提出问题，那么立意正是经过思考酝酿形成解决问题的论断和结论，是决定文章成败的关键。

3. 立意贵在求新，其内涵是什么?

答: 立意贵在“站得高”“言人所未言，发人所未发”，核心问题是一个“新”字，立意求新的内涵集中体现在：论题要有新思想，论理要有新高度，论述要有新角度。

(1)论题要有新思想。写新闻评论的目的是“立言”，就是要讲出新道理、新思想、新见解、新观念，做到“言近旨远”，这是新闻评论的灵魂。新闻评论的新意来自于对生活的细心观察和缜密思考，对有新闻价值的事实入情入理的分析，对党中央路线、方针、政策的深刻领悟。

(2)论理要有新高度。立意必须从局部出发，着眼全局，展示未来，这就要求把握审时度势的原则，力戒主观性，避免脱离实际、无限拔高。精心写作评论首先要精在分析具体事物、善于发掘深刻思想上，有这样的理论色彩，新闻评论就算有了新高度。

(3)论述要有新角度。新闻媒体上天天都有评论，要做到篇篇都有新道理、新思想、新见解、新观念很困难。在这种情况下，要努力去寻找新的角度，找出新的突破口，另辟蹊径，打开通道，去阐发相同的主题。评论变换角度，侧重点有所不同，同样能给读者新的启迪。只要善于寻找新的角度，新闻评论同样可以常写常新，做到平中见奇、旧中出新。

4. 实现立意主攻目标的途径在哪里?

答: 立意的主攻目标是求新，即论题要有新思想，论理要有新高度，论述要有新角度。立意之本在于对论题进行具体、细致的分析和扼要中肯的说理。实现立意主攻目标的途径包括以下方面：

(1)就整篇文章而言，要善于“把道理磨碎了讲”

“把道理磨碎了讲”是把中心论点分成几个小的从属论点，一层一层地、一个一个地讲清楚。这要求对所确定的论题进行系统周密的剖析，考虑围绕中心论点从哪些方面进行论述，需要讲哪些方面的道理，如何加以说明。对大的原则道理做系统、周密的分析、解剖工作，很重要的一个方法，是纵联系、横剖析的分析方法(简称为纵联横切)。

(2)对具体论点而言，必须运用唯物辩证法，对事物进行正确、深入、全面的剖析

就一个具体论点的确立而言，要做到阐述清楚，还必须运用辩证唯物主义的立场、观点、方法，对事物进行正确、深入、全面的分析，力戒主观性、表面性和片面性。

①正确的分析，是以实事求是的科学态度，对事物作出客观、中肯、切合实际的评价，反对任何主观随意性。这样才能反映客观事物的本质和规律，符合事物的本来面目。

②深入的分析是指要善于透过事物的现象，着力分析它的内部联系，揭示它的思想意义，克服表面性。由于客观事物错综复杂，思考问题不能就事论事，要通过现象捕捉实质。

③全面的分析是坚持用全面的、发展的观点看问题，对事物的矛盾进行恰如其分的评述，力戒片面性、绝对化。

正确、深入、全面的分析方法，在具体运用时往往是结合在一起的。要使问题分析透彻，立论深刻，最重要的是应当从实际出发，运用唯物辩证的方法，纵联横切，对具体事物作具体分析。

5. 为什么“把道理磨碎了讲”才有说服力？

答：“把道理磨碎了讲”，即把中心论点分成几个小的从属论点，一层一层地、一个一个地讲清楚，这样评论才有说服力。

（1）评论贵在说理。“理”来源于客观事物的本质，是事物之间内在的必然联系，只有把事物、现象或概念加以“条分缕析”，剖析成若干组成部分，找出各部分的本质属性及彼此之间的联系，才能找到“理”。这就要求对所确定的论题进行系统周密的剖析，考虑围绕中心论点从哪些方面进行论述，需要讲哪些方面的道理，如何加以说明。

（2）一篇评论的论题，总是作者对众多小的事实、观点，逐步加以分析，经过综合才形成的。因此要使受众接受这个论题，最好的办法是再现这个过程，先一层一层、一个一个地向受众说明这些小观点，把这些“小道理”讲清楚，然后顺着事理的逻辑加以综合，得出中心论点。这样，让受众和作者共同经历了析事明理的过程，论题就易于为受众所接受。

（3）“把道理磨碎了讲”是纵联系、横剖析的分析方法。任何一个问题，如果从纵的方面把它分为几个阶段，从横的方面把它分成几个部分或几个角度，就容易分析得细致深透。如果孤立地就事论事，往往有失偏颇，以偏概全。

6. 试分析《“马儿啊你慢些走”》一文（材料略），说说它选题的针对性和立论的思想性。

答：（1）新闻评论是“时评”和“政论”，具有强烈的时效性和现实针对性。本文写作一改人们的常规想法，以“马儿啊你慢些走”为题目，具有很强的吸引力。本文具备了好的评论选题应具备的条件，具体包括以下几个方面：

①触及现实，富有新意

触及现实，是新闻评论的生命力之所在。新闻评论的任务，是迅速而广泛地评述一定时期内党的纲领路线、方针政策、工作任务和工作方法，同时针对当前某种倾向、党和群众所关心的、迫切需要解决的现实问题、某项经验进行议论，及时明确提出如何用正确的立场、观点和方法去对待和处理。新闻评论强烈的时效性决定它一定要以现实生活中的新人物、新事物、新风尚、新问题、新动向作为主要评述对象，及时发言，给人新的启迪。

文中“也可以把‘马儿啊你慢些走’，赠予那些在学术研究上‘快马加鞭’的人。”“还不妨把‘马儿啊你慢些走’赠予教育界那些‘拔苗助长’的人。”都是立足现实、有针对性地进行论述。

②面向全局，准而有当

评论所评述的问题应体现着特定时期的主要倾向，应为当时广大人民群众所关注并与他们的利益直接相关；评论应面向最广大的受众，力求具有普遍的指导意义。选题要准而有当，就必须通过理性思考，掌握事物的内部联系，了解此事物不同于另一事物的质的规定性，从而达到恰到好处的目标。

本文中“‘慢些走’，在今天这个快速发展时代，似乎不合时宜。可面对那些真假难辨、堆积如山的文字垃圾，我们不仅想说‘慢些走’，甚至留恋起‘爬格子’的岁月。每当读到拼凑粘贴而成的‘文字处理’稿，就愈发觉得从前在格纸上慢慢‘爬’出来的文章是多么可爱、可贵。”立足“写文章变成拼凑粘贴”这个全局性、普遍性的问题，做深刻而精准的分析，发人深省。

③大中取小，以小见大

学会小题大作，善于从一个看似极普通的事件中，找出其背后存在的具有普遍意义的大问题，从而深入开掘，写出大主题，在社会上引起一定的反响。

两会的选材那么多，题目那样大，作者却锁定视角，“采访全国政协委员马玉涛”。“她介绍说，当年战友歌舞团本着不为名利、只为出好作品的精神，给她定做了这首歌，她和全团上下一字一句地抠，刻苦排练了几十个日夜。”足以见得作者善于从小处着眼，发现小事件背后的大问题，从而为解决问题、改善现状，提供合理的思路和可行的方法。

(2)立意贵在“站得高”“言人所未言，发人所未发”，核心问题是一个“新”字，立意求新的内涵集中体现在论题要有新思想，论理要有新高度，论述要有新角度。

“今年是马年，人们用‘快马加鞭’‘万马奔腾’‘马到成功’来互赠互勉，的确催人奋进。但欣然之余，总感到还缺点什么。”“时下确有必要把‘马儿啊你慢些走’这句歌词，赠予那些在文艺创作上企盼‘马到成功’的人。马玉涛唱‘马儿’之前，经历过很长时间的磨炼。”作者用辩证的眼光看现象，在“快”与“慢”的对比中引导读者思索“马儿走快了就一定好吗”“马儿为什么应该慢些走”等问题。

11.3 考研真题与典型题

11.3.1 概念题

评论立意(华中师大 2015 年研；复旦大学 2006 年研)

11.3.2 简答题

1. 新闻评论如何处理破与立的关系？(暨南大学 2015 年研)
2. 选题和立论在评论写作中有何重要意义？(山东师大 2014 年研)

11.3.3 实务题

1. 根据材料写作新闻评论。(华中师大 2018 年研)

苏州大学奖学金仅发 1 元　校方：转变学生求学目标

“奖学金居然只有一块钱。”昨天，一位苏州大学的学生在网上吐槽，“还不如不发呢。”

最近，苏州大学的奖学金成了热词，今年，不论是“学习优秀奖”还是“专项奖”，该大学各个学院的奖学金金额统统都成了象征性的一元钱。

校级奖学金 1 元　成了“荣誉奖”

2014 年秋季，苏州大学就颁发了《全日制本科生奖励评定实施细则》，拉开了奖学金改革的序幕。

改革之前，苏州大学人民综合奖学金是 500 元人民币，获奖人数占比为 15%；学习优秀奖学金分一、二、三等，奖金金额分别为 2000 元、1500 元、750 元，人数占比分别为 4%、9%、13%；卓越创新奖奖金金额和学习优秀奖学金一致，但占比较少；另外，专项奖学金分设 7 项，总人数占比为 20%，奖金为 400 至 600 元不等。

改革之后，获奖人数占比仍保持一致，但涉及的奖励更名为综合奖、学习优秀奖、卓越创新奖和专项奖。其中，学习优秀奖和卓越创新奖分特等、一等、二等。更大的改变是金额——改革后，涉及奖励均不再设立奖励金额，仅颁发荣誉证书。

今年，除了荣誉证书之外，获奖学生不分种类、等级，均有象征性的一元钱奖励。

不过，涉及改革的只是校级奖学金，国家级别奖学金、各类捐赠奖学金以及对贫困生的各种奖励和补助金不在这次改革之列，金额没有减少。

另据观察者网查询，苏大研究生同样不适用以上改革，研究生的优秀奖学金是1000元/人。从官网发布的信息来看，苏大另有10余项捐赠类奖学金，奖励金额从1500～8000元不等。

学生：怀念奖学金 仍会去争取

今年的奖学金尚未到手，但大部分学生已经知道了有关调整，这也是热议的由来。

大一学生小许说，进校时他就听说了苏州大学独特的奖学金制度，当时“非常诧异”，现在知道“一元钱”之后，他更是觉得不解：“奖学金是国内外大学都有的奖励机制，为啥苏大特立独行？再说了，要么别发，要么就正常发，一块钱算什么事！”

小许说，上大学之初他就有个愿望，想用奖学金去云南玩一趟，“这下子全没了”。

而大二学生小张虽然也有许多不解，但不会像小许一样赌气，“更重要的是荣誉，简历里有这么一条能好看许多，找工作时也能加分，相比之下，钱倒不重要了。”小张说，“学习毕竟是自己的事情，不会为了有没有奖学金而放松。”

大四学生小曹对奖学金改革有着比较直观的体会，“我是贫困生，大二的时候拿了好几个奖学金，一共有3000元，抵得上我4个月的生活费。”对于调整变化，小曹有点惆怅，“现在，奖学金没了，我很怀念它。”

学校：助学金和出国基金多了

改革奖学金，苏大是缺钱吗？昨天，记者联系到苏州大学宣传部。相关老师表示，奖学金改革方案是经过校务会议审核通过的，其他细节不方便透露。

记者在此前的公开报道中了解到，苏大取消的这部分奖学金总额约有500万元，然后，他们在学生出国学习(交流)基金的账户上增加了500万元，同时也增加了500万元投入到本科生奖助学金额上。

“学校现在在转变一种观念，希望同学们好好学习，但不应该‘以获得奖金’作为求学的目标。”苏大一名班主任老师说，她很赞同这种观念上的转变，但在实际操作的过程中，她也遇到了一些困惑。譬如说，和原先获得校级奖学金的人数相比，获得海外交流奖学金的学生要少得多。另外，虽说在同等条件下，家庭经济困难学生优先，但根据《苏州大学本科生出国(境)交流奖学金实施细则(试行)》，除去其他条件，单是“外语成绩符合国(境)外大学(科研机构)的入学要求”这一条，已经拦住了不少高中英语水平较低、大学英语老拖后腿的贫困生们。

说起来，虽一直以“最美校园”著称，苏州大学在舆论中“出风头”却不是一次两次了。据观察者网查询，2013年傅革回忆录造假事件就曾将苏大推到风口浪尖，事情以傅革向母校苏大道歉告终。2015年9月，孙杨成苏大研究生也引发了不少关注。最近一次则是10月13日，苏大教授4000字公开信举报苏大文学院院长。

(来源：《现代快报》，2015-12-08；作者：孙佳桦)

2. 以“网络公益”为选题写作评论。(重庆大学2018年研)

3. 根据下列材料写作新闻评论。(复旦大学2016年研)

上海将招录500余名大学生城管基层执法人员

中青在线上海9月5日电(中国青年报·中青在线记者周凯) 今天，记者从上海市绿化和市容管理局获悉，9月上旬，上海市将面向社会公开招录500余名城管基层执法人员，报考人员均需要具备大学本科及以上学历。

据悉，为进一步深化区县城管执法体制机制改革，充实加强基层一线城管执法力量，提升基层一线城管执法和为民服务水平，9月上旬，中共上海市委组织部、上海市人力资源和社会保障局、上海市公务员局决定面向社会公开招录500余名城管基层执法人员，主要从事乡镇、街道一线城管执法工作，以更好地维护城市环境秩序和社会公共利益。

为满足基层一线城管执法工作需要，打造一支高素质城管执法队伍，报考人员需要具备大学本科及以上学历，年龄在18周岁以上、35周岁以下等条件；考试内容除了笔试和面试之外，根据岗位特点和需求，还首次增加了体能测试项目。

据了解，《上海市城管基层执法人员专项招考公告》将于9月7日在上海市公务员局网站(www. shacs. gov. cn)、上海“21世纪人才网”(www. 21cnhr. gov. cn)上发布，具体的招录职位、报考条件、考试方法和内容等信息均可在《招考公告》中查询。

对于新录用城管执法人员，上海市公务员局、上海市城管执法局将统一举办上岗前封闭式培训，重点加强职业道德、法律知识、执法规范、执法技能以及队容风纪等方面培训力度，着力提升新进城管执法人员的法律素养、执法能力和为民服务水平。

4. 阅读下面的材料，将其改写成一篇600字以内的消息，并配写一篇600字左右的新闻评论，题目均自拟。(安徽师大2015年研)

白天是政府部门的会议室，晚上是外来工人的纳凉地。昨夜，已经和丈夫在这里“住”了四个晚上的环卫工董彩凤，在电话里兴奋地跟远在河南老家的儿子说：“儿子，今晚我和你爸睡在政府会议室!”

今天上午8:30，绍兴市政府机关会议中心又开始了忙碌。这一天，将有3场会议在这里举行。而就在两个半小时前，会议中心送走了一批特殊的客人，他们是市政府请来纳凉的外来工。

热疯了。40℃，41℃，42℃，这个夏天，绍兴的高温纪录不断被刷新。8月6日，下辖的新昌县更是以43℃的高温创下全国之最。绍兴市急救中心出车量也创下历史之最，救护车一次次呼啸着拉回病人，其中最多的是暑症患者。为应对异常高温天气给市民生活带来的影响，自7月31日起，市政府机关会议中心免费向公众开放。党委政府议大事的地方，晚上成了外来工的纳凉点。

昨晚8:30，外面热浪滚滚，昔日热闹的市区城市广场上人流稀少了很多。而一路之隔的市政府机关会议中心内，欢声笑语，四五十人席地而坐，拉起了家常。“哎呀，简直像回到了以前乡下老家纳凉的时候。”环卫工董彩凤是带着老公和4名同事一起来的。

正说着，远在河南老家的儿子打来了电话，董彩凤兴奋起来，对着手机大声喊：“儿子，你猜我现在在哪儿？市政府会议室。这里有空调，住着可带劲儿了，我跟你爸都住了4个晚上了。”“对，对，不回去了。”挂掉电话，董彩凰说起了缘由：“我们租的房子没空调，屋里温度起码50℃，我已经中暑进过一次医院了。我想，再这样下去要热死人了，我要回去了。”“听说我住在市政府会议室，儿子吓了一跳，哈哈。他说，‘这么好，那你就在绍兴待着吧’。”

性格开朗的董彩凤越说越兴奋，索性手舞足蹈唱起了豫剧《花木兰》曲段，“刘大哥讲话理太偏……”她还现场编词，“绍兴是个好地方……在这里一辈子我也住不烦嘞。”“啪啪啪”，有人给她鼓掌。

会议室内凉风习习，7只空调同时运转，温度达到了25℃以下。热水就在墙角。一次性纸杯、瓶装矿泉水、消暑药一应俱全。不断有身着黄背心的环卫工、拖着行李袋的建筑工人进来，值班人员递上早已备好的凉席。有人铺好凉席就开始和老乡拉家常，睡觉；有人找到室内的厕所，就着水龙头简单给自己擦个澡。

“我一个扫地的，以前哪敢进来!”感叹着会议室内的凉快，来自江西的环卫工郑金荣说起了自己“热得像烧砖窑一样”的住处，“空气都是烫的，一晚上睡不到两个小时，可我凌晨4:00就要出门扫地的呀。”

是环卫班长告诉他这里可以睡觉。“他一说我就信了。为啥？绍兴这地方是好。以前我在绍兴城西种过蔬菜，台风来了，村干部要我到村委办公室去睡，说万一大棚倒下来会把我压死的。我说我不去，大棚里的东西被人偷了咋办？村干部说，你大棚里的东西，我们有人巡逻。你在这里办了暂住证，就是我们的人，我们要对你负责。”

旁边的建筑工赵峰接过话说，一开始他是不信的，“市政府开会的地方哪会给我们睡觉?”直到老乡带他过来他才信了。昨晚是他第二次来，这次他带了3个老乡来过夜。“终于可以睡个好觉了。”他打算在这里住上一段时间。“我们在外打工不容易，政府为我们做了一件实事。”市政府机关会议中心建于2006年，是市级机关唯一的会议中心。机关服务中心副主任华海龙介绍，这里几乎每天都有会议召开，以前晚上也有，但为了腾出来给市民纳凉，7月31日以后晚上就不再安排会议了。会议中心对公众开放的时间是晚上8:00到次日早上6:00。

已经接近晚上11:00了，50来张凉席在地上有序铺开，除了两位是绍兴本地居民，客人们主要是来绍务工的环卫工、建筑工和三轮车夫等。伴着空调送来的阵阵凉风，劳累了一天的他们酣然入梦。

凌晨4:00不到，有人起身出门。5:40，安静的会议室热闹起来，人们纷纷起身，卷起地上的凉席，出门开始新一天的劳作。地上少见垃圾。工作人员开始拖地，用温开水洗刷凉席，等待晚上新一轮的客人。

目前，绍兴市一线外来务工人员达130万人。每年夏天，绍兴都会开放防空洞供市民纳凉，但开放市政府机关会议中心，这还是第一次。

据悉，目前全市已有200多个避暑点。“更多的公共场所，会免费向公众开放。”市机关事务管理局局长胡周祥介绍，机关会议中心开放只是起一个带头作用，根据市委、市政府统一要求，接下来各单位安装空调的公共场所，包括办事大厅、体育馆、会议室、学校礼堂等，都将在不影响正常办公的前提下开放。

（来源：《绍兴晚报》，2013-08-09）

5. 阅读下面消息，请为消息配置一篇不少于800字的评论。要求观点明确、思路清晰、结构完整、语言顺畅。（华中师大2015年研）

书院跪拜仪式引争议 网友称跪是耻辱

新京报讯(记者凌晨) 11 月 17 日，一组北京凤凰岭书院开学典礼上学员跪拜老师的照片，引发众多网友争论，部分网友称下跪并非中华文明精华应摒弃，甚至有网友称之为“耻辱”。

对网友的质疑，凤凰岭书院教务长韩国栋表示，网友的质疑是对跪拜的曲解和误读，跪拜的目的在于“尊师重教”，这是对中国传统文化中师徒关系的诠释和传承。

照片中学员跪地叩首

引起争议的这组照片中，身着灰色长衫的学员们双膝跪地向坐在藤椅上红襟黑衫的老师们齐齐叩首，此外，学员们还双手向老师奉茶。其中一张照片显示，受跪拜大礼的，还有国家画院院长杨晓阳。

当这组照片被人发到网上之后，引来众多网友评论，其中多数都是来“炮轰”的。网友何刚评论称：“跪，不是中华文明精华，而是必须扫进历史的不平等垃圾。”

还有网友称，这书院的老师一边在传授着现代文明，一边又让学生跪拜“谢恩”，难道不应该感到耻辱吗!

评论者中，也有人比较理性，称难得有名家愿意为恢复传统的一些礼仪做点事情，才刚开始就被你们批成这样，不知道你们怎么想的？原本应该是值得提倡和弘扬的尊师重道，即使目前礼仪等也许还不规范，但总归是一个好的开始。

照片拍于书院开学典礼

对于这组照片，凤凰岭书院教务长韩国栋昨日表示，学员跪拜老师的图确实是该书院 10 月 28 日开学典礼上所拍。

对于网友的非议，韩国栋表示这是对跪拜的曲解和误读，跪拜的目的在于“尊师重教”，“古代手工艺相传徒弟一定要跪拜师父，这种形式本身就来自于儒家传统文化。跪拜是传统文化师徒关系的一个承诺，弟子诚心诚意接受老师的教诲，老师将毕生所学倾心传授，这种承诺神圣而崇高，师生双方也都是自愿的。”

国家画院院长杨晓阳接受学生行大礼，则是第二天的事。“杨院长当时谢绝跪拜仪式，他说自己是公职人员礼节就免了吧，但我们把跪拜的意义跟他一说，他才同意。”

追访

“我们拜的不只是老师，还有传统文化”

谈到这场网络舆论的影响，韩国栋表示“外面很热闹，这里很冷清”。

学员林先生则表示，男儿膝下有黄金是风骨，但对父母的孝、老师的敬、国家的忠才是精神，“跪拜的是先生的人格魅力，也是对中国传统文化的敬畏，不了解的人始终不懂这里面的含义。”

杨晓阳的学生吴先生也表示，当时跪拜确实是诚心诚意要向老师行礼。从澳门慕名而来的吴先生，曾经在澳门城市大学教授绘画，担任澳门美术教师交流协会的会长。“跪拜礼只是小小的传统，不要这么大惊小怪”。他解释，待师如待父，这是中国传统文化的传承，跪拜之间形成了责任。“我们拜的不只是老师，而是失传或失落的传统文化”。

6. 十八届三中全会出台了一方是独生子女的夫妻可以生二胎的政策。请根据这则新闻写一篇评论。(北大 2014 年研)

11.4 考研真题与典型题详解

11.4.1 概念题

评论立意(华中师大2015年研；复旦大学2006年研)

答：评论立意是指作者对所评述的事物或者问题，提出自己的看法，表示自己的见解，也就是确定评论的主要意思，以构成文章的中心内容。立意贵在“站得高”，核心问题是一个“新”字。新闻评论的刻意求新，集中体现在论题要有新思想，论理要有新高度，论述要有新角度。“意”是指文章中统摄“事”(即材料)的中心思想。虽然它并不是具体论点，但却是诸论点的总和并且统率诸论点，是全文的基调。立意是评论写作全过程中的一个具有决定意义的中心环节。写作评论，难在立意，而立意力求有新道理、新思想、新见解、新观念。评论立意要有正确的分析、深入的分析和全面的分析。

11.3.2 简答题

1. 新闻评论如何处理破与立的关系？(暨南大学2015年研)

答：新闻评论，是媒体编辑部或作者对最新发生的有价值的新闻事件和有普遍意义的社会现象、热门话题，运用分析和综合的方法，就事论理，就实论虚，有着鲜明针对性和思想启迪性的一种新闻文体。要想完成好的新闻评论，需要处理好破与立的关系。

(1)新闻评论破与立的关系

立，就是正面提出和论证自己的观点；破，就是反驳和批判错误的观点。在新闻评论的写作中，破与立是辩证统一的关系。破与立的统一是新闻评论遵循的论证原则之一，处理好破与立的关系就要实现破立统一，如果光破不立，道理易显偏颇；如果光立不破，道理易显平淡。

(2)新闻评论破立统一的重要意义

写评论既要说理，就要破除一种观点，树立一种观点。树立正确的观点，在其分析论证的过程中，就得澄清与之有关的模糊观点，纠正与之有关的片面认识，反对与之相对立的错误观点或倾向；反之，为了批驳错误观点，也需要阐明正确的主张。

就评论写作本身的规律来看，为了深化说理，需要破和立的结合。文章有了对立面，自然就要思想交锋，就要面对面地展开论辩和商榷，就要从正面提出充分的理由和论据，论述也能从事实的矛盾中层层展开，步步深入，从而增强评论的思想性、鲜明性和说服力。

(3)破立结合的论述方式

①从正面立论的评论，则需立中寓破，即在阐释正面观点的同时对照批驳错误的观点，阐明观点错在哪里。

②以驳论为主的评论应破中有立，在揭露批判错误观点的同时指明正确的观点。也就是在对不正确的言行进行批评、揭露或论辩的同时，还需指明正确的应当是什么，应当提倡什么，应当怎样去做。

2. 选题和立论在评论写作中有何重要意义？(山东师大2014年研)

答：(1)新闻评论的选题(具体参见第十章课后习题第1题答案)

(2)新闻评论的立论(具体参见本章课后习题第1题答案)

11.4.3 实务题

1. 根据材料(材料略)写作新闻评论。(华中师大2018年研)

答: 参考示例:

“一元奖学金”缘何引争议?不妨多些理解和宽容

近日,苏州大学的奖学金改革成了舆论关注热点。今年,不论是“学习优秀奖”还是“专项奖”,苏州大学的奖学金金额都变成了象征性的一元钱。不过,涉及改革的只是校级奖学金,国家级别奖学金、各类捐赠奖学金以及对贫困生的各种奖励和补助金不在这次改革之列。

有记者查阅此前公开报道后发现,苏州大学取消的这部分奖学金总额约有500万元,随后,学校在学生出国学习(交流)基金的账户上增加了500万元,同时也增加了500万元投入到本科生奖助学金额上。

给成绩优秀的学生颁发奖学金几乎是大学的通行做法,一些国外大学的奖学金之高,甚至已成为吸引考生的重要条件之一。现在苏州大学的奖学金改革,仅对获奖学生颁发荣誉证书,奖金降为象征性的一元,等于是挑战了“国际惯例”,引发质疑在所难免。而且取消了奖金,对许多学生来讲也是个实实在在的经济损失。质疑、抱怨虽然可以理解,但仔细思考一下,“一元奖学金”也并非没有道理。

设立奖学金的目的在于鼓励学生刻苦学习,奋发向上,德、智、体、美全面发展,但鼓励学生并不一定必须以奖金形式进行。奖励有很多种,可以是物质的奖金,也可以是象征性的荣誉证书等等。虽然绝大多数学校都设有奖学金,但就整体而言,更多奖励尤其是非学习方面的奖励其实都没有奖金。认为没有奖金便会影响学生的学习热情的说法,是站不住脚的。事实上,从教育主管部门的现有制度规章来看,也并没有哪个文件规定高校的奖学金必须达到某个标准。

从媒体报道来看,苏州大学现在的奖学金支出减少了,但增加了学生出国交流基金。是否正是因为加大出国交流投入而减少了奖学金金额,我们不得而知,但作为一所知名高校,有意识地引导和推动学校的国际化发展水平,并无不妥。

对于高校的教学与管理,目前社会上存在一个评价悖论。一方面,舆论习惯于指责行政主管机构对高校管得太多,高校缺少应有的办学自主权。但另一方面,高校在自主办学方面稍有动作,舆论常常又批评质疑不断,不自觉地充当了阻碍改革的力量。苏大此次调整的只是校级奖学金,国家奖学金以及各类捐助奖学金均未涉及,可见改革还是有所保留,何必过于惊诧?如果因此导致教育主管机构不得不出面制止,最终使苏大的奖学金颁发不得不回归传统模式,究竟是进步还是悲哀?

高校要不要设立奖学金,奖学金金额高还是低,说到底还是高校与学生之间的事情。社会公众可以关注,但不能为质疑而质疑,简单制造眼球效应。苏大的奖学金改革方案是经过校务会议审核通过的,从程序上来讲是合乎相关规定的,效果究竟如何,不妨且行且观察。当然,奖学金高低关乎学生的切身利益,降低奖学金数额应该充分听取学生意见。但不管如何,学校内部事务还是应该内部解决,社会公众更需要做的是理解和宽容。在微观层面,这关系到奖学金改革的成败,而在更高层面,这也是对学校自主权利的尊重与维护。

(来源:《中国教育报》,2015-12-11;作者:刘化喜;有改编)

2. 以“网络公益”为选题写作评论。（重庆大学2018年研）

答：参考示例：

别让骗捐毁了网络公益

随着移动互联网的发展，慈善公益事业也搭上了“互联网+”的快车道，特别是网络公益众筹平台如雨后春笋般应运而生，成为了新的求助信息“发布窗口”。如今，打开微信朋友圈，不时会有各类言辞恳切的求助信息映入眼帘。

网络募捐信息平台的建立，对整个慈善行业生态来说，是一种巨大的利好，既解决了一些求助者的燃眉之急，也有效推动了慈善事业的发展。然而，网络公益众筹的发展，也暴露出一些管理上的滞后乃至脱节的问题。比如，近年来，虚构病情、制造虚假证明，将众筹平台视为敛财的手段和捷径，类似这样的虚假个人网络求助不在少数，也令网络公益众筹出现了信任危机。

网络公益众筹作为新生事物，在社会生活中有着巨大的需求。庞大的捐助资金，是对慈善事业的信任和支持。但是如果这些筹款用偏了、用歪了，成了一些人“敛财”和“骗捐”的平台，那将十分的可怕，因为这将毁掉慈善的信誉，倒了网络公益众筹的“牌子”。

作为监管层来说，不可能做到事事超前，事事都跟上社会发展的节奏，但是当问题出现时，就应当采取措施，“亡羊补牢”。目前，网络公益众筹已经形成一定的规模和趋势，但对网络公益众筹募集资金的监管却仍处于“模糊地带”，善款募集虚高、金额过于随意、支配不透明等问题时有发生，这说明网络公益众筹平台已经被一些人钻了空子。有专家指出：“目前，互联网公益众筹平台处于野蛮生长的阶段，其在项目审核、流程监管、善款使用等方面都缺少清晰的行为及法律边界，曝出乱象是迟早的事。”

一方面是网络公益众筹有着巨大的社会需求，另一方面是层出不穷的问题和隐患，加强对众筹平台的管理规范化已经迫在眉睫。关于规范众筹平台，需要监管部门尽快拿出对策和办法，既要给网络公益众筹留出发展的“空间”，积极予以政策扶持，保护好这个新生事物，也需要建章立制，堵塞监管漏洞，让众筹过程中的每一个环节、每一个细节都有标准和规范，都在阳光下运行。如此，才能让网络公益众筹在健康的轨道上健康发展，赢得慈善美名。否则，任由网络公益众筹“野蛮生长”，甚至成了一些人敛财和骗捐的工具，那么，对中国慈善事业的发展和信誉都将是一个致命打击。

（来源：正义网，2017-03-30；作者：舒心萍；有改编）

3. 根据下列材料（材料略）写作新闻评论。（复旦大学2016年研）

答：参考示例：

“本科城管”能否根治暴力执法顽疾？

9月上旬，上海市将面向社会公开招录500余名城管基层执法人员，报考人员均需具备大学本科及以上学历，将主要从事基层一线城管执法工作。新录用的城管人员将统一举办上岗前封闭式培训，以职业道德、法律知识、执法规范、执法技能及队容风纪为重点，着力提升新进人员的法律素养、执法能力和为民服务水平。

频频爆出的城管暴力执法丑闻广受诟病，出现这等状况除了跟个人觉悟和素质相关以外，权利缺乏相应的监督和制约也逃脱不了干系，城管“霸气和匪气”十足的背后是权利被毫无节制的“放逐”，导致执法无极限，随着自己的性子来，看谁不顺眼就治谁，权力没有在合法合规的条框下运行，也在客观上为其个人滥用职权、失职渎职等行为开了绿灯，也才会出现“老百姓算个屁、老百姓给脸不要脸、我就是法，爱怎么告就怎么告”等等官场雷语、狠话。

上海市提高城管队伍学历要求可谓是提高了准入门槛，相应的基本素质和政治素养也会有相应的提高，是解决城管暴力执法顽疾的一个有益尝试，但笔者认为，要治本，这些还远远不够。

要做好“培训关”。单位聘用城管人员手续简单、粗糙，一般都是即刻“上任”，缺少相应的法律法规和业务知识培训，学历并不代表能力，只注重学历要求而对实际工作环境缺乏了解和思想准备的话，久而久之的后果就是城管执法手段简单粗暴，出现暴力执法也就不足为奇了，城管从事的大都是一些一线执法工作，干得多、挣得少，用人机构必须建立相应的人员培训机制，培训不合格的坚决不允许上岗。

要落实“管理关”。从严管理执法队伍，执法部门是窗口单位，执法手段文不文明直接影响党和政府的形象，单位的执法生态在一定程度上影响着城管人员，因此，必须以群众路线教育实践活动为契机，改变工作作风，文明执法，文明服务，提高队伍的凝聚力和战斗力，所谓近朱者赤，近墨者黑，整个队伍的管理水平和素质提高上去也会对个体产生潜移默化的影响和改变。要破除城管暴力执法这个难题不能片面追求“短平快”，需要多措并举才能形成合力，用人单位也要摆脱“懒政”和“责任排我”思想，多从自身寻原因，找不足，并采取措施加以改进，这才是解决问题的治本之策。

（来源：长城网，2015-09-09；作者：马青功）

4. 阅读下面的材料(材料略)，将其改写成一篇600字以内的消息，并配写一篇600字左右的新闻评论，题目均自拟。(安徽师大2015年研)

答：(1)消息略。

(2)评论示例：

会议中心成纳凉点，彰显民生情怀

据新华网报道，40℃、41℃、42℃，这个夏天，绍兴的高温纪录不断被刷新。为应对异常高温天气给市民生活带来的影响，自7月31日起，绍兴市政府机关会议中心免费向公众开放。党委政府议大事的地方，晚上成了外来工的纳凉点。(8月12日中广网)

面对异常高温天气，做好防暑度夏工作，是党和政府以及整个社会面临的一大课题。绍兴市政府机关会议中心免费向公众开放，体现了当地政府的民生情怀。

机关、事业单位是为民服务的机关，应该尽为人民服务的责任。当机关、事业单位在暑热夏天真的向公众开放，成为外来工的纳凉点时，人们先是不敢相信、怀疑，继而逐渐接受，然后夸赞绍兴市的这一民生举措。暑热夏天，关怀农民工，应该从关心他们纳凉开始。不让农民工露天夜宿，让农民工有个舒适的纳凉场所，体现了绍兴市对外来工的关怀，体现了这座城市的人文精神。

会议中心的开放，无疑也是一个更多机关、事业单位公共场所将向市民免费开放的信号。按当地政府的要求，接下来各单位安装空调的公共场所，包括办事大厅、体育馆、会议室、学校礼堂等，都将在不影响正常办公的前提下开放。而这在高温下的福音，让更多的外来务工人员、农民工，更多无法在盛夏入睡的群众，能在徐徐清风下酣然入睡。人民政府爱人民，关心人民群众的安危冷暖疾苦，人民也会更加爱戴这样的政府。

当然，在实际中还存在着一些问题。提供纳凉场所只是第一步，饮用水、凉席等更加贴心的民生举措也应跟上。在这个酷热夏天，愿更多的城市为人民群众提供更多纳凉的场所。

（来源：红网，2013-08-14；作者：李兆清；有改编）

5. 阅读下面消息（材料略），请为其配置一篇不少于800字的评论。要求观点明确、思路清晰、结构完整、语言顺畅。（华中师大2015年研）

答：参考示例：

不妨宽容看待书院的“跪拜之礼”

11月17日，一组北京凤凰岭书院开学典礼上学员跪拜老师的照片，引发众多网友争论，部分网友称下跪并非中华文明精华应摒弃，甚至有网友称之为“耻辱”。对网友的质疑，凤凰岭书院教务长韩国栋表示，网友的质疑是对跪拜的曲解和误读，跪拜的目的在于“尊师重教”，也是对中国传统文化中师徒关系的诠释和传承。

本来只是书院一次很普通的开学典礼，却一跪起风波，引起了外界的热议，其中又多以质疑、批评的声音为主。有网友更是把跪拜与耻辱联系在了一起，表示书院的老师一边在传授现代文明，一边又接受学生的跪拜，实在让人无法理解。但是在我看来，面对书院的这场跪拜之礼，部分网友确实有些反应过度了，他们似乎只看到了“跪拜之礼”中的“跪”，而没有看到其中的“礼”，一跪见“辱”，还是一跪见“礼”，完全是一个见仁见智的问题。

即便从“跪拜”这个词语的本身来理解，也一直都包含了两层意思：一是表示臣服、屈服的意思；二是表示尊重、致礼的意思。像古代官场中下级跪拜上级，显然侧重于第一个意思，但是子女跪拜父母，无疑取的就是第二个意思。那么现代书院的学生跪拜自己的老师，显然应该按照第二个意思来理解。只不过，和一般的礼仪礼节相比较，跪拜之礼显得更加正式、严肃、隆重而已。从尊师重教的角度来看，这不是一件好事吗？我们为什么非要无视第二种意思，刻意取其第一种意思而加以质疑与批评呢？

其实从“凤凰岭书院”这个名字就可以知道，这家书院本身必然带有某种遵从儒家传统教育方式的倾向，而在传统的儒家教育体系下，学生跪拜老师是一件很正常的事情，背后体现的就是一种尊重与礼仪。用儒学专家的话说，跪拜是传统文化师徒关系的一个承诺，弟子诚心诚意接受老师的教诲，老师将毕生所学倾心传授，这种承诺神圣而崇高，师生双方也都是自愿接受，所以我们不应该从“男儿膝下有黄金”这个角度去理解、去阐释。

我们经常说对于中华民族的传统文化，要“取其精华去其糟粕”，那么就以“跪拜之礼”来说，显然不能简单地把其贴上“精华”还是“糟粕”的标签来看待。如果像一些网友那样，谈“跪”色变，见“跪”就怒，那我们又该如何理解逢年过节的时候，我们向自己的父母长辈行跪拜之礼？又该如何解释拜祭祖先的时候，要下跪磕头？这只能说明我们吸收了传统跪拜行为中“礼”的一部分而已，这恰恰是对传统文化中有益成分的一种继承和弘扬，无可厚非，更不该上纲上线。

（来源：《长沙晚报》，2014-11-20；作者：苑广阔）

6. 十八届三中全会出台了一方是独生子女的夫妻可以生二胎的政策。请根据这则新闻写一篇评论。（北大2014年研）

答：参见本章评论佳作赏析部分例文。

第十二章 论 证

12.1 复习笔记

【知识框架(庖丁解牛)】

- 论证
  - 论证的含义与作用
    - 含义
    - 作用：中心环节；关键
  - 立论和驳论
    - 立论
      - 立论的定义
      - 立论的方法
        - 例证法(事例论证)
        - 引证法(事理论证)
        - 比较法(比较论证)
        - 喻证法(比喻论证)
    - 驳论
      - 驳论的定义
      - 驳论的方法
        - 直接驳斥其错误观点
        - 直接揭穿对方论据虚假或论据不足
        - 直接分析对方论证方法不合逻辑，进而否定其论点
        - 反证法
        - 归谬法
  - 几种常见的推理形式
    - 直接推理
    - 演绎推理
    - 归纳推理
    - 类比推理

【考点难点归纳(厚积薄发)】

考点一：论证的含义、通病和作用(见表 12-1) ★★

表 12-1 论证的含义、通病和作用

要点	具体内容
含义	指运用事实、道理证实对某个问题的主张、看法，是摆事实、讲道理，以证明所提出的论点正确，揭示论点与论据之间的逻辑联系
要求	①使人信服。 ②论述有条不紊，层次分明。 ③思想、议论严格周密，思想的过渡首尾一贯、明白确切

续表

要点	具体内容
通病	①文章的观点不是建立在有充分根据的基础之上。 ②以演绎法取代分析法，跳过向受众说理的过程。 ③用同类故事代替论证，或列出种种现象取代分析，使结论缺少根据
作用	是新闻评论写作或制作过程的主要任务和中心环节，是一篇新闻评论能否写好的关键

考点二：立论和驳论 ★★★

1. 立论的含义和方法(见表 12-2)

表 12-2　立论的含义和方法

要点		具体内容
含义		指从正面直接阐明客观事物的真理，以证明作者提出的看法、主张
方法	例证法	①由个别到一般的方法。 ②不要求事实要素齐全，只需概括主要要素，以分析、归纳与说理为重点
	引证法	①由一般到个别的论证方法。 ②引证的原理必须正确且不要引证过多，要注意具体分析，不可简单推理
	比较法	①把具有相同特征的事物，或同一事物在不同的时间、地点、条件下的不同表现，进行比较，以证实某个论点。 ②比较法有“类比”和“对比”两种情况
	喻证法	①用比喻来阐明事理的方法。 ②比喻不宜作为论证的主要方法

2. 驳论的含义、原则和方法(见表 12-3)

表 12-3　驳论的含义、原则和方法

要点	具体内容
含义	以反驳别人的错误观点为主，在反驳过程中传播真理，包括揭露、批驳、辩论等方面，是驳斥谬论、澄清是非、扶正祛邪的重要方法
原则	包括：①坚持摆事实，讲道理，以理服人。②坚持采取讨论、说理以及批评和自我批评的方法
方法	①直接驳斥对方的错误观点。 ②直接揭穿对方论据虚假或论据不足。 ③直接分析对方论证方法不合逻辑，进而否定其论点。 ④反证法，从反面间接地论证论题。 ⑤归谬法，先假定对方的论点是对的，然后以此为前提，引出一个荒谬的结论，来证明对方的论点错误

考点三：几种常见的推理形式(见表12-4) ★★

表12-4 几种常见的推理形式

要点	具体内容
直接推理	由一个直言判断前提推导出另一个直言判断结论的推理
演绎推理	又称三段论推理(大前提、小前提、结论)，是从一般到个别的推理，前提和结论之间具有必然性
归纳推理	是从个别到一般的推理，前提和结论之间具有或然性
类比推理	由两个(或两类)事物的某些属性相同，推导出它们的另一属性也可能相同的一种间接推理

【评论佳作赏析(见贤思齐)】

魏则西事件，问到深处是监管

五一期间爆发的魏则西事件持续发酵。2日下午，国家网信办发言人表态："根据网民举报，国家网信办会同国家工商总局、国家卫生计生委成立联合调查组进驻百度公司，对此事件及互联网企业依法经营事项进行调查并依法处理。"[本段为由头]

三部委联手调查一民企，大阵仗显示出有关部门对这一事件的高度重视。尽管有人提出疑问，魏则西事件说到底是不良医疗机构的问题，为何由网信办牵头，不查主体只查渠道？盖因事情由百度而起，况且是"根据网民举报"，由此着手调查倒也顺理成章。不过细看调查组的任务，似乎重点在调查"互联网企业依法经营事项"并"依法处理"上，这起事件究竟如何处理有待进一步观察。[本段提出疑问一：为何由网信办牵头，不查主体只查渠道]

在笔者看来，就调查本身而言，首先可能会遇到无法可依的难题。百度因经营手法不当引起民愤不是第一次，血友病吧事件刚过去不久。奈何每次对百度的声讨都无疾而终，原因之一便是相关法律法规仍不健全。竞价排名究竟算不算广告，在国家法律上没有明确规定，在地方司法实践中也存在争议。魏则西事件后，许多人只能拿"企业责任""良心"说事，实际上反映出没有法律依据问责相关企业的无奈。

其次，可能会有该处理谁的问题。按魏则西说法的一种，是在百度搜索有关生物免疫疗法时，跳出的第一条就是某医院。找到这家医院后，发现确是一家三甲医院。但他们对百度、对三甲都没有完全相信，接着查看接待他们的医生的背景，发现他不止一次上过权威的电视台。"百度、三甲医院、中央台、斯坦福的技术，这下应该没有问题了吧"，之后才发生了花费巨大却没取得预期疗效的"医疗事件"。照此说来，百度是"协同作恶"，而作为"主犯"的其他几方也应当受到严厉的惩罚。[上述两段作者对疑问一提出自己的两点看法，即对于调查本身可能存在无法可依、该谁处理的难题。采用"首先""其次"排序，使文章的逻辑性更强]

疑问不止于此。为什么百度搜索乱象尽人皆知，却没有一个确切说法？要知道，国外同类企业也搞这种竞价排名，但早已被认定为广告，国内多年议而不决。为什么《医疗广告管理办法》已禁止涉及医疗技术、诊疗方法及治愈率等内容的广告，事件所涉医疗机构却能在各种网站上仍能大肆宣传？为什么早在10年前，国家有关部门已下令禁止公立医院私自

承包经营，这家三甲医院仍然疑似有越线行为而没有人管？[本段运用排比的修辞手法提出疑问二、三、四]

凡此种种疑问，舆论的矛头都指向缺位的监管。有网上调查表明，对魏则西被忽悠接受高价治疗，网民认为主要原因是“政府监管缺位”而不是“百度竞价排名误导”，甚至不是“医院惟利是图”；魏则西事件暴露的最大问题，不是“百度、莆田系等市场主体缺乏敬畏、没有流淌道德血液”，而是“政府对医疗主体监管缺位”。网上“草根”们的看法是正确的。不管是互联网企业搞竞价排名，还是医疗机构夸大疗效、一心逐利，这都是企业的本性，无可厚非。对他们的不良行为，人们也可以进行道德谴责。但是为什么舆论喧嚣过后，往往一切如旧？根本原因是没有相应的法律跟进、制度改进，日常监管严重缺位。[由上述四点疑问引出本段的中心论点：魏则西事件，问到深处是监管]

监管缺位，第一是工商管理部门。不但对国外早有先例的竞价排名的定性，步伐迟缓，对不良医疗机构通过各种途径推出的广告违法行为，也处罚不力。第二是卫生管理部门，对人们早已呼吁多年、怨声载道的“某某系”违规向公立医院渗透、办“院中院”现象，听之任之。也有网络管理方面存在的漏洞，网络已成为民众获取信息的重要渠道，互联网搜索引擎提供的服务，也需网信办进行监管。这些监管方面存在的弊端交织难分，才是酿成魏则西事件的祸端。这一状况不改变，即便把涉事互联网企业彻底关掉，把涉事医院直接封门，虚假医疗信息仍会通过其他渠道散布，不良医疗机构还会让人上当，魏则西式悲剧难免还会重演。[本段具体论述在魏则西事件中，监管方面存在的弊端]

有人说，在那些医疗规范的国家或地区，不是没有坏医生，是没有坏土壤；声称“不作恶”的互联网企业不是因为有良心，而是不敢去违法。铲除坏土壤，让企业的良心有价值，前提就是严格到位的监管。所以部委调查组进驻企业，要查企业的违法行为，也要检讨自身的监管缺位，探索怎样补齐法律短板、划清经营红线，这样的调查处理结果可能更有意义。[本段提出解决措施]

（来源：人民网－中国共产党新闻网；作者：士心）

12.2 课后习题详解

1. 什么叫论证？论证在评论写作中有何作用？

答：(1)论证是指运用事实、道理证实对某个问题的主张、看法，是揭示论点与论据之间的逻辑联系，是摆事实、讲道理，以证明所提出的论点正确。

(2)论证在评论写作中的作用。选题和立意是评论写作的第一步和第二步，接下来便是论证这一环节。论证是新闻评论写作或制作过程的主要任务和中心环节，是一篇新闻评论能不能写好的关键。选题再有针对性，立意再有思想性，如果缺乏严密的论证，或者论点没有展开，或者论据不充分，或者论述前后矛盾，都不足以说服人。

2. 新闻评论的基本论证方式有几大类？彼此有何异同？

答：(1)新闻评论的基本论证方式

①立论，是指从正面直接阐明客观事物的真理，以证明作者提出的看法、主张。换言之，立论是运用充分有力的证据从正面直接证明自己论点正确性的论证形式。立论有时在破的基础上进行，“先破后立”“边破边立”即此意。立论是议论重心，无论写什么样的议论

文，都必须立论，驳斥别人的论点也是为确立自己的论点。例证法、引证法、喻证法、比较法都是直接阐明观点的论证方法，即立论的具体方法。

②驳论，是指以反驳别人(或论敌)的某种错误观点(或反动观点)为主，在反驳错误观点的过程中传播真理。新闻评论的驳论，包括揭露、批驳、剖析、辩论等方面，是在政治、思想、理论和学术上驳斥谬论、澄清是非、扶正祛邪的一种重要方法。驳论的原则是坚持摆事实、讲道理，以理服人；严格区分两类不同性质的矛盾；对于思想领域的问题，坚持采取讨论的方法、说理的方法、批评和自我批评的方法。新闻评论包括论点、论据、论证三大要素，只要驳倒对方的论点、论据、论证的三方面之一，就达到了驳倒对方的目的。

(2)立论与驳论的共同点

驳论和立论都需要具备论点、论据和论证过程，都是通过摆事实、讲道理，用论据来证明论点的论证过程。通常都需要“提出问题—分析问题—解决问题”的逻辑思维过程。

(3)立论与驳论的不同点

①论辩的直接目的不同：立论重在从正面直接证明自己论点的正确，驳论重在从侧面、反面，从历史和现实的经验中，驳斥对方论点。

②从论辩的过程来看，立论包括“确立论点—组织论据—推理证明”三个步骤；驳论则包括“辨析错误—确立论点—展开批驳”三个步骤。立论文和驳论文具有截然不同的结构形式。

③一般而言，立论是目的，驳论是为证明立论的正确性，是证明自己的立论的一种手段。立论有时在破的基础上进行，“先破后立”“边破边立”即此意。立论是议论重心，驳斥别人的论点也是为确立自己的论点。

3. 为何要学一点形式逻辑?

答：初写评论往往不善于对论题进行具体分析和严密论证，没有逻辑推理的过程，因而在实践中常常犯有以下几种通病：

(1)满足于用几句结论性的语言，用抽象的原则道理去代替对具体事物的分析和论证，文章的观点不是建立在有充分根据的基础之上。

(2)以演绎法取代分析法，企求用革命导师的论述、知名人士的话或科学原理取代作者对具体事物的分析和论证，不经过或者很少经过向受众说理的过程。

(3)停留在赘述同类的故事来代替论证，或者是列出种种现象来取代分析，作出的结论不是使人感到缺少根据，就是觉得有些武断。

新闻评论论证过程，是一个逻辑推理的过程。上述三种通病的症结在于从概念到概念，没有对具体事物进行具体分析，没有经过严密的论证，没有经过逻辑推理的过程，即缺乏形式逻辑。

所以，学习评论写作，应该学点形式逻辑，懂得概念、判断与推理三者之间的关系，了解一些常用的论证方式和逻辑推理形式，注意论证技法的运用，这样在分析说理时就会更加重视进行充分有力的论证，会避免犯形式逻辑的错误。因此写作新闻评论，要学习形式逻辑这一门工具性的科学。

4. 立论常用的论证方法有哪些？各有什么特点?

答：立论是指从正面直接阐明客观事物的真理，以证明作者提出的看法、主张。换言之，是运用充分有力的证据从正面直接证明自己论点正确性的论证形式。立论是议论重心，无论写什么样的议论文，都必须立论。立论常用的论证方法及其特点如下：

(1)例证法(事例论证)

①这是运用归纳推理进行论证的一种方法，是由个别到一般的方法。它通过列举典型的具体事例，证明自己论点的正确性，在新闻评论中用得比较普遍，具有较强的说服力。

②在运用例证法时应注意这里的事例只是一种论据与证明，不要求"五 W 一 H"等事实要素全部讲述清楚，只需挑主要的事实要素概括明了即可，不必详述具体情节。而重点应放在分析、归纳与说理上面。

(2)引证法(事理论证)

①这是运用演绎推理形式论证问题的一种方法，其特点是用已被证明的、公认的道理、原则或理论，来论证未被证明的、个别的、具体的论点和道理，是用大道理来论证小道理。它是由一般到个别的论证方法，如引用理论性论据，论证某一论点、行为的正确与错误。

②运用引证法论证问题时需注意三点：a. 引证的原理必须正确，不要断章取义；b. 不要引证过多，以别人的观点代替自己的论述；c. 要注意具体分析，不可简单推理。

(3)比较法(比较论证)

①比较法是把具有相同特征的事物，或同一事物在不同的时间、地点、条件下的不同表现，进行比较，以有力地证实某个论点的正确或错误。

②比较法有"类比"和"对比"两种情况：a. "类比"是将不同时间、不同地点的一类事物的某些相同方面进行比较；b. "对比"是将两种性质截然相反或者有差异的事物进行比较。"对比"又分为"纵比"和"横比"。

(4)喻证法(比喻论证)

①这是用比喻来阐明事理的方法。其特点是用人们容易理解的浅显的事物或道理来说明不容易理解的深奥的事物或道理，"喻巧而理至"，运用喻证法能把道理讲得深入浅出，给人以鲜明的印象。

②在运用喻证法时应注意，比喻不宜作为论证的主要方法。要透彻有力地论证问题，主要还是靠对论题本身进行周密、辩证的分析研究。此外，运用比喻论证还要注意不能失之片面，搞绝对化。

5. 驳论的具体方法有哪些？各有什么特点？

答：驳论，是以反驳别人(或论敌)的某种错误观点(或反动观点)为主，在反驳错误观点的过程中传播真理。新闻评论包括论点、论据、论证三大要素，驳论方法只要驳倒对方的论点、论据、论证的三方面之一，就能达到驳倒对方的目的。驳论的具体方法有以下几种：

(1)直接驳斥其错误观点。如果对方观点违背公理，则可以运用马克思主义的基本原理、社会学常识与公共道德伦理等对它进行驳斥，倘若能引起"群起而攻之"的格局，错误观点也就没有立足之地了。如果观点错误是因为概念模糊、判断错误，则可以从澄清概念、辨明是非着手，通过区别概念，划清是非界限，对方的错误观点也就不攻自破。

(2)直接揭穿对方论据虚假或论据不足。通过驳倒对方论点赖以支撑的论据来驳斥对方的观点。在驳斥对方论据时，既可以用个性十足且有普遍意义的典型事实，也可以从分析危害性着手批驳其错误的说法。实际上，用实践来检验错误言行，往往批驳的说服力更强。

(3)直接分析对方论证方法不合逻辑，进而否定其论点。新闻评论是一个逻辑推理的过程，论证必须弄清概念、判断与推理三者之间的关系，论证方法不合逻辑，论点就不足以成立。

(4)反证法。反证法不是从正面直接来论证论题，而是从反面间接地论证论题。这种方法表现为：①以事实、事理证明同自己论点相对立的论点是错误的，从而证明自己的论点是正确的；②为证明对方论点错误，先证明与其相矛盾的论点正确，从而证明对方论点错误。

(5)归谬法。与反证近似，往往以欲擒故纵的方法，先假定对方的论点是对的，然后以其作为前提，引出一个显然是荒谬的结论，从而证明对方的论点错误。

6. 常用的逻辑推理形式有几种？各有什么特点？

答：逻辑推理，是人们在长时期的社会实践中，对客观事物的内在联系和相互关系所作出的抽象概括的反映。它既是认识方法，又是逻辑论证手段。常用的逻辑推理形式有以下四种：

(1)直接推理。由一个直言判断前提推导出另一个直言判断结论的推理。这种推理方法是“一步到位法”，直截了当地说理，明白晓畅，富有说服力。

(2)演绎推理。又称三段论推理，是借助一个共同概念把两个直言判断相联系，从而推导出一个新判断的三段论证推理。

(3)归纳推理。由个别或特殊性知识的前提，推导出一般性知识结论。归纳推理是在大量例证的基础上摆事实、讲道理，有理有据，有很强的说服力。

(4)类比推理。由两个(或两类)事物的某些属性相同，推导出它们的另一属性也可能相同的一种间接推理。类比推理离不开联想思维与比喻论证，在新闻论评论证中经常使用。

7. 试分析由舒乙撰写的评论《黄皮肤黑头发》(材料略)，看看主要采用了哪些论证方法？

答：该文章立论主要采取三种方法：

(1)例证法。如作者在第三层意思中，通过列举典型的具体事例——美国学生普遍对染着“黄毛”的韩国富家子弟嗤之以鼻，来证明自己论点的正确性。

(2)比较法。通过西方女学生对黑发及她们自己褐发的不同态度，说明黑发的美。

(3)喻证法。文章最后通过形象生动的比喻(从“头”做起，请珍惜你的黑发)来阐明抽象的主题，即振作中华民族精神。

8. 请阅读下列发表在上海某主流报纸上的评论《潇洒上海人》(材料略)，试剖析一下它在选题、立论、论证、布局和客观效果上有哪些明显的缺陷？

答：发表在上海某主流报纸上的评论《潇洒上海人》存在的不足主要包括以下方面：

(1)论证方面的不足

本文用讲述故事来代替论证，列出现象来取代分析，得出的结论使人感到缺少根据，显得武断。

文章在论证上海人潇洒时，只举一家五口的上海人出门旅游的例子。文章用单一的案例论证“上海人潇洒”显得论据单薄无力，而且通篇讲述的是上海人和旅游的关系，只用旅游方面来表现上海人的潇洒比较片面。

(2)布局方面的不足

①本文是一篇采用例证法的新闻评论，这种论证方法在具体运用时，可以先列具体事例，然后总括，作为论点；也可先写出论点，然后列举事实，证明论点。所列举的事实，必须典型而确凿，与论点有着必然的联系，表述时要注意高度概括。

②本文采用先举例再论述的方法，但是缺陷在于：文章举例时只是在单纯的列举案例，讲述上海一家人的旅行概况，没有提炼中心，没有升华主旨，也没有与要论证的观点进行前后呼应。文章前后衔接性处理得不好。

(3)客观效果方面的不足

从文章的总体布局来看，前半部分讲述上海人的潇洒，结尾段落点出上海人不够潇洒的方面。文章前半部分大篇幅的案例讲述和无力的分析，没有把上海人潇洒的观点分析清楚，后半部分突然冒出上海人做得不潇洒的方面，读者很难与作者有所共鸣，传播效果也很难达到预期目标。

12.3　考研真题与典型题

12.3.1　概念题

1. 立论(复旦大学 2006 年研)

相关试题：评论立论(湖南大学 2009 年研)

2. 驳论(复旦大学 2006 年研)
3. 演绎推理(湖南师大 2017 年研)

12.3.2　简答题

1. 新闻评论论证是否严密，其主要含义包括哪些方面?(复旦大学 2008 年研)
2. 简述新闻评论的对比说理的方式。(暨南大学 2019 年研)
3. 立论的方式方法。(湖南大学 2006 年研)
4. 什么是评论说理的反证法和归缪法?试举例说明。
5. 新闻评论需要警惕哪些典型的逻辑问题?(暨南大学 2017 年研)

12.3.3　论述题

什么是据事议理?试述据事议理的有效操作方法。

12.3.4　实务题

1. 根据下列材料，改写新闻消息，并评论。(浙江大学 2018 年研)

参考材料：

走进清华附小　四问“小学生运用大数据研究苏轼”

昨天(2017 年 10 月 9 日)，微信朋友圈里流传着一篇题为《当小学生遇见苏轼》的文章。文章源于清华附小六(4)班公众号。文章说：“利用假期时间，我们进行了以苏轼为主题的小课题研究。本次班级共完成课题研究报告 23 份，研究主题各有不同。”

比如在报告中，学生们通过电脑程序，对苏轼的 3458 首诗词进行了分析研究。研究发现，“子由”是苏轼诗词中出现频率最高的词语，在《苏轼诗词全集》中共出现229次，“足可见苏轼与弟弟子由之间的手足情深。”

另外，“归来”一词共出现157次，“归去”则出现92次。学生随即展开思考，这样用词的原因是因其总是在到处云游吗？通过进一步分析诗词创作的年代，结合苏轼被贬谪的经历，学生发现，“苏轼一生三次被谪，每次被谪结束之后，苏轼诗中‘归来’出现的次数就会有所增加。”

看着文章里分享的5篇质量不低的研究论文，很多成年人惊诧不已。小学生做苏轼研究？是不是清华附小造噱头、搞炒作？这些研究成果真的出自十来岁的孩子之手，还是由父母、老师捉刀代笔？基础教育是不是跑偏了？网上的质疑、赞扬、思考出乎学校师生意料。师生家长平时用来内部互通的班级公众号少有外人关注，怎么一下子点击量破了百万？清华附小的老师们也有点蒙。

解放日报·上观新闻记者带着这些问题走进位于清华大学校园内的清华附小，向学校老师们当面求解。

一问：清华附小借苏轼炒作？

看到网上有人说，清华附小在借题炒作，学校老师觉得委屈：“班级微信平时就是用来向家长展示教育教学活动的，是一个常态的行为，不知为何被转了出去，学校根本就不存在炒作的动机。”

学校负责人告诉记者，清华附小是一所创办于1915年的清华子弟学校，走出过诺贝尔物理学奖得主杨振宁、6位两院院士、6位共和国将军。在学校会议室，记者看到两幅书法题词：“祝清华附小同学们学业猛进！”“发展自己的兴趣”，落款均为“杨振宁”——这所学校的老校友。

事实上，类似苏轼研究的小课题在清华附小并不是头一遭。据介绍，在之前的几年，全校师生共同做过史铁生研究、鲁迅研究等等，明年学校计划进行朱自清研究。

校方通过微信给记者发送了上届六年级孩子的作品合集——《鲁迅小课题研究》。看看题目，也都颇有学术气息：《鲁迅笔下少年形象》《鲁迅童年课题研究》《那些年鲁迅吃过的零食》《故乡·少年》……这些研究课题去年也同样发在了班级公众号上，并有没有发舆论热议，而今年的苏轼研究反响之强始料未及。

六(4)班两位班主任之一的易老师是一位教数学的小伙子。他告诉记者，小课题研究在学校是一个常态化教学项目。说话间，他捧出一摞足有一尺高的A4打印文稿，记者翻看发现都是孩子们的研究报告：《共享单车的受欢迎程度和存在的问题》《关于无红绿灯路口的建议》《关于纸质书与电子书优缺点的调查研究》……

《当小学生遇见苏轼》之火并非刻意而为。“小课题成果我们一直用微信在公布，咋《当小学生遇见苏轼》一出来就不行了？很多人之所以对我们有非议，只是因为我们的教育和他们的所见不一样。”学校对一些不理性的评价很是无奈。

二问：小学生研究苏轼是否揠苗助长？

小学六年级就拿出专业调查报告，学校是否“揠苗助长”？不少网友提出质疑，步子迈得是不是太快了？

“别忘了，这是清华附小。”校方这样答复。作为有着历史传承的清华教职员工子弟学校，生源所受家庭教育与众不同。因此也就有了推行7年的“1+X课程”的育人模式，“1”凸显学科价值，“X”强调创造生成。苏轼研究就是清华附小“X”课程的一部分。

六(4)班另一位班主任连老师说：“国庆长假的‘遇见苏轼’作业是为期一年研究的报告初稿。其实，苏轼研究在今年春天已经展开。”

上半年主要是对苏轼的静态学习，除了学习课本上的知识外，学生们大量阅读书籍，学校还请《百家讲坛》名师康震来校做了3小时讲座。下半年开始进行选题讨论，对选题不断修改后开始调查研究。学生利用国庆长假将这几个月的研究整理成报告，随后还将进行小组讨论、再次修改、答辩等多个环节。

此次网上疯传的六(4)班《当小学生遇见苏轼》并非一蹴而就。这些孩子们从三年级下半学期就已经接受课题研究训练。易老师回忆起第一次研究“种小苗”，他带着孩子们一点点记录着“小苗”的成长。孩子们结合语文课进行“种小苗”的日记写作，结合数学课进行小苗的测量，结合自然课学习“小苗”的分类……老师不断教授课题研究方法、报告书写规范等。

三问：研究是孩子做的，还是父母老师捉刀？

对于《小学生遇见苏轼》是否为孩子独立研究的疑问，校方并不否认家长在其中的参与，但表示主要内容仍为学生个人完成。

当前教育改革倡导“家校协同”。清华附小拥有得天独厚的家长资源，大师、院士进校园成为常态。校方认为学校利用家长帮助孩子学习，并不是件坏事。

易老师解释说，大家可能把这个研究想得太难了。在小学课程的统计里，已经接触了研究方法的学习，调查问卷法要求每位学生都要掌握，包括“信度”“效度”等统计学知识也曾教授。

老师坦言，某些研究能力，孩子确实没有，需要家长和老师配合。有个孩子进行“高频词检索”研究，是其父亲在网上帮忙找到搜索分析软件，“软件把高频词汇检索出来，剩下的事儿就是利用课上所讲的数学统计分析了。”易老师解释道。有家长教给孩子做折线统计图，有家长帮忙将问卷导入“问卷星”网站。几份研究报告中，《苏轼的朋友圈》研究完全由学生独立完成。

连老师抱着孩子们的一摞作业说：“我对这帮孩子太熟悉了，从小学二年级我就带他们，从一片纸的小作业到今天的研究报告，我看着他们一步步成长，哪个孩子什么研究水平我了如指掌。他们是靠自己独立完成的作业，还是家长帮忙完成，一看便知。”

老师主要扮演论文指导角色。易老师告诉记者，“遇见苏轼”的研究选题由班主任逐一把关。学生选题的最大问题是太大，比如“苏轼诗歌风格研究”，这就需要老师引导他修改。有的调查问卷由老师提出意见并“改到崩溃的第11稿”。

今年是苏轼诞辰980周年，清华附小开展了一系列致敬苏轼的活动。学校里有关苏轼的内容随处可见。

他们对于学生的帮助是全天候的。下午6时，连老师看看表，“一般我都7时回家，当孩子有问题找我，就是我的上班时间。”国庆8天长假，用一个词形容两位班主任对学生的帮助就是“陪伴”。他们随时等着孩子们的问题，不断为孩子们打磨研究报告。

四问：清华附小模式是否具有可复制性？

当大多数小学生还在孜孜不倦于基础课程时，清华附小的孩子们已经“玩”起了高等教育才有的课题研究。学校负责人坦言，清华附小虽有引领中国小学教育的意图，但其模式恐怕难以简单复制。她说：“清华附小的小课题研究基于本校学生特点、清华资源、附小历史。”

不过回到教育思路本身，专家认为，这种创新弥补了当前中小学教育的不足，加强对于学术研究的基本训练，帮助孩子将兴趣顺利转化成为实际的成果，这正是基础教育应该做的事。探究式学习通过课题展开教学的方法对培养小学生的资料收集能力、独立思考能力、解决问题能力都很有帮助。这种尝试值得鼓励，期待能在全国更多的小学推广。

学校负责人说得很实在，她所做的，只是在清华附小因材施教。专家表示，不可否认，地区间、学校间教育资源不均衡是客观现实，教育改革正在努力缩小这种差距，但均衡也只是个相对的概念。与其焦虑或纠结于客观条件，不如在教育思路突破、教学方式创新上多动动脑筋。

（来源：上观新闻，2017-10-12；作者：宰飞、佘晨扬）

2. 就“魏则西之死”一案写作一篇评论。要求：题目自拟，不少于1000字。（南京大学2017年研）

相关试题：评论：魏则西之死，1000字（苏州大学2017年研）

3. 根据以下报道，撰写一篇500字左右的新闻评论。（厦门大学2017年研）

参考材料：

老虎咬人事件伤者：将通过法律维权

7月23日，北京八达岭野生动物园发生一起老虎伤人事件，一名女游客在东北虎区下车被老虎咬伤，其母下车营救，被老虎撕咬致死。

昨天上午，受伤女游客赵女士接受了新京报记者的面对面采访。她谈到了事发时的车内情况，也谈到了去世的母亲，赵女士说事发后近一个月才知道母亲去世的消息，她很内疚。

见面时，她已经出院近两个月，面部仍留有月牙形疤痕，后脖颈也有手术遗留疤痕。她指着腰部说，“这里缝了好几十针。”整个采访过程，赵女士语气平和，她后悔没有尽早发声，如今她表示将起诉动物园进行索赔。

谈事发：“当时因为晕车才下车”

新京报：7月23日那天什么时候到的八达岭野生动物园？

赵女士：那天早上先去保养车，顺便带孩子玩，吃完中午饭，下午两点到的动物园。

新京报：买票时园方有没有提醒你买保险？

赵女士：没说要买保险。那天可能人多，动物园的检票口也开始卖票了，我们从检票员手上买的票，一共330块钱。那保险5块钱一张，根本没买。

新京报：事发前车上发生什么事了，为何下车？

赵女士：那天我坐在副驾驶，爱人开车，路上看到警示牌的地方，都没有下车。

后来因为晕车。当时也以为到了安全区，而且看到了巡逻车，就做出了错误的判断。

新京报：巡逻车有提醒你吗？

赵女士：我们都没有听到巡逻车上有人用喇叭喊。唯一听到提醒的就是后面的小红车。

事发后，巡逻车里面的人应该是听到我“啊”了一声(才提醒)。

新京报：你爱人有个下车又返回的动作？

赵女士：回去是因为车门没关好，而且车里还有小孩。现在网上的视频不是完整的，完整视频里，他还拍打救援车辆的车门，大概有五六分钟，但车上的人一直没有下来。

谈舆论：“自己肯定有责任”

新京报：事发后家属的声音为何一直很少？

赵女士：事发当时就应该发声，但是我们以为一切可以妥善解决。等调查报告出来之后，一切都变了。动物园说仍在与我们商谈，根本没有。

新京报：怎么看待网上对你的讨论？

赵女士：任何人都有判断失误的时候，我自己肯定有责任，但我不认同网民“不作死不会死”的说法。看到资料被扒，挺无语的。

新京报：有人说你曾在北医三院医闹？

赵女士：北医三院澄清了。当时是我父亲不知道ICU是下午3点定点探望，他很着急。根本不是医闹。

新京报：跟动物园商量的怎么样？

赵女士：一直没有达成一致。我们9月27日申请过政府信息公开，目前还没有得到回应。

新京报：现在准备怎么处理此事？

赵女士：走法律途径了，马上提起诉讼。这个案子有很多不确定因素，对我们也不是很有利。

谈家人：对妈妈感到内疚

新京报：什么时候知道母亲去世的？

赵女士：8月15日出院，三四天之后知道母亲的死讯。住院时，他们(家人)各种骗我，开始说母亲只是腿脚受伤，骨折了。后来又说被另一只老虎的爪子拍到脑袋，昏迷了。还有说母亲是送回老家了。

新京报：想起母亲是什么心情？

赵女士：想到就会哭，很内疚。9月初回安徽老家给母亲买墓地，注销户口。在老家呆了五六天，就整理遗物，主要是母亲的衣服，翻到外婆留给我母亲的一个戒指，母亲把自己的属相和我的属相加工在一起，母亲属猪，我属鼠。

新京报：你怎么看待外界对你爱人的质疑？

赵女士：我跟他关系挺好的。母亲下车时他本想拦住母亲，但没有拦住。拍打车门的时候，看到山坡上有四只虎，如果他再做出无谓牺牲，那么孩子可能就要失去三个人，难道非要用两死一伤的代价虎口救人吗？

追访：园方称事故认定要听取权威机构意见

8月24日，延庆区通报了对老虎咬人事件的调查结果，认定游客未遵守规定，对警示未予理会，擅自下车，不属于生产安全责任事故。

赵女士的父亲赵先生称，园方提出按照处理交通事故的办法定损、定责、定赔。对于妻子周某，双方协定定损124.5万，并达成一致。家属认为动物园应对周某的死亡承担全部责任，但动物园表示只愿出定损金额15%的费用作为补偿，并拒绝承担责任。

赵先生出示了一段与动物园工作人员曹先生的录音，录音中，曹先生表示动物园只愿支付15%的补偿费用，拒绝给予更多赔偿。

对于伤者赵女士，家属一方提出定损150余万，己方承担20%至30%的责任，动物园承担70%至80%的责任；但动物园只认可74.5万，目前双方仍未达成一致。

对于上述说法，昨日记者致电园方工作人员曹先生，他认为，事故认定要听取权威机构意见，双方目前仍在谈判过程中，动物园愿意从道义上出发给予一定补偿。

（来源：《新京报》；作者：曾金秋）

4. 根据材料，完成以下两道题。（暨南大学2016年研）

背景材料：2015年3月21日，浙江杭州某广场百日大庆，儿童时装秀、比基尼美女洗车秀和中国钢管舞国家队豪车秀，同台上演。现场一名儿童与比基尼女郎在豪车展台同台演出，表情相当淡定。

（1）写一篇150字以下的消息，标题和导语即可（在不背离新闻主体的前提下，部分人物、细节和画面等信息可以自由联想）。

（2）写一篇600字至800字的评论，自选角度，题目自拟。

5. 根据材料撰写一篇评论，写出文章的第一段即可。（人大2016年研）

11月20日是“世界儿童日”，微信与中社儿童安全科技基金、腾讯公益联合发布了“中国儿童失踪预警平台（CCSER）”。这是国内第一款儿童失踪预警平台，如果家长在平台为孩子建了“防丢档案”，万一孩子失踪，就可以迅速打开微信发布预警。周边的微信用户（“志愿者”）能最短时间收到推送的寻人信息，并在失踪黄金3小时里，分别形成半径30公里、90公里乃至690公里的寻人圈。

（来源：《扬子晚报》，2015-11-23）

要求：①既要有事实表述，又要有观点表达；②为评论撰写一个标题。

6. 下面是中国网信网刊发的一些“标题党”“图片党”的表现。请围绕这一材料反映的现象，写作一篇新闻评论。（中国传媒大学2016年研）

标题及标题图片	内容	手段
惊呆！福建幼儿园发生火灾 孩子直接被从二楼扔下	图片＋文字：福建幼儿园发生火灾楼下有消防人员、群众施救，为抢救孩子，教师将孩子从火场抛至楼下气垫上，无一人伤亡	利用公众对于儿童的关注，将儿童与火灾、被扔等直接关联，刺激读者阅读
李湘在大街上被人强行拖行	图片：一个人两手各拖一个印刷了李湘代言的大头宣传纸袋，在地上行进	以名人负面新闻为噱头
老公偷偷在家安了摄像头，看到令人震惊的一幕	视频：保姆趁户主家中无大人，疯狂虐待户主年幼的孩子	利用具有性别标志的称呼挑动读者遐想
天啊！这个必须曝光！＋裸女图片	视频：关于白菜被喷洒了甲醛事件的调查新闻	惊悚＋低俗图片的“吸引式”阅读
中国人打美国人了，暴爽！没wifi也要看	视频：一场中美选手参加的拳击比赛，中国选手战胜了美国选手	以国家、民族荣誉感为噱头

要求：①自拟文章标题；②紧密结合当前社会现实；③论点集中、鲜明，力求新颖、有深度，文字简洁、生动、流畅；④1000 字左右。

7. 近日一男子在上海地铁上吐痰，遭到其他乘客指责后辱骂他人，一黑衣男子狠踹“吐痰男”一脚后才遏制住其嚣张气焰。不过也有人劝架，认为打人不妥。事件曝光后，有人将“吐痰男”的个人资料公布在了网络上。据此写一篇 800 字的评论。（南京大学 2016 年研）

8. 新闻写作。（苏州大学 2015 年研）

由于采取了停止污染性工业活动、减少尾气排放等措施，在 2014 年 APEC 会议上，北京的天气异常好，2014 年 11 月 3 日上午 8 点，北京市城六区 PM2.5 浓度为每立方米 37 微克，接近一级优水平，由此引发网友在网上的吐槽，戏称 APEC 会议期间北京的天空蓝色为“APEC 蓝”，围绕“APEC 蓝”的话题，请你写一篇不少于 800 字的新闻评论，题目自拟。

9. 根据十一看升国旗后垃圾满地的材料写一篇评论。（500 字）（复旦大学 2014 年研）

12.4　考研真题与典型题详解

12.4.1　概念题

1. 立论（复旦大学 2006 年研）

相关试题：评论立论（湖南大学 2009 年研）

答：参见本章课后习题第 2 题答案。

2. 驳论（复旦大学 2006 年研）

答：参见本章课后习题第 2 题答案。

3. 演绎推理（湖南师大 2017 年研）

答：演绎推理又称三段论推理，是指借助一个共同概念把两个直言判断联系起来，从而推导出一个新判断的三段论证推理。在实际的新闻评论中，演绎推理是在评论的段落思想的展开中逐步体现的。演绎推理的特征包括两个方面：①演绎推理的思维特点，是从一类事物的普遍规律中推导出其中某一个事物的性质；②演绎推理是从人们普遍经验的“一般”来推出对新闻事件这个“个别”的判断。

12.4.2　简答题

1. 新闻评论论证是否严密，其主要含义包括哪些方面？（复旦大学 2008 年研）

答：论证是指运用事实、道理证实对某个问题的主张、看法，是揭示论点与论据之间的逻辑联系，是摆事实、讲道理，以证明所提出的论点正确。新闻评论在析事明理的过程中，总要通过严密的逻辑结构来论证文章的基本观点，以雄辩的逻辑力量来说服受众。

（1）新闻评论论证严密的主要含义

①能说得使人信服，使受众必然得出并且不得不接受你的结论。

②论述有条不紊，层次分明。

③思想、议论严格周密，思想的过渡首尾一贯、明白确切。

（2）新闻评论论证严密的具体要求

为达到严密论证增强说服力的目的，首先要讲求文章中思想相互间的有机联系，使通篇文字的先后顺序，部分与部分之间的衔接，每一部分的逻辑推理，都根据客观事物本身的内在规律，按照事物发展的内部联系来组织，从而做到环环相扣，层层深入，形成一个严密的有机的整体。论证的过程实际上就是一个逻辑推理的过程。

（3）论证不严密的几种通病

①满足于用几句结论性的语言，用抽象的原则道理去代替对具体事物的分析和论证，文章的观点不是建立在有充分根据的基础之上。

②以演绎法取代分析法，企图用革命导师的论述、知名人士的话或科学原理取代作者对具体事物的分析和论证，不经过或者很少经过向受众说理的过程。

③停留在赘述同类的故事来代替论证，或者是列出种种现象来取代分析，作出的结论不是使人感到缺少根据，就是觉得有些武断。

上述三种通病，其症结在于从概念到概念，没有对具体事物进行具体分析，没有经过严密的论证。换言之，没有经过逻辑推理的过程。新闻评论作为一种议论文体，它的论证过程，就是一个逻辑推理的过程。一篇新闻评论是否有价值，论证是否有力，前提是取决于它的论题有没有新闻性，论理有没有思想性，论据有没有生命力。

2. 简述新闻评论的对比说理的方式。（暨南大学2019年研）

答：对比说理，又称比较说理，即通过同一事物今与昔前后变化的对照，或不同事物正与反、优与劣、成与败、得与失的对比，显示事物的是非曲直，表明媒介或作者的意向和看法，提供给受众更为宽广的思维空间和更加深入的思考余地。对比说理的具体方法有：纵横对比、对照对比和类比等。

（1）纵横对比法

纵横对比法是指纵横联系和对比的分析方法，从时间和空间上历史地、全面地来认识客观现实，发现客观事物内部联系的科学分析方法。这种方法也是革命伟人毛泽东于1942年在延安整风运动中提出的“古今中外”法。

①纵向对比：即通过对事物发展的不同历史阶段的联系和对比，揭示事物所处的历史地位以及它的本质意义和发展趋势。

②横向对比：即此事物与彼事物、个别事物与一般事物之间的对比。它是识别是非优劣、论证论点和揭露或分析现实事物之间的矛盾的一种有效的说理方法。在实践中，横向的对比经常和纵向对比相互结合起来运用，从而达到相辅而行、相得益彰的效果。

（2）对照对比法

对照对比法是新闻评论写作中常用的行之有效的说理方法。恰当地运用它，有助于揭露矛盾，褒贬事物，明辨是非，开掘事理。对照对比法将相反、相对的两种事物、两种人物、两种见解、两种做法或同一客观事物的相反、相对的两个方面放在一起进行论述，以形成是非得失的对照和高低优劣的反衬，进而在相互联系和对比中展开由表及里、有破有立的分析说理。它的优势表现在显示赞誉价值，强化针砭效应，明辨是非利弊，增强说理论述的鲜明效应。

(3)类比

类比和对比同属行之有效的说理论述的方法。但两者所要达到的目标和效能有所不同。类比，是将有相似特点的事物放在一起比较，从而把它们共同的实质突出而又机智地显示出来。如果对比旨在将性质各异的客体放在一起对照，以形成是非得失的鲜明反差，侧重于求异，那么类比则是重在对形式各异、性质类似的事物间的有机联系进行分析比较，以显示其相似之处，侧重于求同。

3. 立论的方式方法。(湖南大学 2006 年研)

答：参见本章课后习题第 4 题答案。

4. 什么是评论说理的反证法和归缪法？试举例说明。

答：(1)反证法，即不是从正面直接来论证论题，而是从反面间接地论证论题。这种方法有时表现为以事实、事理证明同自己论点相对立的论点错误，从而证明自己的论点正确。有时又表现为为证明对方论点错误，先证明与其相矛盾的论点正确，从而以后者的正确证明前者的错误。

例如，短评《节后说“节奏”》，本意是论述“节后要加快工作节奏”，但不正面立论，却从反面提出论点“节后倘若仍是慢节奏”“有人说‘正月慢’是风俗习惯”等，然后运用事理说明“慢节奏”“正月慢”是错误的、有害的，从而得出结论——“节后的各项工作要快马加鞭……”，证明作者的“快节奏”的论点正确。

(2)归谬法，先假定对方的观点是对的，然后以其作为前提，引出一个显然是荒谬的结论，从而以此证明对方的论点错误。由于结论一目了然，对方的理论不攻自破。我国古代不少脍炙人口的驳论文，常用此法。

例如，20 世纪 60 年代初，当时的苏联领导人赫鲁晓夫大反斯大林，甚至言为心声地说：“斯大林早死 10 年，那该多好啊！”当时我国的一篇评论用归谬法批驳：“谁都知道斯大林是 1953 年 3 月逝世的，早死 10 年是 1943 年 3 月，正是苏联反法西斯战争进入最艰苦的岁月。那时谁最希望斯大林去世呢？希特勒！”把咒骂者放在与希特勒等同的位置上，是一种机智的批驳与讥讽。这种归谬法论证在批驳中经常使用，运用严密的逻辑说理，很有说服力。

5. 新闻评论需要警惕哪些典型的逻辑问题？(暨南大学 2017 年研)

答：新闻评论是现代新闻传播工具经常采用的社论、评论、评论员文章、短评、编者按、专栏评论和述评等的总称，是媒体编辑部或作者对最新发生的有价值的新闻事件和有普遍意义的紧迫问题，运用分析和综合的方法，就事论理、就实论虚，有着鲜明针对性和引导性的一种新闻文体，属于论说文的范畴。新闻评论常见的逻辑推理方式有直接推理、演绎推理、归纳推理以及类比推理等。如果在新闻评论写作中论证不严密，不仅没有说服力还会影响该评论的作用，影响读者的思考。因此，新闻评论需要警惕论证过程中的逻辑问题。其中，典型的逻辑问题包括：

(1)演绎推理不当

演绎推理是以一般原理作为前提，对个别事物进行判断的。一般而言，只要前提是一般的，结论是个别的，就都属于演绎推理。一些新闻评论表面上看起来似乎具有三段论形式的演绎推理，但由于没有确定的“中项”，或者出现了大项、小项、中项之外的第四个概念，实际上是错误的论证，不可能得出结论。演绎推理的三段论有“中项必须周延一次”“在前提中不周延的，在结论中也不得周延”等严格要求，这些都需要逻辑学的相关规则的检验，否则很容易出现似是而非的结论。

(2)归纳推理不当

归纳推理依据经常发生的事情来推论。归纳推理本身就是具有或然性的，它得出的结论不一定正确。它只是以部分个别的事物作为前提来推断事物一般的情况。新闻评论中一种典型的归纳逻辑谬误是“轻率归纳”，即归纳推理没有观察到足够的对象或这些对象不具有与其他对象同样的性质。

(3)类比推理不当

类比推理是根据两个对象在一系列属性上是相同的，而且已知其中的一个对象还具有其他属性，由此推出另一个对象也具有同样属性的结论。类比推理也是一种或然性的推理。由于类比法无法保证相同属性与推出属性密切相关，它的可靠程度本身就不高。在新闻评论中使用类比推理可能产生的错误是，用来类比的两个事物之间相距较远，因此得出的结论不成立。

(4)归谬不当

归谬法是以暂时接受对方的观点为前提，并以此推演下去，直到推出荒谬的结论，以证明这个观点是错误的。新闻评论中使用归谬法，最常见的逻辑错误是在抽象对方的观点和逻辑的过程中，有意无意地改变对方的观点和逻辑，或者取消对方的判断中本来限定的条件，这被称作转移论题谬误或者“稻草人”谬误，其本质是“不相干”的谬误。

12.4.3 论述题

什么是据事议理？试述据事议理的有效操作方法。

答：据事议理是指摆事实讲道理。这是新闻评论常用的一种说理方法。就事与理的关系而言，事实是说理的依托、由头或论据，议理则是由事实的现象、感觉到本质、理性的开掘、分析、推理、引申和发挥。这种说理方法的优点在于理从事出，虚实结合，使评论文章增添理论色彩，避免空泛议论或就事论事。实践表明，事实和道理的有机结合，正是写作新闻评论也是使评论具有说服力的一项基本原则、要求和方法。但凡两者结合得好，就有说服力；反之，两者结合不好甚至割裂开，那就势必削弱以至丧失说服力。

据事议理的有效操作方法主要有三种：依托式、输入式和夹糅式。对各种方法具体论述如下：

(1)配合报道的依托式议理

配合新闻报道依托新闻事实进行说理论述，是新闻评论常用的方法。这种方法是将新闻报道所提供的新闻事实作为现成的立论和说理的由头和论据，据此进行说理分析，讲清道理，从而深化报道思想，增强思想性和引导功能。

(2)输入新闻事例使之事理融合

这一操作方法的特点在于，直接输入作者自己所见所闻的新闻性事实材料于新闻评论之中，并以此为由头和论据，从中引发议论，进而印证和说明论点。这种输入新闻性事例以达到事理结合的融合方法，在新闻小言论写作中尤为常见。

这种方法也适用于其他形式的新闻评论。在中型甚至重型评论中，由于篇幅比小言论大，直接输入的新闻性事例和信息量也就可以依据说理的需要，较小言论更多一些、更广一些，论述的深度也自然易于得到加强。这正是增强重型评论可读性和说服力的有效途径之一。

(3)夹叙夹述的事理糅合艺术

夹叙夹议是一种事理糅合的说理艺术。它是融合方法在实际操作中的延伸和多层次展现。换言之，它不是在文章中完成一次性的融合使命就达到事理结合的目标，而是多层次地，即在提出、分析和解决问题的全过程中体现出事理融合的要求。这种叙议糅合的艺术是一种难度较大、颇有成效的说理论述方法。

夹叙夹议的“叙”，是指叙述和介绍新闻事实或新闻性素材；“议”，是指对新闻事实发表评析、说理、议论。在写作时，恰当地运用夹糅的方式、方法，将具体的事实和抽象的议论按文章逻辑的层次，通过叙议表达手段有机地联系和糅合，不仅让读者获知结论、了解众多的信息，而且便于让读者明白结论是怎样引发而来，又是怎样逐步深化的。因此，在叙事基础上生发议论，又在议论之中穿插叙事，有助于文章在阐明道理时有充足的依据，切实体现材料与观点的结合、感性与理性认识的统一。这样易于为读者理解和接受，从而产生积极的引导效应。

12.4.4　实务题

1. 根据上述材料(材料略)，改写新闻消息，并评论。(浙江大学2018年研)

答：(1)消息略。

(2)评论参考示例：

小学生研究苏轼，利弊何在

近日，一篇名为《当小学生遇见苏轼》的文章火遍微信朋友圈。文章集纳了《大数据分析帮你进一步认识苏轼》《人杰地灵——苏轼的旅游品牌价值分析》《今人对苏轼的评价及苏轼的影响力》《苏轼与王安石、欧阳修的对比》《苏轼的社交圈：揭秘苏轼不同时期的朋友》等若干份课题报告。报告题材广泛、内容充实，涉及苏轼研究的多个方面，从某种意义上来说，甚至可以媲美诸多苏轼专题学术研讨会。许多网友不禁啧啧称奇、纷纷点赞，为这些小学生的学术素养、研究能力所折服。但亦有专家学者提出质疑，认为此举有拔苗助长、哗众取宠之嫌。

据悉，这些课题报告均由清华附小六(4)班的学生完成。今年，适逢北宋著名文学家、书画家苏轼诞辰980周年，清华附小开展了一系列致敬苏轼的活动。例如，用课前演讲了解苏轼生平，在晨读时间吟诵苏轼诗词、暮省时间进行游戏飞花令，临摹苏轼的书法和画作，观看纪录片《苏东坡》等。六(4)班的学生利用假期时间查阅资料、分组研究、分工合作，最终形成了23份相关的课题报告。那么，这种教育方法究竟是否可取，利弊何在？

首先，与填鸭式教育相比，素质教育将课堂教学延展开来，鼓励自主学习、创新创造，有利于学生的智力开发、能力培养。在中小学开办“苏轼文化节”之类的活动，引导学生对历史文化名人、优秀传统文化加强了解和学习，可以起到增长见识、陶冶情操之效。当前，在大力传承和弘扬中华优秀传统文化的社会环境下，中小学语文教材增加了古诗文的比重，内容从古风、民歌、律诗、绝句到词曲，从诸子散文、两汉论文到唐宋古文、明清小品等，应有尽有。今后，如何寓教于乐，扎实推进古诗文教学等传统文化教育，是一个亟需思考的问题。从这个角度来说，清华附小的做法，可谓一种有益尝试，锻炼了学生查阅资料、独立思考、认真写作的能力。同时，对不同年级安排不同的课外活动，体现出一种循序渐进的教学理念，也值得提倡。

其次，有个问题不容忽视，小学生"研究"苏轼是否为时过早、方法是否恰当？以《大数据分析帮你进一步认识苏轼》为例，几名小学生在家长的帮助下，借助现代计算机及网络技术，对苏轼的3458首诗词进行了分词研究，统计出"子由""归来""使君""不见""故人"等50个高频词，"不""人""一""有""山"等50个高频字，并力求找出这些字词和苏轼生平的对应关系。再如，《人杰地灵——苏轼的旅游品牌价值分析》一文，对苏轼诗词涉及的风景名胜、苏轼的旅游品牌价值进行了估算，并列出了详细表格来说明。但仔细一想，这样的对应关系、价值估算，其实是缺乏科学依据、严谨论证的，难以令人信服，也鲜有学术价值。类似的"研究"，或许是一种本末倒置，不适合小学生，不利于他们真正理解苏轼作品的文学美和艺术美。我们知道，学界长期以来有个共识：用大数据来研究古代文学作品，只能作为辅助手段，而不应作为主要方法。个中道理，发人深思。

另外，课题报告显示，研究过程中所采用的资料比较专业，繁体字转化费了不少功夫。事实上，关于苏轼的诗词、传记等资料，目前已有一些经过权威专家整理、认可的简体字版本，可资借鉴。对于小学生来说，为何非要通过繁体的古籍版本来学习古诗文呢？除此，小学生临摹苏轼的书法作品是否必要，也还有待商榷。苏轼虽为宋代四大书法家之首，但其书法造诣和贡献主要在精神意蕴方面，点画、结体等则不足以作为范本，不适合初学者临习。

窃以为，《当小学生遇见苏轼》之所以引起关注，原因并非是研究成果多么优秀，噱头恰恰是"小学生"的"研究"。不可否认，个别小学生对于古典文学有着过人天赋，可以通过创新教学来提高学习效率。但这种创新，显然不适合全体同学，不具备推广的价值。对于传统文化知识，小学阶段还是应当以学习为主，切勿急于求成。其他学校一定要审慎思考，切勿为了博眼球而盲目跟风效仿。

（来源：光明网，2017-10-13；作者：由兴波）

2. 就"魏则西之死"一案写作一篇评论。要求：题目自拟，不少于1000字。（南京大学2017年研）

相关试题：评论：魏则西之死，1000字（苏州大学2017年研）

答：参见本章评论佳作赏析部分例文。

3. 根据以下报道（材料略），撰写一篇500字左右的新闻评论。（厦门大学2017年研）

答：参考示例：

老虎咬人事件　评论不能跑在事实前面

北京八达岭野生动物园内老虎咬人导致一死一伤，成为网络热议的焦点。

但在舆论场，越是外围、不在场的人，越热爱归因，而且有一种"迫切归因"的癖好——事情刚发生，一些人就凭着一些道听途说的碎片化信息，试图"一锤定音"。一些人不仅迫切地归因，而且还喜欢"单一归因"，抓住某个不确定的局部细节，就以为掌握了全部的事实真相，攻其一点不及其余，无视其他可能的原因，把可能的单一原因当成绝对真理，以不容置疑的口吻说出来。

放眼望去，对老虎咬人事件的归因中，随便可见迫切归因、单一归因的“喷子逻辑”。结论不能超越证据所允许的程度，有一分论据说一分理，而不能有一分论据却说十分理。评论永远不能跑在事实的前面，不能为了显得深刻和与众不同而无视事实。

可以确证的事实是，她在不应该开门的地方开了车门，这个原因导致了她被老虎扑咬——这是可以归因的，但她为什么开车门，原因需要事实的确证。事实不清之时就迫切归因、单一归因，正应了一句话：对事实知道的越少的人，越容易形成判断，而且越容易义愤填膺地形成霸道的、自以为真理的判断。

在谨慎和克制中用事实和逻辑去说服，可大胆假设，但必须小心求证，一分论据说一分理，这种评论美德不能被营销自媒体、网红和喷子们所谋杀。

（来源：新华每日电讯；作者：曹林；有改编）

4. 根据材料（材料略），完成以下两道题。（暨南大学2016年研）

（1）写一篇150字以下的消息，标题和导语即可（在不背离新闻主体的前提下，部分人物、细节和画面等信息可以自由联想）。

（2）写一篇600字至800字的评论，自选角度，题目自拟。

答：（1）标题：《福满多广场举办“另类”秀》

导语：

3月21日，杭州福满多广场举行百日大庆，活动中有儿童时装秀、比基尼女郎洗车秀和中国钢管舞豪车秀等环节，现场聚集观看活动的人数约200人。在活动第二环节，一名参加时装表演的儿童与一比基尼女郎在豪车展台同台演出，表情相当淡定，而儿童的母亲就在台下，拿着手机不停地对孩子拍照，脸上笑容绽放。

（2）评论：

要秀，不要“秀下限”

儿童，在我们的理念中，一向都是纯真的象征。在山野中扑蝴蝶，在小溪中捉小鱼，在田野中放风筝，在夜空下听爷爷讲故事……这些是我们曾经拥有过的童年生活，却成了现在城市小朋友可望不可即的游戏方式。我们常说童年在消逝，儿童与成人在心理上的分界线越来越模糊，我们常把早熟的孩子当懂事的表现，却忘了他们应该拥有一份值得回忆一生的纯真年月。

尼尔·波兹曼在《童年的消逝》一书中写道，电视时代，一切信息都能够在成人和儿童之间共享，成人和儿童之间的界限逐渐模糊，儿童几乎都被迫提早进入充满冲突、战争、性爱和暴力的成人世界，“童年”正在消失。作者并非在杞人忧天，不仅如此，即便脱离了电视，走向了户外参加社会实践，童年也在遭受侵袭。

某广场举行一场百日大庆，庆祝活动、人群的狂欢从来都是人类所热衷的表现欢喜的形式，但是活动中某些节目安排却让人不能苟同。儿童穿着成熟的服饰，与比基尼女郎同台演出，儿童的脸上没有羞怯和稚嫩，而是淡定，这是我们不愿意看见的成熟。孩子的母亲，作为最应该保护孩子的人，却用闪光灯表现着她对孩子无意的伤害。

要秀可以，但是“秀下限”不配拥有掌声。

家庭教育对于儿童的成长具有至关重要的影响，父母作为孩子的启蒙老师，不仅要教会他基本的生存技能、思维能力，更应该教会他辨别是非的能力和基本的审美情趣。在孩子学会独立生活，独立应付世间的烦扰之前，父母作为监护者，更应该给予孩子足够的保护。这种保护，对孩子而言，不是让其成为温室的花朵，而是保护他有能力抵抗环境的险恶。

社会环境是儿童成长所必须面临的环境，商家为逐利或吸引眼球不惜以伤害孩子的心理为代价，这样的商家又怎么可能会有良好的社会责任感，怎么会有值得人信赖的产品呢？举办活动进行促销或者庆祝，都是在合理范围之内的，人们也愿意丰富自己的娱乐生活以观看相关表演，但是这种表演不应该只有猎奇的成分存在，不能够只为博人眼球而不顾节目的质量。

5. 根据材料撰写一篇评论，写出文章的第一段即可。（人大2016年研）

要求：①既要有事实表述，又要有观点表达；②为评论撰写一个标题。

11月20日是“世界儿童日”，微信与中社儿童安全科技基金、腾讯公益联合发布了“中国儿童失踪预警平台（CCSER）”。这是国内第一款儿童失踪预警平台，如果家长在平台为孩子建了“防丢档案”，万一孩子失踪，就可以迅速打开微信发布预警。周边的微信用户（“志愿者”）能最短时间收到推送的寻人信息，并在失踪黄金3小时里，分别形成半径30公里、90公里乃至690公里的寻人圈。

（来源：《扬子晚报》，2015-11-23）

答：（1）评论第一段

失踪儿童问题越来越严峻，如何保护儿童安全，如何让父母找到自己的孩子，这是每个人都要思考的问题。11月20日，中国儿童失踪预警平台上线，每个人都可以成为志愿者，为孩子竖起一道道安全的围墙。幼吾幼以及人之幼，内心的爱多一点，每个人多参与一点，对于儿童的伤害就少一点。

（2）标题

中国儿童失踪预警平台成立　让更多眼睛帮找失踪儿童

6. 下面是中国网信网刊发的一些“标题党”“图片党”的表现。请围绕这一材料反映的现象，写作一篇新闻评论。（中国传媒大学2016年研）

标题及标题图片	内容	手段
惊呆！福建幼儿园发生火灾 孩子直接被从二楼扔下	图片＋文字：福建幼儿园发生火灾楼下有消防人员、群众施救，为抢救孩子，教师将孩子从火场抛至楼下气垫上，无一人伤亡	利用公众对于儿童的关注，将儿童与火灾、被扔等直接关联，刺激读者阅读
李湘在大街上被人强行拖行	图片：一个人两手各拖一个印刷了李湘代言的大头宣传纸袋，在地上行进	以名人负面新闻为噱头
老公偷偷在家安了摄像头，看到令人震惊的一幕	视频：保姆趁户主家中无大人，疯狂虐待户主年幼的孩子	利用具有性别标志的称呼挑动读者遐想
天啊！这个必须曝光！＋裸女图片	视频：关于白菜被喷洒了甲醛事件的调查新闻	惊悚＋低俗图片的“吸引式”阅读
中国人打美国人了，暴爽！没wifi也要看	视频：一场中美选手参加的拳击比赛，中国选手战胜了美国选手	以国家、民族荣誉感为噱头

要求：①自拟文章标题；②紧密结合当前社会现实；③论点集中、鲜明，力求新颖、有深度，文字简洁、生动、流畅；④1000 字左右。

答：参考示例：

整治标题党，让新闻回归本真

随着智能手机的普及，人们获取新闻的方式也在逐渐发生改变，由过去的看电视、看报纸转换为通过手机微信、微博来了解新闻，微信和微博的优势在于快速、互动性强、时效性强，因此逐渐成为人们所喜爱的方式。但正如事物都具有两面性一样，现在的微信和微博中充斥各种“引人遐想”的标题和图片，存在很多造谣传谣、散布淫秽色情内容等问题。这些不真实、不健康的内容不仅混淆了人们的视听，而且还毒害广大青少年的身心健康。

面对越来越泛滥的垃圾信息，网信办发出了严厉警示：标题党、图片党如继续不顾公共秩序、道德良知肆意发挥，一旦突破法律底线，恐怕悔之晚矣。这种现象也引起了公安部门高度重视，表明将对造谣者进行严厉处罚。今年 6 月 26 日凌晨，青岛青西新区的犯罪嫌疑人郭某某(24 岁)在百度贴吧发帖，编造、散布在青岛开发区有人抢孩子、绑成人、摘器官的谣言，后被警方抓获，郭某某对其编造、散布的谣言供认不讳。目前，郭某某因涉嫌编造、故意传播虚假恐怖信息，被开发区警方刑事拘留。这些网络谣言未经核实，没有事实依据，流传速度极快，对正常的社会秩序造成极大危害。尤其在一些突发事件发生时，网络谣言极易引发公众的恐慌心理，威胁社会稳定。几乎每发生一起突发事件，都会出现网络谣言。

网络信息浩如烟海，人们往往一目十行、无暇细读，很多时候只能浏览一下标题。这时，一个精准、生动的标题，就成了人们检索和获取信息的一把钥匙。反观“标题党”们制作的标题，常常看上去很抓人，点开之后才发现完全名不副实、文不对题。大家都有这样的经历，当你看到一则感兴趣的标题，点击进入后，通读了整篇文章，也找不到标题对应的内容。

“标题党”们往往通过夸张、失真、怪异、歪曲等手法拟定新闻标题，以博取受众眼球。“标题党”的横行，一方面，往往容易歪曲事实生成谣言，不仅有悖新闻报道的真实性、客观性原则，也有违媒体传播“内容为王”的职业底线；扭曲了人们的价值观，进一步放大了隔阂与断裂，长此以往，势必导致社会的功利蔓延、诚信不再、价值扭曲和认知混乱，其危害不容小视。“标题党”乃新闻怪胎、社会毒瘤，必须多方发力，打出“组合拳”加以整治。受众要么被忽悠，要么被误导，要么被激怒。因此，需要受众养成新的信息获取的方法和习惯，对一扫而过的信息流要提高警惕，注意甄别，不信谣、不传谣，让流言止于智者！

（来源：凤凰评论网；作者：李仙洲）

7. 近日一男子在上海地铁上吐痰，遭到其他乘客指责后辱骂他人，一黑衣男子狠踹“吐痰男”一脚后才遏制住其嚣张气焰。不过也有人劝架认为打人不妥。事件曝光后，有人将“吐痰男”的个人资料公布在了网络上。据此写一篇 800 字的评论。(南京大学 2016 年研)

答：参考示例：

地铁“吐痰男”事件再发酵，谁才是受害者？

近日，一男子在上海地铁上吐痰遭到乘客的指责，在男子辱骂他人之后，乘客中有一黑衣男子采用暴力的形式对其进行制止。这件事在网上引起广泛讨论，更有人将男子的信息发布到网上。与此同时，出手教训“吐痰男”的黑衣男子也广受关注。

“打得好”？能靠武力确定文明习惯吗

公共场所随地吐痰本就是极不文明的陋习，更何况不顾他人健康，吐在地铁这种相对封闭且人流密集的封闭空间内。这种图自己一时之快，而不顾他人感受的行为吐掉的不仅是尊严，更是城市的脸面。

替网友们出了气的黑衣男子虽是仗义出手，令人痛快，大呼过瘾！但冷静思考一番后，我们心中反倒隐隐泛起一丝不安。在法治社会中，是否还应该存在着更为理性、更为稳妥的处理方法？从法律角度观察，黑衣男子仗义出手在维护公共环境的同时，存在手段上的不正义性，即所谓的“以暴制暴”。

根据《中华人民共和国治安管理处罚法》，黑衣男子的行为已经涉嫌殴打他人，扰乱公共秩序。在希望严惩陋习的迫切心情下，我们更希望仗义出手的“侠者”能心挂法律，做好自我保护，以免出气的同时，自身却遭受法律的制裁。

人肉搜索，再掀一场网络暴力

合法权益要通过合法途径来维护，而通过非正当的人肉搜索的方式公布人肉信息，进行人身攻击、道德审判，实质就是“以暴制暴”。“以暴制暴”最终会使得网络充满戾气，不应提倡。在这个人人都可以表达观点的网络时代，各种语言和情绪充斥网络。有理性也有非理性的，有合法的也有非法的。但需要注意的是，网络上的行为一样需要受到法律的规制。

违法必究，践行法治社会理念

回顾整个吐痰事件及其引发的人肉搜索，我们不难看出现代社会对不文明现象的强烈排斥与极度反感。为此，我们也呼吁全社会，特别是执法部门对不文明陋习施以更为严厉的监管与治理。正如十八届四中全会所指出，“法的生命力在于实施”。各执法部门，必须切实担负起自身应尽职责，做到执法必严，违法必究。试想，如果执法到位了，也许像上海地铁黑衣男子这样的大侠就可以安心乘车，放心把低素质的“吐痰男”交给法律予以严惩。

同时，我们也呼吁全社会，特别是教育机构与未成年人的父母。将素质教育放到首位，让“吐痰男”这样的小丑少一点，再少一点。让我们的公共环境与法制环境更为完善与美好。

（来源：央视新闻，2015-10-19；作者：岳岿山）

8. 新闻写作。（苏州大学2015年研）

由于采取了停止污染性工业活动，减少尾气排放等措施，在2014年APEC会议上，北京的天气异常好，2014年11月3日上午8点，北京市城六区PM2.5浓度为每立方米37微克，接近一级优水平，由此引发网友在网上的吐槽，戏称APEC会议期间北京的天空蓝色为“APEC蓝”，围绕“APEC蓝”的话题，请你写一篇不少于800字的新闻评论，题目自拟。

答：参考示例：

让“APEC蓝”永驻天空

中国进入举世瞩目的“APEC时间”，风起云涌的政治议题还在酝酿，头顶上的蓝天就已抢占头条。连日来，北京等6省市区采取的一系列措施逐渐显效，北京空气质量明显好转。晴空万里、云卷云舒，互联网上、朋友圈里，“APEC蓝”迅速成为热词。“APEC蓝”与重霾天气形成鲜明对比，它向整个社会表明：不用北风劲吹，无需暴雨猛打，只要下定决心、采取措施、联防共治，“雾霾是可以治理的”。这极大地提振了整个社会的治霾信心。但人们在享受蓝天的同时也在担忧：临时措施、短期效果，能否施之长远、久久为功？这其实也反映了一种普遍心理——期盼驱散雾霾，渴望蓝天常驻。

以治霾为契机，一系列深层次变化开始显现。国务院发布《大气污染防治行动计划》，最高人民法院、最高人民检察院发布《关于办理环境污染刑事案件适用法律若干问题的解释》，新能源汽车方兴未艾，更多人则青睐公共交通……可以说，治霾不仅是倒逼政府改革、涵养公民精神的动力，也是激发整个社会守望相助的力量。

然而，霾来如山倒，霾去如抽丝。且不论伦敦摘去雾都帽子、洛杉矶治理光化学烟雾都用了数十年，要将覆盖全国1/4国土面积的雾霾驱散殆尽，必然是一场考验耐力与意志的“生态马拉松”之战。更何况，治霾不只是个环保问题，更关系到经济社会转型升级，牵一发而动全身。比如说，淘汰落后产能，每一个数字背后都牵连着千万个家庭的就业与幸福；空气四处流动，没有一个地方能够独善其身、单打独斗。治霾需要共同努力，却难以毕其功于一役。

这并不意味着面对雾霾，只能坐等风吹雨打。“APEC蓝”的横空出世，为治理雾霾点亮了更多明灯。尽管超常规的强硬举措从长远看难以为之，但是铁腕治污的态度、壮士断腕的决心、雷厉风行的作风，在APEC会议后更应持之以恒。同时，横跨北京等6个省市区的区域合作、联防共治的协调机制，对形成“APEC蓝”居功至伟，显然，避免以邻为壑、加强区域协调，同样是APEC会议后可供借鉴的资源。我们或许难以留住“APEC蓝”，但是完全需要留住它背后的认真态度、坚定决心和协调机制。

在APEC会议即将召开之际，晴空万里的好天气向世人展示出美好的图景，这似乎是一种隐喻：只要拿出“保障APEC期间空气质量”的劲头，“APEC蓝”终有一天会永驻天空、长驻心间。

（来源：《楚天都市报》，2014-11-08；作者：李拯）

9. 根据十一看升国旗后垃圾满地的材料写一篇评论。（500字）（复旦大学2014年研）

答：参考示例：

天安门广场的“五吨垃圾”是一面镜子

昨天早晨，天安门广场举行升国旗仪式，11万人冒雨观看升旗仪式。据央视网报道，升旗仪式结束后，天安门广场满地垃圾，最密集处甚至看不到地面。

天安门广场是首都北京的中心地带，是亿万国人心中的圣地，到天安门广场观看升国旗仪式，已成为中国人接受爱国主义教育的一种固定仪式。特别是在国庆节这天，在天安门广场观看升旗仪式，更是具有特别神圣的意义。然而昨天，一些观看升旗仪式的人，却给天安门广场留下了5吨垃圾，这极不光彩的一幕，让人感觉大煞风景，更让不少人深感耻辱、蒙羞。

爱国是宏阔博大的主题，是高尚神圣的情感，爱国也是每个人具体而微的行为，是深入内心的感受。人们在国庆日冒雨观看升旗仪式，接受爱国主义教育，这种爱国情感谁也不能否认；但其中有人在天安门广场乱扔垃圾，这种不文明行为尽管不能说完全抹杀了爱国情感，却势必使爱国情感大打折扣。一屋不扫，何以扫天下？自己手中的食品袋、瓜果皮、废纸片都不能扔进垃圾箱或带走，如何做一个合格、守法、负责任的现代公民？如何做一个勇于奉献、敢于担当的爱国者？

11 万人在天安门广场留下的 5 吨垃圾，无异于一面“集中”正衣冠的镜子，照出了我们文明素质中的短板，照出了我们爱国热情背后的差距。我们要培养自尊自律、群己权界的现代公民意识，要强化自豪自信、忠于国家的爱国情感，请从力所能及的文明小事做起，从不随地吐痰、不大声喧哗、不乱扔垃圾做起。

第十三章 谋 篇

13.1 复习笔记

【知识框架(庖丁解牛)】

- 谋篇
  - 谋篇的定义
  - 结构的定义
  - “题好一半文”——精心制作标题
    - 新闻评论标题与新闻标题有所不同
      - 依据不同
      - 形式不同
      - 句式不同
    - 评论标题要体现评论中心内容和思想水平
    - 新闻评论标题的制作要求
      - 准确贴切
      - 简明扼要
      - 鲜明生动
  - “万事开头难”——悉心写好引论
    - 开宗明义，点明题旨
    - 以新闻事件为缘由
    - 说明原委，回溯来由
    - 摆出驳论的对象，亮出错误认识
    - 用设问句直接点明论题
    - 用引语、经典、比喻、故事开头
  - “文似看山不喜平”——苦心经营正论
    - 归纳论证结构
    - 证明论证结构
    - 排列(并列)论证结构
    - 递进论证结构
    - 比较论证结构
    - 正反论证结构
  - “不要蛇尾要豹尾”——用心撰写结论
    - 精辟概括式结尾
    - 高昂激越式结尾
    - 余音绕梁式结尾

【考点难点归纳(厚积薄发)】

考点一：新闻评论标题(见表13-1) ★★★

表13-1 新闻评论标题

要点	具体内容
作用	①规定论述的范围，使读者从标题上知道文章论述的是什么问题。 ②体现中心论点，使读者从标题上就能了解作者的主张、见解。 ③表明作者倾向
要求	包括：①准确贴切；②简明扼要；③鲜明生动；④立意要高；⑤观点要明
新闻标题与评论标题的区别	①新闻标题以事实为根据，内容具体；评论标题可以用具体的事实作为内容，也可以用抽象化的写法，以观点、态度为依据。 ②新闻一般有主题，又有辅题，结构比较复杂；评论标题比较简单，只有一行主题。 ③新闻标题的语法要求严格；评论标题没有严格的要求，可以根据具体情况，灵活运用

考点二：引论、正论和结论(见表13-2) ★★★

表13-2 引论、正论和结论

要点	具体内容
引论	引论常见的写法有： ①开宗明义，点明题旨。 ②以新闻事件为缘由，先概述再分析论证。 ③说明原委，回溯来由，交代写作的动机。 ④摆出驳论对象，亮出错误认识，使文章一开始就掀起论战的高潮。 ⑤用设问句直接点明论题。 ⑥用引语、经典、比喻、故事开头
正论	又称正文、主体、“本论”，是新闻评论展开论证说理的部分。通常结合使用以下六种段落结构：①归纳论证结构；②证明论证结构；③排列(并列)论证结构；④递进论证结构；⑤比较论证结构；⑥正反论证结构
结论	①主要写法：a. 精辟概括式；b. 高昂激越式；c. 余音绕梁式。 ②需注意的方面：a. 要照应全文，首尾呼应；b. 要用心写作，不落俗套，避免空话、套话，尽可能生动；c. 结尾写作因文而异

13.2 课后习题详解

1. 什么叫谋篇？什么叫结构？两者之间的关系如何？

答：(1)谋篇，即布局，或指搭架子、列提纲，这是在解决选题、立意和论证之后将思想成果见诸书面的阶段。

(2)结构，是谋篇布局见诸文字的外在形式，是指文章各个部分之间以及部分与整体之间的关系的安排，它包括开头、结尾、段落层次、过渡、照应等。结构的好差，直接关系到评论文章中心论点能否得到突出，能否为受众所接受。结构安排得好，思路展得开，评论会层次分明，论证严密，中心突出。结构安排得不好，思路不畅，评论会层次紊乱，线索不清，中心论点得不到充分有力的证明。

(3)谋篇和结构的关系

①结构，是谋篇布局见诸文字的外在形式。

②谋篇的优劣，在评论的结构中可以得到具体的验证。

2. 好的评论结构应具备哪些条件?

答: 结构，是谋篇布局见诸于文字的外在形式，是指文章各个部分之间以及部分与整体之间的关系的安排，它包括开头、结尾、段落层次、过渡、照应等。毛泽东曾指出：“写文章要讲逻辑。就是要注意整篇文章、整篇说话的结构，开头、中间、尾巴要有一种关系，要有一种内部的联系，不要互相冲突。”

我国古人讲“起、承、转、合”，实际上是对诗文结构的要求，是执笔为文的一般顺序，也是好的评论结构应该具备的条件。具体包括以下方面：

(1)“起”，是文章的开头，要胸怀主题，力求出语不凡，吸引读者继续把文章读下去；

(2)“承”，是接承，继承文章的开头，层层递进，步步展开，写出令人信服的新思想、新观念、新境界；

(3)“转”，是转换、转折，从“承”的部分峰回路转，转出一个新视角；

(4)“合”，是文章的最后部分，要总括全文、高于全文，给人以余音绕梁的效果。

三五百字的短论不一定有这样全的结构顺序，但一般情况而言，提出问题、分析问题、解决问题，这是新闻评论结构的程序。如果再加上作为一篇评论文章“眼睛”的标题，那么，好的评论结构应该由精心制作的标题、悉心写好的引论(开头)、苦心经营的正论(正文)和用心撰写的结论(结尾)构成。

3. 好的评论标题应该是怎样的? 从近期报刊上找几个比较好的评论标题，说说好在哪里?

答: (1)好的评论标题应该具备的条件

好的标题，实际上是评论内容的高度概括，是文章主题的集中体现，是画龙点睛之笔，一眼就把读者勾住，使人们非把评论读下去不可。好标题最基本最简单的要求是准确、鲜明、生动，或者叫题文相符、贴切，让人叫得响、记得住。以下几个方面应该注意：

①新闻评论标题在依据、形式、句式等方面，都与新闻标题有所不同；

②评论标题要体现评论中心内容和思想水平；

③新闻评论标题要求准确贴切，简明扼要，鲜明生动。强调立意要高，观点要明。

(2)近期报刊上较好标题分析

《谁买了逾九成火车票却不坐车?》是刊载在新华网评论板块的一篇网评。这篇评论主要是针对这样的新闻事实：“1月30日是春运第一天，深圳火车站发出的首趟L252次列车开往武汉，可搭乘旅客1000多名，车票早就售罄。可让人不可思议的是，实际上只有100多名乘客上车，上座率仅8%。对此，铁路部门解释称九成旅客错过了乘车，原因可能是请不了假或者其他不明原因。”作者针对社会热点发表评论，该标题是评论内容的高度概括，是文章主题的集中体现，是画龙点睛之笔。一个问号一眼就把读者勾住，使人们非把评论读下去不可，希望与作者一同探寻事件产生的原因。

4. 写好评论开头应注意哪些问题？有几种常见写法？

答：引论是新闻评论的开头，即绪论，是整篇文章提纲挈领的部分，担负着提出问题或表明观点的作用，是全文的统率。引论给读者以鲜明的“第一印象”，直接关系到评论的传播效果。

(1)新闻评论应该如何开头，是没有固定格式的。但写好新闻评论应注意以下问题：

①根据写作的内容和所论对象，要反复琢磨：用什么方式，用什么语言，表达什么感情，甚至还要考虑到整篇文章的层次结构、节奏快慢等等。

②引论写作，要简明扼要，“开门见山”，即使要说明必要的情况或解释题目的意义和写作目的，也不可太长，以致分散读者的注意力。

③引论部分写作，要尽量新鲜，不落俗套，引人入胜。

(2)评论开头有以下几种常见的写法：

①开宗明义，点明题旨，提出作者的看法和主张。

②以新闻事件为缘由，在开头先将新闻事件的经过或特点概括叙述，为下文的分析论证作铺垫。

③说明原委，回溯来由，交代写作的动机。

④摆出驳论的对象，亮出错误认识，使文章一开始就掀起了论战的高潮。

⑤用设问句直接点明论题，这些论题往往是国计民生中的重大问题或人民群众普遍关注的问题。

⑥用引语、经典、比喻、故事开头，使文章显得生动活泼。

5. 好评论的结构应怎样把握？

答：评论的结构是谋篇布局见诸文字的外在形式，是指文章各个部分之间以及部分与整体之间的关系的安排，它包括开头、结尾、段落层次、过渡、照应等。因此，好评论的结构应做到：

(1)“题好一半文”——精心制作标题

①新闻评论标题在依据、形式、句式等方面，都与新闻标题有所不同。

②评论标题要体现评论中心内容和思想水平。

③新闻评论标题的制作要求包括：准确贴切，简明扼要，鲜明生动。

(2)“万事开头难”——悉心写好引论

评论开头的常见写法包括：①开宗明义，点明题旨，提出作者的看法和主张；②以新闻事件为缘由，在开头先将新闻事件的经过或特点概括叙述，为下文的分析论证作铺垫；③说明原委，回溯来由，交代写作的动机；④摆出驳论的对象，亮出错误认识，使文章一开始就掀起论战的高潮；⑤用设问句直接点明论题，这些论题往往是国计民生中的重大问题或人民群众普遍关注的问题；⑥用引语、经典、比喻、故事开头，使文章显得生动活泼。

(3)“文似看山不喜平”——苦心经营正论

正论部分在布局时通常结合使用以下六种段落结构：①归纳论证结构；②证明论证结构；③排列(并列)论证结构；④递进论证结构；⑤比较论证结构；⑥正反论证结构。

(4)“不要蛇尾要豹尾”——用心撰写结论

新闻评论结尾的主要写法包括：①精辟概括式结尾；②高昂激越式结尾；③余音绕梁

式结尾。

6. 举例说明六种不同的段落结构。

答：正论部分在布局时常常会结合使用以下六种段落结构：

(1)归纳论证结构

围绕所要论述的中心问题，在逐步论说分论点的基础上，归纳出总论点。例如，1990年6月4日《解放日报》为鸦片战争150周年发表社论《历史给我们什么启示?》，分论点是：启示之一："落后会挨打"；启示之二："对外开放是历史发展的要求"；启示之三："只有社会主义才能救中国"；总论点："历史已证明我们有志气、有能力振兴中华，实现民族的起飞"。思路顺畅，气势磅礴。

(2)证明论证结构

先提出论点，然后运用论据直接证明。例如，《安徽日报》2000年1月3日发表的评论《警惕增加农民负担新动向》，先提出"农民负担问题并没有风平浪静"的观点，点明题旨，接着在正论部分提供了三个事实性论据："一是增项加码行为由农业税费向行业税费转移"；"二是摊派对象由大人向孩子转移"；"三是摊派行为由乡镇向村组转移"。最后得出一个必然的结论：加重农民负担影响大局，影响稳定，更影响经济发展，应予以坚决制止。

(3)排列(并列)论证结构

先提出总论点，然后排列出几个并列的分论点，从几个方面对总论点加以阐发。例如，《人民日报》获奖社论《千万不可忽视农业》提出的总论点为：千万不可忽视农业。正文部分排出了四个分论点：①农业的基础地位任何时候都不可动摇，这是由我国的基本国情所决定的；②当前，一些导致放松和忽视农业的认识问题值得重视；③随着社会主义市场经济体制的确立，农民的生产活动将主要面向市场，领导者的责任主要是正确地引导农民按照市场需要组织和发展生产；④进一步重视农业，涉农部门责任尤为重大。通过相互并列又彼此联系的四个分论点，说明和证实总论点，从而得出农业将获得大发展的结论。

(4)递进论证结构

提出总论点后，要求逐层分析，或由小到大、由表及里、由浅入深、由现象到本质等，把道理阐述得比较完整深刻。以《经济日报》1996年12月2日发表的评论员文章《稳中求进》为例，文章第一、二自然段作为引论，先提出问题——稳中求进的方针；第三至第七自然段着重分析问题——如何理解这一方针、为何提出这一方针；接着四个自然段是解决问题——如何稳中求进；最后在文章的结尾提出要求和希望。

(5)比较论证结构

提出论点后，通过对事物本身各个发展阶段的纵向对比或与另一事物的横向对比，深入阐发道理。1982年《人民日报》获奖社论《回答一个问题——翻两番为什么是能够实现的》正论部分便是通过历史的纵向对比以及和苏联的横向对比的论证结构层层说理。

(6)正反论证结构

提出论点，先反后正，或先正后反，进行论述。从正反两面说理，形成强烈对比，是非曲直，昭然若揭。1995年3月31日，《中国新闻》刊发的评论《经济增长速度：快乎？慢乎?》运用正反论证结构就较为成功。文章首先提出中国经济增长速度的问题，之后分三个小标题“快在哪里?”“慢了行不行?”“速度多少合适?”，先正后反，结论水到渠成。

7. 写好评论结尾应注意哪些问题?

答: 评论结尾是全文论证部分的必然结果，也是文章思想内容发展的必然结果。它对文章来说是告一结束，而对于写作目的来说，则是鼓励人们去行动的开始。关于结尾，历代文章大家素来提倡要有“豹尾”，挺拔有力。新闻评论是画龙点睛的文章，而“睛”有时恰恰点在尾巴上。结尾不是评论的陪衬和点缀。写好新闻评论结尾要注意以下几个问题:

(1)新闻评论结尾的主要写法包括精辟概括式结尾、高昂激越式结尾、余音绕梁式结尾等。在具体的新闻评论写作中，作者应当根据实际需要选择评论结尾的写法，令它真正发挥“豹尾”的作用。

(2)结尾与标题和开头一样，都是全文有机的组成部分，都是为主题服务，要照应全文，要首尾呼应。

(3)必须用心写作，不落俗套，避免空话、套话，尽可能写得生动。

(4)因文而异，有些评论言尽意止，就不必硬加个尾巴；有些评论开头提出问题，结尾应有所交代；有些评论是驳论，结尾就不宜用号召式，应采用贬斥式等。

8. 写一篇主要采用归纳论证结构的评论，并按要求制作标题，写好开头与结尾(不超过1000字)。

答: 参考示例:

互联网客服要坚持服务用户的本位

网购电子产品不会用，问客服；商品坏了要维修，找客服；发现货不对版要维权，首询客服……在互联网时代，客服成了许多消费者寻求帮助的重要选择，甚至是联系商家的唯一渠道。可以说，客服愈发成为企业形象的“代言”、品牌美誉的“前台”。然而，最近媒体曝光一些互联网客服“礼貌”背后的“忽悠”乱象，引发网友吐槽与热议。有网友评价，不解决问题的客服，就是企业花钱买摆设。

造成客服乱象的一个重要原因，在于许多企业将客服中心视为“成本部门”。客服及其背后的培训、管理、流程协调，成本投入越来越高。有公司测算，“一个客户打了5分钟的投诉电话，企业就花出9块钱”。因此，客服外包或者部分外包成为多数互联网企业的趋势性选择。然而，外包节省了成本，却会产生发包方与承包方协调不通畅、发包方赋予承包方处理权限不高、业务人员能力参差不齐等弊端，很容易造成投诉响应慢、问题解决效率低、用户体验差等问题。在“乐清女子滴滴打车遇害事件”中，滴滴外包客服备受诟病，便是例证。

进一步说，无论是自建还是外包，客服好不好归根到底反映着企业的价值观：是服务消费者，还是唯利是图?客服以服务用户为本位，就会想用户之所想，急用户之所急，专注于回答用户咨询、解决用户投诉、安抚用户情绪，以此来提升用户体验，树立企业在用户心中的美好形象；若以服务企业为本位，就容易导致“多一事不如少一事”，只要小事不闹大，不给企业找事，就可以不管它。问题没有变成麻烦，客服貌似“赢”了当下，但企业却输了未来，外包公司也背上骂名。要想“三赢”，企业就必须让客服回归服务用户的本位。

实际上，客服体系不是企业的成本“包袱”，而是企业的宝贵资产。随着市场竞争日趋激烈，越来越多的企业从卖产品转战到卖服务、卖口碑。另一方面，客服能够听到用户真实需求，从投诉中掌握用户的痛点、堵点，这些都是企业产品升级创新、市场战略调整的重要“参照物”。善用客服，就能催生出新的增量市场，促使其成本属性向利润属性转变。

面向未来，智能客服会逐渐替代部分客服功能，但不变的是对客户需求的洞察把握、对服务品质的永恒追求。当前，一些地方政府正在打造呼叫(客服)中心之都，做好引导规范、监督管理，不仅能够成为打造客服产业标准的高地，还可能因为占据大量用户需求、痛点数据而成为各个行业转型升级的策源地。相信在各方努力下，客服将成为各个行业做大做强的推动者。

（来源：《人民日报》，2019-04-04；作者：张雨；有改编）

13.3　考研真题与典型题

13.3.1　简答题

1. 简述评论标题与新闻标题的主要区别。(上海财大 2007 年研)
2. 新闻评论标题的功能。(湖南大学 2019 年研)
3. 新闻评论开头的写作方法。(南京师大 2019 年研)

13.3.2　实务题

1. 根据材料写评论文章的第一段并拟定标题。(人大 2016 年研)

《中共中央、国务院关于推进价格机制改革的若干意见》10 月 15 日发布。意见指出，要规范电信资费行为，推进宽带网络提速降费，为“互联网 +”发展提供有力支撑；指导、推动电信企业简化资费结构，切实提高宽带上网等业务的性价比，并为城乡低收入群体提供更加优惠的资费方案等。

这已经是政府部门年内第五次针对提速降费发声。今年以来，有关提速降费的措施密集出台，李克强总理三度督促运营商提速降费。5 月 20 日，国务院发布《关于加快高速宽带网络建设推进网络提速降费的指导意见》，提出包括宽带提速和电信资费下降的 14 条具体意见。7 月，工信部通信发展司司长闻库再次强调，工信部下一步还将强化定期跟踪，确保企业按照承诺落实全年网络提速任务，在年底前实现手机流量和固定宽带单位带宽的平均资费水平均同比下降 30%。

三大运营商也于今年 5 月公布了各自的提速降费方案。记者从工信部获悉，截至 9 月底，三大电信运营商在网络建设和升级提速方面已完成投资 2590 亿元，全年固定宽带资费下降 30% 的任务已基本完成。值得注意的是，年底前，这一投资数额或超 4350 亿元，也就是说，三大电信商四季度还将砸下超过 1500 亿元。由此可见，在各方压力下，提速降费已不得不为。但据一份投票调查显示，83% 的参与者表示对三大运营商的提速降费措施不满意，“设计不合理”“价格还不够低”甚至“为何不降反升”等抱怨声此起彼伏。

工信部总工程师、新闻发言人人张峰回应称，提速降费离广大用户的期望值还有差距，工信部部长苗圩则表示，鼓励电信企业间竞争，允许民营资本进入将是下一步工作的重点。

工信部总工程师、新闻发言人张峰从两个方面介绍通信业落实这项工作的有关情况。

在网络建设和升级提速方面，截至今年第三季度，三家电信基础电信企业完成投资达到2590亿元，预计到年底将达到或者超过4350亿元；同时，新增光纤到户覆盖家庭也要达到或者超过1.3亿户；4G基站规模预计可以突破150万个。从目前来看，有可能提前完成这个目标。各地正在抓紧建设全光网城市，全国固定宽带用户平均接入速率将大幅度提高。

在网络降费方面，三家基础电信企业已经基本完成各地固定宽带资费的下调工作。据初步统计，截至目前，50兆和100兆带宽的价格平均分别下降30%与20%，其余的速率都实施了不同程度的提速不提价。在移动流量资费方面，三家企业相继推出面向全国移动用户每月49元到60元包含2GB流量的资费套餐。同时，从10月份开始全面实施面向所有移动用户套餐内的流量当月不清零。此外，还陆续推出降低国际漫游费、流量资费的措施，平均降幅也超过80%。

张峰表示，他非常理解广大用户还希望运营商在“提速降费”方面有更好的表现，“提速降费”可能离用户的期望值还有一定差距，这是通信业今后不懈努力的目标。“提速降费”也是一个系统工程，不会在某个阶段就能完成，而要持续不断地朝这个目标推进。

“鼓励民资进入宽带市场只是看上去很美”，资深产业观察家梁振鹏直言，“三大运营商垄断的局面短期内很难改变，民间企业也没有足够的资本去进行基础电信设施投资，到头来还得去垄断企业租带宽。政府提供指导价格或许是个好办法，但实施起来困难重重”。

在梁振鹏看来，“提速”已经渐入佳境，“降费”却还遥遥无期，“现在运营商提出的降费，实际只是降低单位带宽的费用，比如将10兆网速提高到20兆，但是用户每个月的支出并没有减少”。

2. 根据材料写评论。（安徽大学2015年研）

“普通院校5000元，重点院校6000元，211工程院校7000元，985工程院校8000元，清华、北大、电子科大9000元。”

这么明码标价是干什么呢？据中国之声《新闻纵横》报道，原来这是近日在广东省2015届高校毕业生本科生的一场招聘专场中，深圳一家国家级高新技术企业开出的技术类新进应届生的薪资标准。可以看到，这个标准按院校等级不同，起薪点不同。有人质疑，这也太不公平了，而该公司总部相关工作人员则表示，按照不同级别院校来区分应届毕业生起薪，是该公司一贯的薪酬制度，不存在不公平一说。

3. 关于各大高校近来涌现的诸多学霸，某高龄学者攻读硕士。某班保研率达93%，9成人想要当学霸。以此为背景写作评论，800～1000字。（湖南大学2014年研）

4. 请根据下面材料，自拟题目，拟写一篇新闻评论，字数不少于1000字。（河海大学2010年研）

据2009年11月29日《重庆晚报》报道：26日，在重庆市铁路中学高一(20)班兼职教心理学的贺小燕老师因故迟到，根据此前她与学生的约定，如果谁迟到、谁的作业没有交，就要接受处罚：男生做50个俯卧撑，女生做50个下蹲。为表守信，她自罚100个下蹲，并当场晕倒。对此，校长评价说：“贺老师这次晕倒在讲台上是一次意外，但对学生来说又是生动的一课。”

13.4　考研真题与典型题详解

13.4.1　简答题

1. 简述评论标题与新闻标题的主要区别。（上海财大2007年研）

答：评论标题与新闻标题的主要区别具体如下：

(1)评论标题与新闻标题的任务不同

由于新闻与评论这两大类体裁肩负的任务不同，其标题承担的任务也有所不同。新闻标题以具体的新闻事实为根据，目的在于提示新闻中最主要和最值得注意的事实；评论标题以标明论题范围和传达作者的态度、见解为目的，即使以评论中由头或论据的主要事实为内容做题，也是为引发议论服务。

(2)评论标题与新闻标题拟题的手法不同

新闻标题往往采用客观叙述或描写的方式，作者的态度和倾向蕴含于事实的概括与叙述之中，即使对新闻事实做出评价，一般也较为含蓄，旨在帮助受众理解新闻；在评论标题中，作者的立场、观点、态度、意向往往直接表现出来，除叙述、描写等手法外，还经常采用提问、感叹、反诘、商榷等方式做题，具有较为强烈的感情色彩。

(3)评论标题与新闻标题的结构不同

新闻(特别是消息)的标题结构较为复杂，一般由主题和辅题组成，辅题又包括引题和副题，主题与辅题间的配合与补充，使新闻要素在标题中得以充分传达；评论标题的结构比较简单，通常只有一行主题，极个别情况下才有辅题(多为副题)出现，显得一目了然。

(4)评论标题与新闻标题写作的要求不同

作为事实的高度概括和集中体现，新闻标题在简练的前提下一般较为具体，句式上也较为完整；评论标题则相对显得抽象，虚题较多，句式上也较为灵活，可以是一个完整的句子，也可以是一个词组、一个词语，甚至是一两个字，显得简洁、精炼。

2. 新闻评论标题的功能。（湖南大学2019年研）

答：评论标题的功能有多种，除提示文意外，还可以起到评价、吸引、感染、强调等作用，具体表现为：

(1)提示论题

在新闻评论的标题中，有相当一部分以提示论题范围为主要任务，在标题中明确告诉受众评论所要分析的事物或所要议论的问题。以论题的时效性、重要性、接近性吸引受众的评论，经常采用这种拟题方式。

例如，《人民日报》1982年10月18日发表的社论，题为：

回答一个问题(主题)

翻两番为什么是能够实现的(副题)

文章采用复合式标题：主题制造了一个悬念，避免生硬与直露；副题点出论题范围，以牵动人心的问题作题，吸引人们阅读全文，从评论中寻找答案。

(2)体现论点

以传递意见性信息为主要任务的新闻评论，在标题中直接体现中心论点是常有的做法。这种做法以鲜明的观点和独到的见解吸引受众、启迪思考，容易给人留下较为深刻的印象。

例如，《少讲空话，多干实事》是《人民日报》在1985年5月全国教育工作会议期间刊登的一篇评论员文章(1985年5月22日)，评论以邓小平同志在这次会议上发表的讲话中一句最有代表性的话为标题，体现评论的中心论点，也抓住搞好教育工作和一切工作的关键所在。《改革的胆子再大一点》(1992年2月24日)则是《人民日报》在邓小平同志南巡讲话期间发表的一篇社论，通过标题，旗帜鲜明地提出深化改革、扩大开放的指导思想。

(3)表明态度

利用新闻评论的标题，直接表明作者对新闻事件或社会问题的态度、意愿和价值取向，是评论标题的一个重要的功能。在这类标题中，不是以见解的新鲜取胜，而是以态度的鲜明见长。特别是对一些是非界限、政策界限不够分明的现象，或一些特别值得强调的问题，借助于这类标题，可以起到明辨是非、扶正祛邪的作用。

例如，对挪用、克扣、侵吞扶贫资金的现象，《人民日报》评论员文章的标题是《岂容“吃贫”》(1988年2月29日)；对一些地方只顾引进外来人才、忽视本地人才的做法，《人民日报·今日谈》专栏的小言论题为《切莫“赶走儿子招女婿”》(1984年7月8日)；对一些香港歌星借“义演”为名收取高额出场费的现象，《中国青年报》署名评论的标题是《岂可一走了之》(1994年2月12日)。这些标题，意在表明作者的态度和意向，提倡什么、反对什么、肯定什么、斥责什么，通过标题明确地予以昭示，以此体现评论的鲜明导向性。

(4)引发兴趣

评论的标题除以上三种职能外，借助于新鲜的事例、新颖的手法、新巧的角度、鲜活的语言引发受众阅读(或收听、收看)评论的兴趣，这也是它的一种重要的职能。相对于新闻报道的标题，评论的标题更简洁、更概括、更抽象，这就要求其标题在制作上更加精心。

例如，《走，玩赏冰雪去!》是《黑龙江日报》1985年1月6日的社论，这篇专为首届哈尔滨冰雪节而发的评论，标题好似亲人间亲切的呼唤，又像朋友间热情的邀请，其平易、真挚的语气和独特的拟题方式，拉近与读者心理上和感情上的距离，自然而然地引起人们的阅读兴趣。

3. 新闻评论开头的写作方法。(南京师大2019年研)

答：引论是新闻评论的开头，即绪论，是整篇文章提纲挈领的部分，是一篇评论的“大门”，担负着提出问题或表明观点的作用，是全文的统率。引论给读者以鲜明的“第一印象”，直接关系到评论传播效果。

(1)新闻评论开头的写作没有固定格式，但应注意以下问题：

①根据写作的内容和所论对象，要反复琢磨：用什么方式，用什么语言，表达什么感情，甚至还要考虑到整篇文章的层次结构、节奏快慢等。

②引论写作，要简明扼要，“开门见山”，即使要说明必要的情况或解释题目的意义和写作目的，也不可太长，以致分散读者的注意力。

③引论部分写作，要尽量新鲜，不落俗套，引人入胜。

(2)评论开头的几种常见写法如下：

①开宗明义，点明题旨，提出作者的看法和主张。

②以新闻事件为缘由，在开头先将新闻事件的经过或特点概括叙述，为下文的分析论证作铺垫。

③说明原委，回溯来由，交代写作的动机。一些重要的评论文章从写作背景写起，以阐明文章的重要性与针对性。

④摆出驳论的对象，亮出错误认识，使文章一开始就掀起了论战的高潮。

⑤用设问句直接点明论题，这些论题往往是国计民生中的重大问题或人民群众普遍关注的问题。

⑥用引语、经典、比喻、故事开头，使文章显得生动活泼。用作开头的故事、经典等必须高度概括，简明扼要且有新闻事实与之呼应。

13.4.2　实务题

1. 根据材料(材料略)写评论文章的第一段并拟定标题。(人大2016年研)

答：(1)标题：《提速降费势在必行，运营商应着眼长远》

(2)评论第一段

近一年来，互联网提速降费被再三提及，三大运营商虽然早已公布各自的提速降费方案并开始采取行动，但收效却不甚理想，难以满足老百姓的期待。当前形势下，运营商提速降费已是势在必行，政策的落地固然需要算经济账，但却不能停留于无休止的讨价还价和简单的利益核算，还应当看到政策背后的广阔前景和时代趋势。

2. 根据材料(材料略)写评论。(安徽大学2015年研)

答：参考示例：

"按校起薪"并非简单的招聘歧视

"普通院校5000元，重点院校6000元，211工程院校7000元，985工程院校8000元，清华、北大、电子科大9000元。"据中国之声《新闻纵横》报道，近日在广东省2015届高校毕业生本科生的一场招聘专场中，深圳一家国家级高新技术企业开出的技术类新进应届生的薪资标准。企业公然以学校区分起薪，被不少大学生吐槽"歧视"太严重。

企业招聘是一个双向选择的活动，只不过在选择中企业的主动权更充分，企业招聘中任意的差别对待，都有可能影响到机会公平，而被视为歧视。由此，企业招聘抛出"按校起薪"引来吐槽与质疑并不意外。严格意义来说，企业区分普通与重点院校，设置不同的起薪标准，没有拒招某类别以外的学校，便没有明显违规。既然不违规，则说明有其合理性。

事实上，现实的招聘以学历成色为标准来选择人才依然还是主流规则，重点院校重点专业还是人才市场的优选。与这个企业"按校起薪"明码标价的唯一区别，只是他写在纸面上，而且许多人则写在了心里面。以此论之，如果说"按校起薪"是一种招聘歧视的话，恐怕现实中这种歧视要广泛得多。企业招收人才应认识到，学生的综合能力才是薪资的参考标准，院校只是其中的一个要素，不宜过分放大。应该说，社会与企业并不缺少这个共识。遗憾的是，在这个方面我们做得还远远不够。

现行的教育还是学历教育主导，而学历教育依然按等级在分配教育资源，除了北大清华一类的国家重点院校之外，还有"211""985"之类的省、部属重点院校，他们垄断了高等教育的优质资源，在人才培养格局中的确具有优势地位。"择校聘用""按校起薪"，在很大程度上契合了高等教育差别化的社会预期，即享有与消费教育资源与社会就业对应起来，从而扭曲了人才评价的公平维度。正是因为如此，一些大学生对"按校起薪"的吐槽，或许更多承载了教育不公平的质疑。

同时，在人才市场“教非所用”的矛盾也相当突出。近些年的两会，吐槽高等教育向来都是热议的话题，如研究生不如中专生、大学生起薪点低于农民工等等。这些充分说明了人才培养与市场需要发生了错位，也充分表明了市场对人力资源的配置具有决定作用。具体到每个企业，事实上可以根据自身的人才需要，制定人才选用标准和激励机制，确立唯才是举的市场导向，而非一味迎合高等教育差别化的社会预期。

“按校起薪”并非简单的招聘歧视，是高等教育与社会人才选用与评价的种种缺失在微观层面的现象体现。有形的标价或许可以叫停，但无形的标价只有使得人才这个概念与就读院校发生实质性的分离，才能够从观念中消除。一方面高等教育需要朝着消除差别、更有利于公平竞争的方向改革；另一方面行业与企业应按照人才发展的客观规律，建立人才评价与选用体系，打造凭能力定薪酬的良性机制，鼓励成长与创新的企业人才战略，用综合、长远的人才评价杠杆撬动高等教育与社会就业回归理性。

（来源：《西安晚报》，2014-11-25）

3. 以下面的材料（材料略）为背景写作评论，800～1000字。（湖南大学2014年研）

答：参考示例：

“学霸”激励当代青年自我拼搏

近来，媒体上不断出现冠以“学霸”头衔的形象。重庆大学“学霸班”32人中有30人保研；71岁“学霸爷爷”到武汉大学蹭课，打算恶补一年俄语明年报考硕士研究生；“学霸宿舍”4人3年获奖117项，集体保送名校。在网络投票中，有近九成人表示“想要做学霸”。

继与“土豪”做朋友之后，网上又掀起了一场与“学霸”为友的风潮。“学霸”已经由一个调侃称号衍生为学界楷模，可以说是“土豪”“富二代”等众多网络热词中的一份正能量。如今，“学霸”俨然成为了一个励志标签。何以励志？综观众多学霸形象，我们可以发现他们身上有一个共同点：凭借知识的力量实现自己的梦想。他们的成功并非因为智力过人，而是因为他们自强不息、严格自律。学霸们坚定的目标来源于对知识的追求与渴望；他们勤奋刻苦，运用自制力来掌控自己的时间和生活。可见，“霸”之所在，源于执着的进取精神。

其实，任何时代都不缺少对知识孜孜以求的人，学霸形象何以能在当下广受追捧？究其原因，正是因为其反映了一定的社会现实与教育现实。在贫富差距扩大的社会背景下，很多人开始质疑“鲤鱼跃龙门”的可行性，不少青年人只得躲在“拼爹”“富二代”等自创词背后自嘲。而当受教育的高成本与严峻的就业现实存在较大落差时，也催生了广泛存在的“读书无用论”。这些现实似乎都在质疑“知识改变命运”这句话的真实性。

“学霸”的自强精神，是对“拼爹”心态与“读书无用论”的一种强有力反驳。频频出现的“学霸”，已经成为“知识改变命运”的代言人。“学霸”为当代青年树立了良好的榜样，他们凭借自己的努力实现梦想，也让人们看到自我拼搏仍然是一条可行的成才路径。

学生们以晋升“学霸”为荣，这是一件可喜的事。“学霸”这一励志标签可以激励更多青年人去追寻自己的梦想。与“土豪”和“大妈”不同，若“学霸”一词也能漂洋过海，它的释意肯定会是——形容自强不息、勤奋好学的中国人。

（来源：《光明日报》，2013-11-28；作者：陈雪）

4. 请根据下面材料（材料略），自拟题目，拟写一篇新闻评论，字数不少于1000字。（河海大学2010年研）

答：参考示例：

老师自罚下蹲的荣与哀

重庆某中学的贺老师上课迟到了10分钟，而且急急忙忙地没带学生作业。跑进教室之后，这位女老师立刻向学生们道歉，并宣称“要为自己的迟到负责”。于是，上课之前，贺老师先为自己的错误自罚100个下蹲，结果做完后体力不支，晕倒在讲台上。再于是，学生们很感动，因为通过这件事儿“感受到老师对学生的尊重，学会了诚信和责任”。校长在评价贺老师的行为时，更认为对学生来说这是“生动的一课”。

之后看到有另外一条新闻：河南林州市一个8岁的小学女生，因为回答不出数学老师提出的问题，竟然被老师揪裂了左耳朵。该校校长说，揪伤孩子的教师已经承认了错误，学校也已经召开了专门会议，要求进行整顿，防止类似事情再次发生。

两相对比，一边是如此凶狠地体罚学生；另一边，贺老师能把自己置于与学生“平等”的地位，不顾自己身体虚弱也要践行诺言，实在是难能可贵。

不过，贺老师给我们的感动也就仅限于此了。

必须看到，信守承诺的贺老师之所以自罚，根本原因在于她与学生的约定：迟到或不交作业者要接受处罚，即男生做50个俯卧撑，女生做50个下蹲。如此自罚行为，尽管体现出“和学生打成一片”的平等精神，但何尝不是为了让自己的体罚要求在今后得以顺利贯彻？而这样的体罚要求，绝对说不上名正言顺，这样随性的游戏规则，更是蕴涵着相当的教育风险。

当然，我们可以想象得到，贺老师平时一定与同学关系很好，如果是一个让人讨厌的老师，即便下蹲多少次也赢得不了发自内心的感动。可恰恰是学生的这份感动，让我们有着更多的担心。

可以肯定，不管学生们内心是否认同下蹲这一“纪律契约”，但如果以后轮到自己头上，有了老师的言传身教，恐怕谁也不敢或者不忍心拒绝了，只有在无数同学的注视下完成“规定动作”。可就算惩罚性下蹲行为比严重体罚相对柔性，或者是因为老师同样遵守，就有理由模糊它的体罚本质，而这是文明所不允许的行为。遗憾的是，本可以制定单方面契约的老师不但“与民平等”，而且抢先占领了道德高地——如果老师用让人感动的行为，潜移默化地使学生漠视甚至习惯这一与社会文明要义相悖的体罚行为，传递了错误的教育价值观，这才是教育的最大失败。

（来源：《北京晨报》，2009-11-30；作者：里工）

第十四章　文　采

14.1　复习笔记

【知识框架（庖丁解牛）】

- 文采
  - 叙议结合、议论风生
  - 通情达理、情理交融
    - 融情于辩
    - 融情于聊
    - 融情于事
    - 融情于景
    - 融情于物
  - 起承转合、变化有致
    - 内容上：要有独到的见解
    - 表现形式上
      - 层次之间、段落之间应该体现某种逻辑关系
      - 应恰到好处地使用各种标点符号
  - 言之有文、辞达理举
    - 语言要准确、简明、富有哲理
    - 善用形象化笔法与语言
      - 抽象概括同具体描述相结合
      - 寓庄重于诙谐
      - 化平凡为神奇
    - 讲究修辞，巧用典故和文言古语
    - 多用有表现力的群众语言

【考点难点归纳（厚积薄发）】

考点：评论文采的四大要点（见表 14-1）　★★★

表 14-1　评论文采的四大要点

要点	具体内容	
叙议结合、议论风生	运用形象化的手段，从理论与实践、抽象与具体的结合上阐明道理，以增强评论说服力和生动性	
通情达理、情理交融	融情于辩	把感情融进论辩中，表达作者立场，引起受众共鸣
	融情于聊	把情融进拉家常般的思想交流中，使受众接受作者的观点
	融情于事	通过对典型事件或现象的叙述和剖析，渗透进作者强烈的感情，令受众在明白事理的同时，得到感情的陶冶

续表

要点	具体内容	
通情达理、情理交融	融情于景	通过对典型景象的描述和联想，抒发作者情感，创造情景交融的意境，为深刻说理推波助澜
	融情于物	通过对典型物体的描写和评点，注入作者的感情，发出警世之言，给受众启迪
起承转合、变化有致	①文章结构讲起、承、转、合，层次与层次、段落与段落间要有逻辑关系。 ②根据内容和语气的需要，应恰当使用各种标点符号	
言之有文、辞达理举	包括：①语言要准确、简明、富有哲理；②善用形象化笔法与语言；③讲究修辞，巧用典故和文言古语；④多用有表现力的群众语言	

14.2　课后习题详解

1. 怎么理解“言之无文，行而不远”“辞达而理举”的古训？

答：(1)“言之无文，行而不远”“辞达而理举”的古训是指文笔要生动优美，既有高屋建瓴、气势磅礴的雄劲，又有行云流水、议论风生的韵致。阐述真理必须严肃，用语必须质朴、庄重，但质朴并不排斥优美，庄重也不拒绝活泼。真正有生命力的理论，其内容应丰富而有独创性，其形式也应生动活泼。这样传播真理才能使人“敬而爱之”“信而悦之”。

(2)就新闻评论而言，要使之为广大受众所喜闻乐见，除要有新思想、新观点外，还必须在改进写作方法、提高引导艺术上下功夫，在增强新闻评论的文采上见实效。新闻评论要讲究文采飘逸，通俗形象，从谋篇、立论、设喻、遣词、造句，都要反复斟酌，精心写作。不能把评论的严肃性和生动性对立起来，将评论写得干巴巴，索然无味。

2. 决定评论文采的主要因素是内容还是形式？为什么？

答：(1)新闻评论讲究文采飘逸，通俗形象，从谋篇、立论、设喻、遣词、造句，都要反复斟酌，精心写作。但丰富的文采，应是内容与形式的完美统一，其最主要的因素还是内容。

(2)任何一篇新闻评论，要富有文采，首先要有新闻性，即因事抒感、有的放矢，具有不得不说、非说不可的强烈愿望；同时还要有思想性，要一语中的、一语道破，说出人人心中皆有但笔下所无的东西。有这个前提，就分清了主次。不首先着力解决内容上的问题，为形式而形式，那样的文采没有什么实际意义。

3. 新闻评论中的夹叙夹议与理论文章中的理论联系实际，是否一回事？

答：(1)新闻评论中的夹叙夹议类似于理论文章中的理论联系实际，夹叙夹议是运用形象化的手段来阐明事理，说理时有虚有实，虚实相间，从理论与实践的结合上阐明道理。

(2)新闻评论是一种摆事实、讲道理的文体，不同于理论文章和学术论文，就事论理、就实论虚是它的基本技法。由于题材不同，写作的庄重程度不同，不一定每篇新闻评论都要有这样的写法，但在评论写作中尽可能夹叙夹议，是把抽象的东西和具体的东西相结合的好方法，是增强评论说服力和生动性的重要一环。

4. “无情未必真评论”的说法对不对？为什么？

答：(1)“无情未必真评论”是中的之言。道理很简单，新闻评论作为一种论是非、说道理的文字体裁，它无非是提倡一种东西，反对一种东西，达到扶正祛邪、兴利除弊的目的。因此作者在论述一个问题，阐明一个观点时，总要受自己或褒、或贬，或喜、或怒，或激励、或批判的情感所统率、所制约。

(2)人们经常讲的“合情合理”“通情达理”“情理交融”等等，都说明情与理是对立统一的，情为理服务，理借情感人。实践表明，评论文章若能娓娓道出“理”，就能说服人；若能“深深透出情”，就能打动人。正因为如此，从我国近代著名政论家梁启超开始，都十分强调笔端要常带感情。毛泽东更强调指出“政论应该像政论，但并不排斥抒情”。

5. 怎样理解“文似看山不喜平”这句话的含义？怎样才能使新闻评论的结构有变化、有波澜？

答：(1)“文似看山不喜平”好比画家不大喜欢画比较单调的平原一样，高山、大海则不一样，有高低、有起伏、有层次、有激荡，气象万千，变幻无常，是文人墨客最喜欢涉足的地方。就文章而言，要犹如山川，波澜起伏、变化有致，而不是四平八稳，平铺直叙。

新闻评论，就其内容而言，具有结构波澜起伏的内在条件。因为任何一篇评论，无非是提倡一种东西，反对一种东西，如果没有对立面，没有反面意见，就无辩论的必要。古往今来一些好的论辩性文章，无不在文气(即结构)上表现其各自不一的特色：或清朗，或奔泻，或遒劲，或跌宕，或奇峰突起，或拂草萦波，或如江河之水滔滔滚滚，或如海洋之水波澜壮阔，决不平淡无奇，一览无余。

(2)新闻评论结构有变化、有波澜的方法：

①深刻认识事物，提倡什么、促进什么、反对什么、鞭挞什么，要有独到见解。拥有新思想、新观念、新见解的文章在结构上才能波澜起伏、变化有致。

②在内容第一的前提下，讲究表现形式。就文章结构而言，表现在以下方面：a. 要讲起、承、转、合，层次与层次、段落与段落之间应该体现某种逻辑关系；b. 根据内容和语气的需要，应恰到好处地使用各种标点符号，使其发挥应有的作用。

6. 新闻评论的语言有何独特要求？

答：新闻评论的语言有以下独特要求：

(1)语言要准确、简明、富有哲理

①新闻评论要以理服人，必须概念明确、判断恰当、推理合乎逻辑。而准确的概念、判断和推理，要借助准确的语言来表达。评论中每个问题的提出、每句话的判断都力求准确、恰当。

②评论叙述力求简练，不是为叙述而叙述，而是为议论而叙述。如果应当概括不概括，大量使用记叙、描写的语言，评论文章就将变成记叙文。

③评论语言要求通俗易懂、深入浅出，要把深刻的思想内容与通俗的分析论述结合起来，使读者易于接受。

(2)善用形象化笔法与语言

形象化是语言艺术中的重要因素。评论的语言要生动、活泼、吸引人，就要说理形象化，或称“寓理于形”，把言论写得绘声绘色，幽默犀利。

①把抽象的概括同形象化的具体描述结合起来，把所要议论的事物加以描写和渲染，使其栩栩如生。

②寓庄重于诙谐，通过比喻和拟人化等修辞方法，用人们容易理解的浅显的事物或道理来说明不容易理解的深奥的事物或道理，生动地把道理讲得深入浅出，给人以鲜明的印象。

③化平凡为神奇，运用通俗化的口语或成语民谚来说理。

(3)讲究修辞，巧用典故和文言古语

①富有文采的新闻评论要讲究修辞，常用的修辞手法是比喻、设问、反问、排比、回环、借古喻今等。排比修辞使论述显得理直气壮，气势磅礴。回环手法通过语序回环往复的巧妙配合，表达两种事物相互制约与依存的密切关系，形成一种智趣。

②评论写作中恰如其分地引用古语，并注入一些新思想，可以借古喻今、训导后人。历史典故既可以增加生动性、趣味性、知识性，又可借其典型事例为说理论证提供事实论据。

(4)多用有表现力的群众语言

用群众语言表达某种思想，往往能收到生动传神、简洁明快的效果，引起读者思想上、感情上的共鸣。

7. 为增加新闻评论的文采，可采用哪些修辞手段?

答：增加新闻评论的文采，要讲求修辞，新闻评论常用的修辞手法是比喻，即喻证法。此外，还可以运用设问、反问、排比、拟人、回环、借古喻今等修辞手法。

(1)设问、反问，既是承接上下文之间联系，确保文气连贯，充分调动受众阅读积极性的常用技法，也是一种有效的修辞手段，在评论文章中较为常见。

(2)排比修辞使论述显得理直气壮，气势磅礴。

(3)回环手法通过语序回环往复的巧妙配合，表达两种事物相互制约与依存的密切关系，形成一种智趣。

(4)通过比喻和拟人化等修辞方法，用人们容易理解的浅显的事物或道理来说明不容易理解的深奥的事物或道理，生动地把道理讲得深入浅出，给人以鲜明的印象。

(5)借古喻今，评论写作中恰如其分地引用古语，并注入一些新思想，可以收到古为今用的效果。历史典故在评论中既可以增加生动性、趣味性、知识性，还可以借其所讲述的典型事例为说理论证提供典型的、可靠的事实论据。

8. 说说你读了以下由陈家兴撰写的《“凡人”毛岸青》这篇评论的体会(材料略)，并从文章角度、立意、情感、表达等方面整理成一篇不少于1000字的短文。

答：参考示例：

“凡人”送别会再现奉献是“金”

毛岸青被媒体誉为“凡人”，然而4月2日在八宝山公墓大礼堂为他举行的送别会显得很不平凡。细读着发自新华社、中新社和人民网几家主流媒体相关的消息通讯，笔者心潮澎湃，久久不能平静。

送别会上散发介绍毛岸青生平的材料这样评价毛岸青：中国共产党的优秀党员，久经考验的忠诚的共产主义战士，我党马列著作优秀俄文翻译家，著名的毛泽东思想研究专家。独缺的是官衔。然而，在场一位专家称，虽然毛岸青没有显赫的官职，也没有大量的财富，但值得我们深深怀念。(见新华社2007年4月2日电)

一则关于送别会的报道：在低沉、凄婉的音乐声中，社会各界人士，上至许多党和国家领导人，下至普通百姓乃至国际友人，向他的遗体深深鞠躬了。不言而喻，“凡人”毛岸青的“凡人事迹”“凡人精神”牵动着党和国家领导人，也感召着方方面面人士和国际友人。

然而，与此相随，另一则细节同样令人回味：“当天上午10时不到，放在礼堂门口供人们领取的1万册介绍毛岸青生平材料，只剩不到一半了”“而2日一大早，前来送行毛岸青的数千名各界人士就将这里挤得水泄不通”。人们为何要抢阅毛岸青生平材料？4月2日的《人民日报》发表评论云：毛岸青离世了，至此，人们方才惊觉，对这位伟人的儿子竟有些陌生，陌生到不知他长得什么样子，不知他生前在做什么事，不知他经历的是怎么样的一生。这恐怕是不少人自发参加“凡人”毛岸青送别会抢阅毛岸青生平事迹材料之因，也是毛岸青逝世哀讯传出以后引发网评如注之因。不言而喻，“凡人”毛岸青送别会，展现了不平凡之民意。毛岸青的“不平凡”，乃在于他数十年如一日走他的“凡人之路”，恪守他的“凡人情操”。然而，媒体称毛岸青“凡人”决不是碌碌无为，决不是文学作品中的“凡夫俗子”，而是说他“贵”为开国领袖家庭，却从不显山露水，从不张扬，处事处处低调，过着“凡人”生活，像“凡人”那样工作，遵守党纪国法与社会规章。更重要的是，闪烁着奉献精神。

毛岸青的奉献，既体现在他青少年时代在苏联卫国战争中，主动参加挖战壕、砍木头、运伤员等支前活动，也体现在他1947年9月回国后化名“杨永寿”，冒着零下30多摄氏度严寒到黑龙江克山县参加土改试点；体现在他在得病后以顽强的斗志与病魔作斗争；还体现在他晚年静悄悄地为失学儿童读书等公益活动而奔波。可见，毛岸青的“凡人”一生，是实践为人民服务“凡人奉献”的一生。

奉献，是毛岸青的精神境界。奉献有多视角多渠道，“凡人”对社会奉献与领袖、与政要、与精英对国家对民族奉献毕竟不同，但有一点却相同，这就是毛泽东1939年11月21日在《纪念白求恩》文章中所指出的“一个人能力有大小，但只要有这点精神，就是一个高尚的人，一个有道德的人，一个纯粹的人，一个脱离低级趣味的人，一个有益于人民的人”。其实，人不管担任何职务，不管财富多少，只有乐于对社会对人民奉献，甘于对人民奉献就会使人高尚起来。相反，即使贵为显赫政要，即使腰缠万贯，整天念着“人为财死，鸟为食亡”陈腐教条，充其量也是过眼云烟，不足挂齿。改革开放、构建和谐社会需要奉献精神。

“凡人”毛岸青送别会，再现“奉献是金”！

（作者：亦菲）

14.3　考研真题与典型题

14.3.1　简答题

1. 简述使用融情于理的方式增强文章感情色彩的途径。
2. 新闻评论的文风有哪些具体要求？（复旦大学2006年研）

14.3.2　实务题

1. 结合下列素材写一篇新闻评论，要求思路开阔、角度新颖、观点明确、逻辑严整，

不少于1000字。（山东大学2018年研）

记者在广州的长洲岛上找到一个特殊的女孩，她刚当了妈妈不久，经营着岛上唯一一家咖啡馆。三年前，快节奏、高强度的工作让她在加完班的夜晚分外孤独，萌生了与陌生人互道晚安的念头，于是在淘宝上架了一款特殊的商品——晚安短信。这种方式在某种程度上帮她“治愈”孤独。如今，她放弃年薪二十多万元的工作，在岛上过起了慢生活，继续卖着她的“晚安”。

“我正在练习早点睡觉。虽然对你来说现在还太早。晚安，异乡人。”9月20日凌晨将近两点，玖妹给远在沙特阿拉伯工作的一个中国人道晚安。这位“顾客”通过微信联系上她，向她买了30天晚安。“我想告诉自己，不管以什么形式，至少还有人惦记着我。”他说。

中山大学大数据传播实验室副主任、心理学博士何凌南认为，人是社会性动物，天生渴望和他人建立关系。而孤独是因为“未能建立起丰富的、有意义的社会联系”。

在他看来，玖妹曾经遭受的强烈孤独感反映了城市化过程中城市移民的状态。城市化和孤独之间存在互为表里的关系。大量的人从农村或县城里搬到了大城市中，和原来的熟人圈子和社会关系存在割裂与断层，当新的有意义的社会联系尚未建立，孤独感就会出现甚至愈发强烈。“大城市中我们面临着双重压力，一方面我们忙着把大量时间投入学习和工作，但是我们没办法兼顾新的有价值的社会联系。对于这种新的社会关系，我们往往难以有时间投入，但又非常渴望。”

何凌南认为，这些形式对于很多人而言可能是消解孤独很好的解决方式，因为“它的成本很低”。

“很多互联网产品也是在满足我们对关系的需求。”何凌南说，微信不仅能让我们联系熟人，“摇一摇”和“附近的人”功能同时也方便我们扩展陌生人圈子；而像陌陌这样的社交平台，则将交友对象直接与陌生人画上等号……“其背后是对我们有价值的关系缺失在起作用。它们是在用更加廉价的方式来满足我们对关系的需求。”

这种孤独感玖妹能理解。三年前她作出卖“晚安”的决定，正是因为孤独。

2. 根据材料，针对养老问题写作评论，600字左右，题目自拟。（陕西师大2018年研）

参考材料：

构建适应老龄化新形势的养老服务管理体制

——专家解读《“十三五”国家老龄事业发展和养老体系建设规划》

新华社北京3月9日电（崔清新、杨春）“老有所养、老有所依”是中国人定义幸福的一大标准。近日国务院印发的《“十三五”国家老龄事业发展和养老体系建设规划》（以下简称“规划”）为及时、科学、综合应对我国人口老龄化，提升新时期老龄事业发展水平、完善养老体系进行了顶层制度设计。

形势严峻：规划旨在解决我国未来30年老龄化带来的新挑战

规划用“形势严峻”4个字形容我国面临的老龄化新形势。

根据规划，预计到2020年，全国60岁以上老年人口将增加到2.55亿人左右，占总人口比重提升到17.8%左右；80岁以上的高龄老年人将增加到2900万人左右；农村实际居住人口老龄化程度进一步加剧……

与此同时，我国涉老法规政策系统性、协调性、针对性、可操作性不强，城乡、区域老龄事业发展和养老体系建设不均衡，养老服务有效供给不足、质量效益不高、人才队伍短缺等深层次的瓶颈问题严重制约老龄事业和养老体系可持续发展。

专家指出，人口老龄化是世界性问题，我国是世界上人口老龄化程度比较高的国家之一，老年人口数量最多，老龄化速度最快，城乡老龄化倒置，应对人口老龄化任务最重。

“十三五”时期是我国全面建成小康社会的决胜阶段，也是我国老龄事业改革发展和养老体系建设的重要战略窗口期。面对这一局面，党中央、国务院高度重视，对积极应对人口老龄化提出了明确要求。

去年5月，中共中央政治局专门就我国人口老龄化的形势和对策举行了一次集体学习，明确提出，满足数量庞大的老年群众多方面需求、妥善解决人口老龄化带来的社会问题，事关国家发展全局，事关百姓福祉，需要下大气力来应对。

“人口老龄化涉及社会均衡发展，很大程度上影响着我们提出的‘两个一百年’奋斗目标的实现。”北京大学社会学系教授陆杰华说，规划旨在解决我国未来30年老龄化带来的突出挑战，尽管是个五年规划，但它着眼更长远的目标，对我国的养老事业发展未雨绸缪，及时进行顶层设计。

任重道远：6大措施为应对人口老龄化夯实基础

规划为“十三五”时期我国老龄事业和养老服务体系建设描绘了清晰的蓝图。

——到2020年，老龄事业发展整体水平明显提升，养老体系更加健全完善，及时应对、科学应对、综合应对人口老龄化的社会基础更加牢固。

——多支柱、全覆盖、更加公平、更可持续的社会保障体系更加完善。

——居家为基础、社区为依托、机构为补充、医养相结合的养老服务体系更加健全。

——有利于政府和市场作用充分发挥的制度体系更加完备。

——老龄事业发展和养老体系建设的法治化、信息化、标准化、规范化程度明显提高。

——支持老龄事业发展和养老体系建设的社会环境更加友好。

陆杰华说，规划制定了6个方面的目标，具体细化为12个量化的子指标，每个指标都明确提出了目标值，比如基本养老保险参保率达到90%、建有老年学校的乡镇(街道)比例达到50%等，这些是夯实养老服务体系建设的重要前提。

要在3年多时间完成这些指标，任务可谓艰巨。中国健康养老产业联盟秘书长蒋洪卫举例说，“十二五”期间，我国虽然完成了预定的养老床位建设目标，但很快发现已经建好的养老床位的50%的床位是空置的。解决这个问题，需要跟上的是“软件”，比如加强护工护士的队伍建设等，从而提高养老服务的质量。

陆杰华则认为，我国区域发展不平衡，特别是提高农村地区养老水平是实现“十三五”规划需要面对的一大挑战。

不过他对完成任务充满信心：“养老涉及民生，政府决心很大，达到目标很有希望。”

着力完善：从顶层设计上健全老龄政策制度

健全完善社保体系、健全养老服务体系、健全健康支持体系、繁荣老年消费市场、推进老年宜居环境建设、丰富老年人精神文化生活、扩大老年人社会参与、保障老年人合法权益——规划为实现目标提出了8项任务。

8项任务折射的是对完善我国老龄政策制度的顶层设计。

在健全养老服务体系方面，天津财经大学管理学首席教授罗永泰认为，政府要鼓励支持更多的智能制造企业和社会化服务商进入智能家居养老服务市场，并制定统一的智能居家养老服务标准，实施责任监督机制。

面对健全健康支持体系的任务，华东师大社会学系教授文军建议，解决养老人才欠缺又留不住人的问题，需要持久用力，多从生活保障、居住及子女就学等问题入手出台相应措施，使养老护理人员“引得进，留得住”。

发展老年教育是丰富老年人精神生活的重要手段。上海教育科学研究院副院长胡卫指出，老年教育解决的不仅是老年人受教育的问题，更重要的是让老年人在社会转型中实现积极的老龄化，让老年人有尊严地养老。

陆杰华认为，下一步，应对老龄化应该上升为我国新的基本国策，动员政府相关部门及时调整，从体制机制上做好顶层设计。这是基于国情变化，建立适应中国特色养老服务管理体制的必然要求。

（来源：新华社，2017-03-09）

3. 结合下列素材写一篇新闻评论，要求思路开阔、角度新颖、观点明确、逻辑严整，不少于1000字。（山东大学2017年研）

参考材料：

2015年9月28日，国家新闻出版广电总局公开通报《扬子晚报》等15家媒体刊登虚假失实报道的查办情况。这是国家新闻出版广电总局第七次公开通报违法违规案件的查处情况，共有15家媒体和17名采编人员被处罚和处理。

其中包括《扬子晚报》以《男子抢20张火车票送女友　岳母大悦聘礼减半》为题刊发虚假新闻，《武汉晚报》刊登《李玉刚在台北出家了》虚假消息，《南方都市报》原记者写作不实消息《河南平顶山女官员3个月前自杀　官方至今未通报》，华夏网《退休机务副总落马　南航三大重要部门全部沦陷》的报道内容与事实严重不符，《南方都市报》所办南都网、新闻客户端及法人微博发布《裸女跳河，救人者遭冷遇》假新闻，湖南广播电视台都市频道《都市1时间》栏目播出《长沙股民170万四倍融资全仓一股　两跌停赔光跳楼》不实报道。

国家新闻出版广电总局新闻报刊司负责人要求，各新闻单位要认真吸取教训，引以为戒，举一反三。要全面规范新闻记者采编行为，要求新闻记者必须坚持实地采访，多方求证，掌握真相，不得依靠单一信息来源采写新闻报道；要全面加强新闻稿件的审核把关，要求责任编辑必须逐一审核采访证据，对转载的新闻必须履行重新审核程序；要全面加强新闻采编人员管理，对采访不深入、编辑不认真、把关不严格、管理不到位导致虚假新闻的，要严格追究责任，严肃处理；要全面开展业务培训、岗位培训，教育广大新闻采编人员提高专业素养、增强法纪观念、遵守职业道德，自觉履行社会责任，抵制虚假新闻。

4. 根据材料，完成下列两道题。（暨南大学2017年研）

（1）写一篇综合消息，自拟标题，字数不少于500字。

（2）写一篇新闻评论，自拟标题，自选角度，字数不少于600字。

参考材料：

有一种创业叫内容创业，即在互联网思维下，以内容为手段所进行的创业。广义的内容创业是指所有通过内容传播能找到的市场模式，如微信上被追捧的文章、美妆达人上传的化妆视频、直播里美女主播唱歌给用户听，等等。

担任东方早报社长、澎湃 CEO 的邱兵，于 2016 年 7 月 29 日通过个人朋友圈宣布辞职，澎湃新闻管理团队的骨干也跟随其出走进行内容创业。邱兵辞职前已有一批媒体人辞职进行内容创业，今后还会陆续有一批媒体人投入到这一行列中。

公众号“黎贝卡的异想世界”主理人方夷敏，2002 年毕业于暨南大学新闻与传播学院，曾任南方都市报记者。由于业绩显著，2012 年被南方报业传媒集团评为年度记者。2014 年 10 月，方夷敏创建微信公众号“黎贝卡的异想世界”，推送包括穿衣搭配技巧、消费购物指南、时尚潮流趋势等时尚相关内容。推送的首篇内容是“丝巾的使用方法”，发给了 6 位好友，后台的阅读数很快突破 1000。第三篇“谈林青霞的穿衣之道”时，阅读量超过了 10 万。2015 年 4 月，方夷敏从南方都市报辞职，全力经营“黎贝卡的异想世界”，至 2016 年 10 月粉丝数已达 90 万，头条单篇阅读量基本稳定在 30 万左右，多次跻身公众号影响力排行榜单前列，推送内容常被各大门户网站转载。方夷敏说：平台虽然改变，但做的工作仍然是内容生产。

马凌在南方都市报工作 12 年后于 2014 年辞职，其创办的“咪蒙”公众号粉丝 400 多万，每个月广告利润 300 ~ 500 万。头条一条广告 40 多万，二条也有 20 多万。

网络直播视频异常火爆的韩国妹子，靠直播吃饭就能月入 5 万人民币。

5. 围绕新闻漫画《圈里圈外》（作者：王成喜）反映的社会现象，撰写一篇新闻评论。（中国传媒大学 2017 年研）

要求：①自拟文章标题；②紧密结合当前社会现实；③论点集中、鲜明，力求新颖、有深度，文字简洁、生动、流畅；④1000 字左右。

6. 根据下面的新闻稿件撰写一篇评论，字数在 800 字左右。（电子科大 2015 年研）

参考材料：

汶川“抗震小英雄”诈骗 46 万自投罗网变成阶下囚

记者从成都高新区人民法院了解到，汶川抗震小英雄雷楚年涉嫌诈骗、伪造国家机关印章、伪造公司印章案，11 月 3 日在成都高新区人民法院开庭审理，涉案金额约 46 万元。

根据调查，雷楚年第一次涉嫌诈骗发生在 2013 年初，其在与郝某谈恋爱期间，以非法占有为目的，向郝某谎称可以帮助其进入某航空股份有限公司上班，进而虚构需要打点关系等理由，从郝某处骗取 10 万元。

随后几个月中，雷楚年分别以帮助他人孩子进入成都市重点学校读书、拿到彭州市一块土地的土方工程、帮助他人“购买”驾照等理由，伪造成都市教育局公章、某驾校印章，制作虚假收据和虚假的“通知”以及“成都市初中报名接受条”等，共计骗取他人36.3万元。

2013年10月，雷楚年潜逃至广东省深圳市，并于次年6月到深圳市公安局莲花派出所报案称其钱包被盗，该所在受案过程中发现雷楚年系被上网追逃人员，遂将其抓获。当月24日，雷楚年因涉嫌诈骗罪被成都市公安局高新区分局刑事拘留。7月底，高新区检察院批准逮捕，并于10月以诈骗罪、伪造国家机关印章、伪造公司印章罪起诉雷楚年。

雷楚年，1992年9月出生，成都彭州市人。在汶川大地震中，雷楚年勇救7名同学，被评为全国“抗震救灾英雄少年”，他也因此成为2008年北京奥运会火炬手。

（来源：人民网）

另据腾讯网消息《汶川“抗震小英雄涉诈骗”今日庭审》，曾在地震中勇救7名同学的小英雄雷楚年，成名后涉嫌诈骗46.3万，今天在高新法院开庭审理。现场来了10多名家属，还拿着他的奖状。面对指控，雷没有一点悔意，他有3点异议：不承认对女友、胡某某及巫某某的诈骗，对其他诈骗则供认不讳。现在庭审继续。

（作者：王英占、卢祥龙）

14.4 考研真题与典型题详解

14.4.1 简答题

1. 简述使用融情于理的方式增强文章感情色彩的途径。

答：使用融情于理的方式增强文章感情色彩有以下五个途径：

（1）融情于辩。把鲜明强烈的感情融进义正辞严的论辩中，鲜明地表达作者的爱憎好恶和立场观点，以引起受众的共鸣。

（2）融情于聊。把满腔真情融进与受众拉家常般的思想交流中，使受众在富于人情味的聊天式讨论中“移情明理”“通情达理”，不知不觉地接受作者的观点。

（3）融情于事。通过对典型事件或典型现象的叙述和剖析，渗透进作者强烈的感情，令受众在明白事理的同时，得到感情的陶冶。

（4）融情于景。通过对典型景象的描述和联想，抒发作者触景生情的喜怒哀乐，创造情景交融的意境，为深刻说理推波助澜。

（5）融情于物。通过对典型物体的描写和评点，注入作者鲜明的褒贬感情，引发出精辟的警世之言，给受众感性兼理性的启迪。

2. 新闻评论的文风有哪些具体要求？（复旦大学2006年研）

答：文风是一种社会现象，是时代面貌和社会风气在文章中的反映。对作者来说，文风也是一个人的立场、观点、写作态度和思想作风的反映。文风要通过语言文字表现出来，但它又不局限于语言表达和文字技巧的问题。当今时代新闻评论的文风应当是马克思列宁主义文风的继承和发展。根据新闻评论的特点，在语言和文风上应当着重从以下几方面努力学习和实践。

（1）平易近人、深入浅出

①以平等的态度对待读者。这主要是评论作者的写作态度、思想作风问题。一个人的

文风和他的思想作风是一致的，把自己看作高高在上的教育者，就容易在文章中发号施令；如果把自己和读者的关系看作是平等的，就能用讨论问题的方式，心平气和地讲道理。

②要了解读者的特点和需要，在说理方式上才能有针对性，适合他们的认识规律和认识水平。评论作者要时刻想着读者，要考虑到他们的心理和他们喜欢什么样的论述方式，照顾到他们的理解能力，把评论所讲的道理同他们所熟悉的事和他们的切身经验联系起来，这样写出的评论才容易被读者理解和接受。

③运用通俗平易的语言。新闻评论要深入浅出地讲道理，它的语言首先要平易通俗，反对艰深晦涩、故作斯文；其次要新鲜活泼，接近群众，反对各种空话、套话和令人厌恶的八股腔。真正通俗的语言，来自人民群众的语言，是生动的、富有表现力的，也是读者喜闻乐见的。

(2)形象生动、爱憎分明

在新闻评论抽象道理的论述中穿插一些具体的形象，将抽象的道理和具体的形象结合起来，可以把道理讲得生动活泼，引起人们阅读的兴趣。

①巧喻善比。巧喻善比可以使人们由近及远，由实见虚，由感性到理性，由浅显而熟悉的情况了解深刻的思想。新闻评论应通过具体的事物说明抽象的道理，把评论写得深入浅出、生动活泼。

②运用形象化的笔法和语言。运用形象化的笔法和语言直接描绘客观事物，给所要论述的事物画像，这种形象描绘的过程，有的就包含了对事物的态度和分析。

③注意形象的感情色彩。形象是比较容易表现感情的，形象本身往往带有一定的感情色彩。新闻评论在借用形象作比喻或直接描绘某种形象的时候，要注意它的感情色彩，要使形象能恰当地表现作者的思想感情。

(3)入情入理、情理交融

新闻评论不仅要在道理上说服读者，还要在感情上打动读者。既服之以理，又动之以情。情为理服务，理借情动人，新闻评论中的理和情应当是一种水乳交融的关系。

①有真知灼见，又有真情实感。评论作者对评论的内容有深刻的理解，才能有真知灼见和真情实感，并自然地表现在评论的论述中。情理交融的评论，既可以帮助读者明辨是非，又能使他们受到启迪和感染。

②和读者有感情的交流。用敏锐的眼光，深切的注意和诚挚的情感撰写评论，和读者有感情的交流，引起读者感情上的共鸣，才能说服打动读者，实现新闻评论的传播效果。

③恰当运用修辞手段。从评论的内容出发，恰当运用修辞手段，使说理和抒情更好地结合，增强评论的感情色彩，以求说理和抒情的统一，增强说服力。用排比、对偶等句式渲染气氛；用设问、反问等语气增强节奏感。

(4)朴素精炼、要言不烦

①道理要讲得实在。这就要求作者首先要对客观事物或所要评述的问题，有准确、深刻的理解，从实际出发，弄清问题的实质，然后给读者把道理讲清楚。如果作者自己的思想就不明确，分不清主次，抓不住要害，也弄不清读者的思想症结在哪里，问题就很难讲清楚，更谈不到写得精炼了。

②篇幅长短适度。评论的长短，应当由它的内容决定。在这个基础上力求文字简洁，

短小精悍。评论作者不能把读者看做什么都不懂的人，而应当根据评论的内容，针对读者的需要，主题集中，论述集中，行文语气集中，这样才能写出短小精悍的评论。当然，其中也有精益求精、锤炼语言的问题。

③语言规范，字斟句酌。评论要写得短而精，还应当在语言的锤炼和运用上下功夫。古人写文章讲究"炼意"，还要"炼句""炼字"，要避免文章中出现"浮词""累句"，这是很值得学习的。

14.4.2　实务题

1. 结合下列素材（材料略）写一篇新闻评论，要求思路开阔、角度新颖、观点明确、逻辑严整，不少于1000字。（山东大学2018年研）

答： 参考示例：

"卖晚安"：以市场手段提供情感支持，有何不可

曾经的女白领玖妹放弃年薪二十多万的工作，转而向陌生人"卖晚安"，1元一条，为购买者发"道晚安"的短信，用这种有爱有趣的方式与人互动，分享彼此的故事。此事件在网上引起热议。

有人认为这样的"心灵鸡汤"没多大意义；也有些网络大咖嘲讽道："到底我们是有多寂寞，需要一个陌生的晚安聊添安慰?"虽然有质疑的声音存在，但更多人由此关注到了现代人的情感需求。

正如中山大学大数据传播实验室副主任、心理学博士何凌南所言，这"反映了城市化过程中城市移民的状态"。这是当今社会大环境下的一种独特现象。大量的人从农村或县城搬到了大城市中，和原来的熟人圈子以及社会关系存在割裂与断层，当新的有意义的社会联系尚未建立，孤独感就会出现甚至愈发强烈。

面对这样的现实，人们该从何处寻求情感支撑呢？人际关系疏远化和情感生活的冷漠化、私密化，常导致以物品作为情感支持的替代。"租赁男友"也好，"卖晚安"也罢，本质上都是一种情感支持手段。

为了追求所谓更好的生活，上紧了发条的匆忙步履在日常生活中随处可见。为了实现人生突破和向上的社会流动，一些人身不由己地投入到形形色色的竞赛场，承受着身体和精神的双重痛苦。一位长期需要通宵加班的深圳白领表示，购买"晚安"短信，就是希望通过这种方式来实现自我解压和自我释放。

卓别林主演的电影《摩登时代》，曾让人们认识了工业时代流水线生产方式对人的异化。如今，工作对生活的时空挤压和劳动"变形记"，不断改变着人们的价值观念，不断塑造着人们的生活方式。世俗、功利的成功标准，让疲惫的身体和压抑的情感难以找到出口。"卖晚安"的热销，也从侧面反映了人们精神世界的贫乏与苍白。

"没有人是一座孤岛"。在社会原子化、利益碎片化和人际关系冷漠化的今天，人们需要关心、帮助的时候往往难以得到及时有效的社会支持。每个人都有被爱与关心的需求，一旦这种需求难以通过熟人圈得到满足，那么，享受市场化的"卖晚安"也未尝不可。

此外，白领"卖晚安"，也可称之为一种有趣的创意。而把这种创意付诸实施，并成为与陌生人快乐互动的社会正能量，虽说有点微不足道，却也给人有益启迪。这就是，只要放开思维，乐于行动，你就拥有无限的潜能，并有可能闯出与众不同的广阔天地与空间。

显然，这种有益之处，不仅对人，同样也会对己。

总而言之，对于满足人们的情感需要来说，市场化的“卖晚安”虽然治标不治本，但多少能起到一定精神慰藉的作用，让人们疲惫的身体和压抑的情感得到短暂的放松。这样利人利己的事，又有何不可呢？

2. 根据材料（材料略），针对养老问题写作评论，600字左右，题目自拟。（陕西师大2018年研）

答：参考示例：

破解养老难题刻不容缓

随着计划生育带来的生育率降低，中国已经跑步进入老年社会。

老年社会带来了一系列挑战，但根本的挑战是养老的挑战。将来，谁来养老？这是一个非常重大的问题。中国传统上实行家庭养老，通过子孙的孝敬来解决老人的生活问题，养老基本上纯属家庭事务。家庭养老传统当然也是不错的，但是，这种毕竟是农业社会的养老模式，进入工业社会，城市化社会之后，这一养老模式已经难以为继。尤其是在实行计划生育，一对夫妇严格只生一个孩子这样的情况下，单纯靠家庭养老已经根本不现实了。

一方面，人们的寿命增加了，另一方面，人们的孩子减少了。这样，不远的将来，很可能是一对年轻夫妇要面对数对老人。要赡养这么多老人，真正是心有余而力不足。当初实行计划生育政策的时候，国家已经承诺，将来是要靠社会养老的办法，解决家庭养老的不足。而社会养老，不但包括社会养老，如养老金、医疗保险等社会保障措施，还应该包括对于老人的陪伴、关怀、扶助等社会服务项目，即养老服务市场。但是，今天回过头来一看，计划生育政策雷厉风行，倒是确实实行了，但是，养老社会保障却远远滞后了。

今天，还有相当多的人，并没有参加任何保险，对于他们来说，一旦无法自食其力，他们就不知去依靠谁了。即使参加了社会保险，将来因为退休人数增多，在职人数减少，在职人员的负担也会非常沉重；医疗保障压力巨大，老年人看病难、看不起病的问题比较突出；养老服务市场供给缺口大，目前专为老年人提供服务的设施严重不足，服务项目和服务内容不全，服务人员的素质参差不齐，老龄服务的数量和质量都远远不能满足市场需要，是“短线”之中的“短线”。这些都是非常现实的问题。

养老问题的突出使人们的养老预期也非常黯淡。人们不敢花钱，不敢消费，只好存钱准备自己养老。这虽然可能减轻将来的养老压力，但是，人们不敢消费、拼命存钱的做法，会使得消费乏力，内需不举，严重影响到经济发展的动力和水平。

老年社会的巨大挑战已经摆在人们面前。这是事关亿万家庭和上亿老人安度晚年的问题，再也不能被忽视了。老年问题已经成为紧迫的社会问题，需要放到战略地位来予以优先考虑和解决。

（来源：《西部商报》，2018-08-29）

3. 结合下列素材（材料略）写一篇新闻评论，要求思路开阔、角度新颖、观点明确、逻辑严整，不少于1000字。（山东大学2017年研）

答：参考示例：

莫让社会偏见“成就”假新闻

2015年9月28日，新闻业内的打假再次被行业关注，国家新闻出版广电总局公开通报

《扬子晚报》等15家媒体刊登虚假失实报道的查办情况。比如此前媒体热炒的《男子抢20张火车票送女友　岳母大悦聘礼减半》《李玉刚在台北出家了》《河南平顶山女官员3个月前自杀　官方至今未通报》等均为不实报道。假新闻闹出大动静，除了要谴责假新闻炮制者的造假行为，也得认真分析一下这些假新闻为何能够短时间内持续发酵，成为舆论热点。

如今的假新闻有几个共同的特点：炒热点话题、取一个足够吸引眼球的标题、讲一个具有典型性的故事等。在网络环境中，每天都涌出海量的信息，假新闻能够从这些海量信息中跳脱出来，似乎并不能总是用偶然因素来解释。实际上，一个新闻事件要引起社会关注，背后存在一些固定的要素，如话题性足、目标受众明确、推出时机和方式适当等。然而，在许多真实发生的新闻事件中，这些要素并不集中，因此就给新闻造假者提供了动机和空间，将真实事件改头换面，夸大事实，或者干脆虚构生造，企图以此吸引眼球，引爆社会舆论。

假新闻炮制者之所以屡屡得手，还得追问和反思这背后所折射的社会舆论生态。假新闻其实是迎合了一些社会民众的"期待"，在这其中，社会舆论氛围起到重要的顶托作用。新闻事件如果迎合部分公众的兴趣点，甚至暗合某种社会偏见，就会得到快速的传播，尤其是在网络环境中形成裂变式的、自发的传播接力。这种舆论狂欢虽不排除炒作因素，但网民既有的价值观念和心理倾向起到至关重要的作用。

社会舆论环境中早就形成了一些话题元素和所谓的"梗"，假新闻只不过用更新的角度来叙述，设计一些更为奇葩的细节，设定更具典型意义的人物来演绎。造假者的秘诀在于投其所好，假新闻的炮制者深谙其"道"，熟练掌握一条热点话题所具有的基本元素，善于将这些元素集中在一起，在社会舆论的浪潮中上下腾挪，游刃有余。

媒介的发展使得社群舆论的生长模式和影响范围不断发生变化，特别随着网络媒介的迅猛发展，舆论环境的复杂性与多变性已大大超越以往各个时期。当下，网络传播方式将以前街谈巷议式的半公共化舆论环境彻底公共化，而网络平台尤其是网络自媒体给民众提供了发声的空间。

然而，从说者到听者都没有从原先的身份意识和思想惯性中完全转变过来，而是将街谈八卦的习惯带到网络公共空间，这就带来了一系列问题，比如追逐新奇、低俗等内容，缺乏必要的辨识能力和独立反思的意愿，将新闻阅读娱乐化，将事件了解简单化，将意见表达口水化，对自己在舆论环境中所承担的角色并不在意，对自己意见所造成的影响也毫不关心，只为满足个人的宣泄欲望。这种毫无门槛的发言标准和毫无顾忌的发言方式，往往使得社会舆论越来越缺乏理性，越来越流于浮泛。在这种舆论环境下，很多媒体缺少正本清源的意愿和精神，甚至对假新闻的传播起到推波助澜的作用，而其正面引导作用往往失真、失效、失灵。

面对假新闻的"大行其道"，整个新闻行业需要反思的方面有很多，对社会舆论生态与格局本身的反思只是其中之一。杜绝假新闻，需要监管部门、媒体和社会有识之士联合起来，合力营造一种健康向上的舆论风气，彻底根除假新闻生成和传播的土壤。

（来源：《中国新闻出版广电报》；作者：黄仲山；有改编）

4. 根据材料（材料略），完成下列两道题。（暨南大学2017年研）

（1）写一篇综合消息，自拟标题，字数不少于500字。

(2)写一篇新闻评论，自拟标题，自选角度，字数不少于600字。

答：参考示例：

(1)综合消息(略)

(2)新闻评论

内容生产仍然是核心竞争力

近年来，随着互联网尤其是移动互联网的发展，以前是“媒体传播，受众接受”，内容生产者占主导地位，而现在整体形势逐渐转变为“用户选择、媒体提供”，内容消费者开始占主导地位。在移动互联网时代，人们对信息需求的方式和习惯也发生了显著变化，基于社交平台的朋友圈、社交关系圈已成为获取信息的重要渠道。这些变化对媒体内容信息的生产传播产生了深远影响。

一年来，中央和地方主要媒体积极适应媒介生态的变化，进一步增强媒体内容信息的核心竞争力，不断拓展内容的深度广度，通过优质内容吸引流量，赢得发展优势，有力推动了传统媒体和新兴媒体的深度融合发展。

新闻媒体处于意识形态工作的前沿阵地，必须把导向作为内容建设的根本和灵魂。一年来，中央和地方主流媒体在融合发展的过程中，在众声喧哗中凸显主流价值，有效引导了舆论方向。

人民日报把正确引导舆论作为最重要的任务，提出判断新媒体上的稿子写得好不好，首先不是看文字有多漂亮，而是看导向是不是正确，是不是有利于弘扬主旋律、传播正能量。上海报业集团在媒体融合发展中坚守报道的“底线”和“底色”，坚持严审稿制度，杜绝“博眼球”“打擦边球”。

实践表明，主流媒体严守导向，坚持核心价值观，在喧嚣的舆论场上就像竖立了一枚“定海神针”，不仅在多元的思想环境中为人们提供了清晰的价值判断，也极大地增强了主流媒体的权威性和公信力，成为传统媒体影响力向新兴媒体延伸和拓展的重要支撑和保障。

(来源：《光明日报》，2015-08-14)

5. 围绕新闻漫画《圈里圈外》(作者：王成喜，图略)反映的社会现象，撰写一篇新闻评论。(中国传媒大学2017年研)

要求：①自拟文章标题；②紧密结合当前社会现实；③论点集中、鲜明，力求新颖、有深度，文字简洁、生动、流畅；④1000字左右。

答：参考示例：

朋友圈屏蔽父母与孝道无关

“好不容易学会用智能手机，春节加了女儿的微信，没想到，她把我给屏蔽了，想想也挺难受的。”近日，家住浙江宁波西门街道的刘阿姨向记者吐槽。女儿的朋友圈，连做美甲的小妹都能看，却把亲妈屏蔽了。(2月9日《宁波晚报》)

为了增强与子女的亲情互动，避免让“代沟”变成鸿沟，一些年迈的父母好不容易学会了使用微信，却遭遇了“被屏蔽”。一腔热忱遭遇了“泼冷水”，不可避免会让他们产生心理落差和相对剥夺感。“朋友圈屏蔽父母”归根结底，在于子女和父母对朋友圈存在着不同的用户需要和价值认知。

伴随着社会流动的加速，不少父母和子女处于一种分散居住的状态。和子女的日常生活缺乏交集的父母们，期盼着利用社交工具来缩短彼此之间的连接距离，让自己和子女在社交网络实现“你中有我，我中有你”。这样的“用心良苦”，却遭遇了一些子女的“不买账”“不领情”。

美国社会学家雷·奥登伯格认为，在现代社会，第一空间是家庭生活空间，第二空间是工作场所，第三空间用来满足人们对社交、创意、娱乐需求。在第三空间里，人们的关系是自由平等的，没有科层制度和等级意识，也没有形形色色的社会角色的束缚，可以把真正的自我释放出来。一些子女“朋友圈屏蔽父母”，就是希望拥有一个更加真实地表达自我、展示自我的“第三空间”。

微信朋友圈给予父母了解子女的一扇窗户，却可能会让子女感受到无形的压力。一方面，父母和子女在知识背景、生活经历、消费观念、生活习惯等方面会存在着代际差异，不可避免会出现思想碰撞和文化冲突；另一方面，父母的过度关心，会给子女的正常生活带来困扰。就像很多子女习惯“报喜不报忧”一样，“朋友圈屏蔽父母”看似无情，实际上也隐含着子女对父母的爱与关心。

微信朋友圈作为一个精神家园，承载着年轻人的精神文化诉求。不论是分享生活点滴，还是发表观点，抑或进行人际交往，年轻人更希望从微信中得到尊重、信任、认同等愉悦的心理体验，而不是担心、压力甚至批评质疑等负面情绪。说到底，即使是父母和子女这样的亲密关系，保持适当的距离、尊重彼此的隐私、包容彼此的“第三空间”，都是必要的。

“朋友圈屏蔽父母”并非不孝顺的举动，而是一种无奈的保持距离。将父母和自己的朋友圈隔离开来，完全可以在现实世界中多一些“弥补”——多一些电话问候，多一次“回家看看”，比微信朋友圈更有情感互动的深度和广度。当然，不同的父母与子女有不同的相处之道，屏蔽与否都取决于你个人的权衡与考量；而学会和亲人相处，也是现代社会必不可少的社会化。

（来源：《北京晨报》，2017-02-10；作者：杨朝清）

6. 根据下面的新闻稿件撰（材料略）写一篇评论，字数在 800 字左右。（电子科大 2015 年研）

答：参考示例：

抗震小英雄成阶下囚，谁之过

6 年前，汶川地震中，雷楚年纵身一跃，勇救 7 名同学。6 年后，身负英雄光环的他，却跌入犯罪深渊，涉嫌诈骗 46 万元，可能获刑 10 年以上。这则新闻经媒体报道之后，引起社会舆论反思，究竟是什么让昔日小英雄成了今日阶下囚？

互联网上也掀起热议，指责的矛头很多。有人认为是“制度”惹的祸；有人说“成也媒体，败也媒体”；更为尖刻的说法是此人骨子里就是“社会垃圾”。

若是说“制度惹祸”，6 年前，雷楚年选择救人，又当如何解释？也是制度促成的吗？社会环境的变化是一个人犯罪的理由吗？动不动将一切变坏的事情归结为制度，于情于理都说不通。

那么媒体在这件事中扮演了怎样的角色呢？大多数人都应该了解“中国式光环”和俗话所说的“一白遮百丑”。雷楚年一举成名，媒体自然纷纷报道，而这也让他沉浸在各种光环之中，获得了诸多好处：当选奥运火炬手、免试上重点中学、免除各种学杂费等等。在雷楚年救人这件事上，媒体的正面报道无可厚非，但随着事态的发展，有两点需要反思：一是在巨大舆论惯性的推动下，媒体的报道是否足够客观？二是在抗震救灾报道热度削减后，特别是在雷楚年出现种种不良举动后，是否有媒体再去关注他？或是在了解这种变化的情况下，是否有媒体有勇气去报道？

雷楚年只是个普通少年，正处在形成人生观的关键时期。人们会天然地认为，巨大的荣誉会为这个少年指明方向，于是在给他套上“光环”后，大多数人选择“拂袖而去”，留下的只是茫然四顾的懵懂少年。然而，令人们没有想到的是，逃学、挥霍以及和社会上的人混在一起成为了这个少年的选择。

面对违法犯罪的事实，为雷楚年开脱并无意义，他因他的所作所为成为英雄，也将因他的所作所为沦为囚徒，这种角色转换在一个成熟社会并非不可思议，但如果是社会的不成熟因素“误导”了一个不成熟的少年，那么我们是有责任的。有人说，假设当初雷楚年没有救人，或者即便救了人，但未被留意到，没成为“抗震小英雄”，也没有随之而来的各种轻易得到的利益，那么，雷楚年也缺乏诈骗的手段，或许现在并未偏离正轨，还走在原来普普通通的人生轨道上。这种假设中包含着人们的惋惜之情，但事实已无法改变，我们今天反思就是希望明天多一些英雄，少一些与他们有关的遗憾。

（来源：环球网，2014-11-03；作者：杨婷婷；有改编）

第十五章　大　忌

15.1　复习笔记

【知识框架（庖丁解牛）】

- 大忌
  - 忌空泛
    - 新闻评论应依托新闻，重视时效性和新闻性，使老话题说出新道理
    - 理论联系实际，从新鲜、典型事实出发，就实论虚
  - 忌俗套
    - 创新开头与结尾，摆脱“三段式”的束缚，不落窠臼
    - 平等对待受众，以理服人，力戒居高临下、训人说教的姿态
    - 转变作风，深入现实生活和实际工作，有感而发
  - 忌跑题
    - 对所论之题要有深入而透彻的理性研究
    - 提高评论写作的能力和水平，选题取材都要适当
  - 忌冗长
    - 更新认识，清除思想障碍
    - 提高评论写作的能力和水平，选题取材都要适当

【考点难点归纳（厚积薄发）】

考点：评论写作的四大禁忌　★★★

1. 忌空泛（见表15-1）

表15-1　忌空泛

要点	具体内容
含义	指议论的空洞浮泛，表现为评“老话题”，论“空道理”
表现	①未从实际生活感受出发，没有依托新闻报道，违背新闻评论必须有新闻性、有新闻价值这一基本原则。 ②泛泛而论，习惯于常规思维，没有独到思想和见解，为已成定论的思想寻找新的论据
解决方法	①依托新闻，重视时效性和新闻性，使老话题说出新道理。 ②理论联系实际，就实论虚

2. 忌俗套（见表15-2）

表15-2　忌俗套

要点	具体内容
含义	指新闻评论表现形式上的格式化、文风上的八股化，造成千篇一律、令人乏味的现象
表现	①开头结尾雷同。 ②板着面孔说教

续表

要点	具体内容
表现	③多大话套话。 ④文字生硬呆板、结构沉闷单调
解决方法	①创新开头与结尾，摆脱“三段式”的束缚。 ②平等对待受众，以理服人，力戒居高临下、训人说教的姿态。 ③转变作风，深入现实生活和实际工作，有感而发。 ④写作上要生动活泼有文采

3. 忌跑题(见表15-3)

表15-3 忌跑题

要点	具体内容
含义	指论述脱离论点，主题不突出或中途走偏等情况
表现	①主题不突出或中途走偏；论点游离；旁生枝蔓的赘论。 ②就事论事；只说现象，不挖本质；未展开思想、深挖主题；触类不能旁通
解决方法	①不断提高思想理论水平，对所论之题要有理性研究，把握其来龙去脉，掌握其精神实质。 ②确立具体集中的主题，要有思想聚焦点

4. 忌冗长(见表15-4)

表15-4 忌冗长

要点		具体内容
含义		指新闻评论长而空
原因	思想认识	①认为写评论担风险，容易有片面性，容易犯错误，因而“上下左右、四面出击”。 ②看不起短文章，瞧不起“小评论”
	能力水平	①题目太泛太大，导致文章的泛泛而论。 ②取材过大，企求在一篇评论里解决诸多问题，不善于集中谈清楚某一个问题。 ③粗制滥造、缺乏锤炼等
解决方法		①更新认识，清除思想障碍。 ②提高评论写作的能力和水平，选题取材适当。 ③编辑应加强把关和修改环节，做到“有话即长，少话则短”

15.2 课后习题详解

1. 新闻评论如何解决空泛的问题?

答：空泛是议论的空洞浮泛，表现为评“老话题”，论“空道理”的大评论。新闻评论本是一种以提出和解决当前最迫切需要解决的问题为其特色的文体，应该言之有物、思想深邃、针砭现实、议论风生。解决新闻评论的空泛问题应从以下方面着手：

(1)新闻评论应依托新闻，重视时效性和新闻性，使老话题说出新道理。

如果评论不从实际生活感受出发，不以新闻报道为依托，不以新闻事实和当前有新闻价值的重大事实为论据，违背新闻评论必须有新闻性、有新闻价值这一基本原则，新闻评论便沦落为一般的评论。

譬如，谈社会主义制度的优越性是个老话题，但《北京日报》评论员文章《从根本上认识社会主义制度的优越性》，紧紧围绕社会主义社会里人们根本利益相同、理想信念相同、道德标准相同、法纪相同这四个“相同”，从本质上来论证社会主义制度的优越性，从而使老话题说出了新道理，给读者以耳目一新之感。

(2)理论联系实际，从新鲜、典型事实出发，就实论虚。

造成新闻评论空泛的另一个重要原因，在于论的是“空道理”。“空道理”，是指泛泛而论，无关痛痒，总重复那些众人皆知的老话、现话、大话，不善于抓住群众最关心的问题。

新闻评论应从新鲜事实出发，通过对具体事物的具体分析，用典型而有说服力的事实来进行论证，理论联系实际，彰显评论的现实针对性，就实论虚，因事抒感，由小见大。

2. 新闻评论如何解决俗套的问题?

答: 俗套主要是指新闻评论表现形式上的格式化、文风上的八股化，造成千篇一律、令人乏味的现象。解决这一问题应该从这三个方面着手:

(1)创新开头与结尾，摆脱“三段式”的束缚，不落窠臼。新闻评论要不落俗套，须摆脱开头结尾“戴帽”“穿靴”模式，节省篇幅和精力，注重新颖独到。

(2)平等对待受众，以理服人，力戒居高临下、训人说教的姿态。在社会主义市场经济下，新闻媒体是一种特殊文化产品，新闻工作者与受众是一种生产者与消费者的关系，新闻工作者必须尊重受众，以平等的态度对待受众，评论要以理服人、以情感人。

(3)转变作风，深入现实生活和实际工作，有感而发。要解决评论隔靴搔痒这个问题，唯一的办法就是转变作风，深入一线，只有对现实生活和实际工作有深切的了解，撰写的新闻评论才会有的放矢、有感而发，从而适应受众的需要。

3. 新闻评论如何解决跑题的问题?

答: 跑题是指论述脱离论点，主题不突出或中途走偏等情况。

(1)新闻评论跑题的表现

①主题不突出或中途走偏；论点游离；旁生枝蔓的赘论。

②就事论事；不讲是非，不挖根源；只说现象，不挖本质；思想没有展开，主题挖掘不深；由个别不能引到一般，触类不能旁通，由此不能及彼，结果只能在事物的表面兜圈子。

(2)新闻评论解决跑题问题的方法

①不断提高自己的思想理论水平，对所论之题要有深入而透彻的理性研究，把握其来龙去脉，掌握其精神实质。

②从写作技巧来看，构思一篇评论时，主题的确立要具体集中，要有思想聚焦点，确保自始至终围绕“一个问题”，集中笔墨“一论到底”，做到弹无虚发、矢必中的。

4. 新闻评论如何解决冗长的问题?

答: 新闻评论要解决冗长的问题应做到以下几点:

(1)更新认识，清除思想障碍

相当一部分从事评论写作和编辑的同志认为搞评论必须“上下左右、四面出击”，主流、支流、正面、反面不可遗漏，以防片面性带来的风险，这样的文章短不了。另外，一些人认为“小评论”登不了大雅之堂，长文章才有分量。只有改变这类观点看法，才能从思想上为解决新闻评论冗长的问题扫清障碍。

(2)提高评论写作的能力和水平，选题取材都要适当

新闻评论冗长也有写作业务方面的原因，即能力、水平方面的问题，它在具体写作过程中直接制约着评论的长短。例如，题目太泛太大，就常常导致文章的泛泛而论。像《论教育》《群众路线万岁》《社会主义就是好》等容量太大，捉摸不定，文章易于冗长。又如，取材“口子”过大，企求在一篇评论里解决好多问题，不善于奇峰突起，集中谈清楚某一个问题，这同样是某些评论篇幅拉长的另一个重要原因。

(3)编辑应加强把关和修改环节

粗制滥造、缺乏锤炼等都是造成文章冗长的重要方面。有时需要评述重大题材或重大问题，篇幅长一点也必要。但即使必须写长文章，也要遵守经济的原则，“有话即长，少话则短”。编辑应在把关和修改环节注意这些问题，加大力度进行把关和修改。

5. 将自己原先写作的评论习作与邻座的同学互相交换，找出文章中属于空泛、俗套、跑题、冗长的问题，然后加以修改。

答：参考示例：

贫困女研究生带母求学自杀是不孝

[标题存在俗套的问题，建议修改为：以孝之名审视杨元元自杀事件]

上海海事大学海商法女研究生杨元元在宿舍卫生间自杀身亡，网友将矛头指向海事大学校方。杨元元是湖北宜昌人，6岁时父亲因病去世，当时弟弟尚不满4岁。网帖称自杀直接原因是杨母被禁止住学生宿舍，导致杨元元心理崩溃。看到这样的标题，心头默然窜起的，除了遗憾还是遗憾。因为，活着是最重要的啊。

当看到“贫困”这两个字眼的时候，相信有不少的人内心会怒火陡升，本不该出现这样的情况，但还是发生了。所以会有太多的公众把矛头直指海事大学。究其本质，是因为社会上这架承载财富的天平在逐渐的倾斜，才造成了这种无直接利益冲突现象。[本段存在空泛的问题，建议修改为：“贫困”一词总是让人揪心，当“贫困”与大学生、研究生绑在一起，当贫困甚至成为大学生、研究生自杀的重要推手，大多数公众的心会被撕扯得生疼，惋惜、愤怒、不平等各种情绪杂糅在一起。于是也许本来大家跟当事人并不相识，但是当事发以后，互不相识的人们借助网络这个平台，形成一股洪流搜索幕后黑手，为逝者讨公道。]

逝者已去，按理说本不该再说长道短，但不理清事情的是非曲直，这样类似的悲剧就还会重演！

事情看起来简单明了，因为家庭绝对的贫困，学校不允许其母亲到宿舍借住，杨元元心理崩溃而自杀。正是因为贫困是最大的诱因，才使得公众一边倒的认为是学校的责任。表面上看起来确实是这样，贫困的杨元元在你的学校读书，学校有义务帮助其解决一些困难。但是，事情不是这么的简单，即便校方帮了她这个忙，但是贫困依然存在，不能保证不会发生什么变故把她的心理防线击垮。所以贫困既是她坚强的心理防线，又是她致命的弱点。[此处存在空泛的问题，建议修改为：大部分公众认为贫困是杨元元自杀的主要原因，而没有妥善帮杨元元解决这一问题的校方自然成为众矢之的，遭到来自四面八方的讨

伐。然而学校固然有责任，但问题不应止于此，人们只是看到最表面的现象。而更深层次的原因才是真正应当关注并引以为戒的，即由于长期贫困的压抑所带来的心理阴影和敏感问题。这个问题不解决，这样的现象就还会有可能发生。]可以肯定，杨元元在生前无时无刻不生活在煎熬之中，贫困、求学、养活母亲，应该是她每天要想无数次的东西。也正是因为这样，再加上年龄的因素，她变得孤僻而高傲的看着一切，她的表面看起来很强大，但是她的内心很脆弱。自杀的念头不是突然来的，是作为一个炸药包早已存放在她的体内的，只不过这次校方的刺激，相当于是点燃了导火线。所以说校方不是没有责任，但是主要的责任还是在杨元元的身上。[此处存在跑题的问题，建议修改为：在这里，我无心纠缠这一事件的责任究竟在谁。只是以孝之名来看待此事，我认为杨元元不应该这样冲动。只要在这世上还有所牵挂，就一定要对自己的生命负责，况且这牵挂还是你的母亲。]

我如果这样说，有公众一定会骂我的，我说你们可以骂我，但让我把话说完，再骂我也不迟啊。至于公众为何骂我，是因为他们觉得杨元元没有错，错的是校方，错的是社会对她贫困的漠视。我说这些都存在，但不是最主要的。我们要看到最重要的一点是，杨元元已经是一个成年人，而且已经大学毕业了，她的母亲也是年近花甲之人。她就是真的贫困，难道她没有自理生活的能力吗？她没有自理生活的学历和本领吗？她已经成年，不应该照顾自己的母亲吗？既然上面这些她都能做到，而且也必须做到，那她干嘛还要抛家带母去读书呢？就即便在读书的时候学校给予了她很大的照顾，但是她就忍心看着自己年过花甲的母亲成天跟着自己吃苦受累吗？求学的路很漫长，一生一世的事业，何必太在意几年的蹉跎？她的这种对母亲不管不顾，执意要求学，是不是自私自利呢？再有，她倒是真的走了，到极乐世界去了，把一个痛苦的母亲孤零零的扔在了这个世界上，就凭这一点，就能够证明她是软弱的！自私自利的！[本段存在冗长的问题，建议修改为：或许，杨元元应当考虑到家里的实际情况，先工作，等到弟弟毕业，母亲有了安定的生活后再读研，继续自己的求学梦。这样自己的心也就不会这么煎熬，也不至于走上绝路。]

我无意对杨元元进行攻击，我只是想告诉一些人，求学是可以的，但是要量力而行，要适可而止，要考虑方方面面的因素，不能把求学放在至高无上的位置上，因为那样就是自私自利。一个把自己的利益放在至高无上位置的人，一个连母亲都无法挚爱的人，还能指望他会爱谁？就即便最终是学有所成，也不会成为人类的大师。反观一些成为人类大师的人，有哪一个不孝敬自己的父母呢？难道他们都接受过高等的教育吗？[本段存在俗套的问题，建议修改为：求学的过程中遭遇贫困是很普遍的一个现象，不是只有杨元元一个人是这样，在全国乃至全世界还有好多个家庭贫困的学子。贫困有很多解决的办法，耐心去想，办法终会有。但这办法一定不是自杀，特别是在自己的母亲还需要照顾的情况下，更不能一死了之。丢下年迈的母亲自杀只会背上不孝之名。贫困不是你杨元元的错，你又何必用自己年轻的生命和母亲后半生的幸福为贫困埋单？如果说你对母亲有愧，那么你要做的是努力在下一刻让母亲过上好日子，而不是在这一刻撒手人寰。]

到此，突然想起毕淑敏在《孝心无价》里的一些话。相信每个赤诚的孩子，都曾在心底对父母许下"孝"的宏愿，相信来日方长，相信水到渠成，相信自己必有功成名就衣锦还乡的那一天，可以从容尽孝。相信杨元元在活着的时候心里也是这种想法。可惜人们忘了，忘了时间的残酷，忘了人生的短暂，忘了世上有永远无法报答的恩情，忘了生命本身有不堪一击的脆弱。杨元元把这些也忘了，只不过走了的不是母亲，而是她自己。

在“孝”的天平上，富有和贫困等值，但是你得真心的付出。所以天下的儿女们，一定要抓紧啊，趁父母健在的光阴。如果有必要加上一句的话，还要趁自己健在的光阴，而不是一味的想着自己！

15.3 考研真题与典型题

15.3.1 论述题

内容俗套是新闻评论写作的大忌之一。请你结合实例对俗套的具体表现作一阐述。

15.3.2 实务题

根据材料，写一篇500~1000字的评论。（湖南大学2016年研）

参考材料：

中国人民大学历史系教授孙家洲的公开信。

师生之交首重道义。是我多年来与弟子相处的重要原则。今天中午，我在微信上看到了今年新招收的硕士生郝相赫发出的微信，居然对阎步克先生、韩树峰先生无端嘲讽。

我极为震怒！当即发出公开评论，怒斥狂徒。我的评论，无法显示。随后，我发现他把狂言撤销了。但是，问题已经暴露无遗。学界自有学界的规矩与尊严。

道不同不相为谋。

鉴于目前的情况，我在此宣布：郝相赫从现在起，已经不是我的弟子。我在半个小时前已经把我的决定告知了郝相赫本人。

做出这个决定，我内心充满了痛楚。年轻人如果是一时气盛，说话有欠缺，作为长者，本来应该宽恕和宽容。但是，郝相赫此次的狂言，与一般过失之语不同。我无法容忍这样的人再做我的弟子。

而且，他从报到之后，在微信上屡屡发表攻击他人的言论，我为此不安，也曾经发信给他，劝他要处事平和。

其中，我的一封信是：

治学，要沉潜。为人，要平和。

任何人都有在微信上自由表达的权力。任何人也有对他人的表达有评断的权力。人家说不说，两可；有人说了，听不听，在你。

我，对于你近期的几个微信所体现的意境或者说风格，很不安。我不强求你与我一致。但是，感觉还是把我的不安告知你为好。

我还与他约好：中秋节之后，要用半天的时间，好好谈谈三年的学习。

我自以为，作为导师，我在劝导他时，已经是苦口婆心了。

不料，今天中午又看到了更加肆无忌惮的文字。至此，我已经是“忍无可忍”！只能是公开宣布：断绝与郝相赫的师生关系。也请学界朋友和门下诸弟子，理解我此刻内心的痛楚与坚忍。

从长沙返京之后，我就办理校内中止与郝相赫师生关系的手续，不等中秋节之后。

此后，郝相赫的任何言论，他的未来发展，都与我无关。

15.4　考研真题与典型题详解

15.4.1 论述题

内容俗套是新闻评论写作的大忌之一。请你结合实例对俗套的具体表现作一阐述。

答：俗套主要是指表现形式上的格式化、文风上的八股化，造成千篇一律、千人一面，看了令人生厌，读了令人乏味。具体表现在以下三个方面：

(1)开头结尾雷同。有些人写评论，不管内容是否需要，开头常常来一段“全面概述”，不是大讲成绩如何如何可观，就是肯定形势怎样怎样大好，然后笔锋一转，再摆出一个什么倾向，或提出一个什么问题……似乎不加上这个“帽”，就会有“否定主要成绩”“抹煞大好形势”之嫌。至于有些媒体固定评论栏目中的文章，不管篇幅长短，形式上都套用“三段论”的格式，甚而不是从某一件事谈起，就是由某一典故生发，二者非此即彼，要不休登“大雅之堂”。难怪有些读者打趣地说：“看了评论文章的开头，大抵就知道是哪家报纸的了。”结尾也同样有一套“程式”，不是为什么什么而奋斗、而努力之类，就是一定要如何如何，必须要怎样怎样。好像不这样“发号施令”一番，文章就不能收尾。这种“戴帽”“穿靴”式的开头和结尾，不仅拉长了篇幅，浪费了读者的时间，而且长此以往，对读者精神上也是一种折磨。

(2)板着面孔说教。在社会主义市场经济条件下，新闻媒体是一种特殊文化产品，在某种意义上看，新闻工作者与受众是一种生产者与消费者的关系。因此新闻工作者必须尊重受众，以平等的态度对待受众，在新闻评论中，一定要摆事实，讲道理，以理服人，以情感人。

但有些人写评论，不是和读者处于完全平等的地位，他们常常自觉不自觉地摆出一副做文章的架势，操着一种教训人的口吻、居高临下、颐指气使、主观武断、以势压人，其实手里并无动人的货色，结果写出来的东西免不了老腔老调，既无内容，又不讲逻辑，有时“帽子”和“棍子”却凶得很。

(3)大话套话连篇。有些新闻评论，犹如“高山上吹喇叭——调头高”，说的都是不着边际的大话、假话、空话和套话。由于作者长期坐办公室，从书本里、文件上“讨生活”，因而只能空发议论，不能切中时弊，针砭要害。由于未深入实际调查研究，情况不明，不敢面对现实和言人所不敢言及所未言，提出的问题和观点缺乏现实针对性，缺乏新意，结果只好人云亦云、无的放矢、四平八稳，即使到紧要处，也只是不紧不慢、不痛不痒地挠几下，给人“隔靴搔痒”之感。

除此之外，诸如文字生硬呆板、结构沉闷单调等写作上的问题，也属于应该解决之列。

15.4.2　实务题

根据材料(材料略)，写一篇500~1000字的评论。(湖南大学2016年研)

答：参考示例：

三观不同，分道扬镳是好事

人民大学历史系硕士新生郝相赫在微信朋友圈里批其学术前辈为“庸才”和“汉奸”，导师孙家洲教授极为震怒，斥其为“狂徒”，朋友圈发信要“断绝师生关系”。郝相赫很快回击，发出“情况说明”，称将维护自己的权益。

这一朋友圈发酵的事件被报道后，引发网络狂潮。一些人认为，郝相赫作为学生，对学界大牛口出狂言，被逐出师门是咎由自取。另一些人认为，孙家洲作为老师，为了学生朋友圈的几句话就翻脸，是小肚鸡肠，没有容人之量。两派观点吵得你死我活，甚至上升到学术浮躁、教育悲哀或者表达自由、学术霸权的高度上去。

可是，问题真的有这么复杂吗?

“师生之交首重道义”“道不同不相为谋”，孙家洲教授在公开信开头提到的两句话，可谓这一风波的最佳注脚。

这一朋友圈引发的“惨案”，要想还原事情真相，还得回归朋友圈。看郝相赫朋友圈就不难发现，郝相赫喜欢对学术前辈和他们的著作发表评论，言辞激烈甚至偏激，比如称北大历史系为“垃圾系”，称某些前辈是“庸才”，在学术评价上“对人不对事”，这本身就犯了学术圈的大忌。

在“逐出师门”之前，孙家洲已经对郝相赫有诸多不满并进行提醒。他曾给郝相赫发信说：“任何人都有在微信上自由表达的权力。任何人也有对他人的表达有评断的权力……我，对于你近期的几个微信所体现的意境或者说风格，很不安。我不强求你与我一致。但是，感觉还是把我的不安告知你为好。”

从这来看，孙家洲并不是搞什么学术霸权，而是确实和弟子为人处世理念不同。在导师明确的提醒下，郝相赫仍然继续在朋友圈“放炮”，双方分歧已难以调和，或许早早分道扬镳反而是好事。

郝相赫到底是恃才傲物还是不学无术，他的导师、他未来的同行都会有所评价。现代师生关系本质上是契约关系，大学实行导师学生互选制，本身就说明这还是一场相对自由的双向选择。导师认定学生与自己理念不同而解除合约，这也在情理之内。

第十六章　修　改

16.1　复习笔记

【知识框架(庖丁解牛)】

- 修改
  - 修改类型
    - 动笔前修改
    - 动笔后修改
  - 修改环节
    - 从政治、政策上确保正确引导舆论，确保服务工作大局
    - 检查核对引证材料、文章中心内容以及结论
    - 注意全文结构的完整性、逻辑性
    - 进行文字上的修饰

【考点难点归纳(厚积薄发)】

考点：评论修改(见表 16-1)　★★

表 16-1　评论修改

要点	具体内容	
修改类型	动笔前	对于选题立论的深思熟虑、谋篇布局的反复琢磨、运用词语的认真推敲、写作提纲的再三斟酌，都带有修改的性质
	动笔后	比动笔之前的“修改”更为具体
修改环节	①从政治、政策上确保正确引导舆论，确保服务工作大局。 ②检查核对引证材料、文章中心内容以及结论。修改新闻评论力求简明扼要，重点突出，恰到好处。 ③注意全文结构的完整性、逻辑性。修改新闻评论要检查论点是否鲜明、突出，论据是否充分、可靠。 ④进行文字上的修饰	

16.2　课后习题详解

1. 怎样理解“文章不厌百回改”的精神？

答： 修改，是评论写作的最后一道工序，是写作全过程中不可或缺的重要部分。古今中外，凡是文章写得好的人，几乎没有一位不是在修改上用过功夫的。他们当中有不少人，花在文章修改上的时间和精力，有时甚至比写作时间还要多，字斟句酌，一丝不苟。有人说“文章是改出来的”，此话不无道理。前苏联著名作家托尔斯泰死后，人们发现他的许多巨著，都保存有十次二十次的未定稿，有一篇论文甚至改写达九十多次。评论写作的修改包括两种：

（1）动笔前的修改。在“预先研究”“预先准备”阶段，对于选题立论的深思熟虑，对于谋篇布局的反复琢磨，对于运用词语的认真推敲，对于写作提纲的再三斟酌，都带有修改的性质。许多伟人的不朽之作，都是动笔前在“修改”上花大量心血。马克思写《资本论》，从计划到草稿就经过多年的多次修改。

（2）动笔后的修改。文章写成后的修改“像洗脸之后再照照镜子一样”，比动笔之前的“修改”更为具体、切实，两者不可或缺。我国现代作家徐迟生前说过，他的每篇稿子，总要改一遍、抄一遍，至少得抄五遍。他的报告文学《在湍流的涡旋中》，手稿已看不清楚，在《人民日报》的小样上，他又改了一百一二十处。

2. 毛泽东精心修改文稿给我们哪些启示？

答：毛泽东不仅是伟大的革命领袖，也是我国当代的新闻高手和语言巨匠，他对新闻文稿的修改，有很强的指导作用和借鉴意义：

（1）从政治、政策上考虑，确保正确引导舆论，确保服务工作大局

譬如，1946 年 9 月 11 日，毛泽东在审改《解放日报》社论“蒋军必败”时，提出重要的修改意见：“不但澄清对美的幻想，主要应澄清悲观思想，指出必胜前途，这是目前的中心问题。”毛泽东高瞻远瞩，及时把握社论立论的重点，从而确保了党报的正确舆论导向。

由此可得启示：判断一篇新闻评论的价值也好，具体修改一篇新闻评论也好，首先要看全文的思想观点和基本倾向是否正确，是否深刻有力，是否有针对性。具体而言，就是是否符合党的现行路线、方针、政策，是否符合当前客观实际，是否符合广大人民群众的根本利益，是否服从和服务于当前全党全国工作的大局。总之，在舆论导向上，一定要同党中央保持高度一致。

（2）检查核对引证材料是否有科学根据，文章中心内容是否突出，结论是否无懈可击

1948 年 9 月 14 日，毛泽东在审改一篇新闻稿时，明确批示“凡新闻，标题必须有内容。原题没有内容，不能引人注目”。如将《天津市东郊区詹庄子乡民生民强农业生产合作社如何发动妇女参加田间生产》改为八字题：《妇女走上劳动战线》，片言居要，深刻揭示了主题。

由此可得启示：修改新闻评论，要尽量删除那种足以淹没作者自己思想的“繁征博引”，力求简明扼要，重点突出，恰到好处。为确保引述材料的真实可靠，应当尽可能利用第一手材料；对第二手材料，特别需要反复地研究和对证；对文章中的时间、地点、人名、地名、名称、数目字等，都应该认真地核对，遇有疑问，要及时核查清楚。引用领袖人物和经典作家的话，或中央重要指示、决议的时候，尤其要谨慎从事，要根据正式的文件或著作，并且注明引文的出处。

（3）注意全文结构的完整性、逻辑性，力求使引论、正论和结论成为凤头、猪肚、豹尾

对新闻评论的开头，毛泽东曾这样论述：“均应开门见山，首先提出要点，即于开端处，先用极简要文句说明全文的目的和结论。”他在修改新闻评论《衡阳失守后国民党将如何》时，几乎把原稿开头全部删掉，只抓住最活跃的因子，并迅速过渡到文章主体。

由此可得启示：在修改新闻评论时，要检查论点是否鲜明、突出，论据是否充分、可靠。注意的重点应当是：条理层次清楚不清楚，段落划分得妥当不妥当，详略之间有没有

不妥帖、不匀称的地方，前后的交代照应周到不周到，各个层次之间、段落之间是否贯穿得起来，文章的开头是否单刀直入，结尾是否铿锵有力，首尾是否相互照应，有没有疏漏等，并且注意推敲某些段、节和意思重要的文句，把可有可无的字、句、段删去，毫不可惜。

(4)进行文字上的修饰

毛泽东在这方面更堪称大师，经他修饰变得更为漂亮的文章多得数不胜数。修改的基本要求包括：①文字通顺，标点规范，没有错别字；②句子含义确切，不能含混不清，产生歧义，不易理解；③句子简洁、文字精炼，力戒陈词滥调，杜绝大话、空话、套话、绝话、假话、废话；④文体优美，要有自己的独特风格。

(5)动笔前后两种修改

毛泽东在《反对党八股》一文中说："许多人写文章，做演说，可以不要预先研究，不要预先准备；文章写好之后，也不多看几遍，像洗脸之后再照照镜子一样，就马马虎虎地发表出去。其结果，往往是'下笔千言，离题万里'，仿佛像个才子，实则到处害人。这种责任心薄弱的坏习惯，必须改正才好。"

由此可得启示：在文章动笔之前，在"预先研究""预先准备"阶段，对于选题立论的深思熟虑，对于谋篇布局的反复琢磨，对于运用词语的认真推敲，对于写作提纲的再三斟酌，都带有修改的性质，不过是把修改工作做在动笔之前罢了。这种动笔之前的"修改"，在一定意义上看，比动笔之后的修改更为重要。

3. 修改新闻评论有哪几个主要环节？

答：修改新闻评论的主要环节包括：

(1)从政治、政策上考虑，确保正确引导舆论，确保服务工作大局

具体而言，是确保新闻评论的思想观点和基本倾向符合党的现行路线、方针、政策和当前客观实际，符合广大人民群众的根本利益，服从和服务于当前全党全国工作的大局。

(2)检查核对引证材料是否有科学根据，文章中心内容是否突出，结论是否无懈可击

修改新闻评论要删除那种足以淹没作者思想的"繁征博引"，力求简明扼要，重点突出，恰到好处。为确保引述材料的真实可靠，应做到以下方面：①尽可能利用第一手材料；对第二手材料，特别需要反复的研究和对证；②对文章中的时间、地点、人名、地名、名称、数目字等，都应该认真地核对，遇有疑问，要及时核查清楚；③引用领袖人物和经典作家的话，或中央重要指示、决议时，尤其要谨慎从事，要根据正式的文件或著作，并且注明引文的出处。

(3)注意全文结构的完整性、逻辑性，力求使引论、正论和结论成为凤头、猪肚、豹尾

修改新闻评论，要检查论点是否鲜明、突出，论据是否充分、可靠。重点注意：条理层次是否清楚，段落划分是否妥当，详略是否妥帖，前后的交代照应是否周到，各个层次之间、段落之间是否可以贯穿，开头是否单刀直入，结尾是否铿锵有力，首尾是否相互照应，有无疏漏等等。注意推敲某些段、节和意思重要的文句，把可有可无的字、句、段删去。

(4)进行文字上的修饰

文字修改的基本要求包括以下方面：①文字通顺，标点规范，没有错别字；②句子含义确切，不能含混不清，产生歧义，不易理解；③要求句子简洁、文字精炼，力戒陈词滥调，杜绝大话、空话、套话、绝话、假话、废话；④文体优美，要有自己的独特风格。

4. 选选看。请阅读比较下列四篇新闻评论稿(材料略)，看看哪一篇是见报稿？哪一篇是第一稿？从而认真领悟修改润色对提高评论文章质量的必要性和重要性。

(提示：第一稿，只讲到了树立良好医患关系的三个层面的问题，内容较为单薄，语言相对生硬，句与句之间的连接不够紧密；第二稿，在内容上增加了“树立正确的舆论氛围”部分，使言论的总体框架和内涵渐趋丰满，但缺乏字斟句酌的功夫；第三稿，在前两稿各个段落的表述中只谈了为什么这样做的问题，而没有指出这样做的作用和意义，这一稿加入了这方面的内容，使通篇的逻辑结构更为合理；见报稿，第4自然段辩证指出了弱势和强势的对立统一关系，使文章更有力度和厚度，而且语言更精炼，表述更顺畅。)

答：根据提示内容和阅读四篇新闻评论稿可知，第二篇是见报稿，第三篇是第一稿。

(1)修改是评论写作的最后一道工序，是写作全过程中不可或缺的重要部分。修改是指初稿出来后对文稿作进一步的斟酌、调整、润色，使之更趋于完美的过程。修改是行文表达不可缺少的重要环节，是提高评论质量的有效保证。

“玉不琢，不成器”，好文章都是改出来的。曹雪芹写作《红楼梦》“披阅十载，增删五次”，美国海明威把《老人与海》的手稿读过200遍才予以发表。丹麦物理学家玻尔写作《光与生命)，修改9遍直至认为每个字句都完全表达自己的本意。如同任何事物诞生之初都不可能完美无缺一样，作者最初的书面表达只能形成文章的雏形，只是草稿，多数情况下不完善，总是存在这种或那种错误或缺陷。只有通过反复修改才能使其思想内容不断提高，表达形式日臻完美。新闻评论的新闻性、思想性、公众性、结构的严密性、行文的规范性要求使得修改对于评论写作而言尤为重要。

(2)客观事物曲折复杂，人们对其规律性的认识不可能一次性地完成。正如毛泽东同志论及修改的意义时所说：“现在的事情，问题很复杂，有些事情甚至想三四回还不够。鲁迅说‘至少看两遍’，至多呢？他没有说，我看重要的文章不妨看它十多遍，认真地加以删改，然后发表。文章是客观事物的反映，而事物是曲折复杂的，必须反复研究，才能反映恰当；在这里粗心大意，就是不懂得做文章的起码知识。”在认识过程中常常会出现主观不能正确、全面地认识客观事物的问题。在复杂认识过程的任何一个阶段，只要稍有疏忽，就会出现片面性和主观性。只有反复研究，经历一个从表层到深层，从局部到整体，从片面到全面的过程，才能达到对客观事物规律性的正确认识和准确把握。

修改是在文章完成，即研究者的思想得以全部表述之后，对研究对象的再次观察，再次研究。新闻评论写作从确定选题到立意到论证到谋篇到执笔成文，要经过一定的时间。完成初稿后的修改是这一系列复杂的认识，写作过程之后对其成果所进行的一次全面、系统、清晰的审视。多一次修改就多一次重新认识自己思想的机会，也就多一次补充先前认识不足，纠正失误的机会。通过反复地修改就可以使作者逐步达到对对象全面、深刻、准确地认识。因此，只有反复地修改才能使所写之评论逐渐深刻起来，不至于失之肤浅。

(3)在把作者对客观规律的主观认识用书面语言加以“赋形”的过程中往往会出现“词不达意”，即写成的文章不能完整、全面地反映作者的思想观点的问题。而修改正是使人们对认识成果的反映由不准确、不恰当转变为比较准确和恰当的必需环节。

评论有多样的表现形式，同一个内容，可以用不同的表现方法与语言材料来表达。只有通过不断地修改才能找到最合适的表现形式。在写作初稿时，为思路的连贯，不可能对每个论点、论据都仔细推敲，言不达意、粗糙、不严密、不连贯之处在所难免。修改时，文章成为作者的审视对象，文本被客观化，作者可从既定的思路中走出，以一个审读者的立场客观地、从容地对文章反复自评，既可以高屋建瓴地对观点、表达、结构、层次作总体审视，又可以对每个段落、每则材料、每个语句反复琢磨，从而使评论在内容和表述两方面都趋向成熟和完美。“文章不厌百回改”，只有反复的修改才能使文章逐渐精美。

修改是极为有益地学习写作的方法。修改是表现技巧的锤炼。通过修改评论，可使作者的思维能力得到锻炼，自我评价的能力得到培养，文体的自觉意识得到加强，文字的运用能力得到磨砺，从而全面地提高评论写作的水平。

16.3　考研真题与典型题

实务题

请你根据新闻评论修改的几个环节，对下面这篇评论进行修改。

单双号限行的本质是政府失误百姓买单

继北京曾经实行机动车单双号(后改为尾号)限行之后，山东济南从今天起也正式实施尾号限行，据说是为了保证全运会期间交通安全畅通和空气质量良好，此后会不会仿效北京一以贯之也难说。此前的10月10至12日，河南郑州也搞过3天三环以内单双号限行实验，意图昭然。这就不能不让人担心，一股单双号或尾号限行之风，有可能成为各地政府治理交通拥堵和空气污染的如意法宝或撒手锏，进而风行大江南北。

说实在话，我也理解各地政府官员的苦衷，毕竟交通拥堵和环境污染是悬在头上的达摩克里斯之剑，在百姓怨声载道的同时，也严重威胁到其政绩与晋升。况且如今的中国民众，在争取自身正当权益方面也毫不含糊，比如这单双号限行，就有不少人提出异议，说侵犯了公民的合法财产权，因为车主掏钱买车并交纳了多项税费，拉动了市场消费和汽车这个巨无霸产业的强劲增长，本属有功，可一旦限行，汽车的使用价值大打折扣，并且还会为另外乘坐出租车支付额外费用，等于增大了支出。

尽管汽车带来空气污染和交通拥堵，但总的来看这项发明对人类社会功莫大焉，使用汽车的人不光自己出行方便，也是在为社会做贡献，因为买车花钱不说，每年还要缴纳车船税、燃油税、交强险和其他保险费，再加上停车费用日涨、交通罚单满天飞，车辆维修和事故赔偿等费用，若非财大气粗的生意人，普通人养一辆车真是高消费，简直像上了贼船、有苦难言。我听不少驾车的朋友异口同声地说过，如果公交方便，谁还会买车呀！

这不是得了便宜还卖乖之类的扭捏作态，相反确是无奈之语。因此就不能不让人想到，机动车成灾的深层原因，其实在于公共交通的不足，而公交的弱势，自然得归究于各级政府官员——中国的国情就是政府将大量财富从老百姓手里拿走，所谓“集中财力办大事”，可实际上，他们掌握了比别的国家的政府多得多的财富和其他资源，却连公共交通都没弄好，那么，纳税人发发牢骚甚至斥责几句，又有什么过分呢？

造成目前中国不少大中城市交通拥堵的“罪魁祸首”，看起来是日益增多的机动车尤其是私人轿车，可实质上却是当地各届政府的鼠目寸光与失职。就连中央政府的城市交通建设与管理部门也难辞其咎。尽管交通建设是个相对长些年头的延续性大事，并非一朝一夕之功，但作为责任人的政府，本应有科学合理的中长期规划和具有前瞻性的眼光，可如今却这样捉襟见肘，沦落到头痛医头、脚疼医脚的尴尬田地，甚或不能不祭出单双号限行这样有侵犯公民合法财产权嫌疑的无良招数，实在是悲哀！

1997 年我有机会到日本参观考察，看到人家发达便捷的城市地铁与轻轨交通，就大吃一惊，迫切地感到中国应该向日本学习，大力发展地铁，而不宜像美国那样以私人汽车为导向，因为我们与日本国情相似，都是到处人满为患，与美国的人少地广迥然不同。当时我就直纳闷，全国那么多各层级的政府官员此前多年都争先恐后地到日本访问考察过，为什么就没有产生这种感受，为什么就没有悟到这层道理，为什么忽略了连我这普通百姓都能想到的事情，要知道他们可是掌握着巨大社会资源的政经精英，对中国发展具有直接的决定作用呀！

可能有人说了，都是木已成舟的事了，你还在这里滔滔不绝又有何用，莫不成去追究那些人的领导责任，可要知道人家早已退休颐养天年甚至到马克思那里报到去了。然而我还是要说，知往鉴来、“吃一堑长一智”这些话仍然不可充耳不闻，以后类似的事情也会纷至沓来，总得想办法提前预做准备甚至集思广益找出万全之策，总不能频频吃后悔药吧？若真是那样的话，养这么多政府官员干啥，中国还会有什么希望?!

在城市交通困局问题上，本质上显然是各级政府的决策失误，却让无辜的老百姓为之买单，如此一来老百姓怎么可能没有怨言？若再堵上大家的嘴不让发言，岂不闻“防民之口甚于防川”的古训？

（来源：中国新闻网；作者：郑根岭）

16.4 考研真题与典型题详解

实务题

请你根据新闻评论修改的几个环节，对下面这篇评论（材料略）进行修改。

答：参考示例：

单双号限行这个多棱镜折射出了什么？

继北京曾经实行机动车单双号（后改为尾号）限行之后，山东济南从今天起也正式实施尾号限行，据说是为了保证全运会期间交通安全畅通和空气质量良好，此后会不会仿效北京一以贯之也难说。此前的 10 月 10 日至 12 日，河南郑州也搞过 3 天三环以内单双号限行实验，意图昭然。这些迹象表明，一股单双号或尾号限行之风，有可能成为各地政府治理交通拥堵和空气污染的如意法宝或撒手锏，进而风行大江南北。

机动车限行无疑会遭到绝大多数驾车者的反对，可不这样做又难以速见成效地减轻空气污染和交通拥堵，这两个问题严重了，同样会受到公众的抱怨，并进而影响到其政绩与晋升。因此作为地方政府官员，真可谓进退两难。不过，透过单双号限行这个多棱镜，可以折射出诸多公共管理方面存在的问题。

很多人把当今城市交通的成因归咎于各地政府未能较早地足够重视公共交通建设，比如建造地铁、轻轨这种载运量巨大的城市轨道交通，这种见解已经深入人心。除此之外，我认为在改善城市交通方面，各级政府还是可以进一步有所作为，毕竟由公交、私家车、单位公车等构成的交通格局并非木已成舟不能改变，其中一些因素的变化也可能引发连锁反应。多研究借鉴一下国际社会的经验教训，多研究一下国内各地的具体情况，多征求一下老百姓的意见和建议，都将会受益匪浅，毕竟“办法总比困难多”这句老话还是挺灵验的。

我老觉得近十来年的房地产繁荣，直接加剧了私家车的膨胀和交通拥堵。而商业房地产主导下的个人自主购房，使得居住地与上班办公之所的交通问题越来越突出，再不像计划经济年代那样单位办公与集中居住相邻相伴。这当然不能怪罪择业自由和人员流动，那是造福公民、利大于弊的共同选择。可我仍然感到遗憾的是，在停止福利分房之后，原来那种有益的思路却被抛到了九霄云外，不再有人关心。

可每当我听到有关部委一而再再而三地发出诸如《制止违规集资合作建房的通知》之类的文件，或听到社会上对此种现象的非议，就会情不自禁地想到，同一单位的人集资合作建房有什么不好，可以坐班车上下班省了多少私家车，无异于为减轻交通拥堵作贡献，碰巧了就近居住更节省时间并且有利于加班。怎么能为了防止其中的不正之风，就把更多的合情合理成分给舍弃了呢，这不等于把孩子连同洗澡水一起泼掉了吗？

有些公共政策导向和单位规定也会收到始料不及的相关性后果。比如有的行当或单位本来完全可以居家办公，通过电话特别是网络即时通讯软件（都有文字、语音、视频功能）进行也许更为有效的沟通甚至协同工作，却无端地要求大家天天奔波于途，难怪有不少人会略嫌促狭地讥讽其单位领导只想“享受”部下前呼后拥殷勤请教的感觉了。放着现代化的更好的工具不用，怎么能算是与时俱进和先进生产力的代表呢？

还有千呼万唤也不出来的校车问题，也凸显各地政府消极无为的结果。天天接送孩子上下学业已成为城镇尤其是大城市家长的一项沉重负担（还影响本职工作），一些家庭买私家车的主要原因也正是为此。请大家注意一下每天中小学上学、放学时间，每所学校门前的汽车有多少，造成的交通拥堵有多严重。其实，这种情况本来是可以避免的，比如北京既然已经规定了小学生就近入学，那么更有条件通过校车接送学生呀；北京地方财政也有这个实力，不说别的，光每年取之于司机的交通罚款就有一二十个亿，拿出其中一小部分用之于资助校车，有何不可呢？

反正我每每看到关于“黑校车”“顺风车”“拼车”的报道就很烦，就会嘲笑记者低能，把板子打错了地方，明明该地方政府去做的校车服务却不尽职，反“推脱”给了学生家长，还有何资格批评家长所欢迎的那些车况较差的面包车甚至人力三轮车、“黑校车”（谁不明白缺乏安全感，可没有别的办法呀）？对那些有助于减轻交通拥堵的“顺风车”“拼车”，有关部门屡屡禁止，甚至不惜采取“钓鱼式执法”进行无情打击，真是情何以堪！

另外，在治理城市交通拥堵的诸多环节当中，国人对待私家车的欲望和心态以及驾车文明方面，也有值得注意和改善的地方。有部分人购买私家车本来没有多大必要（只为了上下班，而坐班车、公共交通也很方便），仅仅是为了与人攀比炫耀，逞一时表面风光，甚至常常在十字路口摇下车窗呵斥行人或骑自行车的人，抑或在雨天开车疾驰溅路人一身泥水，就算一步之遥也要开车摆谱而不愿意走路过去，还有其他种种行为，不可避免地影响到交通秩序与道路使用效率。这次郑州市3天单双号限行期间580人受罚，不排除还有未受到处罚的违规车辆，这也从侧面说明一些驾车人对公共交通秩序缺乏起码的尊重。

所以说，城市交通拥堵牵扯众多原因，政府早先政策失当与目前在诸多方面仍存在问题是主要方面，不可否认也有驾车人缺乏文明行驶意识和骑自行车、电动车、摩托车甚至步行者不遵守交通法则等方面的原因，因此，要想把这件事往更好处推进，相关各方都有必要从我做起，独善其身，并进而相互督促以收成效。

（来源：中国新闻网）

下编　常见评论形式与写作要领

第十七章　新闻评论的分类

17.1　复习笔记

【知识框架(庖丁解牛)】

- 新闻评论的分类
  - 新闻评论的分类
    - 根据主要性能
      - 带有全面部署性的新闻评论
      - 带有说理启发性的新闻评论
      - 带有业务指导性的新闻评论
      - 带有政治鼓动性的新闻评论
    - 根据评述内容：政治评论、法制评论、思想评论、经济评论等
    - 根据作者身份
      - 狭义上：社论、本报评论员文章、短评、编后等
      - 广义上：工作研究、采访札记、访问随笔等
  - 政论
    - 狭义政论：专指论述政治性问题的论说文
    - 广义政论：从政治角度论述社会生活中各种问题的论说文
  - 代表编辑部意见的主要评论形式
    - 社论
    - 编辑部文章
    - 社评、评论员文章
    - 短评
    - 编者按
    - 编后
  - 以个人署名发表的新闻评论形式
    - 专论
    - 新闻时评
    - 思想评论
    - 微型评论
    - 网络评论

【考点难点归纳（厚积薄发）】

考点一：新闻评论形式的类别（见表 17-1）★★★

表 17-1　新闻评论形式的类别

要点		具体内容
主要性能		①带有全面部署性的新闻评论。 ②带有说理启发性的新闻评论。 ③带有业务指导性的新闻评论。 ④带有政治鼓动性的新闻评论
评述内容		可以分为政治评论、法制评论、思想评论、经济评论、文教评论等
作者身份	狭义	①主要由编采人员撰写、代表编辑部集体意见的评论：社论、社评、本报评论员文章、短评等。 ②主要由编采人员、专家学者、业余通讯员和受众撰写的署名评论：专论、思想评论、新闻时评、小言论等
	广义	①工作研究、采访札记、访问随笔、市场漫步以及记者来信、读者来信、问题讨论、热点追踪等。 ②党和政府的公告、宣言、声明，党和国家领导人的讲话、函电等

考点二：政论（见表 17-2）★★★

表 17-2　政论

要点		具体内容
含义		政论和政治密切相关，总是从一定阶级、政党和集团的利益出发，明确回答现实生活中的政治问题和其他社会问题，表明态度、见解和观点
分类	狭义政论	专指论述政治性问题的论说文。如"政治评论""社论""专论"
	广义政论	指从政治角度论述社会生活中各种问题的论说文。目前，"政论"往往专指一部分政治性的评论，政论未必都是新闻评论

考点三：代表编辑部的主要评论形式 ★★★★

1. 大型重型的评论（见表 17-3）

表 17-3　大型重型的评论

类型 要点	社论	编辑部文章
含义	代表媒体编辑部和同级党委就国内外当前政治、经济、思想、文化领域中的重大事件或重要问题进行分析评论，及时表明立场和态度，阐释党的路线、方针和政策，注重政策性、思想性、指导性，文风庄重、严谨、朴实、鲜明	专就当前国内外政治、思想等领域的重要问题或重大事件发表的言论，具有一定的理论性、政策性和权威性。

续表

要点＼类型	社论	编辑部文章
地位	①是媒体的灵魂与旗帜，体现媒体的方向。 ②党的各级领导经常通过自己的机关报对群众进行宣传教育，引导舆论，指导实践。 ③是一种最重要的评论形式，被称为“党报的元帅”	代表媒体编辑部和同级党委对某一重大问题的立场和观点，内容含量大，规格高，更庄重、更具权威性，影响更大
注意事项	①一般要经同级党委或有关部门审定。 ②要坚持少而精	要慎用，一般应经同级党委或主管部门审定

2. 中型的评论(见表 17-4)

表 17-4 中型的评论

要点	具体内容
含义	①内容上：广泛性和重要性介于社论和短评之间。大多根据党的方针政策，就当前政治生活和实际工作中的某一个方面进行分析。 ②在选题和写作上：较社论更为自由和灵活，篇幅一般短于社论
形式	社评和评论员文章
地位	反映编辑部的观点和倾向，有较高的权威性，郑重程度仅次于社论
作用	总结典型、指导全局

3. 小型的评论(见表 17-5)

表 17-5 小型的评论

要点＼类型	短评	编者按	编后
含义	为配合贯彻落实党的方针政策，或就当前社会的某些倾向、问题和现象，代表编辑部发表的评论。评论论题单一，分析扼要，篇幅简短	指编者对所发表的报道、文章进行提示、评论或作补充说明的文字。要求旗帜鲜明、一针见血、逻辑严密、文字精练。一般放文前，也可放文中	简要说明编辑部态度，用于一些已作过多次宣传的主题，从新的角度、用新的材料与论证方法，给予的新说明
作用	针对性、思想性、时间性较强、重点突出	引起受众注意，加强传播效果	深化主题、突出重点

考点四：由作者个人署名发表的主要评论形式(见表 17-6) ★★

表 17-6 由作者个人署名发表的主要评论形式

要点	具体内容
专论	①专家或权威人士就他们深入研究或熟悉的某个问题发表意见的文章。 ②兼具现实性和理论性，但权威性和郑重程度不高

续表

要点	具体内容
新闻时评	①就社会关注度高的新闻事件作及时、准确、深刻的评论。一事一议，就事论理，注重议题的新闻性、观点的鲜明性、作者的广泛性。 ②强调在新闻事件发生过程中发言，抢占舆论制高点，引导舆论。 ③要求持论尖锐，文风清新，语言简洁，明白晓畅
思想评论	①报纸上开辟的评论栏目，以及杂感、随感录等等。 ②从群众角度出发，开展群众性的自我教育，使媒体能比较多地反映群众的声音。 ③就实论虚，夹叙夹议，题材涉及面广，帮助人们澄清是非、提高认识
微型评论	①又称“小言论”或“袖珍评论”，主要指论题单一，分析扼要，篇幅简短，运用灵活，一般占有固定版面位置的一种小型评论形式。 ②以短见长，以精取胜，有“今日感”“时代感”“新鲜感”
网络评论	快速反应、 鲜明犀利、 公开透明、 双向互动

【评论佳作赏析(见贤思齐)】

君子之国，先礼后兵

自古以来，中国就是礼仪之邦，交往讲究礼尚往来，交锋讲究先礼后兵。[就中美经贸摩擦这一重大事件发表评论，开门见山地指出编辑部的观点与倾向：君子之国，先礼后兵]

对中美经贸摩擦，中方始终保持极大的克制，始终抱以极大的诚意，认真精心准备谈判。即便在美方进行极限施压，宣布对2000亿美元的中国输美商品加征关税后，中方仍派代表团赴美进行第十一轮高级别磋商，把通过谈判解决问题的诚意保持到最后一刻。在美方此举直接导致中美经贸摩擦升级后，中方不得不对原产于美国的部分进口商品调整加征关税措施，同时仍希望美方回到双边经贸磋商的正确轨道，和中方共同努力，相向而行，在平等相待、互相尊重的基础上继续推进谈判。[举例子论证中国如何“先礼后兵”]

君子之国，有君子之道。正如有外国政要指出的，中国在国际上重信守诺，体现了古老的中华文明的智慧和中国作为一个负责任大国的历史担当。[该处为事实性论据]一年来，中方推动谈判的诚意和善意有目共睹。我们重信用、守承诺，这一点从来没有改变过。遗憾的是，美方一再提高要价，几番出尔反尔，痴迷于极限施压，以为可以通过这种不讲信用、蛮横霸凌的做法实现自己利益最大化，这是判错了形势、认错了对象！千万别把中国的诚意当可欺，千万别以为中方在重大原则问题上会退让妥协，千万别以为中方会拿国家核心利益和人民根本利益去做交易。[运用排比的修辞手法]中国人民维护国家利益和尊严的信念高度一致、决心坚如磐石，现在的中国绝不会再做丧权辱国的事情，任何人都不要指望中国会吞下损害自己核心利益的苦果。搞霸凌主义、极限施压那一套，除了有损美方信誉和形象，别无他用。

面对美方挑起的经贸摩擦，中方的立场始终明确：贸易战没有赢家，中国不想打，但也不怕打。中国经济和美国经济深度融合，美方加征关税，对中国人民不利，对美国人民不利，对世界人民也不利。从一开始，中方对此就有清醒的认识，始终以最大的诚意与美方磋商，做到了仁至义尽。同时，中方对最坏的结果也有预判，做好了充足的准备。中国人民从历史经验中懂得，不打无准备之仗，不打无把握之仗，必须坚持底线思维，从最坏处准备，向最好处努力。一年来，举国上下围绕稳就业、稳金融、稳外贸、稳外资、稳投资、稳预期做好各方面工作，成效正在显现，经济基本面稳中向好，我们对中国经济的承压能力、抗风险能力有足够自信，无惧美方把贸易战打下去。[本段论述中方对于中美经贸摩擦的态度：贸易战没有赢家，中国不想打，但也不怕打。并阐述中方采取该态度的原因]

中美开展经贸合作是最好的选择，但合作是有原则的。在重大原则问题上中方不会让步，也不可能让步。中方谈判的大门始终是敞开的，始终认为中美在经贸领域有着广泛的共同利益和广阔的合作空间，应该求同存异，合作共赢。但谈判必须有诚意，必须遵循相互尊重、平等相待的原则，双方的协议必须是平等、互利的。只有双方相向而行，求同存异、聚同化异，抱着理性、务实的态度解决问题，才能让中美经贸交往更好造福两国人民和世界人民。[本段论述中方对于中美经贸摩擦提出的解决措施：求同存异、合作共赢，相互尊重、平等相待]

（来源：《人民日报》，2019-05-15）

17.2 课后习题详解

1. 根据其主要性能，新闻评论可分为几大类？

答：根据其主要性能，新闻评论可分为以下四大类：

(1)带有全面部署性的新闻评论。通过对全局性的问题进行发言，及时传达党中央和各级政府的指示精神，阐述党和政府在某一时期或某一阶段的方针、政策，分析形势，部署任务，指出方向和道路，交代解决问题的指导思想和措施，对各行各业具有普遍的指导意义。

(2)带有说理启发性的新闻评论。对党和政府在各个不同时期、不同阶段的重大部署和重要工作，对具有普遍意义的新的典型和倾向性问题，主要从理论上和思想上来启发读者觉悟，提高人们的认识，文章有一定的理论色彩。这类评论常以特约评论员文章、社论、思想评论、漫谈、杂感等署名文章的形式出现。

(3)带有业务指导性的新闻评论。这类评论专业性较强，往往针对某条战线某一方面的具体工作进行指导，使从事某一领域具体工作的干部、群众有所遵循，有所鼓舞。媒体编辑部就工业、农业、商业、文教、卫生等方面某一具体工作进行指导的评论均属这一类。

(4)带有政治鼓动性的新闻评论。一般指为配合重要纪念日、重要庆典、重大活动和外交礼节性而撰写的言论。这类评论虽然带有某种应景和应酬的性质，但也可以进行一些重要问题的解释和说明，表明我国在国内及国际某些问题上的态度及立场。

2. 如果以内容为依据，新闻评论主要有哪些品种？

答：以内容为依据，新闻评论可以分为政治评论、法制评论、思想评论、经济评论、文教评论、文艺评论、军事评论、外事工作评论、国际评论以及社会问题评论等。

3. 代表编辑部集体意见的新闻评论，主要有哪几种？

答：代表编辑部集体意见的新闻评论，主要有以下几种：

(1)大型重型的评论

①社论，代表媒体编辑部和同级党委就国内外当前政治、经济、思想、文化领域中的

重大事件或重要问题进行分析评论，及时表明某级党委的立场和态度，阐释党的路线、方针和政策，注重政策性、思想性、指导性，文风庄重、严谨、朴实、鲜明。

②编辑部文章，专就当前国内外政治、思想等领域的重要问题或重大事件发表的言论，具有一定的理论性、政策性和权威性。

(2)中型的评论

社评、评论员文章，内容的广泛性和重要性介于社论和短评之间。大多根据党的方针政策，就当前政治生活和实际工作中的某一个方面，进行比较集中、比较深入的分析。在选题和写作上，较之社论更为自由和灵活，其篇幅一般比社论短。

(3)小型的评论

①短评，为配合贯彻落实党的方针政策，或就当前社会的某些倾向、问题和现象，代表编辑部发表的评论。在写作上较之中型评论论题更单一，分析更扼要，篇幅更简短。

②编者按，编者对所发表的报道、文章进行提示、评论或作补充说明的文字。按语的写作，要求旗帜鲜明、一针见血、逻辑严密、文字精练。亦可称之为编者的话、编辑点评等。

③编后，简要说明编辑部对有关新闻报道或文章的基本态度，用于一些已作过多次宣传的主题，从新的角度或用新的材料、新的论证方法，给予简单必要的新说明。

4. 以个人署名发表的新闻评论，主要有哪几种?

答：以个人署名发表的新闻评论，主要有以下几种：

(1)专论。新闻媒体编辑部约请某一方面专家或权威人士，就他们有深入研究或熟悉的某个专门问题发表意见的文章，是既有现实性又有理论性的一种评论形式。一般都发表在显要位置。但由于是个人署名，权威性和郑重程度不如编辑部文章。

(2)新闻时评。新闻时评是近年来在媒体上蓬勃兴起、深受公众欢迎的一个公共话语载体。时评往往就社会关注度高的新闻事件，尤其是关系国计民生的热点事件，以及公众共同关心的热门话题，作及时、准确、深刻的评论。一事一议，就事论理，注重议题的新闻性、观点的鲜明性、作者的广泛性。它强调在新闻事件发生过程中发言，积极抢占舆论制高点，从而发挥引导舆论的作用。时评要求持论尖锐，文风清新，语言简洁，明白晓畅。

(3)思想评论。这是运用较为普遍、群众性较为广泛的一种评论形式，报纸上开辟的许多评论栏目，以及某些杂感、随感录等等，都可以隶属于它，其中最有代表性的是《人民日报》的《人民论坛》。它的主要特点是从群众角度提出问题和分析问题，开展群众性的自我教育，使媒体能比较多地反映群众的声音。其题材涉及的面很广，政治、经济、文化、社会生活，无所不谈，大多以思想认识问题作为主要评论对象，以帮助人们澄清是非、提高认识为目的。论述问题时注重就实论虚，夹叙夹议。

(4)微型评论(又称"小言论"或"袖珍评论")。主要指论题单一，分析扼要，篇幅简短，运用灵活，一般占有固定版面位置的一种小型评论形式。以短见长，以精取胜，短而有味，有的放矢，言之有物，有"今日感""时代感""新鲜感"，往往在某一点上拨动受众的心弦，使人有所获益。

(5)网络评论(含博客、微博中的网友言论)。其特色是快速反应、鲜明犀利、公开透明、双向互动。微博言论的迅捷、"草根"、贴近和大众化，使传统评论面临严峻的考验。

5. 步入新世纪以来，我国新闻评论的形式有何创新和发展？

答：步入新世纪，我国新闻评论形式的创新与发展如下：

(1)网络评论的兴起。网络评论以快速反应、鲜明犀利、公开透明、双向互动为主要特色，对传统新闻评论构成了挑战，近两年微博言论的勃兴，尤其是它的迅捷、“草根”、贴近和大众化，更使传统评论面临严峻的考验。

(2)上海主要新闻媒体在保留传统和品牌评论栏目的基础上，在创新评论形式方面迈出可喜的一步。

①《解放日报》积极探索党报评论工作的新格局、新途径。头版新辟的“申言”评论专栏，及时、准确地传播市委主要领导的思想观点与重要讲话精神。

②《新民晚报》在头版开设的“微评”专栏，每篇400字左右，对当天新闻及时评点，针砭时弊，激浊扬清。

③广播新闻中心“市民与社会”每天邀请嘉宾和听众就新近发生的新闻事件，通过电话和手机短信、微博展开讨论等。

(3)对各种评论形式的编排，许多新闻媒体不落俗套，敢于创新。

①不少媒体加大评论力度，扩充评论容量，专设评论版，每天固定出一两个甚至更多的版面等。

②有的版面围绕一个热门话题，众说纷纭，各抒己见；有的将不同题材、不同形式的评论集纳在一起等。

③更多的媒体则在众多版面开设评论专栏，“化整为零”“分散出击”，向“版版有评论，版版有声音”的方向努力。

④有的媒体创造性地将评论与有关图表、数据配套推出；将评论中的重要观点用大号字或黑体字，以示郑重，增强阅读效果。

⑤在广播、电视节目和网络媒体里，新闻评论除常规使用外，还每每以论坛、访谈、对话、专题讨论等形式出现，拉近与受众的距离，受到普遍好评。

6. 了解和掌握各种评论形式的特点，有何实践意义？

答：了解和掌握各种新闻评论形式的特点，意义如下：

(1)有助于新闻工作者在特定情况下，得心应手地选择最恰当的评论形式，以便扬其所长，更有效地进行传播。

(2)有助于对各种评论形式有一个比较完整的认识，从而使新闻工作者在新闻传播中注意各种评论形式的配合运用，更好地发挥评论的特长。

(3)有助于避免评论形式单调的缺陷，使版面更加琳琅满目，生动活泼。

为努力搞好新闻传播工作，新闻工作者要善于把党的意图、实践中涌现的新人新事新风尚、群众的要求和呼声，运用各种形式的评论反映出来，为党立言、为民代言，体现生动活泼的民主政治局面。

7. 通过阅读以下三篇表达同一主题的评论(材料略)，比较一下各有什么特色，认真想一想评论写作中“看菜吃饭，量体裁衣”的道理。

答：(1)本报评论员文章论述内容的广泛性和重要性，介于社论和短评之间。它大多根据党的方针政策，就当前政治生活和实际工作中的某一个方面，进行比较集中、比较深入的分析。在选题和写作上，较之社论更为自由和灵活，其篇幅一般比社论短。

(2)本报评论员文章发表的重要程度仅次于社论。不署名的评论直接代表编辑部集体的意见。以“本报评论员”或“本报特约评论员”署名的评论，名义上是代表个人，实际上反映了编辑部的观点和倾向，仍有较高的权威性。因此，不同媒体刊发的本报评论员文章必定带有所代表媒体的观点和立场，起着总结典型、指导全局的作用。

(3)材料中的三篇评论分别来自《解放军报》、新华社和《人民日报》，三篇文章各有千秋，体现了评论写作中“看菜吃饭，量体裁衣”的道理。

①《解放军报》的本报评论员文章《领导干部更应懂得珍惜时间》立足点在于“珍惜时间”，这与人民解放军的纪律性有密切关系。写作本文的目的在于促进部队建设，使领导同志静下心来，有更充裕的时间想想全局性的大事，切实解决点带普遍性的实际问题。

②新华社的评论员文章《必须精简会议》立足“会议多”的现实，有一定的统揽性。新华社作为国家通讯社，最重要的职能就是成为党和人民的耳目喉舌。本文针对当前企业机关“文山会海”的官僚主义现象，做深入剖析，一针见血地指出要少讲空话，多干实事，从“文山会海”当中解放出来。

③《人民日报》的本报评论员文章《大好时光忙些啥?》，立足点在于各行各业人们都应该珍惜时间。《人民日报》是中国共产党中央委员会的机关报，其职责在于“宣传党的主张、弘扬社会正气、通达社情民意、引导社会热点、疏导公众情绪、搞好舆论监督”，因此，本文先后提到了各条战线的领导同志、青年农民突击手、南京军区等各行业的人群，最终得出“改革工作方法，提高工作效率”的结论。

17.3 考研真题与典型题

17.3.1 概念题

1. 思想评论(复旦大学 2007 年研；江西师大 2007 年研)

2. 财经评论(上海交大 2007 年研)

3. 本报评论员文章(上海交大 2015 年研)

4. 编者按(西南大学 2019 年研；湖南大学 2019 年研；暨南大学 2019 年研；华中师大 2017 年研；上海财大 2010 年研；中国政法大学 2007 年研)

5. 专栏评论(吉林大学 2016 年研；北大 2007 年研)

17.3.2 简答题

1. 简述报纸新闻评论的几种基本体裁。(北大 2006 年研)

相关试题：简述新闻评论的基本类型。(中国传媒大学 2009 年研)

2. 简述报纸评论的类型和特点。(北大 2017 年研)

17.3.3 实务题

根据下列提供的三份材料，把它改写成一篇综合消息，字数控制在 600 字以内；然后根据这一主题撰写一篇新闻评论，自拟标题，字数不少于 500 字。(安徽师大 2018 年研)

材料一：

11 月 20 日，余干县绵延数十公里的鄱阳湖区康山大堤外湖内，珍禽候鸟时而翩飞起舞，时而在滩涂觅食，构成一幅“候鸟天堂”美丽画卷。连日来，受西伯利亚寒潮影响。大批候鸟南迁，鄱阳湖迎来越冬候鸟迁徙高峰，大量珍禽候鸟陆续飞抵鄱阳湖低洼滩涂觅食。

材料二：

11 月 14 日，河北丰宁县凤山镇上官营村村民赵玉华的家中飞来一只“不速之客”，赵玉华看着这只长脚候鸟的样子像电视里的珍稀水鸟，随即拨打电话通知了县森林公安机关和林业部门。

11 月 17 日，记者获悉，县森林公安局民警和林业部门的专家接到电话后，立即赶到赵玉华家中。据赵大姐介绍，当天她正在家中后院喂鸡，看到一只奇怪的水鸟在鸡窝里转来转去、飞飞停停。这只长脚候鸟有一身致密如丝般的羽衣和退化残留的尾巴，喙长而尖，翅膀短而狭窄，它的脚长在身体的后面，翅膀收起来的时候，羽毛紧贴背部。本以为这只长脚候鸟受伤了，想弄点小鱼和小虾喂养后放生，但是经过观察这只鸟飞不起来了，才联系了相关部门。

经县林业部门专家鉴定，该鸟是鸊鷉，全球共有 20 多种。它既是游禽，又是潜鸟。脚趾长而且带有一些蹼，翅膀短，能飞却不善飞，因而不是迫不得已它很少起飞。突然受到惊吓时可以跃离水面起飞，但飞得很低，几乎贴着水面。据该林业专家估计，这只鸊鷉可能是出壳时间晚，来不及迁徙或是在迁徙过程中迷路，落入了赵玉华的家中。

了解情况后，县森林公安民警决定将鸊鷉带回喂养并表示：“我们已经联系了上级野生动物保护站，等这只鸊鷉体力恢复后，将被送往上级林业部门。”

材料三：

“巍鹏 8 号”是一只国家一级保护动物白尾海雕。在过去的三年里，志愿者们曾先后两次救了它，科研人员还给它装上了跟踪器，并将它放生。近日，在失联近 10 个月后，“巍鹏 8 号”又重新出现在了沈阳志愿者的监控平台上。

初见“巍鹏 8 号”是在 2014 年 2 月，当时它撞到高压线上，被人救起后关在了一个废弃的厂房里，身体多处受伤，非常虚弱。

为了能让“巍鹏 8 号”回归自然，沈阳猛禽救助中心把一只刚刚死去的成年白尾海雕的爪接给它。

跟踪器带回来的信息让科研人员看到了它的飞行轨迹，这意味着“巍鹏 8 号”可以适应野外生活，后接的爪也可以进行捕食。然而意外就在 2016 年 12 月 8 日晚上发生了。

周海翔和护鸟志愿者们一起赶到了吉林省长岭县“巍鹏 8 号”的失联地点，终于找到了受伤的“巍鹏 8 号”，并再次将它带回沈阳救治。2017 年 1 月 7 日，经过沈阳护鸟志愿者们近一个月的精心养护，“巍鹏 8 号”恢复健康，达到了放飞自然的条件。

11 月 13 目，在迟到了一个月之后，这只承载着科研任务的白尾海雕终于重新出现在了监控平台上。根据数据显示，目前，“巍鹏 8 号”已到达黑龙江省齐齐哈尔市境内。

17.4 考研真题与典型题详解

17.4.1 概念题

1. 思想评论（复旦大学 2007 年研；江西师大 2007 年研）

答：思想评论是运用较为普遍、群众性较为广泛的一种评论形式，报纸上开辟的很多评论栏目，诸如《论坛》《漫谈》《群言堂》《谈心录》《知心话》以及某些杂感、随感录等等，都可以隶属于它，其中以《人民日报》的《人民论坛》最具代表性。思想评论的主要特点是，从群众角度提出问题和分析问题，开展群众性的自我教育，使媒体能比较多地反映群众的声音。它的题材涉及的面很广，政治、经济、文化、社会生活，无所不谈，大多以思想认识问题作为主要评论对象，以帮助人们澄清是非、提高认识为目的，论述问题时注重就实论虚，夹叙夹议，摆事实，讲道理，字里行间渗透着一种同志式、朋友式的谈家常的热忱，晓之以理，动之以情。

2. 财经评论(上海交大 2007 年研)

答：财经评论是有关经济活动、经济现象、经济决策最新事实和情况的有关评论。财经评论的概念应市场经济的发展而登场，因而从一开始就十分敏感于市场变迁。它着眼于市场经济中各种主体的行为以及他们彼此的关系和博弈，重视对新闻事件的深入剖析和趋势判断，力图为受众展示方方面面的联系。通过发表评论，促使客观存在的实际问题得以尽快解决，推进整个国民经济的健康发展。

3. 本报评论员文章(上海交大 2015 年研)

答：本报评论员文章指由本报评论员撰写或以本报评论员名义发表的评论员文章，是评论员文章中的一类。它作为结合新闻事件或新闻报道配写的重头评论，旨在体现编辑部的立场、观点和态度。评论员文章的规格介于社论和短评之间。它具有重要的导向和喉舌的作用。本报评论员文章在发表时有署名与不署名两种形式。不署名的本报评论员文章一般体现编辑部的立场、观点和见解，由评论员或新闻媒介各部门直接从事新闻业务的人士撰写。署名评论员文章主要由新闻单位的领导或专门从事评论工作的人士撰写，发表时经常署上作者的真名实姓。这种做法使署名评论员文章在体现编辑部的观点与态度的同时，具有多种风格、角度和个性特征。

4. 编者按(西南大学 2019 年研；湖南大学 2019 年研；暨南大学 2019 年研；华中师大 2017 年研；上海财大 2010 年研；中国政法大学 2007 年研)

答：编者按即编者按语，是指一种依附于新闻报道或文稿的画龙点睛式的简短的编者评论，是报刊、通讯社、广播、电视等新闻传播媒介的编者专用的对新闻稿件所加的评价、批注、建议或说明性文字，也是新闻媒介的编者最常用的一种发言方式。编者按语是配合新闻报道或文稿而发的评论形式，是编者为使受众更准确、更全面、更深入地了解新闻和理解新闻而写的短小评论，也是编者借助于新闻或文稿传达自己的态度、意图和观点的发言方式。

5. 专栏评论(吉林大学 2016 年研；北大 2007 年研)

答：专栏评论是指在报纸固定的版面，特定的专栏中发表的评论。从容量和篇幅来看，专栏评论大体可分为三类：一类是以《人民日报》的《人民论坛》为代表的，每篇一二千字，有一定的容量和分量，而且以思想评论居多；另一类是以新华社的《新闻时评》为代表的，每篇千字上下，主要以专业眼光及时捕捉重要新闻事件，积极引导各种社会热点话题，针对性和指导性都很强；还有一类是以《人民日报》的《今日谈》为代表的，每篇三五百字，以小见大，平易近人，以群众性作者为多。专栏评论在国外大多是由个人撰写的，在欧美国家的很多报刊上都设有个人的专栏评论，产生了不少知名的专栏作家，如最负盛名的美国专栏作家李普曼。

17.4.2 简答题

1. 简述报纸新闻评论的几种基本体裁。（北大2006年研）

相关试题：简述新闻评论的基本类型。（中国传媒大学2009年研）

答：参见本章复习笔记相关内容。

2. 简述报纸评论的类型和特点。（北大2017年研）

答：报纸评论是报纸上刊载的针对现实生活中新近发生的、具有普遍意义的新闻事件以及迫切需要解决的社会问题或公众广泛关注的社会话题，发表议论、做出分析、讲明道理、直接发表意见的一种文体。

（1）报纸评论的主要类型有社论、评论员文章、短评、记者点评、述评文章、系列评论等。

①社论是代表报社、杂志社或通讯社编辑部就某一重大问题发表的言论，一般是针对中央的大政方针和重要的国际国内事件而写作的评论。政党机关报的社论代表主办该机关报的党的领导机关的意见。社论是报纸上最重要的评论。

②评论员文章也是代表编辑部就某一方面的工作或某一事件而发表的重要评论，但级别较社论稍低。评论员文章一般有署名和不署名两种形式。前者着重帮助人们端正思想认识、分清一些界限，其写作风格活泼，个人色彩较重，人们读起来较为亲切。后者强调贯彻落实的重要性，常带有某种行政的或指导性的意见。

③短评是指报纸上刊发的短小精悍的评论文章，一般是一事一议或配合新闻报道所发的评论。短评的形式多样，其中一种是个人署名的小评论专栏，这是中央和地方报纸都普遍采用的一种形式。

④记者点评和述评文章是将报道和评论两者融为一体的表达形式，是一种比较新的评论形式。记者在现场采访中发觉新闻背后还有许多问题需要研究说明，于是在写作中或者针对新闻事件进行评说，或者针对一类现象进行报道和评论。这类评论有的侧重于新闻事件的描述，有的侧重于意见的表达，写法由记者个人的素质和爱好而定，也由被报道的事件性质和情况而定。

⑤系列评论是针对某一重大问题和事件刊发的一组评论文章，一般在三篇以上。由于系列评论所反映的问题比较重大，或者涉及的面比较广，在一篇评论文章里很难说清楚、说完整，所以需要将重要的问题分割开来，逐一辨析和阐释。系列评论一般都围绕一个大的主题，分成若干小题目来做，各自独立成篇，又相互联系成为一个系列。

报纸评论除以上几种常见的类型外，还有编者按、专栏评论、思想评论、小言论、杂评等。

（2）新闻报道和评论构成了报纸的两大文体。报纸评论作为一种以传播意见性信息为主要目的和手段的写作形式，具有以下特点：

①严格准确的论证。报纸评论与其他评论一样，由论点、论据、论证三要素组成，具有政策性、针对性和准确性。报纸评论在有限的篇幅中，主要靠独特的见解吸引读者，立意新颖，论述精当，文采斐然。

②强烈的新闻性。与一般的评论性文章相比，报纸评论以新闻评论为主，往往针对当前重大的新闻事件或重要的社会问题发议论、讲道理、明是非，具有时效性和现实的针对性。

③鲜明的政治性或思想性。报纸评论经常针对那些具有政治意义或思想意义的问题发

言，着重从政治、思想、伦理、规律的角度观察事物、分析问题，是媒体发挥正确的舆论导向作用的重要社会公器。

④广泛的公众性。报纸评论的内容广泛、贴近群众，议论方式易于接受、理解，语言表达平实易懂，它吸引广大公众直接参与评论工作，使其具有比一般的议论文更为广泛的作者群和受众群。

17.4.3 实务题

根据下列提供的三份材料(材料略)，把它改写成一篇综合消息，字数控制在600字以内；然后根据这一主题撰写一篇新闻评论，自拟标题，字数不少于500字。(安徽师大2018年研)

答：(1)综合消息(略)

(2)评论示例：

保护候鸟是一笔生态文明财富

11月下旬，受西伯利亚寒潮影响，大批候鸟南迁，鄱阳湖迎来越冬候鸟迁徙高峰，大量珍禽候鸟陆续飞抵鄱阳湖低洼滩涂觅食。河北、沈阳等多地先后救助了在迁徙过程中受伤的候鸟，通过精心养护，待其恢复健康之后将候鸟们放飞到自然中。

毋庸置疑，鸟类是生态链中的重要一环，是自然中不可或缺的美丽风景。所以，保护鸟类是生态文明建设的重要内容。就此而言，救助候鸟，保护湿地，为水鸟繁殖提供环境良好的栖息地，很是值得推崇。

天空因为有了自由翱翔的鸟类，才显得辽阔高远；地球因为有了丰富多彩的鸟类，才显得生机勃勃。然而，随着人类对自然界的大规模开发，给鸟类的生存带来极大的威胁。城市扩改、森林破坏、湿地缩减、环境污染、乱捕滥猎、非法食用鸟类等现象，使鸟类资源遭受严重破坏，许多珍禽数量在不断减少，有的已到了濒危灭绝的地步。据调查，在过去的50年里，有70多种鸟类和其他动物灭绝，有180多种鸟类大量死亡，有的正趋近灭绝。鸟儿的现状表明：鸟类保护刻不容缓！

欣然的是，近年来国内许多湖泊湿地管理部门和地方政府在鸟类资源保护等方面采取监督检查、落实保护执法责任等一系列措施，动员全社会和广大人民群众更广泛、更积极地参与到保护行动中来，严厉打击破坏野生动物资源的违法犯罪行为，以及严处环境违法行为，许多湖泊湿地生态环境、鸟类的栖息地质量明显改善。多地的林业部门和鸟类救助中心都积极地保护鸟类，多次对候鸟实行救助，为候鸟的迁徙保驾护航。

进一步看，地球是人类与鸟类共同生活的家园，人类要保护好湿地生态，给鸟类一个安稳舒适的家，任由它们在天空中自由自在地飞翔，免受捕猎和滥杀，是全球共同的责任。尤其是加强生态环境建设，是生态文明的重要内容，保护好候鸟就是实现生态健康的重要方式，也是在保护好人们生活的家园。诚如十九大报告中说，要解决好人与自然和谐共生问题，让青山绿水、江山如画的生态文明建设美好图景在神州大地进一步铺展。

就此而言，救助候鸟，为候鸟的迁徙提供力所能及的帮助，这无疑是一笔生态文明财富，是用多少金钱也换不来的。笔者认为，林业部门和鸟类救助中心的“护鸟”行为，体现出地方政府和景区管理者的“生态自觉”和生态文明理念，值得各地思考和借鉴。

(来源：亚心网，2018-05-16；作者：程汉鹏)

第十八章　社论与编辑部文章

18.1　复习笔记

【知识框架(庖丁解牛)】

- 社论与编辑部文章
  - 社论的性质与功能
    - 社论的性质与任务
    - 社论的地位与作用
  - 社论写作的基本要求
    - 选择恰当的论题，提炼在政治上明确和尖锐的主题思想
    - 针对提出的问题进行分析论证，把道理说得深刻透彻，让读者心悦诚服
    - 要树立正确的文风，力求把社论写得短而精粹、质朴感人
  - 努力撰写短而精的社论
    - 社论如何写得短
      - 论题单一、集中，紧扣当前思想焦点
      - 分析单刀直入，坚持虚实并举
      - 打破惯用程式，不“穿靴戴帽”
    - 社论如何写得精
      - 作者笔端饱蘸激情
      - 善于熔叙、议于一炉
      - 修辞手段运用得法

【考点难点归纳(厚积薄发)】

考点一：社论的性质与功能(见表18-1)　★★★

表18-1　社论的性质与功能

要点	具体内容
含义	社论是代表报社、刊物或通讯社编辑部就当前国内外重大事件、事变或问题表明立场的指导性言论，是报纸的灵魂和旗帜
任务	①阐述当前形势和党的方针、政策，及时传达党的指示精神，部署工作，提出任务。 ②评述国内外重大政治事件和社会生活中具有代表性与方向性的事物，表明编辑部的认识和态度，帮助受众认清实质。 ③依托重大节日和纪念日，就全局问题发表议论，分析形势，提出任务，或为重要外事活动发表礼节性评论
地位与作用	①是新闻媒体的主要言论形式。它代表一家报纸发言，及时提供信息和意见，体现媒体所代表的方向以及基本政治倾向和立场。 ②能判断一家媒体的立场和观点。 ③能反映新闻媒体的阶级性和党派性

考点二：社论写作的基本要求（见表 18-2）★★

表 18-2　社论写作的基本要求

要点		具体内容
写作要素		包括：①以新闻为材料；②批评透辟；③文字简明；④宗旨正大
基本要求		①论题恰当，主题思想明确、尖锐。 ②针对提出的问题进行分析论证，道理既深刻又透彻，让读者心悦诚服。 ③文风正确，力求把社论写得短而精粹、质朴感人
如何写	写得短	①论题单一、集中，紧扣当前思想焦点。 ②分析单刀直入，虚实结合。 ③打破惯用程式
	写得精	①作者笔端饱蘸激情。 ②善于叙议结合。 ③恰当使用修辞手段

【评论佳作赏析（见贤思齐）】

让我们一起成就梦想——元旦献词

新年的钟声响了，带着沉甸甸的收获，我们跨入 2013 年。

站在国家的角度，过去一年，国内生产总值增长超过 7.5%，物价涨幅低于 3%，粮食生产实现“九连增”，农民增收实现“九连快”，城镇新增就业人数创 9 年来新高，稳中有进的宏观形势，让发达国家也感到羡慕。具体到普通百姓，人均收入增加了，医保水平提高了，居住条件改善了，大大小小的变化，累积成实实在在的进步，化为对新一年真真切切的期盼。［本篇评论依托重大节日和纪念日，就全局问题发表议论，分析形势］

一元复始，常常是梦想开始的时候。

更好的教育、更稳定的工作、更满意的收入、更可靠的社会保障，这些平凡的梦想汇聚起来，便是个人的命运、社会的脉动、国家的方向。十八大将它们写入党的报告，绘成发展蓝图，定为国家目标，刚刚过去的 2012，这个中国社会进程中具有标志意义的年份里，世界聆听了亲民务实的“中国好声音”，13 亿人拥抱属于自己的“中国梦”。［本段指出个人、社会与国家的梦想，是从“是什么”的角度来进行论述］

这是我们共同造就的梦想。晚清以降，几代人泣血追求，无数人热血奋争，莫不为国家强盛、民族复兴、人民幸福。百年激荡，三十年变革，我们应当充满自豪，复兴之梦在我们的奋斗中前所未有的切近；也应当时常自警，历史的接力预示更多责任、更大挑战。这是一个孕育着无数难题、但却越来越走向富强的中国，是一个日益遭遇成长的烦恼、但又始终顽强向上的中国，是一个背负沉重的历史包袱、但却充满发展激情的中国，是一个必须面对各种风险、但却从来不乏变革勇气的中国。［使用排比的修辞手法，使论证更加具有气势与说服力］身处这样的中国，我们比历史上任何时期都更有信心完成现代化的使命，更有能力实现民族复兴的梦想。［本段指出我们的梦想能够实现的原因，是从“为什么”的角度来进行论述］

回望改革开放以来30多年，大体每10年是一个段落，每一个段落又有一个共同特点：开头都遇到严峻挑战乃至重大危机，但我们沉着冷静、把握得当、因应适宜，最终都成功扭转难局、开创新局。站在2013年的起点，放眼下一个10年，金融危机依然波诡云谲，大国博弈不断走向纵深，处于快速上升期和深刻转型期的中国，有木秀于林的骄傲，也有风必摧之的烦恼；有长风破浪的自信，也有不进则退的忧患。我们深信，危机是改革的契机，挑战是成功的砺石，只要我们善于抓住机遇，勇于开拓进取，敢于迎难而上，被动就会变成主动，后来完全可以居上。[本段指出我们在实现梦想的过程中可能遇到的困难以及相应的解决办法，是从“怎么办”的角度来进行论述]

国家好，民族好，大家才会好。每个人的前途命运都与国家和民族的前途命运紧密相连。无论是富裕梦、公平梦、成功梦，还是小康梦、强国梦、复兴梦，所梦所想，百年一脉，必须靠团结奋斗，靠实干兴邦。让孩子们成长得更好、工作得更好、生活得更好，将这些美好的期待化为现实，离不开每一个人的辛勤付出。新一届中央领导集体以高度的历史责任感奋发进取、开启新局，在未来的道路上，干部清正、政府清廉、政治清明，才能让变化更大一点，让问题更少一点；个人努力、社会协力、国家给力，才能让进步更快一点，离梦想更近一点。

2013年已经开启。让我们一起成就梦想，把个人的生命与历史的潮流交汇，将人生的旅程与时代的进步融合，用2013年的日日夜夜，成就一个更加美丽的中国。

祝福你的新年，祝愿我们的梦想。

（来源：《人民日报》，2013-01-01）

18.2 课后习题详解

1. 什么叫社论？它的主要任务是什么？

答：(1)社论是代表报社、刊物或通讯社编辑部就当前国内外重大事件、事变或问题表明立场的指导性言论。社论是报纸的灵魂和旗帜，是新闻评论中最重要的体裁，它以科学的世界观和方法论为指导，针对当前社会生活中的重大问题，围绕党的工作重心，及时阐明党的路线、方针、政策，提出解决问题的指导思想和措施，指出今后的任务和奋斗的方向，从而统一干部群众的思想和行动，推动各项工作的开展。

(2)社论的主要任务

①直接地、理论联系实际地阐述当前形势和党的方针、政策，及时传达党的指示精神，部署工作，提出任务。

②对国内外重大政治事件和社会生活中具有代表性与方向性的事物加以评述，表明编辑部对此的认识和态度，帮助受众认清这类事物和现象的实质，并阐明对当前工作的意义和影响。

③以重大节日和纪念日为依托，就全局问题发表议论，分析形势，提出任务，或为重要外事活动发表礼节性评论。

2. 社论的地位与作用怎样？

答：社论是代表报社、刊物或通讯社编辑部就当前国内外重大事件、事变或问题表明立场的指导性言论。社论的地位与作用有以下几点：

(1)社论是新闻媒体的主要言论形式，也是一种最重要的言论形式。它是媒体的灵魂，它代表一家报纸发言，及时地给党和政府、给整个社会提供信息和意见，体现媒体所代表的方向，体现媒体的基本政治倾向和立场。判断一家媒体的立场和观点，主要看它在重大问题上发表社论所表明的观点。新闻媒体的阶级性和党派性，也往往是通过社论得到最直接、最鲜明的反映。

(2)邓拓曾说："一个报纸有没有社论，是不是经常有社论，广大读者对社论阅读的情况怎样，这些都是重要的政治问题。我们有理由认为：社论是表明报纸的政治面目的旗帜，报纸必须有了社论才具有完全的政治价值。"

(3)重视社论工作，自觉运用社论来分析形势，指明方向，提出任务，交代政策，是党的报刊史上的优良传统。党和国家的不少领导人都亲自为报纸撰写过社论。中共中央历次关于加强报纸工作的指示和决定中，都强调社论工作的重要性。在读者的心目中，社论似乎主要不是为论述新闻之外的思想观点，而是为表明新闻事件的特殊重要性。社论引导舆论、指导实践，具有较强的政策性，有的党报社论实际上已成为党的重要文献。

3. 社论写作的基本要求有哪些?

答: 社论写作的基本要求有如下几点：

(1)选择恰当的论题，提炼在政治上明确和尖锐的主题思想。

①选择论题的原则：

a. 要特别注意从实际出发，针对现实生活中的迫切问题和主要矛盾发言，提出关键性的问题，加以分析阐述。

b. 从更多的读者关心的问题出发，选择主题鲜明的题目。

②为使社论的选题体现日常生活和工作中的迫切性、关键性和广大读者所关心的问题，撰写者要善于体会党的方针政策中的新的精神，同时要经常调查、分析社会现状，精心体察形势的变化和发展，认真研究现实中涌现的新事物、新问题，把握人民群众的思想脉搏，从中找出恰当的选题，这是加强社论指导性的首要环节。

(2)针对提出的问题进行分析论证，把道理说得既深刻又透彻，让读者心悦诚服。

①要善于进行抽象、概括，着力抓住问题的症结和关键所在。

a. 掌握、分析各有关方面的情况，认真钻进去，搞清楚大小问题相互之间的联系，分清主次，然后再跳出来，抓住主要矛盾和问题的核心，环绕这个核心，把问题理出一个头绪来，集中笔墨，一层一层地说透它。

b. 研究群众对这个问题的思想认识状况，找出群众对这个问题有哪些模糊和不正确的看法，分析为什么会产生这样一些看法，然后在阐述正面观点时，澄清这些模糊和不正确的看法，从而确立自己的论点，这样可增强文章的针对性和说服力，有助于把道理说透。

②对于抽象的道理，要善于在阐述中进行具体剖析。

a. 要善于把大道理化成小道理，把小道理说透，大道理也就清楚了。这样比较符合受众的理解水平。

b. 抽象的道理往往包含在具体的事物之中，要尽量把抽象的道理具体化。

③论证时材料和观点要统一，结论和论据要结合。

材料说明观点，观点统率材料，要善于运用夹叙夹议的手法，使两者浑然成为一体。

(3)要树立正确的文风，力求把社论写得短而精粹、质朴感人。

①要拓宽选题领域，扩大选题视野，不仅就重大的政策、重大的事件适时表态，阐述党和国家的原则立场，也要就意识形态的新动向、经济发展的新趋势、社会管理的新问题，及时地设置议题引发社会关注，影响社会走向，科学引导舆论。

②作者笔下要带感情，不能以不关痛痒的冷漠态度去撰写社论。拥护什么，赞成什么，批评什么，反对什么，都要旗帜鲜明。这样，社论才不仅能从道理上说服读者，还能从感情上打动读者。

③说理时要平易近人，要恰当地估计读者的水平，考虑到读者的接受程度，在把主要论点说清楚的前提下，给读者留下一些思考的余地。

④风格应力戒拘谨，尽量写得生动一些，说理要说到痛处痒处，要说得具体、尖锐。

4. 社论如何才能写得短而精?

答: 社论是代表报社、刊物或通讯社编辑部就当前国内外重大事件、事变或问题表明立场的指导性言论。社论是报纸的灵魂和旗帜，是新闻评论中最重要的体裁，为使社论发挥更好的作用，需要写得短而精。

(1)社论要写得短，须做到以下几点:

①论题单一、集中，紧扣当前思想焦点。社论应主线分明，重点突出，避免枝蔓横生，泛泛而论。

②分析单刀直入，坚持虚实并举。在具体论证过程中，对一点就明的道理，对众所周知的事实，决不过多地发挥、繁琐地引述，而始终借助于画龙点睛、简洁明快的笔法，把论点建立在有充分根据的基础之上。

③打破惯用程式，不“穿靴戴帽”。应始终处于和读者完全平等的地位，循循善诱，侃侃而谈，顺着文章的思路，戛然而止，自然作结。

(2)社论要写得精，须做到以下几点:

①作者笔端饱蘸激情。作者如果对所评论的事物无动于衷，就不会感到有提出问题的迫切性，就不能在文章里表现感情和激动。这样的文章没有说服力，也没有生动性。

②善于熔叙、议于一炉。把叙述与议论结合起来，夹叙夹议，这是使评论文章具体生动的一个重要手段。这是因为人的认识来自实践，任何论点总是从丰富的生活实践中抽象、提炼出来。因此，结合生活实践阐发论点，会讲得具体生动，读之感到亲切有味。

③修辞手段运用得法。修辞手法运用得当，有助于内容的表达，使文章增色生辉、生动、有吸引力，克服平铺直叙的缺陷。

5. 社论和编辑部文章有何异同点?

答: 社论是代表报社、刊物或通讯社编辑部(政党机关报代表同级党委)就当前国内外重大事件、事变或问题表明立场的指导性言论。社论是报纸的旗帜和灵魂，是新闻评论中最重要的体裁。编辑部文章，是由社论发展来的，是比社论更有分量的、更具影响力的一种评论形式。

(1)社论和编辑部文章的相同点

①社论和编辑部文章都代表编辑部发言。

②社论和编辑部文章容量大，规格高，都具有权威性。

(2)社论和编辑部文章的不同点

①与社论相比较，党报的编辑部文章容量更大、规格更高，是专门就国内外政治、思想方面的重要问题或重大事件发表的政策性言论。

②在我国，编辑部文章是同级党政机关对国内外重大问题所作的理论上和政策上的论述，目的在于帮助读者提高认识，统一思想，增长理论知识。撰写编辑部文章，要求有较高的马克思主义修养和理论思维能力，在所论述的内容上具有权威性。

③编辑部文章代表编辑部发言但又不同于社论，其选题的新闻依据、读者对象、采用议论方式等更多是一种新闻取向与评论表达，而非政策取向与学术表达。

④政论追求而非时评追求，也使编辑部文章与同样代表媒体编辑部的社论、特别是直接配发新闻报道的评论员文章相区别。

6. 你心目中的《人民日报》社论应该是什么样子?（请联系读报实际，写一份不少于800字的书面建议，汇总后统一寄人民日报社参考）

写作思路：可以就《人民日报》某一篇社论提出自己的建议，也可综合多篇社论，找出你认为其存在的不足之处，并提出自己的想法，在写作过程中须特别注意书面建议的格式与语气。

18.3　考研真题与典型题

18.3.1　概念题

社论(山东师大2018年研；中国政法大学2017年研；湖南大学2015年研；中国传媒大学2014年研；厦大2012年研；中央民大2003年研)

18.3.2　简答题

1. 你怎样理解社论的价值?
2. 社论的性质和功能。(陕西师大2015年研)
3. 简述中西社论的比较。(上财2014年研)

18.3.3　实务题

1. 请根据下面给定材料来确立你的评论对象，撰写一篇不少于800字的新闻评论。(河北大学2014年研)

2013年11月28日，刘佩琦在安徽为自己首次执导的新作《幸福相依》举行发布会，席间被问及张艺谋涉嫌超生一事，刘佩琦表示自己从报纸上看到了相关报道。他直言虽然法律面前人人平等，但是精英们就应该多生，有利于提高中华民族的素质，“姚明、李娜、刘翔、张艺谋、陈凯歌等，那些精英们，包括其他领域的精英们，我觉得应该让他们多生一点儿。当然国家法律不允许，法律是平等的，我说话也不算数，但我从心底里觉得各路精英应该多生一两个，这有利于我们中华民族素质的提高，我们现在太缺乏人才了”。(据2013年11月30日《羊城晚报》)

2. 根据下面的材料写一篇800字以上的评论。(上财2018年研)

参考材料：

近日，由媒体总结的一条“中国式相亲鄙视链”火了。这条“中国式相亲鄙视链”，是一份大都市男女青年的“相亲价目表”。“价目表”上，相亲男性和女性的择偶标准和条件，按照“户口”“房产”“学历”所具有的优势、劣势，被分成了“顶配”“高配”“标配”“低配”“简配”“不考虑”等几个等级，从身价、职业、收入、车子、相貌等环节进行了明码标价。在北京，如果是“京籍京户”“中心城区及教育高地房产”“男性海归”“女性本科”，则被认为是相亲市场中最具竞争力的指标；而非北京户口无房产则“不予考虑”，一些相亲者不仅因为房产、户口等硬性条件，还因为“十羊九不全”这样的迷信无厘头的民间说法而被淘汰，遭到歧视……

“中国式相亲鄙视链”迅速刷屏网络，引发媒体热议，认为它是新旧交替时代的双重荒诞，折射的是对真爱的冷漠，是商品经济时代爱情、婚姻被彻底商业化、物化的表征。

18.4 考研真题与典型题详解

18.4.1 概念题

社论(山东师大2018年研；中国政法大学2017年研；湖南大学2015年研；中国传媒大学2014年研；厦大2012年研；中央民大2003年研)

答：参见本章课后习题第1题答案。

18.4.2 简答题

1. 你怎样理解社论的价值？

答：参见本章课后习题第1、2题答案。

2. 社论的性质和功能。(陕西师大2015年研)

答：社论(在广播、电视中称为“本台评论”)是代表报刊、通讯社、广播电台、电视台等大众传播媒介编辑部发言的权威性言论。它针对当前重大事件、重大典型和重大问题发言，具有鲜明的政策性和指导性。

(1)社论的性质。社论是代表报社、刊物或通讯社编辑部(政党机关报代表同级党委)就当前国内外重大事件、事变或问题表明立场的指导性言论。社论是报纸的灵魂和旗帜，是新闻评论中最重要的体裁，它以马克思主义的立场、观点、方法为指导，针对当前社会生活中的重大问题，围绕党的工作重心，及时阐明党的路线、方针、政策，提出解决问题的指导思想和措施，指出今后的任务和奋斗的方向，从而统一干部群众的思想和行动，推动各项工作的开展。

(2)社论的功能包括以下几点：①直接地、理论联系实际地阐述当前形势和党的方针、政策，及时传达党的指示精神，部署工作，提出任务。②对国内外重大政治事件和社会生活中具有代表性与方向性的事物加以评述，表明编辑部对此的认识和看法，帮助受众认清这类事物和现象的实质，并阐明对我们当前工作的意义和影响。③以重大节日和纪念日为依托，就全局问题发表议论，分析形势，提出任务，或为重要外事活动发表礼节性评论。

3. 简述中西社论的比较。(上财2014年研)

答：社论是代表报社、刊物或通讯社编辑部就当前国内外重大事件、事变或问题表明立场的指导性言论。尽管中国媒体与西方媒体的社论在“代表报社观点”这点上有着共同的规定性，但在表现方式上仍然存在着较大的差异：

（1）刊登位置不同。中国报纸社论从一开始就是单独刊登于头版，以示其重要。西方报纸社论则一般刊登在几十页新闻版以后的社论版，以示与新闻报道严格划分。这是中西不同的报业理念造成的：中国认为报道与评论是一体的，相互配合。西方认为报道是客观的，它属于公众；而社论是主观的，属于报纸自己。

（2）分量不同。社论选题要重大，中外都如此。但是，中国的社论一般并非每天都有，即使有也只刊登一篇；西方的社论每天多达三四篇。选题轻重自然相差很大。《纽约时报》一天数篇社论中，有的是国家大事，有的就是社会生活。国外地方性报纸的社论，与我们国内通常的社论相比，其选题似乎要“轻”得多，但也正因如此，“社论”也比我们用得多、用得普遍，用得更接近市民生活。

（3）写作方法不同。西方的社论，不能说完全没有论断和论证，只能说不一定非要有论断和论证。明确地表达媒体的观点和斩钉截铁的论断，是社论的当然本色，在西方社论中比比皆是。但是，没有明确论断的社论也经常有。以不确定的、方向相反的假言判断结束社论，不具备自己明确的判断，这样的社论，在我们中国可能是不予发表的。

（4）语言风格方面不同。我国机关报长期的社论写作实践，逐渐形成了一种特定的语言风格，它的基本特征就是庄重、规整、平衡、稳定。比如，只要确定了社论的题目，确定了一个核心概念之后，文中的每一段都是对这个核心概念的开掘和解说，因此论述部分，几乎每一段的开头，都是以这个概念打头，实际上这种结构非常简单，容易看懂。但这种结构缺乏变化的文章，也限制了社论作者个人激情和创造力的表达。西方社论的写作风格浅近、中肯，将殷殷之情蕴含在文章中，没有高谈阔论的“教诲”，居高临下的“训斥”，抑或慷慨激昂的“号召”，语调质朴平等。

18.4.3　实务题

1．请根据下面给定材料（材料略）来确立你的评论对象，撰写一篇不少于800字的新闻评论。（河北大学2014年研）

答：参考示例：

“精英多生论”只有精英才能生出精英？

生育《英雄》张艺谋终于在舆论的《十面埋伏》下，不得不从《老井》中走出来，表示愿意接受无锡计生委的调查。无锡的三个孩子也终于有了《我的父亲母亲》。但从张艺谋发表的要求媒体《有话好好说》的《满城尽带黄金甲》的声明中不难看出老谋子《一个都不能少》的霸气。那么，张艺谋的霸气到底何来？原因恐怕只有一个：我是精英！

自从媒体介入张艺谋超生事件后，张艺谋便没了《千里走单骑》的《幸福时光》，他将面临的只有为《活着》而奋斗的《秋菊打官司》了。而围绕张艺谋超生事件催生出的“精英多生论”，却再次引爆了社会舆论。

其实，“精英多生论”并非那个演戏的刘佩琦的独创。我国围绕“精英到底应不应该多生”的争论已经持续了有20年了，尽管那些自誉为“精英”的人曾找出各式各样的理由，但绝难撼动当初的“计划生育”国策。而近年来，随着我国生育制度向人性化改革的不断深入，于是“精英多生论”再次死灰复燃，并从最初的房地产大佬，演艺界明星，传染到了有实权的政府官员，生育便演绎成了一种特权。

“精英多生论”的立足点是“精英的孩子就是精英”，其实是“龙生龙，凤生凤”的封建

“遗传基因说”的翻版，言下之意就是“贼的儿子永远是贼”。令人不解的是，这种违背社会公德和背祖离宗的悖论，尽然得到了许多人的赞同。试问，目前人五人六地在人前做精英的哪一个不是从普通家庭走出来的？

刘翔、丁俊晖的爹妈并非体育精英却培训出了世界跨栏冠军和世界台球冠军。任志强、潘石屹、冯仑的父母是“泥腿子”出身却培养出了叱咤风云的房地产大佬。而俞敏洪、马云的父母是精英们眼里的“下里巴人”，却无法阻止他们成为教育精英和网络奇才。而演艺界的张艺谋、刘佩琦，包括范冰冰、李冰冰们，哪个父亲天生就是精英？相信这些“精英”绝对不会因为自己成了所谓的“精英”就否认仍是布衣的父母吧？而至于“精英”生出逆子的例子在现阶段实在是枚不胜举了。

需要强调一点的是“行行出状元”。精英是对国家经济、社会进步、人类文明做出贡献的各个阶层的各色人等，社会精英遍布科技、教育、经济、文化等各个领域，而并非只是会演戏、会炒房、会挖煤、会做官的人才是精英。让人欣慰的是支持“精英多生论”的阶层除了演艺圈和房产界外，却很少听到其它界别的精英要求多生，为什么？“赚钱太容易”“闲着没事干才生娃”是最好的解释！

最后说明一点的是，在现阶段有“强烈生育能力”的人并非广大民众（生育和教育成本太高无法承受），而是少数的所谓的“精英”。其实，计划生育政策对于他们来说早就是一纸空文了，他们可以去国外生，可以通过特权搞到生育指标，可以超生了“躲猫猫”。之所以要“挟持民意”要多生，并抛出“精英多生论”的悖论，其主要目的就是要躲避法律法规的惩罚，说穿了就是既想多生，又不想缴纳罚款，从而在生育权上制造更大的社会不公平。这样的精英实在是太不厚道了！

（来源：人民网，2013-12-02）

2. 根据下面的材料（材料略）写一篇 800 字以上的评论。（上财 2018 年研）

答：参考示例：

最该鄙视的是各种“鄙视链”

最近一段时间，网络上很流行“鄙视链”的说法，近的有“相亲鄙视链”“动画片鄙视链”，远的如“教育鄙视链”。虽然这些“鄙视链”名称各不相同，但反映的都是占有优质资源者和所谓“成功人士”对不如他们的人赤裸裸的轻视。

比如最近热炒的“相亲鄙视链”，就是拥有京籍京房的，可以鄙视非京户、房子在通州或者北京周边的。而挑起“教育鄙视链”之争的那篇帖子直接宣扬：“假如你连买学区房的财气底气都没有，也就不要指望通过划片给娃儿带来良好的教育。”

不难发现，这些“鄙视”反映出一些所谓“成功人士”或者拥有优质资源者，对社会其他成员居高临下的优越感，是一种以收入或地位为依据划分的畸形价值观。就中国传统的主流文化和人们普遍观念而言，绝大多数人很难接受“鄙视链”表现出来的价值观。从互联网舆论看，对“鄙视链”的批评居于主流地位。但是，崇尚平等的社会主义中国为什么会出现这种公开展示不平等的“鄙视链”现象？这个问题需进一步分析。

从中国社会近几十年的发展看，“鄙视链”的出现与蔓延同中国高速发展带来的社会变迁和群体分化有关。经过三十多年的改革开放，中国特色社会主义市场经济得到了长足的发展。与此同时，社会利益格局深刻调整，不同利益主体开始分化，新的社会阶层也随之出现。

古人云："天行健，君子以自强不息。"在几千年的历史长河中，奋发图强、追求卓越一直是中华民族的一大优良传统。中国为什么能在短短几十年时间里就跃居世界第二大经济体？经济学家讲了很多原因，但其中最根本的原因就在于中国人那种不甘落后、追求成功的民族精神。正是这种民族精神使得中国成为世界上最充满能量、最具活力的国家。

但是，对于一个文明社会，特别是中国这样一个社会主义国家来说，成功与卓越并不就是一切。古人讲"天行健，君子以自强不息"，但同时也讲"厚德载物，雅量容人"。一个人可以也应当在社会生活中追求成功，但却不能把自己在经济领域的成功或者优势转化为对他人的鄙视，尤其不能形成一种阶层鄙视。否则，社会群体之间在经济上的差异就有可能引起阶层意识冲突，社会的矛盾和对立就有可能加剧。

对于"鄙视链"现象，作为主导公共资源分配的政府，首先需要防止分配不公。在社会主义市场经济条件下，因自由市场竞争导致的分化和差异有一定必然性。差异的产生有时候是由于先赋条件所致，比如中西部偏远地区的地理位置、交通、自然环境等客观情况；但很多时候也跟公共资源的不均衡分配有关，比如地区之间优质教育资源的集中程度等。这些因素，有的是客观存在的，有的是历史形成的。政府应当加强统筹协调，防止资源过度集中在少数人手上，更多地照顾社会中的弱者，为每个人创造公平的发展机会。

同时，社会舆论对"鄙视链"现象应进行积极引导。一方面，在社会主义初级阶段，市场机制应当进一步发展与完善，鼓励创业创新，不断增进社会的自由和活力。另一方面，舆论界应加强社会主义价值观引导。个人的成功固然对社会有积极意义，但包括成功者在内的所有人都是人格平等的，谁也不应具有道德上的优越感。人们在追求自我实现的同时，应懂得分享、谦卑和帮助弱者，而决不能把成功转化成居高临下的傲慢，转化为对社会其他成员的鄙视。

（来源：环球网，2017-07-14；作者：曹朝龙）

第十九章　社评、本报评论员与特约评论员文章

19.1　复习笔记

【知识框架(庖丁解牛)】

- 社评、本报评论员与特约评论员文章
  - 采用社评、本报评论员文章的情况
    - 对生活、工作中的问题作政策性、方针性指导评价
    - 揭示党和政府方针政策的方向或侧重点
    - 针对社会思潮，宣传党的路线、方针、政策
    - 联系媒体上的正反典型进行评论，兴利除弊，扶正祛邪
  - 分类：纪念节日类、指导工作类、思想引导类、配写报道类
  - 社评与本报评论员文章
    - 共同点
      - 都是与其主题相关的新闻报道同时发表
      - 都具有总结推广典型、指导一般的作用
    - 不同点
      - 是否直接代表编辑部集体的意见不同
      - 写作风格不同
  - “连论”写作中的注意事项：精心策划、紧密配合、言之有物、有“评”有“论”
  - 本报特约评论员文章
    - 含义
    - 特性
      - 评论对象是事关全局的举足轻重的重大问题
      - 专题性更突出，理论性更强烈，政论性更鲜明
      - 在媒体上的地位较高
      - 一般不署名，必要时也署名
    - 与一般评论员文章的区别
      - 多侧面地、系统地展开论述
      - 比较讲究论证的系统性和严密性
      - 篇幅一般较长

【考点难点归纳(厚积薄发)】

考点一：社评和本报评论员文章(见表19-1)　★★★

表19-1　社评和本报评论员文章

要点	具体内容
分类	包括：①纪念节日类；②指导工作类；③思想引导类；④配写报道类

续表

要点	具体内容	
两者比较	共同点	都是介于社论和短评之间的一种评论形式，一般在 1000 字左右，属于中型的评论，通常是就某一问题或选择一个重要的侧面发表意见，作更深一层的分析
	不同点	①社评发表的郑重程度仅次于社论，直接代表编辑部集体的意见，反映编辑部的观点和倾向，一般不署名；本报评论员文章形式上不直接代表编辑部集体的意见。 ②评论员文章自由、活泼，既有一定的"官方色彩"，又可以有个人的风格，选题面更广；社论、社评更持重、严肃

考点二："连论"写作中的注意事项（见表 19-2）★★

表 19-2　"连论"写作中的注意事项

要点	具体内容
特点	"连论"具有持续时间长、包容量大、强势效应突出等优势，是评论文章的"集束武器"
注意事项	①要精心策划，对主题、思想观点、风格、基本材料以及推出频率等都必须心中有数。 ②要紧密配合，各篇之间既有分工，又有联系，要从不同层次、不同侧面、不同角度展开论述，各有侧重，层层推进，做到形散而神不散。 ③要言之有物，力求思想深刻、见解独到、观点精辟，给人以新的启迪。 ④有"评"有"论"，情理交融，以理服人

考点三：本报特约评论员文章（见表 19-3）★★★

表 19-3　本报特约评论员文章

要点	具体内容
定义	指从本报评论员文章发展起来的、评论对象大多是事关全局的举足轻重的重大问题的评论员文章。其专题性更突出，理论性更强烈，政论性更鲜明。用"特约"两字加重文章作者的身份
区别	①一般评论员文章只选择一个侧面、论其一点，本报特约评论员文章则是多侧面地、系统地展开论述，讲究论证的系统性和严密性，有较强的思想性和理论性。 ②本报特约评论员文章篇幅一般较长，多在三四千字以上，因此被称为"超重型评论员文章"

【评论佳作赏析（见贤思齐）】

到底谁在南海兴风作浪耍套路

近期，美国领导人指责中国舰船逼近美国"迪凯特"号驱逐舰，声称"两舰相距最近时不到 45 码"，摆出一副受了惊吓的委屈样。但美国领导人在"讲故事"时却对全世界选择性回避了另一组关键数据：两舰靠近的那片海域，距中国固有领土不到 12 海里，距美国西海岸的最近距离超过 7500 海里！［本段为由头］

究竟是谁咄咄逼人地逼近对方？答案不言自明。［本段指出本篇评论的论点：美国在南海兴风作浪耍套路］

在南海问题上，过去几年，美国使尽各路招数，但不外乎三种套路。［对美国在南海问题上的三种套路展开论述］

套路之一：打着“航行自由”的幌子，招摇海上、炫耀武力，制造军事紧张。

去年5月、7月、8月、10月、11月以及今年1月、3月、5月、9月，美军“杜威”号、“斯坦塞姆”号、“麦凯恩”号、“查菲”号、“哈尔西”号、“桑普森”号、“霍珀”号、“马斯廷”号、“希金斯”号、“安提坦”号、“迪凯特”号等军舰多次非法进入中国南沙、西沙、中沙岛礁12海里以内海域，无一不是打着“航行自由行动”的旗号。[本段运用列举法，依据所列举的事实来增强评论的说服力]

但事实是，长期以来，每年大约10万艘各类船只在南海航行从未遇到“不自由”的问题，正是南海的自由航行传统支撑着全球一半以上的海上贸易。具有讽刺意味的是，一个没有加入《联合国海洋法公约》的国家，一个抢在各国完成《公约》谈判前订立美版“航行自由计划”的国家，如今却处处打着《公约》的旗号裁定他国的海上行为，而从不认为自己有遵守《公约》的必要。美国的做法本质上是以武力胁迫为手段，把自己对于国际法的片面、错误的理解强加于人。

这种“航行自由”，实为横行霸道！

套路之二：依仗话语霸权，罔顾事实、造谣生事，制造舆论紧张。

一边骄纵横行，一边指鹿为马。在多个国际和地区会议上，美国不断制造话语炮弹，妄言中国在南海搞“军事化”，对中国岛礁建设指手画脚，横加指责。

在美式霸权逻辑中，美军在南海部署先进炮舰和轰炸机不是军事化，美国海军在南海搞常态化战略威慑不是军事化，美军在南海进行频繁的抵近侦察和情报收集不是军事化，美国在南海开展大规模军事演习不是军事化，美国大幅加强在西太平洋的机动军事力量、强化前沿军事部署不是军事化，唯有中国进行岛礁建设是军事化。

可笑的是，常以“法治国家”自居的美国，此刻又一次选择性失明，避而不谈中国是在自己领土上进行和平建设，避而不谈一个主权国家在自己领土上部署防御设施是不可剥夺的当然权利，避而不谈“军事化”标签不适用于主权国家领土。

套路之三：经由各种渠道的渗透，挑拨离间、散布威胁，制造外交紧张。

在南海及周边区域，美国不仅在军事上秀肌肉，在舆论上摇唇鼓舌，而且还暗中挑拨离间，散布“威胁论”，妄图制造外交摩擦。长期研究东南亚地缘政治的西方学者约瑟夫·托马斯和托尼·卡塔卢奇今年以来各自发表多篇文章指出，美国在指责俄罗斯试图影响其总统选举时，却常态化地干涉着东南亚多国的内政和选举。东南亚国家的对华姿态以及在南海问题上的立场，几乎是美国决定是否对这些国家采取行动的唯一标准。《南华早报》最近一篇文章指出，美国领导人的讲话就是想逼着东南亚国家在南海问题上“选边站队”。[引用别人文章以论证自己观点的正确]

对于美国耍出的“花活”，南海周边国家心明如镜。美国知名海洋政策专家马克·瓦伦西亚发表文章指出，美国试图制造一种东南亚欢迎美军在南海刷存在感的假象，但事实是，东盟国家对美国军事介入南海保持警惕。印度尼西亚国防部长里亚米扎尔德甚至直接告诉美国，域内国家有能力处理好南海问题，不需要域外国家的介入。

看破美国的三种套路，便可发现，是心态在作祟：正是心态不平衡，才想要“再平衡”；正是心里不自信，才散布“威胁论”。[本段论述为什么美国要在南海兴风作浪耍套路]

过去两年，中国与东盟国家共同见证了“南海行为准则”的磋商进展，见证了南海朝着稳定的方向发展，见证了有关各方积极探讨合作和共同开发，见证了有关各方在管控和解决争议问题上相向而行的积极态度。南海地区各国共同打造和平之海、友谊之海、合作之海的决心、信心和诚心，正是对兴风作浪者最好的回击。[本段提出应对美国套路的对策]

（来源：《人民日报》，2018-10-19）

19.2　课后习题详解

1. 社评与本报评论员文章有何共同点与不同点？

答：(1)社评与本报评论员文章的共同点

社评、本报评论员文章是介于社论和短评之间的一种评论形式，是中型的评论文章。这类文章一般在1000字左右，通常是就某一问题或选择一个重要的侧面发表意见，作更深一层的分析。社评、本报评论员文章有署名和不署名两种形式。编辑部决定采用社评或评论员文章的形式发表，往往由论述问题的重要性和发表的郑重程度决定。

(2)社评与本报评论员文章的不同点

①社评发表的郑重程度仅次于社论，直接代表编辑部集体的意见，反映编辑部的观点和倾向，一般不署名。以本报评论员署名的评论，形式上虽不直接代表编辑部集体的意见，只表明它是编辑部一个评论员写的文章，但在通常情况下，都得到编辑部同意。

②评论员文章既有一定的“官方色彩”，又可以有个人的风格。它的选题面更广一些，一般不从正面全面论述某个重大问题，而是选择一个侧面单刀直入，对所要论述的问题进行比较集中、比较深入地分析。它不必像社论、社评那样持重、严肃，可以写得自由、活泼一点。

2. 在什么情况下可以采用社评或本报评论员文章的形式？

答：社评、本报评论员文章是介于社论和短评之间的一种评论形式，是中型的评论文章。这类文章一般在1000字左右，通常是就某一问题或选择一个重要的侧面发表意见，作更深一层的分析。在以下几种情况下可以采用社评或本报评论员文章的形式：

(1)针对现实生活和实际工作中的某一方面问题，作方针性政策性的指导和评价。

(2)在党和政府的各项方针、政策的贯彻过程中，及时地揭示出一个时期中心工作的具体方向或侧重点。

(3)及时地灵活地针对某种社会思潮和一个时期的思想倾向，生动切实地宣传党的路线、方针、政策。

(4)联系媒体上发表的正反典型进行评论，兴利除弊，扶正祛邪。

3. 撰写系列评论和“对话体评论”应注意哪些问题？

答：系列评论是揭示各篇评论之间的内在联系的评论形式，“对话体评论”是将对话主体(本报评论员)与对话客体之间，对某一问题或某种现象的评论，稍加整理即予发表的一种体裁。撰写系列评论和“对话体评论”应注意以下问题：

(1)系列评论往往具有持续时间长、包容量大、强势效应突出等优势，是评论文章中的“集束武器”。在写作中应注意：①要精心策划；②要紧密配合；③要言之有物；④有“评”有“论”，以理服人。(具体参见本章复习笔记相关内容)

(2)“对话体评论”让读者和评论员共同“写作”，真实自然，说服力强，而且娓娓道来，文风洒脱，很具吸引力，受到广泛关注和普遍好评。运用这种体裁，对客体的选择很重要，只有“平起平坐”，才能互为促进。

4. 为什么说本报特约评论员文章是“超重型评论员文章”？

答：本报特约评论员文章，从本报评论员文章发展起来，是评论员文章的一种特殊形式。它冠以“特约”两字，用以加重文章作者的身份。这类评论对象大多是事关全局的举足轻重的重大问题，专题性更突出，理论性更强烈，政论性更鲜明。本报特约评论员文章不像评论员文章那样选择一个侧面、论其一点，而是多侧面地、系统地就一些重大思想、理论和政策方面的问题展开论述，比较讲究论证的系统性和严密性，有比较强的思想性和理论性。篇幅一般较长，多在三四千字以上，因此被称为“超重型评论员文章”。

5. 以当地党报上最新发表的一批人物通讯为依托，配写一篇本报评论员文章（不少于1000字）。

答：以《人民日报》发表的关于王继才的通讯为依托配写本报评论员文章。

评论参考示例：

坚守心中的“开山岛”

“一座岛，两个人，三生不离。”王继才夫妇默默坚守开山岛32年的事迹，经媒体报道后，感动了无数人。这座“馒头大的岛”，缺食少淡水，石多泥土少，飞鸟不做窝，台风时常扰。王继才夫妇何以能在这里深深扎下根？他们的回答是：“守岛就是守家，国安才能家安。”

心在哪里安放，人生之树就会在哪里生根。王继才第一次登上开山岛时，不会想到自己会成为“名人”。他之所以能在贫瘠的小岛写下人生的华章，是因为他对家园、对祖国爱得深沉。实际上，无论是祖国东端的黑瞎子岛，还是南沙南端的华阳礁，抑或莽莽高原的“雪域孤岛”、大漠戈壁的“沙海孤岛”，都有王继才那样忘我奉献的“守岛人”。在他们眼中，自己所站立的地方就是祖国，每一寸土地都“闪烁着异邦人所不能领略的美”。正因此，他们愿意把自己的根扎在“岛上”，让生命之花绽放在岛上。

岛，在他们的脚下，也在你我的心中。对国土的热爱，是流淌在我们血液中的一种情愫；对国家的热爱，是滋养我们精神的一种养分。这种热爱，在撤侨行动中，体现为我们被那句“祖国接你回家”催动的热泪；在南海仲裁案后，体现为我们对那句“中国一点都不能少”的点赞转发；在每一次国旗升起时，体现为我们心中澎湃着的自豪与自信。这是一种再朴素不过的感情、再自然不过的共识，因为爱国是最纯粹的，并不需要什么理由。

爱国是一种情感，也见之于细微的行动，体现在日常的点滴。这看起来似乎并不难，但像王继才那样几十年如一日默默付出，却又是“最难最难的”。黄旭华隐居荒岛30年，抱定“搞不出来核潜艇，我死不瞑目”的决心搞科研；林俊德埋名大漠52年，参与中国全部核试验；王泽山用了62年时间，把火炸药这个“冷门”专业给做“火”了……他们之所以能一以贯之地勤勉奉献，吃别人吃不了的苦、做别人做不成的事，正因为他们和王继才一样，心中都有一座值得终生守护的“岛”。

生活中，大多数人无须像王继才那样坚守在海防前哨，也不必吃那么多的苦、干那么难的事。然而，正如作家所言：“英雄不必都到前线去。能卖力气多收获一些东西，献纳给国家的，都是战士。”技术工人谭文波加班加点熬夜攻关，推动30多项技术改革落地，把自已炼成一名“土专家”；村支书陈望慧大力推广玫瑰产业，带动146户贫困户增收致富，被老百姓亲切地称为“玫瑰姐姐”。无论何种行业领域，只要立足自身岗位，恪尽职守、各尽所能，便都是在“我站立的地方”撑起了一片天。

“一寸赤心惟报国”。超越一己之私、贡献一己之力，让个人命运汇入祖国命运的滔滔江流，在实现中国梦的进程中成就个人梦想，这是我们这一代人书写人生、成就不凡的坦途。愿你我都找到心中的那一座“开山岛”，像王继才那样，“一直守到守不动为止”。

（来源：《人民日报》，2018-09-14；作者：魏寅）

19.3　考研真题与典型题

19.3.1　概念题

1. 本报特约评论员文章(陕西师大2007年研)

2. 本报特约评论员(四川大学2006年研)

3. 评论员文章(山东师大2017年研；江西师大2016年研)

19.3.2　简答题

1. 国内报刊上评论员文章和社论区别何在？(华中师大2012年研)

2. 社论、评论员文章大体可分为哪些类型？(吉林大学2011年研)

19.3.3　实务题

1. 根据要求，完成以下两道题。(暨南大学2018年研)

(1)2018年是改革开放40周年。请以《南方日报》编辑部的名义，设计一份“纪念改革开放40周年”的报道策划方案，字数不少于600字。

(2)上述专题报道刊发后，请配发一篇评论，要求评论结合报道策划思路，起到配合稿件、深化稿件的作用，题目自拟，字数不少于600字。

2. “驴友”户外探险遇险，政府进行公共救援，引发了关于驴友遇险救援是否浪费社会公共资源之争。请对此写作评论，800字左右，标题自拟。(清华大学2018年研)

3. 2015—2016年政府提出制定“互联网+”行动计划，实现大众创业，万众创新。以微博、微信为平台，各种微创意、微应用、微产品、微电影、微健身、微旅游、微经济十分活跃。请以此为讨论内容，自拟题目写一篇800字以上的评论。(深圳大学2017年研)

19.4　考研真题与典型题详解

19.4.1　概念题

1. 本报特约评论员文章(陕西师大2007年研)

答：本报特约评论员文章，是从本报评论员文章发展起来的，是评论员文章的一种特殊形式。它冠以“特约”两字，用以加重文章作者的身份。这类评论对象大多是事关全局的举足轻重的重大问题，专题性更突出，理论性更强烈，政论性更鲜明。有时作者是党政机关或理论学术机构的权威人士，所以使用起来要比评论员文章郑重，它在媒体上的地位有时比社论还高，有的甚至可与编辑部文章相提并论。凡特约评论员文章所阐明的态度、立场、观点，总是会被编辑部引为自己的态度、立场和观点，一般不署名，必要时也署名。

2. 本报特约评论员(四川大学 2006 年研)

答: 本报特约评论员，是某家报纸特别约请的评论员。特约评论员简称评论员，通常是受媒体之邀发布评论意见等。大多数媒体会为了避免纠纷，声明所发评论是评论员个人的观点，不代表媒体看法。特约评论员的组成人数不定，少则一人，多则数人。组成人员多数是该媒体的记者、编辑，或在各个领域比较有影响力的专家学者，但也有政府工作人员借由主要媒体发表意见。

3. 评论员文章(山东师大 2017 年研；江西师大 2016 年研)

答: 评论员文章是指在规格和权威性上介于社论和短评之间的中型评论文体，在内容和写作特点上与社论没有严格的界限。常常以配合或结合新闻报道的形式发表或播出。报纸上的评论员文章在发表时可分为三种形式：①本报评论员文章。不署名的本报评论员文章一般体现编辑部的立场、观点和见解，由评论员或新闻媒介各部门直接从事新闻业务的人士撰写。②特约评论员文章，主要结合当前重大的理论问题、思想问题、政策问题等发言，规格略高于本报评论员文章，个别情况下甚至高于社论。③观察家评论，通常用于对时事或形势问题的评论。写法上注重分析，寓评论于“观察”之中。

19.4.2　简答题

1. 国内报刊上评论员文章和社论区别何在?(华中师大 2012 年研)

答: 评论员文章和社论都是媒体上的论说文章，二者既有区别又有联系。

(1)评论员文章和社论的含义

①评论员文章在规格和权威性上是介于社论(本台评论)和短评之间的中型评论文体，在内容和写作特点上与社论没有严格的界限。常常以配合或结合新闻报道的形式发表或播出。报纸上的评论员文章在发表时可分为本报评论员文章、本报特约评论员文章和观察家评论三种形式。

②社论(在广播、电视中称为“本台评论”)是代表报刊、通讯社、广播电台、电视台等大众传播媒介编辑部发言的权威性言论。它针对当前重大事件、重大典型和重大问题发言，具有鲜明的政策性和指导性。党报的社论不仅代表编辑部发言，而且直接表达同级党委和政府的政治立场和思想观点。

(2)评论员文章和社论的区别

①社论是报纸最高规格的评论，通常用来论述重大的、全局性的新闻事件和问题。当然，所谓重大和全局性，都是相对而言，是综合考虑各种因素的判断。这些因素包括事件或问题本身的分量，它们蕴含的意义和客观影响，受众的关心程度，以及媒介的性质、所处的地位和肩负的任务等等。

②评论员文章是规格仅次于社论或本台评论的评论类型。它所论述的问题虽然也是重要的、人们普遍关心的，但问题本身一般带有局部的性质，如地区性或部门性问题。各个领域的重大成就和经验，领导作风、工作方法方面的经验和问题，某些需要引起人们重视的社会风尚、社会思潮或行为倾向，关系人们切身利害的社会现象，也常运用评论员文章来分析论述。

近年来实践中也出现了一个新的现象，就是社评与评论员文章的界限变得模糊起来，这种情况多见于设有“言论版”的都市报类媒体。

2. 社论、评论员文章大体可分为哪些类型？（吉林大学2011年研）

答：社论（在广播、电视中称为“本台评论”）是代表报刊、通讯社、广播电台、电视台等大众传播媒介编辑部发言的权威性言论。评论员文章在规格和权威性上是介于社论（本台评论）和短评之间的中型评论文体，在内容和写作特点上与社论没有严格的界限，常常以配合或结合新闻报道的形式发表或播出。按论述的内容、方式和方法分类，社论和评论员文章大体可以分为以下五种类型：

（1）阐述型。阐述型社论（包括评论员文章）属于社论中一种常见的类型，是政治性、政策性和指导性很强的权威性社论。它的任务是，在理论与实践的结合上阐述党的纲领、路线、任务、奋斗目标，阐述党委和政府新近所作出的重要决策、决定、政策、方针和政令的实质、依据和意义，以帮助各级领导干部和人民群众正确领会其政治意义和精神实质，进而提高贯彻执行的自觉性，并以此规范自己的言行。

（2）启迪型。启迪型社论属于较为常见的一种类型，它的任务着重于就实际工作中出现的迫切需要解决的矛盾，或者现实生活中开始出现的具有普遍意义的思想、作风、领导方法方面的问题发言，从理论与实际的结合上帮助读者从思想、理论和政策上提高认识，增强党的基本路线觉悟，促进全社会的社会主义精神文明和物质文明的建设。

（3）评介型。评介型社论的任务在于着重对有典型意义或重要意义的新闻性人物和事件进行旗帜鲜明的褒贬、评介，从思想、政治、理论的高度进行论述和概括，以深刻揭示其本质，总结经验或教训，从而发挥其启迪思想、引导舆论的社会功能。

（4）论辩型。论辩型社论是以揭露和批驳来自国内外的各种敌对言行、反动思潮和腐朽思想的一种战斗性较强规格较高的重要言论。

（5）礼仪和纪念型。礼仪、纪念型社论是指有关评述和纪念重要节日、纪念日、活动日、国耻日以及外交建交、签约、各国领导人来访和我国领导人出访等送往迎来外交礼节性活动的社论。

19.4.3　实务题

1. 根据要求，完成以下两道题。（暨南大学2018年研）

（1）2018年是改革开放40周年。请以《南方日报》编辑部的名义，设计一份“纪念改革开放40周年”的报道策划方案，字数不少于600字。

（2）上述专题报道刊发后，请配发一篇评论，要求评论结合报道策划思路，起到配合稿件、深化稿件的作用，题目自拟，字数不少于600字。

答：（1）报道策划方案（略）

（2）评论参考示例：

勇立潮头不止步　改革开放再出发

“中国40年改革开放给人们提供了许多弥足珍贵的启示，其中最重要的一条就是，一个国家、一个民族要振兴，就必须在历史前进的逻辑中前进、在时代发展的潮流中发展。”在改革开放四十周年之际，我们勇立潮头不止步，改革开放再出发，面向新时代将全面深化改革、全面对外开放之路越走越宽、越走越稳、越走越有中国特色和中国风格。

改革开放再出发要坚持以人民为中心的发展思想。人民日益增长的美好生活需要和不平衡不充分的发展之间的矛盾日益突出，“我国社会生产力水平总体上显著提高，社会生产能力在很多方面进入世界前列，更加突出的问题是发展不平衡不充分，这已经成为满足人民日益增长的美好生活需要的主要制约因素。”坚持和践行以人民为中心的发展思想，为人民谋幸福，是新时代改革开放再出发的根本落脚点。

我们要以“造福人民为最大政绩”，时刻把老百姓的安危冷暖放在心上，不断全面深化改革，破除体制机制障碍，为人才和劳动力的流动提供途径，为青年搭建人生出彩的舞台。不断加强精准扶贫，全面小康路上一个都不能少。不断推进生态文明建设，还老百姓蓝天白云、繁星闪烁，清水绿岸、鱼翔浅底的环境。不断推进对外开放的水平，满足中国人民不断增长的消费需求。不断推进新旧动能转换，实现中国制造业凤凰涅槃浴火重生。不断推进民生改革，给人民筑牢发展的安全网，增强人民的安全感和获得感。不断推进乡村振兴，让城乡融合发展成为中国现代化进程中最绚烂的底色。我们必须始终坚持人民立场，坚持人民主体地位，虚心向人民学习，倾听人民呼声，汲取人民智慧，把人民拥护不拥护、赞成不赞成、高兴不高兴、答应不答应作为衡量一切工作得失的根本标准，着力解决好人民最关心最直接最现实的利益问题。

改革开放再出发要敢于刀刃向内自我革命。转型升级发展的一条成功经验就是敢于进行刀刃向内的自我革命。新时代全面深化改革，改革的焦点是理顺政府与市场的关系，将市场对资源配置的决定性作用发挥出来，将政府社会政策托底的功能强化起来，将社会自我调节的功能显现出来。这样，政府、市场、社会三边机制建立起来，中国经济社会发展就能“动起来”，现代化经济体系就可以建起来。“最多跑一次”改革看似简单，但体现的是结构性改革的大学问。

中国特色社会主义制度要走向成熟、稳定，核心是要建立起现代化的国家治理体系，形成现代化的国家治理能力。能不能建立起现代化经济体系，关键看能不能建立起符合新时代发展要求的现代化国家治理体系和现代化政府管治体系。

新时代全面深化改革，迈向实现现代化发展的新征程，要深入推进结构性改革。政府的结构性改革是流程再造，经济的结构性改革是新旧动能转换，社会的结构性改革是打造共建共治共享的社会治理体系，三者统一于基本实现现代化和建成社会主义现代化强国的目标中。

改革开放再出发要弘扬奋斗者精神。新时代的奋斗者，应做改革的促进派、开放的中坚派。新时代的奋斗者，要勇担时代发展的责任。一代人有一代人的使命，一代人有一代人的责任。新时代，不能松口气、歇一歇。时间不等人，时代不等人，慵懒无为不是新时代奋斗者该有的精神作为。我们要勇担时代责任，面对困难不能退缩，面对未来不能动摇，面对挑战不能畏惧，在奋斗中谱写我们这一代人的华彩乐章。

前进于历史的逻辑之中，发展于时代的大潮之中。四十年改革开放的成功，来自亿万中国人民的努力奋斗，来自中国人民选择的中国道路，来自中国人民选择的领导力量——中国共产党，来自中国融入世界的勇气。面向下一个三十年，路在脚下，发展在前方，幸福是靠奋斗得来的。从站起来到富起来再到强起来的奋斗历程，终究是要靠一代一代勇立潮头不止步的奋斗者接过历史的接力棒，在奋斗中实现。

（来源：浙江新闻客户端，2018-10-15）

2. “驴友”户外探险遇险，政府进行公共救援，引发了关于驴友遇险救援是否浪费社会

公共资源之争。请对此写作评论，800 字左右，标题自拟。（清华大学 2018 年研）

答：参考示例：

动用公共资源救援遇险“驴友”应避免一刀切

每逢节假日，“驴友”户外探险遇险，动用公共资源进行救援的消息就频频出现。每次“驴友”遇险的背后都是其亲友焦灼的担忧，同时还有当地调动大量资源进行营救的努力。耐人寻味的是，当网络上频频发生类似事件后，不少舆论从起初对“驴友”安危的关心，转变为对“驴友”因自己不负责而消耗公共救援资源的指责。

舆论的转向背后自然有其内在的逻辑。不可否认，在“驴友”失联中，的确有不少人是因为亲涉险境，明知探险的地区危险重重，依然不顾警告和劝解，甚至故意进入景区设置的“游客免入”的区域，进而失踪或发生危险，这样的行为的确应当被指责。

在动员公共资源救助“驴友”这个问题上，应当避免“一刀切”的做法，结合实际情况加以分析。比如，有些“驴友”遇险，是出于不可抗力的原因，如突然遭遇自然灾害、景区安全保护设施不到位等，在诸如此类情形下，将责任推给“驴友”，显然是不合理的。然而，有些“驴友”一意孤行，明知危险而冒险，将个人追求“巅峰体验”放置在对公共资源的消耗上，则是不可取的。对于这种情况，或可进行追偿。早前，已有景区对搜救进行追偿的案例，要求任性“驴友”承担景区垫付的 6.3 万元搜救费用。

在许多发达国家，相比官方动员公共资源加以援救，在不是特大灾难的情况下，民间的救援力量扮演了更重要的角色。如成立于 1950 年的美国救援协会在各州都有救援中心，在业务上救援中心归地方警察局领导。志愿者和民间力量构成了他们的救援主力，遇有求救时，值班员会通知 25 名左右的志愿者，要求至少有 10 人到达现场参加救援。当然，作为社保体系的一部分，救援协会和当地政府也有合作关系，在工作场地、救援器材和物资等方面，政府也会大力支持。

相比之下，我们在社会救援的制度化构建和社会整体合作方面，还有较大的提升空间。很多时候，还依赖“事情发生一起、救援进步一点”的思路，在这种情况下，与其考虑减少对公共救援资源的消耗，不如加大力度提升“驴友”个人安全意识和社会安全教育。

（来源：光明网，2017-06-01；作者：黄帅；有改编）

3. 2015—2016 年政府提出制定“互联网 +”行动计划，实现大众创业，万众创新。以微博、微信为平台，各种微创意、微应用、微产品、微电影、微健身、微旅游、微经济十分活跃。请以此为讨论内容，自拟题目写一篇 800 字以上的评论。（深圳大学 2017 年研）

答：参考示例：

找准战略定位，拥抱“互联网 +”

“互联网 +”已经被作为国家战略行动计划提出，各地政府和创业企业都在行动起来抢占风口。雷厉风行，映照着互联网时代的速度，但也要避免一种错误倾向：面对新事物缺乏战略定力，盲目从事、一哄而上，速度情结严重。要顺利登上“互联网 +”的技术巨轮，既要认真学习吃透国家对于“互联网 +”战略行动计划的精神，把握好方向，掌握政策和法律法规，更要冷静思考，做好自身战略定位。明确自身在“互联网 +”中能干什么、不能干什么，找出自身特色、优势和方向，摸清市场的需求及自身的供给能力，才能做到差异化发展，在某领域、某些业务培育出竞争优势。

“互联网+”时代最大的特征是随时随地、快速高效、简捷方便的数据分享，这种虚拟属性又无时无刻不指向实体经济。数据爆炸时代，互联网中存储着海量的数据信息，如果不与实体经济结合，不为实体经济所用，只会是冗余的垃圾。实体经济是互联网发展的基础，推动支持实体经济的发展，则是“互联网+”发展的旨归。“互联网+”是实体经济快速发展获取数据信息的工具和平台，实体经济可以通过互联网大数据更精准地把握本领域的运行现状及未来发展。“互联网+”的未来价值，正在于它与实体经济的优势互补、相互促进，将激发许多现有产业的潜力。反之，如果“互联网+”发展实践脱离了对这组共生关系的深刻把握，便会让“互联网+”沦为“空中楼阁”。

“互联网+”时代，网络安全风险也在积聚。如何保障网络安全，已经成为“互联网+”时代安全到来的重要战略支点。在10月份中央政治局第三十六次集体学习时，习近平总书记就强调“要维护网络空间安全以及网络数据的完整性、安全性、可靠性，提高维护网络空间安全能力”。近来一系列的互联网电信诈骗案件，更以血的教训给出了风险提示。随着“互联网+”的不断推进，网络安全问题与种类必然增多，只有严阵以待才能行稳致远。

几天前，网络安全法通过审议，这对于维护我国网络空间主权和安全、社会公共利益以及促进经济社会信息化健康发展，具有里程碑意义。立足“互联网+”，保障网络数据信息安全和运行畅通是治理的底线，是第一位的。因此，我们不仅要将网络安全纳入国家安全战略规划，做好全国一张安全网的顶层设计，将网络安全系统产品及基础设施纳入国家重点工程与“互联网+”同步建设、发展和管理，也要及时制定、修改和完善网络安全管理的相关法律法规，明确主体责任。此外，为了拧紧“互联网+”时代安全阀，国家可建立“网络安全技术+网络安全管理有机融合的安全保障体系”以及“网络社会安全管理与现实社会治理有机融合的安全保障体系”，实现安全保障的双轮驱动。

“互联网+”的发展，是技术创新的迸发，也是长期持续的历史进程，各地在发展的过程中要有功成不必在我的胸襟。在自身战略定位上要清晰有序、有舍有得，让虚拟经济与实体经济共生共荣，更要让网络安全体系严丝合缝。

（来源：《人民日报》，2016-11-11；作者：程琳）

第二十章　短评、编者按与“配”评论

20.1　复习笔记

【知识框架(庖丁解牛)】

- 短评、编者按与“配”评论
  - 短评
    - 定义
    - 短评的特点及其渊源
      - 特点
        - 内容单一，论题集中，分析扼要
        - 开门见山，一事一议
        - “言近而旨远，词约而意深”
      - 渊源：发端于辛亥革命前后革命的进步的报刊开辟的短评栏目
    - 应用范围
      - 为典型报道配发短评
      - 另外三种情况
        - 媒体需要就某个问题发表言论，但是不必要用社论的形式
        - 社论已就某个问题作总的阐述，但还应深入探讨
        - 问题有了新的发展，需要进一步发挥
      - 某种新思想、新观点需要及时在群众中传播
      - 对某种时弊、倾向性问题或群众中的疑虑问题，需要及时针砭与解答
    - 短评写作的基本要求
      - 立论要具体，选题要集中
      - 问题要抓准，角度要新颖
      - 善于就实论虚，叙事出理
  - 编者按
    - 定义
    - 作用
      - “立片言以居要”
      - 引起读者注意，提高宣传效果
    - 种类
      - 政论性按语
      - 说明性按语
    - 表现形式
      - 文前按语
      - 文中按语
      - 编后
  - “配”评论
    - 定义
    - 好处
      - 有助于受众获得对新闻报道的立体化的认识
      - 有助于编者主动及时地对某一事件或问题发表意见
      - 有助于新闻评论本身的写作
    - 要点
      - 既依托报道，又深化报道
      - 既要讲条件，又要看需要
  - 走“进”新闻写评论
    - 内涵
    - 好处
    - 方式方法

【考点难点归纳(厚积薄发)】

考点一：短评

1. 短评的含义与特点(见表 20-1)　★★

表 20-1　短评的含义与特点

要点	具体内容
含义	短评是一种短小精悍、运用灵活的评论形式，篇幅一般在 600～1000 字，在报纸上较为常见
特点	①内容单一，论题集中，分析扼要。 ②依托新闻报道或社会现象，以新闻事实为根据，开门见山，一事一议。 ③“言近而旨远，词约而意深”
分类	①署名短评：代表个人，比较受读者欢迎。 ②不署名短评：代表编辑部集体意见，有较强的针对性、思想性和时间性

2. 短评的应用范围和写作要求(见表 20-2)　★★★

表 20-2　短评的应用范围和写作要求

要点	具体内容
应用范围	①为典型报道配发短评。 ②下列三种情况下配发短评：a. 媒体需要就某个问题发表言论，但不必要用社论的形式；b. 社论已就某个问题作总的阐述，但还应深入探讨；c. 问题有新的发展，需再进一步发挥。 ③某种新思想、新观点需要及时在群众中传播。 ④对某种时弊、倾向性问题或群众中的疑虑问题，需要及时针砭与解答
写作要求	①立论具体，选题集中。 ②抓准问题，角度新颖。 ③就实论虚，叙事出理

考点二：编者按(见表 20-3)　★★★★

表 20-3　编者按

要点		具体内容
含义		指对媒体所发表的新闻报道、文章进行简要的提示、评议、阐述或作补充说明的文字，正式表明编辑部的态度，一般采用于较为郑重场合和必要之处
目的		把新闻报道或文章中最精彩的、结论性的意见点出来，以引起受众注意，提高传播效果，被称为阅读报刊的“导游”
分类		包括：①政论性按语；②说明性按语
表现形式	文前按语	又称题下按语，居于文章或报道之前，在三种按语形式中，地位最为重要，编排位置最突出、显著
	文中按语	与新闻报道或文章相互配合、相互渗透的简短的编者评论。特点在于直截了当，灵活醒目，直接表明编辑部的立场、观点和态度
	编后	又称编后小议、编余等，是对新闻报道或文章的联想和发挥

考点三：“配”评论的好处与要领（见表 20-4）★★★

表 20-4　“配”评论的好处与要领

要点	具体内容
含义	指为配合某一特定的新闻报道而撰写的言论
好处	①有助于受众获得对新闻报道的立体化的认识。 ②有助于编者主动及时地对某一事件或问题发表意见，表明看法，既有大方向，又新鲜活泼，增加可读性。 ③有助于新闻评论本身的写作
要领	包括：①既依托报道，又深化报道；②既要讲条件，又要看需要

考点四：走“进”新闻写评论（见表 20-5）★★★

表 20-5　走“进”新闻写评论

要点	具体内容
内涵	评论员和记者一道深入采访一线，把新闻评论打造成独家新闻，既发挥采、写、编、评协同作战的整体优势，又提高评论的针对性和影响力
益处	①时效性强。 ②报道与评论优势互补、互相支持，相得益彰。 ③评论员根据观点的需要，做进一步的补充、延伸采访，获得更深刻的人生体验。 ④既可以写得更快，也能使评论员获得更丰富、更确切、更深刻的“观点信息”，与新闻贴得更紧，在竞争中发挥优势
方法	①要积极主动介入，敢于善于发出自己的“声音”。 ②不能以感性认识代替理性认识。 ③专注于理性的、本质性的东西，要从宏观层面认识和把握新闻事实。 ④学会理性思考

【考点拓展（触类旁通）】

需要配评论的新闻及配发言论的效应（见表 20-6）

表 20-6　需要配评论的新闻及配发言论的效应

要点	具体内容	
需要配评论的新闻	方向性新闻	即具有时代特点、体现时代精神、符合时代主旋律的人物、事物、经验、风尚、成就等客观现实
	批评性新闻	即批评和揭露具有代表性而又有普遍教育意义的违法乱纪、玩忽职守、侵害公众利益、扰乱社会治安、道德败坏等歪风邪气为内容的各种事件
	倾向性新闻	即着重报道有关在落实政策中出现的涉及倾向性问题的事实
	对比性新闻	对比性新闻可分为三种类型：①同一新闻人物、单位、地区的自身的纵向对比；②同一类型的人和事的横向对比；③将反映事物矛盾的两个不同侧面进行对照

续表

要点	具体内容	
配发言论的效应	强调	新闻稿件与言论的配合，有助于突出报道的意义和地位，使新闻宣传虚实结合，加重报道的分量。在理论与实际的结合上，显示报道的新闻价值，增强舆论的引导功能
	深化	新闻唯有与评论配合，才有可能借助评论的说理优势，通过由表及里、由此及彼的分析揭示事物的本质，深化报道思想，使读者不仅了解事实，而且理解事实
	协调	为报道配写评论，可从宣传报道的宏观上对报道发挥协调和平衡的功效。评论可与新闻采取不同的立论角度和表述方式，有助于补充新闻报道的某些欠缺，启迪人们辩证的思维和意识，调控舆论温度，以正确引导社会舆论

【评论佳作赏析（见贤思齐）】

让社会充盈诚信的空气

人以诚立身，国以诚立心。诚信既是公民道德的基石，也是社会有序运转的保证。这些年来，从社会主义核心价值观的提倡，到个人征信体系的建立，让诚信成为每个人在社会上的“通行证”，成为普遍共识和努力方向。［本段开门见山，论述了诚信对于个人与国家的重要性，即暗含本文的论点：让社会充盈诚信的空气。在涉及诚信话题评论写作时，可以引用该段］

然而，罗马并非一日建成。诚信建设，也绝非一朝一夕之功。就在前几天，由中国政法大学中国诚信建设研究中心主持完成的《中国诚信建设状况研究报告》正式发布。报告指出，中国诚信建设总体形势健康向上的同时，商业欺诈、制假售假、学术不端等诚信缺失问题，一定程度上已成为制约我国经济社会健康发展的顽症。数据更是显示，企业每年因不诚信导致的经济损失高达6000亿元。这样的问题，令人警醒之余，也提示我们，让诚信成为社会的底色，任重而道远。［本段指出虽然诚信很重要，但是仍然存在诚信缺失的问题，这些问题制约着我国经济社会的健康发展］

“巧诈不如拙诚”。对于每一个社会而言，诚信都是一股无法量化的道德力量，它既是维系社会运转的纽带，更是撬动历史进步的杠杆。有一个“砸冰箱”的故事，至今依然时常被人提起。上世纪80年代初，中国打开国门，众多企业纷纷引进电冰箱生产设备，“大干快上”。而在那个被形容为“纸糊的冰箱也能卖出去”的年代，海尔却破天荒地砸了76台冰箱，原因就在于：有瑕疵，质量不合格。而这一砸，也砸出了海尔“零缺陷”的质量意识：仅用四年，就拿到了中国冰箱行业的第一枚质量金牌。而随后几年，当市场供大于求，其他企业遭遇寒流纷纷宣布降价之时，海尔却不可思议地提价12%，用户依然争先恐后购买。这样的现象，根源恐怕就在于其不让消费者买到“瑕疵冰箱”的诚信意识。［本段采用举例子的论证方法，用海尔“砸冰箱”而拿到中国冰箱行业的第一枚质量金牌的故事论证了诚信对于企业发展的重要性］

不仅是企业，对于个人，更是如此。人而无信，不知其可。客观而言，从“乡土中国”步入“流动中国”，从“熟人社会”转变为“陌生人社会”，社会急剧转型，人口大量流动，的确容易给人带来陌生感。然而，这决不意味着，人与人的交往就可以成为“骗一次算一次”

的“一次性博弈”。恰恰相反，越是变动不居，诚信越是弥足珍贵、值得守护。守住诚信做人的底线，才能让人走出“丛林状态”，推倒不信任的高墙，相互之间也才能打开心门。古人讲，“以诚感人者，人亦诚而应”，说的正是这个道理。[本段论证了诚信对于个人的重要性]

“遵守诺言就像保卫你的荣誉一样”。诚信就像空气，用之不觉，失之难存，须臾不可离。在这个意义上，无论是定期发布诚信“红黑榜”，营造崇德向善、失信可耻的道德氛围，还是国家发改委、国家工商总局等38个部门联合签署《失信企业协同监管和联合惩戒合作备忘录》，合围“老赖”，抑或是政府、社会纷纷建立征信系统，“让失信者寸步难行、守信者处处受益”，说到底，都是要通过制度的刚性，守护社会主义核心价值，让社会充盈诚信的空气。[本段指出让社会充盈诚信空气的措施：通过制度的刚性，守护社会主义核心价值]

我们这个社会缺的不是对诚信的呼唤，而是对诚信的坚守。从对“虚假新闻”的声讨，到对“天价大虾”的反思，再到对老人跌倒扶不扶的讨论，各种道德事件就如同一块块三棱镜，折射出这样一种复杂的心理：一方面，内心认同诚信，对诚信缺失的不道德行为进行谴责；另一方面，当自己面对考验时，诚信却成了“无用的别名”，自己不愿意首先站到道德高地。回答这样的诚信命题，既需要明晰规则的边界，也需要确立个人的正信。[本段指出让社会充盈诚信空气的措施：既需要明晰规则的边界，也需要确立个人的正信]

“自不诚，则欺心而弃己，与人不诚，则丧德而增怨”。诚信，既是自己与他人的一份契约，更是自己与良心的一个约定。个人遵从良知，社会捍卫约定，诚信的殿堂才会一直灯火辉煌。

（来源：人民网－人民日报，2016-05-25；作者：陈凌）

20.2　课后习题详解

1. 短评的含义是什么？

答：短评是指篇幅短小、内容单一、分析扼要、使用灵便的编辑部评论。它根据党和政府的方针政策，常常配合新闻报道就现实生活和实际工作的某一个方面的问题，代表编辑部发言。在选题、评述范围、立论角度、篇幅、规格等方面，它比之社论要具体单一、轻便灵活、短小精悍，一般由编辑部的具体部门定稿，属于新闻评论中的“轻骑兵”。日前有相当一部分短评以专栏形式发表，以栏目所特有的稳定性吸引受众。

2. 在哪些情况下可以配发短评？

答：根据短评的特征，通常在以下几种情况下，适宜配发短评：

(1)为典型报道配发短评。短评经常从新闻中找主题，配合新闻发表，进一步阐明新闻的意义，交代必要的背景，作出适当的估价，或者在大量的事实中，取一个方面，从新的角度予以发挥，从而深化报道思想。

(2)下列三种情况下可配发短评：①媒体需要就某个问题发表言论，但按这个问题的重要性与显著性而言，不必要用社论的形式；②社论已就某个问题作总的阐述，但还应就某个侧面、某一点，再进行一些探讨；③问题有新的发展，需要根据新的情况结合实际再进一步发挥。

(3)某种新的思想，新的观点，需要及时在群众中传播，也常常采用短评的形式。

(4)对某种时弊、倾向性问题或群众中的疑虑问题，需要及时针砭与解答。

3. 撰写短评应注意哪些问题?

答: 撰写短评应注意如下问题:

(1)立论要具体，选题要集中。短评以新闻报道的某一客观事实或社会上存在的某一典型事实为立论的依据，一事一议，开门见山，有的放矢。

(2)问题要抓紧，角度要新颖。短评要做到短小精悍，贵在抓准关键问题与问题的症结，强调角度要巧，立论要新，切忌面面俱到、泛泛而谈。

(3)要善于就实论虚，叙事出理。就实论虚、叙事出理是短评的长处。短评是针对现实生活和实际工作中的某件事、某个问题的某个侧面阐发议论的，易于具体、深入、亲切。短评写作应注意借助典型事例，边叙边议说清道理；同时要善于借题发挥，宣传新思想、新见解，尽可能有点理论色彩。

4. 什么叫编者按?

答: 编者按是指对媒体所发表的新闻报道、文章进行简要的提示、评议、阐述或作补充说明的文字，正式表明编辑部的态度，一般采用于较为郑重场合和必要之处。编者按的显著特点是“立片言以居要”，目的在于画龙点睛，把新闻报道或文章中最精彩的、结论性的意见点出来，以引起受众注意，提高传播效果，常常被人们称为阅读报刊的“导游”。

5. 政论性按语和说明性按语有何区别?

答: 编者按就其性质和内容的不同，大致可分为政论性按语和说明性按语两类。政论性按语和说明性按语的区别如下:

(1)政论性按语一般包括以下四种情况:

①提纲挈领、简明扼要地把新闻报道和文章的中心思想点出来，进一步揭示事物的内涵和意义，帮助受众理解报道和文章发表的意图，提高阅读效果。

②联系新闻报道或文章，及时传达党和政府有关的最新指示精神，交代或重申有关问题的政策界限，有不少编者按语，原来就是党委负责同志的批示。

③满腔热情地肯定和赞扬社会生活中先进的经验和做法，严肃地批评错误的思想倾向和行为，也需要编者按及时抓住新闻报道中的典型，代表编辑部讲话。

④借题发挥，在新闻报道的基础上，将文章中所包含的思想再提高一步，使读者得到更多的理性的认识，强化报道的说服力。

(2)说明性按语旨在帮助读者理解新闻报道，补充说明一些情况，交代一些背景，如作者的身份、刊载的目的等等，以引起受众的兴趣和重视。

6. 按语有哪几种表现形式?写作要求有何不同?

答: 根据编者按在新闻报道中的不同位置，可将其分为三种表现形式：文前按语、文中按语和编后。这三种表现形式的写作要求如下:

(1)文前按语。又称题下按语，是最常用的形式。居于文章或报道之前，常以楷体或比正文大一号的字体排版。在三种按语形式中，地位最为重要，编排位置最突出、显著。

(2)文中按语。与新闻报道或文章相互配合、相互渗透的一种画龙点睛式的简短的编者评论。它的特点在于直接插入文中，标上括号，附在新闻报道或文章某句话、某段文字的后面，有感即发，有疑即注，有错即批，直截了当，灵活醒目，直接表明编辑部的立场、观点和态度。

(3)编后。又称编后小议、编者附记、编辑后记、编余等，是对新闻报道或文章的一点联想和发挥。它用于简要说明编辑部对有关新闻报道或文章的基本态度，多因事抒感，借题发挥，特别适用于一些已作过多次宣传的主题，从新的角度或用新的材料、新的论证方法，给以简单的、必要的说明。

7. 依托新闻报道配发评论有什么好处?

答：依托新闻报道配发评论是指为配合某一特定的新闻报道而撰写的言论。无论是社论、本报评论员文章，还是短评以及编者按、编后，它们都常常依托新闻报道发表。依托新闻报道配评论的好处主要有：

(1)有助于受众获得对新闻报道的立体化的认识。新闻报道一般是平面地向受众展示事物的现象。新闻评论通过对新闻报道进行由表及里、由此及彼的分析，可以进一步揭示新闻事件的要点、实质，进一步阐明党的方针政策，从而使受众对新闻事件有一个全面的、深刻的、清晰的认识。

(2)有助于编者主动及时地对某一事件或问题发表意见，表明看法，可以使版面中心突出，形式多样，既有大方向，又新鲜活泼，增加新闻报道的可读性。

(3)有助于新闻评论本身的写作。

①由于新闻评论依托报道所提供的材料来提出论题，引出由头，或者通过评价重大的典型报道，分析典型事件的意义，或者以典型报道中的事件为由，集中抓取新闻事件中的某一点，加以引申发挥，立论就具体、自然、及时，针对性特别强，与实际生活的联系也更为紧密。

②由于论述有具体的依托，主要通过对新闻事件的具体分析展开，论述有特定的范围，可以使理论与实际更紧密的结合，比较容易写得具体、深刻。

③由于开门见山，就事论理，还可以省掉许多论述的笔墨，使评论写得短而精。

8. “配”评论应注意把握哪些原则?

答：从具体实践来看，“配”评论一定要注意两点原则：

(1)既依托报道，又深化报道。

“配”评论，一定要根据具体的报道来立论，从报道中引出题旨，分析说理也要以报道中的事实作为根据或例证，这是必须遵循的前提。“配”，必须自始至终都围绕着新闻事实；揭示事实的本质，分析事实的是非，发掘事实的思想内涵，展示事实的认识价值，达到就事论理的目的。

(2)既要讲条件，又要看需要。

依托新闻报道配言论有前提，即要有合适的报道可以依托，有典型的报道可以引出题旨，并不是所有的报道都可以配。关键要根据内容来决定，不能因追求版面的多样而将言论作为一种装饰。

9. 走“进”新闻写评论有何优势? 应注意哪些问题?

答：走“进”新闻写评论是指评论员一改惯常被动为新闻“配”评论的做法，而是和记者一道深入采访一线，把新闻评论从“配角”提升为“拳头”，努力将它打造成独家新闻。特别对那些主题报道属于相对复杂的采编活动，为实现传播价值的最大化，必须采用各种报道形式，评论不仅不能缺席，更应该打通与报道的关节，走“进”新闻写评论，变“静态”评论为“动态”评论，尽量取得第一手资料。这样做既发挥采、写、编、评协同作战的整体优势，又提高评论的针对性和影响力，与“据报载”一类的评论不能同日而语。

(1)走“进”新闻写评论的优势

①新闻报道与新闻评论同时见报，时效性很强。

②报道与评论两者之间优势相互补充、观点互相支持，相得益彰。

③评论员在撰写评论的过程中，根据观点的需要，还会就某一个事实做进一步的补充、延伸采访，获得更加深刻的人生体验。

④评论员走“进”新闻写评论，既可以写得更快，也能使评论员获得更丰富、更确切、更深刻的“观点信息”，与新闻贴得更紧，从而在竞争中发挥“人无我有”的优势，应对新兴媒体对传统媒体的冲击。

(2)走“进”新闻写评论应注意的问题

①要“走得进”，要积极主动介入，参与主题的策划和确定，要敢于和善于发出自己的“声音”。

②还要“走得出”，不能以感性认识代替理性认识，要力戒陷入个人情感，失去理性思辨，乃至影响评论的力量和公正性。

③在采访中要顺瓜摸到藤，不能停留在关注感性的、细节的东西，更应专注于理性的、本质性的东西，要从宏观层面认识和把握新闻事实，从而发掘出闪光的珍珠。

④评论员走“进”新闻写评论固然十分必要，但是对作为主要采写新闻报道的记者而言，也应该努力学会理性思考，这有助于提炼新闻的主题，把握报道的思想性和准确性，也可自己直接配评论，力求成为多面手。

10. 尝试依托一篇具体报道(可以自选)，撰写文前、文中按语和编后各一则。

答：参考示例：

(1)报道材料

县市驻京办撤销在等正式文件

“确有其事、草案有了、已经听说……”

近日，“撤销县市驻京办”的新闻在媒体上炒得沸沸扬扬。“驻京办”这个特殊单位再次被推到了风口浪尖。昨日记者采访发现，各个驻京办门前仍是车水马龙。“撤销县市驻京办”是不是“只闻楼梯响，不见人下楼”呢？国务院相关部门的工作人员向记者透露：

“撤办令”确有其事

尽管一再表示“不接受采访”，但在昨天的电话连线中，掌握着数千家驻京办去留“生死大权”的国务院机关事务管理局驻京办管理司的一位工作人员仍然透露了一个重要的消息：“已经有一个文件草案，正在领导手里。”

据他介绍，之前某杂志的报道内容“绝大部分都是草案内容”，但由于涉及的相关问题和单位都比较多，仍在“紧张地修改”。

至于文件的颁布时间是否如报道所说的“6个月内实施”，他含糊地表示“应该会很快，但具体时间不方便透露。”同时，他告诉记者，管理司近日可能会举行新闻发布会，对“撤办令”进行解释说明，欢迎媒体前来报道。

据不完全统计，目前在北京，副省级以上单位的驻京办有52家，市级单位驻京办520家，县级单位驻京办5000余家。加上各级政府职能部门及各类开发区管委会设的联络处(办事处)等，各种驻京机构超过1万家。据国务院机关事务管理局有关人士介绍，目前仅52家省级驻京办就有工作人员约8000人，其中机关约1300人，所属宾馆、饭店、招待所约6700人。

根据此前报道的内容，县、县级市、旗、市辖区人民政府以各种名义设立的驻京办成为了“撤办令”的首批目标。

(2)文前、文中按语和编后

①文前按语

近日有媒体报道，有关主管部门刚出台的一个关于加强和规范各地政府驻京办事机构管理的红头文件显示，在未来的6个月内，数千家驻京办将被撤销完毕。近些年驻京办的腐败和各种违规问题，常使其成为舆论抨击的焦点。您认为驻京办是否有继续存在的意义？驻京办的职能需做哪些方面的转变？

②文中按语

驻京办一般有两大职能，一是“跑部钱进”，通过跑部委，经过一番运作，要来项目和经费。二是接待来京地方官员，向地方要员提供各种服务和便利。有人总结道：驻京办要“事事以领导满意为宗旨，事事以招商引资为取舍，事事以项目服务为目标。”“跑部钱进”耐人寻味，难道真的不跑部委就要不来项目和经费吗？事实上，在一些情况下，正因为不跑部就要不来钱，才客观上催生驻京办的存在并发展壮大。

③编后

驻京办一面是向上跑部“钱”进，为要资金、要项目打探消息，请客送礼，而另一面，却经常向本地的上级单位要财要物，向下级单位摊派任务，实现着北京的项目与地方的利益二者的捆绑，甚至是权钱交易。这种灰色地带的形成自然使驻京办的角色更加逐利，因此也就形成外派干部独身在外的庸俗商业主义。可见，不摘了驻京办那顶几方面都非常好使、而且八面玲珑的官帽，就不可能让驻京办完成它自身的转型。这一点，在地方政府的历次精兵简政中都有过非常深刻的教训。

20.3 考研真题与典型题

20.3.1 概念题

1. “配”评论
2. 编者按(山东师大2016年研；陕西师大2015年研；上海财大2010年研；湖南大学2005年研)

相关试题：按语(山东大学2010年研)

3. 短评(山西大学2019年研；中国传媒大学2015年研；湖南大学2012年研；上海财大2007年研；吉林大学2007年研)
4. 文前按语
5. 文中按语
6. 编后

7. 政论性按语(中国传媒大学 2016 年研)
8. 说明性按语(云南大学 2015 年研)

20.3.2　简答题

1. 文前按语、文中按语及编后各有什么特点?
2. 怎样写出好的短评?
3. 短评写作的基本要求有哪些?(南京师大 2008 年研)
4. 哪些新闻事实需要配发评论?(东北师大 2005 年研)
5. 为新闻稿配评论与单独写评论有什么不同?并说明为什么。(大连理工 2004 年研)
6. 新闻报道为什么要配发新闻评论?(湖南大学 2019 年研)

20.3.3　实务题

1. (1)根据以下材料撰写两条不同角度的消息导语，每条导语不超过 120 字，按 2017 年 9 月发稿的要求写作。

(2)就此话题撰写一篇 500 字左右的评论并自拟评论标题。(汕头大学 2018 年研)

参考材料:

“慢火车”是一种富有感情的称呼，代表着绿皮、无空调、车站多、速度慢、票价低……在成昆铁路上，现在运行两对“慢火车”，5633/34 次往返于攀枝花至普雄，5619/20 次往返于普雄至燕岗。42 岁的阿西阿呷当了 19 年“慢火车”列车长。她说，这趟“慢火车”两个车次还是一趟车跑，跟着车跑一个来回需 4 天。这趟火车穿越凉山州贫困彝族山区，其中喜德、越西均是国家级贫困县。在阿西阿呷印象中，最依赖“慢火车”的地方在喜德县和越西县的联合乡站至上普雄站之间，72 公里铁路沿线的彝族山区，多数没通汽车，几十年来“慢火车”是当地百姓出行的最重要交通工具。

来自成都铁路局的数据显示，这趟“慢火车”的客流 95% 是彝族百姓，5% 是沿途小站的沿线职工。自 1970 年 7 月 1 日成昆铁路通车以来，这列“慢火车”已行驶了 47 年，全程 353 千米，运行约 10 小时，平均时速不到 40 公里：途经大小 26 站，其中 18 个小站，没有售票点，乘客先上车再补票。火车穿越贫困彝族山区，票价 22 年未涨，最低 2 元，最高 24.5 元；坐火车的除了人和货物外，还有鸡、鸭、鹅、猪、狗、羊等，早些年还有牛和马。

成都铁路局党委宣传部工作人员表示，2016 年，有网友上传“‘二师兄’(猪)上火车”的视频，意外带火了“慢火车”，慕名前来的记者、游客越来越多，“慢火车”虽长年亏本，但会继续开下去。“这是一趟运输车、公交车、扶贫车、校车……”当了 19 年“慢火车”列车长的阿西阿呷如此总结它的特殊。“慢火车”上，学生身影越来越多。16 岁的依火红敏就读于四川凉山州西昌二中高一(5)班，是一名彝族学生，家住距学校 110 多公里之外的喜德县沙马拉达乡。那里是贫困彝族山区，乡上没有初中，也没有班车通往县城，村民外出主要依赖每天一趟的火车。依火红敏在车站里看到过普快、特快，在电视上看到过高铁，但她至今只坐过“慢火车”。9 年前，她走出大山去喜德县城读二年级，以后又到西昌读初中、高中。在校读书的每个周末，她都坐 5633/34 次火车上学、回家。西昌至沙马拉达，3 个多小时的车程，票价 8.5 元。这趟火车给了她外出求学的机会。

这列“慢火车”经过的一个小站是月华站，距离此站约 800 米有个月华中学。据阿西阿呷估计，周五下午，月华中学有500名~600名学生坐“慢火车”回到山区的家；周六中午，在西昌读书的500~600名学生坐“慢火车”回家，他们统一坐周日一早的“慢火车”返校。

某种意义上，“慢火车”是山区彝族学生的“校车”。有统计数据显示，目前，每逢周五到周日，有6000多人次的学生搭乘“慢火车”上、下学，主要集中分布在喜德、冕宁、月华、西昌等车站。往普雄方向，“慢火车”经过月华站的时间是14点02分，为了让学生赶上车回家，月华中学每周五的放假时间为13时30分。

月华中学语文老师耿飞表示，该校有1900多名的学生，一半是彝族学生，很多学生需要坐“慢火车”回家，每次学校放假时间会根据“慢火车”的时间作相应调整。耿飞的老家在越西县新民镇新民村。2008年，为了冲刺高考，他从县里转到西昌读高三，这一年的求学、补课都通过坐“慢火车”完成。经过一年奋斗，耿飞考上了大学。他表示，“如果没有‘慢火车’，我可能就没有机会外出求学，人生轨迹都不一样了。”把农副产品卖出去，把生活必需品买回来，这趟慢行的火车维持着山区彝族百姓的生活。临近彝族新年的时候，彝族百姓采购大量过节食品，导致“慢火车”爆满，连车门旁都塞满了米、油、菜、水果等物品。成都铁路局西昌客运段相关负责人表示，“慢火车”有很多特殊之处，有些甚至不符合铁路规定，采取了灵活处理，一切都是为了方便沿途的彝族百姓。

2016年，“慢火车”迎来“大变身”，5~11节车厢拆掉两排座位，改造出大件行李区，方便乘客堆放货物；每趟“慢火车”的第一节或最后一节改造成行李车，专门用来放乘客携带的鸡、鸭、鹅、猪、狗、羊等活物。

阿西阿呷证实，2016年，“慢火车”发车时间比现在要晚约4小时，由于时间太晚，山区彝族百姓常常带两个手电筒以便下车后摸黑赶路，“他们的家离车站远，一个手电筒照不到家”，于是，就调整了“慢火车”的时间。

46岁的阿火伍呷莫选择和鸡群同坐行李车。她是越西县普雄镇人，她从喜德买鸡，坐“慢火车”把20只鸡拿到普雄卖，每只能赚2元多。阿火伍呷莫有4个小孩，一个在西昌读高中，三个在老家读小学。她长年靠贩鸡供孩子读书。吉来阿果莫是普雄镇什木地村人，贩鸡10余年，把小鸡从喜德拿到普雄、甘洛去卖，一只能赚1元~2元的差价，每周贩两三次。

列车长阿西阿呷说，“慢火车”养活了一批小贩，他们利用“慢火车”往返，赚中间的差价。52岁的布尔依哈是普雄瓦吉木村人，他去冕宁采购大米和白菜，3、4天进一次货，再用“慢火车”拉回普雄，老婆和儿媳在普雄市场上卖，三人一月能赚1万多元。布尔依哈生意的“成功”，离不开“慢火车”长年的低价运行。上千斤的大米和白菜，布尔依哈一次的运输成本仅45元，来回火车票10元。如果没有“慢火车”，一顿货从冕宁拉回普雄，仅汽车费要120元。

耿玉坤在沙马拉达站工作30年，在他眼中，彝族山区变化很大。现在，很多彝族年轻人外出打工，外出读书的学生也越来越多，“村民都把家建在铁路边上了”。沙马拉达站副站长王志刚是喜德县彝族人，他表示，早些年，彝族人很保守，不少人反对把农副产品拿出去卖，认为这是败家；也反对年轻人出去打工，认为打工女的不好嫁，男的是混混，但现在不一样了。老家在越西县彝族贫困山区的阿西阿呷表示，过去，彝族存在重男轻女现象，像她读一年级时班上有5个女生，读到二年级时只有2个了，但现在变了，彝族人越来越重视教育，很多彝族女孩外出读书。

在“慢火车”上，阿西阿呷还协助过十余名孕妇到医院生孩子，因为城里的医院免费提供生育服务，孕妇都坐“慢火车”去大医院生产了。目前，成昆铁复线正在建设中，预计2021年建成通车，车速将大大提高。成都铁路局党委宣传部工作人员表示，事实上，在最依赖“慢火车”的彝族山区，复线并未在此设站，当地百姓将继续高度依赖“慢火车”出行。“慢火车”肯定会继续运营下去。公开报道显示，目前，全国仍开行“慢火车”81趟，占普速旅客列车开行总量近6%，去年共运送旅客近3000万人次；“慢火车”平均客座率不到40%，铁路部门亏损运营。

2. 请为下面的新闻配写一则800字左右的短评，标题自拟。（四川大学2015年研）

参考材料：

多地“出招”广场舞扰民　郑州预与企业联手止“闹”

近期，部分城市广场舞扰民现象频遭吐槽，都市大众文化在“空间”非议争执中，理性对待需求已出现新常态、新举动。据报道，无论是职能部门酝酿的新规，还是业主赠送耳机化解扰民“恩怨”，其积极行动都将放大这一都市文化的新活力与共融空间。

省会郑州也相继被曝出现广场舞纷争，在其权益理性之下，广场舞纠纷到底该如何解决？将迎何新变化？本网进行了梳理关注。

现象：广场舞受宠　遭扰民困扰

据媒体报道，自广场舞风靡都市以来，不少城市相继爆发大量的广场舞负能量，北京有人曾朝天鸣枪、放藏獒驱赶，武汉大妈遭泼粪，宁波居民砸酒瓶抗议，石家庄居民不堪忍受广场舞噪音准备搬家，写投诉信、扔死老鼠，打110报警等等。面对广场舞噪音扰民问题，各地“高招”频出。

郑州也不例外，自去年10月份以来，大量有关广场舞扰民的报道频入视野。

2013年9月有网友发帖称，郑州东大街紫荆山一广场，每天早上不到6点就开始播放广场舞的音乐，老人、孩子都无法入睡，严重影响市民正常生活。

2013年10月9日河南商报以《郑州很多小区广场舞扰民　专家称根源在规划缺陷》为题报道紫荆山路与陇海路交叉路口、郑州市大学路与长江路交叉口附近的长平游园，郑汴路与未来路交叉路口某小区等广场舞噪音扰民。

2013年12月17日大河报报道称，12月9日当天广场上有将近40个团队晨练，偌大的人民公园竟难觅一个安静之处。

2014年8月13日郑州晚报报道，郑州桐柏路和陇海路交叉口西南角的儿童公园噪音扰民。

近期，本网发现，在郑州被曝纷争区域广场舞依旧热闹非凡，附近居民仍饱受困扰。

行动：公共空间权益之争引关注

“广场舞成为都市新宠、大众文化，满足了很多老年人的精神文明需求，郑州很多社区舞队，基本是自娱自乐，不少组织者或不收费，或每人每月筹1元2元的维持电费什么的。不仅是大家都愿意接受的合理空间，而且还得到了锻炼和健康，这就是需求的力量。至于出现的争议，还需更多的职能部门的理性引导和社会认同、关爱。”郑州市一退休老干部如是诠释广场的魅力。

据梳理透视，在部分广场舞扰民的地方，不少地方居民在呼吁政府出台相关政策，媒体也提倡立法不如规范。

据了解，目前针对广场、社区晚上娱乐声音过大、时间过长的扰民问题，不少城市已开始行动。其中，三亚市文体局要求，广场舞活动时间不得超过晚上10点，音响音量须控制在60分贝以下；成都一政协委员五次提议应制定《城市公共区城广场歌舞管理条例》，从立法层面规范唱歌跳舞的时段、总人数、音量分贝数、扬声设备和乐器等；广州将出台的《广东市公园管理条例》将规定公园噪音控制措施，拟实行噪音“四限”，限音量、限时段，限区域及限设备；南京相关部门正酝酿出台政策。

观察：郑州尚无部门规范

记者在郑州多个广场舞队伍走访发现，不少舞队负责人均表示，广场舞最重要的就是氛围，称如果音量太小队伍稍大点就有很多人听不到声音，更不用说氛围了。

其中，郑汴路上舞队负责人王阿姨表示：“跳广场舞本身就是为了娱乐锻炼身体，老年人也就早晚聚到一块跳会儿，如果还要受到各种限制，还怎么能愉快地健身。要是有什么方法，既不影响别人休息，又能让我们好好跳广场舞就好啦!”

对此，郑州居民赵女士表示：“广场舞其实挺好的，只要政府能够出台相应的管理办法，有效地控制时间、场地，就不会有太大的影响。”

采访中，郑州市多部门表示，广场舞扰民问题郑州不算突出，短期内可能不会有行动。

央视屡出镜　郑企预联手解“闹”

采访中，在查阅央视焦点访谈关注广场舞扰民镜头中，反复出观的一款耳机引起记者注意，依据此线索，本网找到了该产品的生产厂家，希望得到启发。

“央视关注广场舞扰民事件，镜头中出现我们的产品是个意外，不久就有媒体联系我，看能不能生产出让老年人带上跳广场舞的耳机。随后，我们便推出了全国第一款广场舞耳机，当时给贵州赞助了一些，没想到竟然上了央视报道。”采访中，郑州广场舞耳机的生产厂家总经理李文武称。

据李文武介绍，该公司一直从事无线耳机的研发、生产、销售，除英语四六级听力耳机外还有部分产品是应市场场馆、景区解说等特定人群专用，无意中启发了广场舞爱好者，给我们的震动不小。央视报道后，越来越多的人开始尝试使用广场舞耳机，后期我们根据使用者的调查回访意见，对广场舞耳机的新产品进行了一系列的改进升级，争取让舞者用起来轻巧舒适。

“这段时闻，我在网上看一些关于郑州广场舞纷争的报道，作为本土企业应该承担力所能及的责任，正筹备捐一批广场舞耳机，让郑州的广场舞爱好者能开心地跳起来，希望广大媒体朋友能共同努力，寻求合适的部门引导。”李文武表示。

事实表明，广场舞耳机解决扰民问题并非遐想，媒体报道称，近期浦东街社区有一支金凤凰舞蹈队已用上了无线发射装置的播放器和无线耳机。跳舞的大妈们表示，戴上耳机跳舞，不再担心扰民，舞步也更轻快了。

20.4　考研真题与典型题详解

20.4.1　概念题

1. “配”评论

答：“配”评论是指为配合某一特定的新闻报道而撰写的言论。无论是社论、本报评论员文章，还是短评以及编者按、编后，它们都常常依托新闻报道发表。新闻事实是否值得配评论取决于它是不是有值得评论的价值，当新闻报道触及社会生活中迫切需要解决的矛盾，包含有启示性、解惑性的思想和观点时，就值得配写评论。

2. 编者按(山东师大2016年研；陕西师大2015年研；上海财大2010年研；湖南大学2005年研)

相关试题：按语(山东大学2010年研)

答：参见本章课后习题第4题答案。

3. 短评(山西大学2019年研；中国传媒大学2015年研；湖南大学2012年研；上海财大2007年研；吉林大学2007年研)

答：参见本章课后习题第1题答案。

4. 文前按语

答：文前按语，又称题下按语，是最常用的按语形式。它居于文章或报道之前，常以楷体或比正文大一号的字体排版。在三种按语形式中，地位最为重要，编排位置最突出、显著。写作要求言简意赅，常使用论断性语言，不必重复叙述新闻中的事实，也无需组织论证，只要直接、鲜明地提出论断即可。文前按语不要拟标题，也不宜署名。

5. 文中按语

答：文中按语，是指与新闻报道或文章相互配合、相互渗透的一种画龙点睛式的简短的编者评论。它的特点在于直接插入文中，标上括号，附在新闻报道或文章某句话、某段文字的后面，有感即发，有疑即注，有错即批，直截了当，灵活醒目，直接表明编辑部的立场、观点和态度。

6. 编后

答：编后，又称编后小议、编者附记、编辑后记、编余等，是对新闻报道或文章的一点联想和发挥。它用于简要说明编辑部对有关新闻报道或文章的基本态度，目的是深化新闻报道的主题和报道思想，给人以深思的余地。编后的写作要求论题单一，分析扼要，不宜重复新闻中的事实，只要点出思想即可，可拟标题，也可不拟；可以署名，也可不署。

7. 政论性按语(中国传媒大学2016年研)

答：政论性按语是编者对新闻或文稿所加的简短的评价或议论性文字，或者提纲挈领地点明报道的中心思想，传达最新的指示精神，划清是非界限和政策界限，或者是运用褒贬提示、引申生发等方式，通过个别启发一般。它具备四项功能：①提纲挈领、简明扼要地把新闻报道和文章的中心思想点出来，进一步揭示事物的内涵和意义，帮助受众理解报道和文章发表的意图，提高阅读效果；②联系新闻报道或文章，及时传达党和政府有关的最新指示精神，交代或重申有关问题的政策界限；③肯定和赞扬社会生活中先进的经验和做法，批评错误的思想倾向和行为，编者按需要及时抓住新闻报道中的典型，代表编辑部讲话；④借题发挥，在新闻报道的基础上将文章中所包含的思想再提高一步，使读者得到更多理性的认识，强化报道的说服力。

8. 说明性按语(云南大学2015年研)

答：说明性按语是指对发布稿件的背景、用意，对稿件的来源、作者的情况等加以说明的文字，它对稿件中某一句话、某一个字作解释和说明，以帮助读者准确地了解其意思。在策划性选题的报道中，编辑经常采用说明性按语对整个报道的背景和宗旨加以说明。另外，在推出新的专栏时，也往往采用“编者按语”“开栏的话”等来向读者说明开辟此栏的宗旨与目的，顺带向读者约稿。

20.4.2 简答题

1. 文前按语、文中按语及编后各有什么特点?

答：文前按语、文中按语及编后为按语的三种表现形式，其各自特点如下：

(1)文前按语，又称题下按语，在广播、电视中称为编前话。其基本特点包括以下方面：

①行文提纲挈领，文字简明扼要，不必复述所依附的报道或文稿的内容，只需直接提出编者的看法和观点。

②以编者身份发言，通常情况下不署名，也不拟制标题。

(2)文中按语，又称文间按语，是报刊上独有的按语形式。其基本特点包括以下方面：

①与所依附的报道既相互配合，又相互融合，编者可以直接评价、分析文中的内容和提法，议论的针对性很强。

②有感即发、有疑即注、有错即批，随时评点，使用方便，运用灵活，有助避免传播中的副作用。

③文字简练、鲜明泼辣，与上下文衔接自然，便于阅读，易于理解，适合读者的认识规律和接受与理解。

(3)编后，又称编余、编后小议、编辑后记等，在广播电视中称为编后话。其基本特点包括以下方面：

①编后在发表形式上与前两种按语不同，它位于新闻报道或文稿之后，结构更为完善，可以有标题，也可以署名。

②编后在写作要求上与前两种按语有所不同，写法上更接近随感短评，需要必要的分析议论，也可以抒情、联想和借题发挥。

③编后在功能上与前两种按语的侧重点不同：文前按语冠于文首，大多起强调、提示的作用；文中按语穿插于字里行间，大多起注释、点拨的作用；编后置于文末，大多起引申、生发的作用。

④编后在运用上比前两种按语灵活多样，不仅可以配合新闻报道或文稿，图片、图表、漫画等也可以配写编后。

2. 怎样写出好的短评?

答：要写出比较好的短评应从以下几方面着手：

(1)观点集中。短评属于小文章，切忌面面俱到。选准切入点，深入剖析往往能出奇制胜。

(2)题目要能吸引眼球。没有好标题，文章再好也没人看。如写评价毛泽东的文章《岂能用数字比例评价领袖人物》，叫此名时点击量极少，后改为《能用三七开评价毛泽东吗》点击量猛增几十倍。

(3)选好主题之后一定要多搜索材料。选用最精的上等材料，吸收最精彩的观点，在此基础上发挥，自然能胜人一筹。

(4)要注意文采。言之无文，行之不远。能用艺术语言表达，就不要用书面语言表达。要善于化繁为简，用形象比喻解读复杂道理。这样文章就增加了信息量和可读性。

(5)文章一般控制在1000字左右，这适合人的阅读习惯。行文要注意层次，逻辑关系越鲜明，人们越爱读。

(6)如果在网上发帖，没有编辑，需要自己对自己负责。文章写完后先用文档自动校对，然后仔细阅读两遍，确实没有错误再发帖不迟。

3. 短评写作的基本要求有哪些？（南京师大2008年研）

答：参见本章课后习题第3题答案。

4. 哪些新闻事实需要配发评论？（东北师大2005年研）

答：参见本章课后习题第2题答案。

5. 为新闻稿配评论与单独写评论有什么不同？并说明为什么。（大连理工2004年研）

答：为新闻稿配评论是指为配合某一特定的新闻报道而撰写的言论。无论是社论、本报评论员文章，还是短评以及编者按、编后，它们都常常依托新闻报道发表。为新闻稿配评论，主要面对新闻事实发表意见，很少对作者和作品本身进行评价或赏析。单独写评论是在媒体实施精品化战略的过程中，评论员一改惯常被动为新闻“配”评论的做法，而单独进行评论写作，把新闻评论从“配角”提升为“拳头”，努力将它打造成独家新闻。事实表明，这样做既发挥了采、写、编、评协同作战的整体优势，又提高了评论的针对性和影响力。为新闻稿配评论与单独写评论的不同之处有：

(1)“配”评论主要面对新闻事实发表意见，很少对作者和作品本身进行评价或赏析。相对于单独写评论而言，为新闻稿配评论有以下好处：

①由于新闻评论依托报道所提供的材料来提出论题，引出由头，或者通过评价重大的典型报道，分析典型事件的意义，或者以典型报道中的事件为由，集中抓取新闻事件中的某一点，加以引申发挥，立论就具体、自然、及时，针对性特别强，与实际生活的联系也更为紧密。

②由于论述有具体的依托，主要通过对新闻事件的具体分析展开，论述有特定的范围，可以使理论与实际更紧密的结合，比较容易写得具体、深刻。

③由于开门见山，就事论理，还可以省掉许多论述的笔墨，使评论写得短而精。

(2)单独写评论与“据报载”一类的评论是不能同日而语的，其好处在于：

①新闻报道与新闻评论同时见报，时效性很强。

②报道与评论两者之间优势相互补充、观点互相支持，相得益彰。有时评论是就报道中的某一个事实发表观点，实际上起到了提升的作用。

③评论员在撰写评论的过程中，根据观点的需要，还会就某一个事实做进一步的补充、延伸采访，获得更加深刻的人生体验。

6. 新闻报道为什么要配发新闻评论？（湖南大学2019年研）

答：配发新闻评论是指为配合某一特定的新闻报道而撰写的言论。无论是社论、本报评论员文章，还是短评以及编者按、编后，它们都常常依托新闻报道发表。新闻报道配发新闻评论的的原因主要有：

(1)有助于受众获得对新闻报道的立体化的认识。新闻报道是平面地向受众展示事物的现象。新闻评论通过对新闻报道进行由表及里、由此及彼的分析，可以进一步揭示新闻事件的要点、实质，进一步阐明党的方针政策，从而使受众对新闻事件有一个全面的、深刻的、清晰的认识。

(2)有助于编者主动及时地对某一事件或问题发表意见、表明看法。可以使版面中心突出，形式多样，既有大方向，又新鲜活泼，增加新闻报道的可读性。

(3)有助于新闻评论本身的写作。理由如下：①由于新闻评论依托报道所提供的材料来提出论题，引出由头，或者通过评价重大的典型报道，分析典型事件的意义，或者以典型报道中的事件为由，集中抓取新闻事件中的某一点，加以引申发挥，立论就具体、自然、及时，针对性就特别强，与实际生活的联系也更为紧密。②由于论述有具体的依托，主要通过对新闻事件的具体分析展开，论述有特定的范围，可以使理论与实际更紧密地结合，比较容易写得具体、深刻。③由于开门见山，就事论理，还可以省掉许多论述的笔墨，使评论写得短而精。

20.4.3　实务题

1. (1)根据以下材料(材料略)撰写两条不同角度的消息导语，每条导语不超过120字，按2017年9月发稿的要求写作。

(2)就此话题撰写一篇500字左右的评论并自拟评论标题。(汕头大学2018年研)

答：(1)导语一：(本报讯　记者××)每逢周五到周日，有6000多人次的学生搭乘“慢火车”上、下学，“慢火车”经过月华站的时间是14点02分，为了让学生赶上车回家，月华中学每周五的放假时间为13时30分。某种意义上，“慢火车”是山区彝族学生的“校车”。

导语二：(本报讯　记者××)72公里铁路沿线的彝族山区，多数没通汽车，“慢火车”是当地百姓出行的最重要交通工具。自1970年7月1日成昆铁路通车以来，这列“慢火车”已行驶了47年，这是一趟运输车、公交车、扶贫车、校车……

(2)评论参考示例：

慢火车，高铁时代的“幸福快车”

1970年通行至今的成昆铁路上的“慢火车”，全程运行353公里，单程全票价24.5元，经停26个小站，最低票价2元钱，乘客们多是沿线贩卖货物的村民。数十年来，它在山区人民生活中担当了什么角色？又是谁在守护山区百姓出行的畅通？

它是地方政府心系百姓、精准扶贫，守护山区人民的“致富车”。6162/6161次列车全程运行351公里，经停22个小站，沿途地区贫困县、贫困村和贫困群众较多。开行“慢火车”不仅仅使县、乡、村之间能够流通起来，而且盘活了当地红色旅游、农副产品深加工等资源，解决了老百姓进出山困难的问题，是山区人民的“致富车”。

它是铁路职工敬业爱岗、甘于奉献，守护百姓出行的“安全车”。6162/6161次列车运行的这条线路的特点是：弯道多、曲线半径小；沿途隧道多，一些地方出了隧道就是桥，桥隧相连；限速变化点多；线路起伏转换坡道大……这些硬件设施的不利条件，给机车驾驶和线路维护保养都带来一定困难。数十年来，铁路职工们兢兢业业、全力以赴，确保了“小火车”的安全。

它是践行“人民铁路为人民”的根本宗旨、守护高铁时代的“慢火车”。“慢火车”不仅承载了山区群众与外面世界的交流，更是群众进城、就学、求医、赶集、回家的生命线、实惠车。高铁时代虽然来临了，但只要人民还需要，这条路线依旧会开下去，“慢火车”也承载着铁路为人民服务的浓浓情怀。

对铁路来说，“慢火车”带来的社会效益要远大于经济效益，但是倘若过多执着于经济层面，“慢火车”也将失去了它的意义。保留“慢火车”，让“慢火车”成为高铁时代的“幸福快车”吧。

2. 请为下面的新闻（材料略）配写一则800字左右的短评，标题自拟。（四川大学2015年研）

答：参考示例：

“耳机广场舞”跳出了怎样的尴尬

广场舞，因为场地要求低、投入少、健身效果好而深受广大中老年人欢迎，但曾几何时，广场舞沦为声名狼藉的噪音污染源。近日，成都市试点广场舞的“静音模式”，受到网友一片点赞的同时，也被很多舞者吐槽和诉委屈。广场舞能否一“静”了之？“耳机广场舞”又跳出了怎样的尴尬？

成都市中心的人民公园近日购买了100个无线调频耳机，至今已邀请4个团队体验“无声广场舞”。对于这一尝试，网友和市民点赞声一片。但26日记者走访发现，无声试验之后，人民公园广场舞的分贝依旧，大部分舞者对于戴耳机跳舞难以接受，“不习惯”“没氛围”“戴着累赘”“戴久了耳膜疼”，这些都成为舞者诉委屈的理由。

成都的尝试值得肯定，但实际推广却遇到尴尬。广场舞之所以迅速风靡全国，就在于它强烈的现场感染力，旁观者可以随时加入并跟上节奏，而“默舞”的方式改变了这项全民健身运动的初衷，因此舞者一时难以接受也情有可原。

近年来，广场舞噪音扰民越来越引起人们的反感，由于官方管理的失位，各地居民开始自发以各种手段进行反击。泼粪、鸣枪、放藏獒、甚至有市民花26万元购置高音炮以噪制噪，这些方式让人错愕，结局也是两败俱伤。有网友甚至戏谑称，激情的广场舞已成了“新时期的人民内部矛盾”。

广场舞的“尴尬”，折射出的是老人健身诉求与公共空间的矛盾，也反映出健身场地难以满足百姓需求的尴尬事实。这一方面来自法律法规的缺失、社会管理的失范，另一方面则来自人们公共意识的缺乏、人与人之间沟通的不畅。化解广场舞的“尴尬”，不仅考验城市管理者的智慧，也考验着我们的社会文明和个人修养。

梁晓声笔下的“文化内涵”有四句话：“植根于内心的修养，无需提醒的自觉，以约束为前提的自由，为别人着想的善良。”广场舞的对立双方在对骂、激战、以噪制噪、以暴制噪之时，如果能以更温和的方式春风化雨，那么一个小小的广场舞或许惹不出这么多“大麻烦”。希望“激战”的双方尽快化戾气为和气，多从对方的角度考虑问题，对话协商出一个理想的“分贝”，让广场舞尽快回归健身怡情的初衷。

（来源：《新华每日电讯》，2014-04-29；作者：李倩薇）

第二十一章　新闻述评

21.1　复习笔记

【知识框架（庖丁解牛）】

- 新闻述评
  - 新闻述评的含义
  - 新闻述评的特点与长处
    - 特点：夹叙夹议、边述边评
    - 长处
      - 从理论和实践的结合上分析问题，更有针对性
      - 从点和面的结合上说明问题，更有普遍性
      - 有述有评、评述结合，更有灵活性
  - 新闻述评的渊源与类别
    - 新闻述评的渊源
    - 新闻述评的类别
      - 形势述评
      - 事件述评
      - 工作述评
      - 思想述评
  - 新闻述评写作的基本要求
    - 写好由头，巧用背景
    - 夹叙夹议，虚实结合
      - 就事论理，就实论虚
      - 总括论点，以虚带实
      - 逻辑论证，丝丝入扣
  - 经济评论与其他评论
    - 经济评论
    - 文艺评论
    - 军事评论
    - 国际评论

【考点难点归纳（厚积薄发）】

考点一：新闻述评（见表 21-1）★★★

表 21-1　新闻述评

要点	具体内容
含义	又称记者述评或述评新闻，是一种以事实为基础的评论，以评论为核心的新闻。一般用评述结合的方式，从理论和实践的结合上及时分析形势，揭示事物本质，指明前进方向，现实性和指导性强
特点	夹叙夹议、边述边评，在叙述新闻事实的同时，作者直接发表议论，表示观点，借以揭示新闻的本质，帮助读者理解新闻本身的意义

续表

要点	具体内容
长处	①从理论和实践的结合上分析问题，更有针对性。 ②从点和面的结合上说明问题，更有普遍性。 ③用有述有评、评述结合的方法论证问题，更有灵活性
类别	包括：①形势述评；②事件述评；③工作述评；④思想述评
写作要求	①写好由头，巧用背景。 ②夹叙夹议，虚实结合

考点二：经济评论与其他评论 ★★

1. 经济评论（见表 21-2）

表 21-2 经济评论

要点	具体内容
含义	指关于经济生活和经济工作方面的评论或议论，主要是随着经济工作的发展，把握其脉搏，针对经济工作中客观存在的矛盾提出问题，推进整个国民经济的健康发展
写作要领	①时效性强、贴近百姓。 ②切入点小、 以小见大。 ③尖锐泼辣、直抒胸臆。 ④讲究艺术、辩证说理

2. 文艺评论（见表 21-3）

表 21-3 文艺评论

要点	具体内容
含义	指对文艺创作、文艺现象进行观察与评价，对文艺倾向、文艺思潮进行评判与引导的带有文艺色彩的言论
任务	贯彻党和政府的文艺方针、政策，引导阅读与欣赏、创作与生产，为最大限度地满足人民大众多层次文化需求服务
衰落原因	①阅读对象有限。 ②浮躁心态日益蚕食着人们的理论思维兴趣。 ③媒体生存压力增大，导致刊发文艺评论的阵地急剧减少。 ④评论自身不关心创作现状和大众需求，脱离实际，渐次失去受众
改善方法	提高认识，引起重视，积极追踪文艺创作实际，关注文艺热点，组织专家学者展开专题评论，吸取集体智慧，对各种错综复杂的文艺现象发出属于自己的声音

3. 军事评论(见表21-4)

表21-4　军事评论

要点	具体内容
含义	指对战局、战场、防务战略、军事演习等军事形势或军事行动进行的评论和分析，其形式包括社论、述评、观察家文章、军事发言人谈话、新闻分析等多种体裁
地位	①是军事新闻报道的重要组成部分，在军事新闻宣传中起着举足轻重的作用。 ②改进和创新军事题材的新闻评论，是改进和创新军事报道的一项重要内容

4. 国际评论(见表21-5)

表21-5　国际评论

要点	具体内容
含义	指新闻媒介评论国际事务的政论性文章，包括社论、评论员文章、短评、述评、署名评论等
写作要求	①有国际化视野、全球化眼光。 ②敢于讲真话，讲实话，讲符合客观规律的话。 ③了解和掌握国际形势，谙熟国际关系的原则与操作，熟悉报道的领域和对象，做到知己知彼。 ④了解情况，熟悉情况，掌握大量材料，以准确的事实为依据，进行实事求是、恰如其分的分析。 ⑤论据要充分，逻辑要严密，要经得起推敲，无懈可击。 ⑥纵览全局，放在世界局势的大背景之下来剖析判断。 ⑦笔锋尖锐，文风生动活泼、精彩可读。 ⑧有敏锐的观察力

21.2　课后习题详解

1. 什么叫新闻述评？它与新闻报道有何区别？

答：(1)新闻述评，又称记者述评或述评新闻，简称述评，是一种以事实为基础的评论，以评论为核心的新闻。它主要由媒体记者采写，一般都是抓住当前形势和工作发展中某一重要的或转折的时刻，或针对某个具有普遍意义的亟待解决的问题，借助具有新闻价值的事实，用有述有评、评述结合的方式，从理论和实践的结合上及时分析形势，揭示事物本质，指明前进方向，给读者以启迪和引导，现实性和指导性都很强。

(2)新闻述评与新闻报道的区别：

①传播内容不同。新闻述评集新闻报道和新闻评论的职能于一身，既要及时报道新闻事实，反映现实生活的发展变化，又要提示新闻事实的本质和意义，指明事物的发展趋势。而新闻报道主要是报道事实，让读者从客观事实中得到必要的信息，又可了解作者对这些新闻事实所具有的探讨。

②传播目的不同。新闻报道以传播事实性信息为主，满足受众知晓与了解客观事物的需要。而新闻述评则属于新闻评论的范畴，它主要通过评述结合的方式，表明作者的立场和主张，从述评的篇幅来看，述往往多于评，但它的重点在于评，目的是为评，述是为评服务。

③传播方式不同。新闻报道强调“用事实说话”，以客观叙述、描写等方式进行报道，

基本上不直接发表议论；而新闻述评则夹叙夹议，以事实为基础，既摆道理，又讲事实。

2. 新闻述评有哪些长处？

答： 新闻述评兼评、述所长，又熔评、述于一炉，使它具有以下几方面的长处：

(1)从理论和实践的结合上分析问题，更有针对性。新闻述评，由于有一定的事实作基础，并对此进行中肯的评论，因而事实和道理可以相得益彰。通过评论的事实，意义被揭示得更深刻，显得更鲜明、更有力；同样，以事实作基础进行的评论，道理被阐明得更精当，显得更中肯、更实在。

(2)从点和面的结合上说明问题，更有普遍性。新闻述评的报道面广阔，它可以不受时间和空间的限制。就一般情况而言，述评不拘泥于一人一事，总是面向全局。

(3)用有述有评、评述结合的方法论证问题，更有灵活性。新闻述评不像其他报道形式要受许多限制，它可以夹叙夹议，纵联横切；可以旁征博引，借题发挥。运笔比较自由，形式不拘一格。

3. 从新闻述评的主要对象不同可分为哪几种类型？

答： 按新闻述评的主要对象不同可将其分为以下几种类型：

(1)形势述评。形势述评是对国内外形势，包括政治形势、经济形势以及其他领域形势的述评。

(2)事件述评。事件述评是对国内外重要事件或有广泛影响的新闻事实进行分析和解释，揭示事态的性质、意义和趋向，帮助读者辨明真相，澄清是非，以获得正确的认识的述评。

(3)工作述评。工作述评抓住实际工作中提出的人们普遍关心的紧迫问题，依托一定的典型或有说服力的事实，提到党的路线和政策的高度来进行阐释，指出问题的症结所在，揭示事物的发展前途，对实际工作者有很强的指导意义。

(4)思想述评。思想述评针对现实生活中处于萌芽状态的具有普遍意义的思想倾向，通过典型材料，提出问题和分析问题，帮助受众澄清糊涂观念，提高思想认识。

4. 新闻述评写作的基本要求是什么？

答： 新闻述评写作的基本要求主要有以下几点：

(1)写好由头，巧用背景。新闻述评在一般情况下，应以“述”为由，以“述”为主，以“评”“点睛”。因此，开头总是交代依托，即一个地区、一个方面的某种形势，再用类似的典型事例作“衬”，引申发挥，阐明主题；或从某件具体的事情谈起，然后引出启示，逐步阐明观点，当然，也有从直接提出某个问题入笔的。

新闻和新闻述评最大的不同，就在于新闻只是报道事实的真相，而述评则力图揭示真相后隐藏着的更为深刻的本质。而欲揭示本质，个别的新闻事例不一定能成为充分的证据，这时背景材料的运用就显得非常重要。实践证明，背景材料的合理运用，不但能使个别的孤立事件具有了一种普遍的性质，而且对更加有力地论证文章的论点有着十分重要的作用。

(2)夹叙夹议，虚实结合。这是由新闻述评的基本特点决定的。它要求写作时一定要做到观点与材料、叙述与议论的有机结合，熔叙、议于一炉，事、理为一体。常用的表现手法有：

①就事论理，就实论虚。这是夹叙夹议的基本表现手法，主要由作者针对具体的事实

展开议论，或借题发挥，向读者揭示事物的本质和意义，指明前进的方向。

②总括论点，以虚带实。通常是作者在吃透两头的基础上，直接提出一个扼要的议题，然后引出事实的叙述，但更多的是作者在正文部分综合出几个特点，然后用点面结合的材料进行评述。

③逻辑论证，丝丝入扣。一般的规律有三种：a. 按事物发展的客观规律，按人们思维的正常程序，由此及彼，由表及里，步步深入，层层递进；b. 围绕一个中心议题，从与之密切关联的几个侧面逐一加以论述，为表现同一主题服务；c. 按照事物的内在联系，充分调动事实逻辑的力量。这类述评以叙述事实为基础，在事实叙述的过程中，自然而然地、一层深一层地体现观点。

5. 阅读下列新闻述评《拿什么支撑口子镇——“黄山头现象”的启示》(材料略)，试从全文立意、背景穿插、结构框架和表达方式等方面说说你的看法。

答：(1)全文立意

①文章立意高远，该篇新闻述评通过写安乡和公安两个镇的竞争过程，引出发展中的问题，从而展现出作者的思想：找到一个可持续发展的产业更重要。

②这篇文章的写作背景是中共十六届三中全会正式提出科学发展观后。所以写作的目的一方面是响应党的号召，为科学发展观做宣传；另一方面是给公众以警戒：只有可持续发展才是真正的发展，凡是破坏环境、违背发展规律的发展最终都会付出应有的代价。

(2)背景穿插

①背景的合理运用，不但能使个别的孤立事件具有一种普遍的性质，而且对更加有力地论证文章的论点有着十分重要的作用。

②文章开篇介绍安乡和公安两个镇的特殊状况，有利于读者对两个镇的发展进行更好的理解。而后，在文章中有穿插介绍两个镇的发展情况和历史价值。背景的穿插恰到好处，用事实来说明两个镇的发展出现矛盾的原因和解决的途径，使文章更加通畅、更加丰满，也使作者表达自己的主张有事实基础，不会显得空泛、教条。

(3)结构框架

本篇文章基本按时间顺序来进行。介绍安乡和公安两个镇的发展脉络，由此引出发展遇到的问题及对发展前景的探讨。文章结构很顺畅，层次清晰，一步一步地引导着读者深入作者的思想之中。

(4)表达方式

①就事论理，就实论虚的表达方式。

作者针对安乡和公安两个镇发展状况展开议论，看到发展对两个镇的正面影响和负面影响，并针对它们遇到的问题，给出自己的意见：两省扶持边界口子镇，仅仅给项目、资金是不够的，帮口子镇找到一个可持续发展的产业更重要。向读者揭示经济发展中的根本问题，为经济的发展指明方向。

②逻辑论证，丝丝入扣的表达方式。

本文按照安乡和公安两个镇的发展脉络进行，由此及彼，由表及里，步步深入，层层递进。该篇新闻述评以叙述事实为基础，在事实叙述的过程中，让人们发现两个镇发展遇到的瓶颈，自然而然地让读者为它们提供解决的方法，使其和作者的观点相一致。

21.3 考研真题与典型题

21.3.1 概念题

1. 经济评论(华中科大2002年研)
2. 军事评论
3. 国际评论
4. 新闻述评(陕西师大2018年研；江西师大2018年研；西南大学2016年研；华中师大2014年研；山东师大2010年研；暨南大学2009年研；南京师大2009年研；上海大学2007年研；安徽大学2006年研；华中科大2003年研)

相关试题：述评(兰州大学2017年研)

5. 形势述评(吉林大学2015年研)
6. 电视述评(吉林大学2016年研)
7. 述评新闻(南京理工2008年研；暨南大学2005年研)
8. 事件述评(吉林大学2013年研)

21.3.2 简答题

简述电视述评与报纸述评的异同。(中国传媒大学2007年研)

21.3.3 论述题

试析新闻述评写作的基本要求。

21.3.4 实务题

1. 围绕“国家法定节假日调整”这一重大事件，撰写一篇新闻述评。(要求：字数不少于800)。(北师2008年研)

2. 一段时间以来，网络上频繁发生“人肉搜索”事件，对这样的事件，社会各界有不同的看法，请你以电视台编辑身份，写一个编者述评，字数不低于500字。(苏州大学2009年研)

3. 分析并根据下列材料，自定主题，自拟标题，为报纸写一篇不少于800字的述评消息。(湘潭大学2017年研)

《日本经济新闻》11月13日报道称，2016年的购物狂欢节“双11”已隆重谢幕。阿里巴巴最初推出“双11”是为了刺激原本疲软的11月份的消费，然而近年来的“双11”商战正在愈演愈烈。这几年，商家经常以“双10”和“双12”等各种由头进行促销活动。某日用品企业高管不满地表示，“每年固定开展促销活动的结果就是消费者对平时的正价产品根本不理睬”。一年一度的购物狂欢节也是利弊并存。

德国之声电台网站11月10日报道，最初源于校园文化的“光棍节”(11月11日)被电商用来成功促销，成为当今中国消费文化中的一大“奇葩”。中国的互联网用户已达到7亿，网络购物和电子商务市场发展迅速。波士顿咨询公司(BCG)的一项研究显示，2016年中国网购人数将高达3.8亿。而在11月11日这一天上网购物，已成为中国人的“全民运动”。在网上征战购物，已经成了许多中国人在11月的一项重要生活内容。一些消费者在“双11”前几天就开始在网上搜索下单。网友们对这场狂欢，有的兴奋，有的无奈吐槽：“现在下班回家，怎么有种奔赴战场的感觉?”还有人想起了这个节日的起源：“单身真辛苦，以前还能至少过个承认的光棍节，现在“双 11”都改名剁手节了，和光棍毫无关系!”

美国流行天后助阵“双 11”晚会　2016 年的“双 11”晚会将在深圳市举行，将邀请美国奥斯卡颁奖礼和美式足球超级碗赛事制作人大卫·希尔(David Hill)担任总导演，美国流行天后“水果姐”凯蒂·佩里(Katy Perry)将作为“国际大使”为晚会助阵。阿里巴巴将全面动用大型视频平台优酷土豆等旗下媒体，进行现场直播。

利用 VR 技术亲身体验在美购物(来源：参考消息)　阿里还推出了虚拟现实(VR)购物体验。据悉，中国消费者可在家使用专用的 VR 设备，犹如亲身走进美国梅西百货公司(Macy's)和美国折扣店塔吉特百货(Target)一样尽情购物。传统网购只能在电脑前乏味地点击鼠标，阿里不仅为网购引入了新的娱乐元素，并且充分发挥了“国际性”。

CCTV 新闻频道 11 月 17 日报道：商务部新闻发言人孙继文今天在例行发布会上对今年“双 11”作出了评价。孙继文说：“走进第八个年头的‘双 11’，已经不仅仅是中国电商市场最重要的年度促销日，也为国外商家和线下商家提供了商机，已经发展成集购物、娱乐、文化于一身的体验式购物节。孙继文表示，相比往年，今年的“双 11”参与商家更加多元。电商平台踊跃参与，差异化竞争激烈。传统行业纷纷加入，线下商场和超市，以及电信、航空、酒店、餐饮等服务业也不同程度参与。买家卖家进一步全球化，“双 11”期间，来自全球 235 个国家和地区的消费者通过中国电商平台购物，众多欧美知名电商也推出促销活动，将“双 11”发展成全球性购物节，影响力持续提升。孙继文认为，消费热点折射经济转型升级。家电、通讯品牌销售额占比提升，反映出供给侧结构性改革取得积极的成效。绿色和健康商品畅销，高端进口商品品牌占据销售排行榜前列。三线以下城市和农村成为新的消费驱动力，农村网购更加普及，城乡居民消费能力进一步提升。

8 年“双 11”经历了什么(来源：南方日报)　2016 年，“双 11”当日成交额为 1207 亿元，是 7 年前的 2400 余倍。无论你有没有对这一数字贡献力量，都不可避免地被“双 11”话题刷屏。

从淘宝促销日到网购狂欢节，走过 8 年，“双 11”俨然已成为每年 11 月甚至是全年最重要的舆情事件。而相比最初的打折与消费，由“双 11”衍生的舆情话题亦愈发丰富。

“双 11”营销进化：微博裂变式传播引爆“双 11”话题　微博作为本次天猫“双 11”的营销主阵地，双方在内容、娱乐、品牌三大方面展开深度合作，通过社交媒体实现“双 11”的营销进化。

作为“双 11”前天猫主打的活动话题，#双 11 来了#话题在活动期间新增讨论量达 2000 万次，阅读量较去年同期增长率为 110%，长期霸占微博热门话题榜榜首，体现了微博社交媒体平台拥有引发裂变式传播效应的独特作用。

天猫从 10 月底开始在微博上进行有针对性的营销投放，通过定制微博“BigDay”社交媒体全覆盖解决方案，并将二次元与互联网文化深度结合，来吸引用户关注。此外，天猫还利用微博广告位推荐、明星大 V 参与以及商业化产品的协作，全面引爆“双 11”话题。

相关试题：双十一天猫购物狂欢节开启，支付宝成交额 × × 亿元，随之快件数增至 × × 件，创日快件数最高量。写 800 字评论。(陕西师大 2015 年研)

21.4 考研真题与典型题详解

21.4.1 概念题

1. 经济评论(华中技大2002年研)

答: 经济评论是指关于经济生活和经济工作方面的评论或议论。经济评论主要是随着经济工作的发展，把握其脉搏，针对经济工作中客观存在的矛盾提出问题。通过发表评论，及时、正确地宣传先进典型与路线、方针、政策，促使客观存在的实际问题得以尽快解决，推进整个国民经济的健康发展。经济评论的写作要领包括：①时效性强、贴近百姓；②切入点小、以小见大；③尖锐泼辣、直抒胸臆；④讲究艺术、辩证说理。

2. 军事评论

答: 军事评论是指对战争中的战局、战场、战役、战斗和非战时期的防务战略、战备、军事演习等军事形势或军事行动进行的评论和分析，其形式包括社论、述评、观察家文章、军事发言人谈话、新闻分析等多种体裁。军事评论既是军事新闻报道的重要组成部分，在军事新闻宣传中起着举足轻重的作用，又是改进和创新军事题材的新闻评论，是改进和创新军事报道的一项重要内容。面目可亲，选题准确，角度新颖，说理透辟，见解独到，是优秀军事评论作品的重要条件。

3. 国际评论

答: 国际评论是指新闻媒介评论国际事务的政论性文章，包括社论、评论员文章、短评、述评、署名评论等。中国新闻媒介的国际评论，其职能是向国内外的读者或听众，分析国际上新近发生的事件和动态以及国际局势的发展和演变，解释中国共产党和政府处理国际关系的方针和政策，宣传中国对各种国际问题的观点和原则立场。国际评论的写作要求包括：①有国际化视野、全球化眼光；②敢于讲真话，讲实话，讲符合客观规律的话；③了解和掌握国际形势，谙熟国际关系的原则与操作，熟悉报道的领域和对象，做到知己知彼；④了解情况，熟悉情况，掌握大量材料，以准确的事实为依据，进行实事求是、恰如其分的分析；⑤论据要充分，逻辑要严密，要经得起推敲，无懈可击；⑥纵览全局，放在世界局势的大背景之下来剖析判断；⑦笔锋尖锐，文风生动活泼、精彩可读；⑧有敏锐的观察力。

4. 新闻述评(陕西师大2018年研；江西师大2018年研；西南大学2016年研；华中师大2014年研；山东师大2010年研；暨南大学2009年研；南京师大2009年研；上海大学2007年研；安徽大学2006年研；华中科大2003年研)

相关试题：述评(兰州大学2017年研)

答: 参见本章课后习题第1题答案。

5. 形势述评(吉林大学2015年研)

答: 形势述评是对国内外形势，包括政治形势、经济形势以及其他领域形势的述评。它的内容所及，可以是全局的形势，也可以是某个特定地区或某一条战线在一个时期、一定阶段的形势。这类述评的特点是着眼于形势的变化和转折，着眼于群众普遍关心或需要引起群众注意的问题和动向，概括全貌，指明发展趋势，帮助读者开阔眼界，提高认识，通过总结经验，揭示规律，有利于正确引导舆论。形势述评的写作，要求大量使用背景和新闻材料，知识性强，有较多的分析。

6. 电视述评(吉林大学2016年研)

答：电视述评又称新闻评论性节目，是以深度报道为主的电视评论形式。它以新闻事件或社会现象为报道、评析对象，发挥电视声画同一的纪实优势，以记者的解说、分析为主线，按照事物发展的逻辑顺序和人们分析、认识事物的逻辑规律，综合权威人士、专家学者及各界群众的意见和观点，在节目的结尾处主持人予以画龙点睛的点评。其特点是把新闻的客观性和评论的说理性有机地结合起来，具有鲜明的导向性。电视述评节目制作，多采取现场采访、现场录音、现场报道、追踪报道和纪实拍摄等方式，配以同期声和画外音，加上新闻背景分析或权威人士的相关评论，实现正确的舆论引导。它充分运用电视手段，全面显现电视传播特点，是电视新闻评论工作的一个创造性发展。

7. 述评新闻(南京理工2008年研；暨南大学2005年研)

答：述评新闻是边述边评、述与评有机结合的一种新闻形式。它常常对某个重大事件、重要问题或当前的形势、任务进行综合报道与分析，帮助人们理清思路，把握大局。述评新闻兼有新闻与评论两方面的优势与特点，是一种边缘性的新闻体裁。述评新闻早在五四时期就产生了，如毛泽东创办的《湘江评论》辟有“东方大事述评”“西方大事述评”等专栏。延安《解放日报》也发表过不少述评新闻。现在，这种新闻形式运用得更加广泛。写好述评新闻的关键是恰当处理“述”与“评”的关系。述评新闻要以报道事实为主，事实占主要篇幅，要有一定的信息量。议论要少而精，就事论理，理从事出，不能像评论写作那样，仅仅把事实作为论据来使用。

8. 事件述评(吉林大学2013年研)

答：事件述评，属于述评的一种类型，指一种根据记者直接调查了解的材料，以具体而典型的新闻事件为评述对象的述评形式，是新闻评论的一种文体。评述对象主要是对国内外发生的重要事件或某些影响较大的突发事件。被评述的事件有时关系全局，有时是某个地区或某一方面工作中发生的影响较大的问题。事件述评的特点主要是：①根据记者直接调查和掌握的材料，分析事件产生的原因和背景，探索其性质和意义；②通过具体事件的分析，澄清事实，说明真相。

21.4.2　简答题

简述电视述评与报纸述评的异同。(中国传媒大学2007年研)

答：电视述评与报纸述评同为介于新闻报道与新闻评论之间的边缘体裁，融新闻与评论为一体，在体裁的基本特征上一致，但由于其媒介传播特征与传播手段的不同，它们又具有相异的地方。

(1)电视述评与报纸述评的相同之处

①电视述评和报纸述评都是评述结合，以评为本；述中有评，评中有述；由述而评，以评驭述。即在述和评的关系上，述是评的基础，评是述的归宿。

②电视述评和报纸述评都有事件述评、社会述评、形势述评、人物述评等类型，在题材选择和体裁特征上也具有明显的一致性。

(2)电视述评与报纸述评的不同之处

电视媒介所具有的传播特征和传播手段的独特性，决定了电视述评有别于报纸述评的个性特征：①电视述评视听结合，更具形象感；②电视述评长于记录，更具纪实性；③电视述评博采众言，更具参与性；④电视述评结构更单一，语言更通俗。

但电视述评并不总优于报纸述评。时效性与真实性，及时与深度在很多时候是一对矛盾。所以，电视述评虽然运用科技含量很高的多媒体手段，但仍时常存在重“述”轻“评”，满足于感官刺激，深度上开掘不足等问题。此时，长于思考的报纸述评就可以其开阔的视野、深刻的分析和独到的观点见长。

21.4.3　论述题

试析新闻述评写作的基本要求。

答：参见本章课后习题第4题答案。

21.4.4　实务题

1. 围绕“国家法定节假日调整”这一重大事件，撰写一篇新闻述评。（要求：字数不少于800）。（北师2008年研）

答：参考示例：

让节假日制度更好地造福人民

面向全民公开征求意见后的国家法定节假日调整方案于今天公布实施。这个调整方案不仅具有鲜明的中华文化特色，而且以增加“小长假”为标志的节假日分布更加合理，是一个符合国情、顺应民意的方案，必将更好地造福于全中国人民。

法定节假日制度是国家政治、经济、文化制度的重要反映，保障劳动者的休息权是人民生活水平和质量的重要标志。1995年以来，我国劳动者的休息时间逐步增加，每人每年的休息日从59天增加到了115天。休息日增多和节假日调整，标志着中国特色社会主义建设达到了一个新高度，中国人民生活水平和质量迈上了一个新台阶，中国社会主义民主政治建设进入了一个新阶段。

这次法定节假日调整的一个鲜明特色，是顺应人民过好重要传统节日的要求，使国家法定节假日制度具有浓郁的传统文化韵味，具有鲜明的中国特色。

中华文化是中华民族生生不息、团结奋进的不竭动力。传统节日文化是中华文化的重要组成部分。经济大发展必然带来文化大发展大繁荣。从近年来社会各界对传统节日回归的呼唤，到“国学热”方兴未艾，都表明了人民对文化的追求。将春节假期起始日提前到除夕，同时增设清明、端午、中秋节为法定节假日，是民心所向、众望所归，有利于形成中国特色的节假日制度，弘扬中华文化，增强文化创造力和民族亲和力、凝聚力，激励中华民族建设共有的精神家园。

这次法定节假日调整，将原有的“五一”7天假期缩短为3天，与增设的清明、端午、中秋和原有的元旦一起，形成5个“小长假”。这种制度安排，既有利于满足人民休假的需要，又兼顾了交通、食宿等公共资源现实和对生态环境的保护，是对原有“黄金周”长假安排的一种改进。

1999年起实行的“黄金周”休假制度，为人民出行、购物和休闲提供了时间上的便利，对拉动内需、促进经济增长产生了积极影响，但随着我国经济社会的进一步发展，问题也逐步暴露，除了缺乏传统文化特色外，一个明显的弊端是3个“黄金周”中人员流动数量增加过快，导致交通拥堵，景区人员超负荷，旅游产品短期供给不足，相关企业经营安排困难。还有一些单位职工因工作繁忙等原因不能按时休假，享受不到长假政策。把一个长假分成几个“小长假”，有利于缓解上述问题，更好地满足人民群众休假需要。

国家法定节假日调整方案上网征集意见的结果显示，八成以上网民支持调整方案。这样的结果，是国家有关部门在一年多的时间里开展专题研究、召开多次座谈会征求各界意见、通过有关网站或电话进行民意调查获得的，研究论证活动广泛而又深入，体现了尊重民意、汇聚民智的民主作风，体现了“发展为了人民、发展依靠人民、发展成果由人民共享”的原则。这样的决策过程和结果，为其他方面的公共决策提供了有益经验。

更加注重社会建设，着力保障和改善民生，推动建设和谐社会，把发展成果更好地体现到提高人民生活水平和质量上，是党和政府今后工作的着力点。调整后的节假日制度与同步出台的职工带薪休假规定一起，为全面落实职工休假权利和弘扬中华文化提供了制度保障，必将为夺取全面建设小康社会的新胜利发挥重要作用。

酝酿已久的法定节假日调整方案开始向社会公开征求意见。在这个方案安排中，法定节假日的总天数不仅有所增加，而且除夕、清明、端午、中秋等民族传统节日有望被定为国家法定节假日。

此次法定节假日调整，不仅仅是为了缓解“黄金周”各地景区“爆棚”的压力，也不只是多了几个节日，让我们有更多的出行机会，更多的是彰显了中国人对传统文化的自信心，激发了民族自豪感。

（来源：新华网，2007-12-01）

2. 一段时间以来，网络上频繁发生所谓“人肉搜索”事件，对这样的事件，社会各界有不同的看法，请你以电视台编辑身份，写一个编者述评，字数不低于500字。（苏州大学2009年研）

答：参考示例：

人肉搜索——是“洪水猛兽”还是“神兵利器”

近年来，几起极具影响力的人肉搜索事件在网络世界和现实世界都掀起了轩然大波，使其迅速成为社会关注的焦点。人肉搜索的威力既令人折服，也使它成为众矢之的，有关的争议从其诞生之日起就从未间断。人肉搜索是什么？它为何有如此强大的威力？人肉搜索是如何演变成网络暴力的？

人肉搜索是什么

从表面上看，人肉搜索是一种人工参与的网络信息搜索方式，但如果剥去网络的外衣，我们会发现人肉搜索其实是一群在网上漫游的无组织、无纪律、不受约束的人因某些突发事件临时聚集在一起，通过互相提供信息以达到某种目的的群体行为，也即社会学里所指的集合行为。

在集合行为中，参加者通常处于亢奋、冲动的精神状态，并对信息失去理智的分析判断能力，从而引发慌乱和恐慌等。人肉搜索符合集合行为的三个典型特征：第一，人数众多。这毋庸置疑，人肉搜索以其强大的号召力给人们留下深刻印象。第二，无组织性。人肉搜索中，广大搜客出于种种目的自发提供信息。这些人呈匿名状态，不受约束，部分人有时为达目的甚至不惜损坏侵犯别人的声誉和隐私。第三，行为者相互依赖。这是人肉搜索的运行机制，通过网民相互提供信息以达到搜索目的，在信息传递的过程中，网民的思想、情感等也相互影响。

那么，人肉搜索中人与人之间的互动如何维系？为何总有人乐此不疲？社会交换理论给出了很好的解释。社会交换理论认为人类交往行为是一种社会交换过程，在交往中，人们总是趋向于以最小的“代价”获取最大的“报酬”。人肉搜索的流行部分要归功于“赏金猎人”制度。“赏金”是指猫扑上通行的一种虚拟货币(MP)，用以购买增值服务。有人需要解决问题时就在网上发帖并以MP为酬谢，“赏金猎人”就用各种方式寻找答案，获得MP奖励以及满足感和成就感。当然，除“赏金”外，也有不少人是出于对事实真相的追求、他人隐私的好奇、道德正义的捍卫、不良情绪的宣泄、心理上的满足等而参与人肉搜索。

人肉搜索缘何流行

人肉搜索作为一种网络集合行为，其产生和流行有着社会背景方面的原因，主要有两方面：环境条件和结构性压力。

传统的集合行为往往发生在广场、公园等公共空间，网络的普及和网民数量的迅速增长，则为人肉搜索提供了广阔的虚拟公共空间，这成为人肉搜索产生的环境条件。根据我国第23次互联网络发展状况统计报告，截止到2008年12月31日，我国的网民规模已经达到2.98亿人，搜索引擎作为互联网中的基础应用，使用率为68%，在各互联网应用中位列第四，这就为人肉搜索提供了不竭的动力。不仅如此，网络的高互动性和网民的匿名性使人们可以放下现实羁绊敢于言说，无须为自己的行为承担任何责任，风险趋于零。

结构性压力是指由于各种社会因素对人们产生的心理压力，这些压力促使人们在集合行为中自发地通过集体努力去解决问题。就近年来几起影响较大的人肉搜索事件来看，它们都有一个共同之处，即都是曝光一些轻生、婚外恋、以强欺弱、造假等违反基本伦理道德的事件来引起人们的高度关注。这主要源于我国社会转型所引起的结构性压力，深刻的社会转型变革，使既有的伦理道德难以适应现实生活的需要，规范引导作用减弱，信仰危机、伦理困惑，各种道德滑坡和社会失范现象不断出现。这些现象突破了社会公认的基本伦理道德底线，而现实社会中法治又往往失语或缺位，在这种情况下，网民自发地试图重构伦理道德秩序的“人肉搜索”现象出现了。

人肉搜索如何演变为网络暴力

毋庸讳言，集合行为还具有非理性和破坏性，鉴于此，人肉搜索会演变成为网络暴力便不足为奇。所谓网络暴力是指网民在网络上的暴力行为，其表现形式是：在网上发表失实言论，造成当事人的名誉损害；在网上公开当事人的隐私，侵犯其隐私权；对当事人及其亲友的正常生活进行侵扰，损害其人身权利等。那么，人肉搜索又是如何产生并演变成为网络暴力的呢？

集合行为的出现往往需要一个“导火索”，就单个人肉搜索事件而言，其“导火索”往往是某个在网上流传的道德敏感事件。而偏见的形成，常常使人走向极端。在集合群体中，人们会对他们的处境形成某种共同的感受，对某些问题产生共同的看法和相似的情绪。纵观近年来的人肉搜索事件，我们发现，参与人肉搜索的网民往往对事件及其当事人都持有不同程度的偏见。在人肉搜索中，不真实或不对称的网络信息来源则是偏见形成的主要原因。人肉搜索往往因偏见而走向极端。

人肉搜索之所以可以在短时间内一呼百应，一方面要得益于网络的广泛应用，另一方面还要归因于其高效的行为动员方式。在人肉搜索中，根据其行为动员的主体，大致可以分成三种：一是充当群众基础的“马甲帮”。“马甲帮”是指以虚假身份出现的积极参与并发动人肉搜索的网民，他们出于不同目的和心态，借助网络强大的传播功能，迅速将事件散播到国内外各大网站和论坛。二是一呼百应的“意见领袖”。“马甲帮”虽然人多力量大，但真正能够引导事件走向的，还是少数的“意见领袖”。如“铜须门”事件中，网友“锋刃透骨寒”的接连发帖，使其迅速成为全国关注的热点，直接影响事件走向。三是推波助澜的新旧传媒。以“史上最毒后妈”事件为例，报道假新闻的网络媒体为了吸引眼球和其他利益制造了噱头，而传统媒体未加证实的报道则使事件进一步激化。

集合行为是否产生还要取决于社会控制的成败，社会的弱控制性也是导致人肉搜索产生并演变成为网络暴力的一个重要因素。一方面由于网络广泛存在的匿名制，削弱了发言者的社会责任，导致网民随心所欲地发表极端言论，无所顾忌地侵犯别人的隐私。另一方面，由于网络缺乏监管，使人肉搜索中的网络暴力行为得不到有效控制，网络道德底线很容易就被冲破。

尽管人肉搜索展示出了破坏性的一面，却也不必禁而止之，适当的规范引导可以收敛它的戾气，使广大搜客回归理性，使人肉搜索真正成为舆论监督及弘扬社会正气的一把利剑。对此，笔者给出的建议是：及时完善网络暴力治理及隐私权保护的相关法律法规；加强网络监管，规范网民行为；建立主流舆论介入机制，适时拨正人肉搜索的价值取向；培育现代公民意识，营造民主、和谐、文明的网络环境。

（来源：《中国青年报》，2009-12-14；作者：苏一芳）

3．分析并根据下列材料（材料略），自定主题，自拟标题，为报纸写一篇不少于800字的述评消息。（湘潭大学2017年研）

相关试题：双十一天猫购物狂欢节开启，支付宝成交额××亿元，随之快件数增至××件，创日快件数最高量。写800字评论。（陕西师大2015年研）

答：参考示例：

“双十一”不仅看量，还要看质

11月11日，曾经的“光棍节”已经成为网络购物狂欢节。7年前横空出世的“双十一”网络购物活动，如今已经不再是阿里巴巴“独家所有”，国内几乎所有的电商都深度参与其中。“双十一”像美国的感恩节一样，因为商业气氛浓厚，可以让人在“血拼”中体验到消费的快感，逐渐成为具有中国特色的商业文化品牌，并且有向全球输出的趋势。对于这个亿万网民用多年的“买买买”树立起来的品牌，仅靠网民的参与热情还不足以呵护，还需要电商多一些自我约束，更需要监管部门多一些常态化规范化的监管。

去年“双十一”，阿里巴巴一举拿下912亿元的交易额，按照这个趋势，今年破千亿元也非难事。在中国经济下行之际，这样的数据堪称亮点。更重要的意义则在于，无远弗届的网络购物不仅释放了农村市场的消费潜力，还促进了城乡之间信息、商品和人力资源的流通，为就地城乡一体化带来了契机。我国经济发展已经进入新常态，新常态要有新动力。“双十一”的发展轨迹，证实了互联网经济在当下已经成为拉动经济增长的重要引擎。

当然，“双十一”是个快速崛起的品牌，因为快难免会有一些漏洞甚至隐患，现在的网购不仅消费者群体庞大，平台也呈现出多元化、多渠道的态势，用泥沙俱下形容也不为过。因为遭遇了各种网购陷阱，确有不少消费者在狂欢之后后悔得想“剁手”。与天量的交易额相比，网购陷阱中的那些问题看似影响不大，但也应该引起电商和监管部门的重视。在任何市场上，都是砸牌子容易立牌子难，比如“中国制造”就因为一些企业的粗制滥造，被海外舆论抹黑，整体形象一直没有得到根本扭转。前车之鉴，历历在目，正在向全球输出的“双十一”应该且行且珍惜。

企业对市场的风险总有天生的敏感。“双十一”靠着巨大的品牌影响力发展到这等规模，每家电商都不舍得让它“忽喇喇似大厦倾”，他们必然要投入巨大人力和物力去消除隐患。在这方面，他们有技术优势和资源优势，通过数据分析、智能识别，可以将假冒产品拒之门外，也可以让先涨价再打折的欺诈手段迅速现形。以阿里巴巴为例，他们凭借大数据打假系统每秒分析数据1亿次的强大能力，仅在去年就拦截了涉假商品信息1.2亿余件，为线下打假提供了坚实基础。但是，也不是所有的电商都一定会积极自律，一些自营类电商因为逐利的本能也可能会干预价格，有意或无意地设置消费陷阱，这就需要监管部门及时作为。

日前，国家工商总局召集了15家电商，召开规范网络集中促销活动行政指导会，对网络企业加强自治，规范网络促销活动提出要求。这个应急的“预防针”很及时，但是对网购的监管不能止于临时“打招呼”，与之相比，常态化规范化的巡查更不可少。做到这些，既需要相关法规制度的完善，也需要监管部门主动对接，用好电商的大数据，用大数据监管大市场。

因为骄人的网购交易量，中国已经被世界视为电子商务最发达的国家，但是这种发达不能仅仅体现在交易的数量上，还应该体现在监管的水平上。由是观之，各电商各监管部门仍然是任重道远。

（来源：《齐鲁晚报》，2016-11-11；作者：沙元森；有改编）

第二十二章　专栏评论

22.1　复习笔记

【知识框架（庖丁解牛）】

- 专栏评论
  - 专栏评论的兴起及其特点
    - 兴起
    - 特点
      - 取材广泛
      - 篇幅短小
  - 新闻时评
    - “时评热”的兴起及背景
    - 新闻时评的含义及基本特征
    - 注意的问题
  - 思想评论
    - 定义
    - 作用
      - 开启人们思想“锈锁”的“金钥匙”和指导员
      - 在舆论宣传中独树一帜
    - 写作注意事项
      - 选题切实，主旨高远
      - 有的放矢，鞭辟入里
      - 风格多样，文笔流畅
  - 微型评论
    - 定义
    - 特点
    - 写作注意事项
      - 短而新鲜
      - 短而实在
      - 短而尖锐
      - 短而有文

【考点难点归纳（厚积薄发）】

考点一：专栏评论（见表22-1）　★★★

表22-1　专栏评论

要点	具体内容
兴起	党的十一届三中全会以后，解放思想、实事求是的思想路线逐步深入人心，经济建设的蓬勃发展和新闻改革的稳步推进，专栏评论随之兴起

续表

要点	具体内容
特点	①取材广泛。 ②选题角度小，篇幅短小精悍，具有广泛的公众性。 ③个人署名的评论显露作者个人的风格特色
分类	①以《人民日报》的“人民论坛”为代表，每篇一二千字，思想评论多。 ②以新华社的“新闻时评”为代表，每篇千字上下，针对性和指导性强。 ③以《人民日报》的“今日谈”为代表，每篇三五百字，以小见大，平易近人，以群众性作者为多

考点二：新闻时评（见表 22-2）★★★

表 22-2　新闻时评

要点	具体内容
含义	又称时事评论，简称时评，是传播者借助大众传播工具或载体，对刚刚发生或发现的新闻事实、现象、问题，在第一时间表达自己意愿的一种有理性、有思想、有知识的论说形式
特征	包括：①应时而评，新闻性强；②缘事而发，寓理于事；③内容贴近，题材广泛；④大众视角，“公民写作”
注意问题	①时评作者要全面提高自身素养。 ②坚持因时因地因问题而宜。 ③不断激发新闻时评的生机与活力

考点三：思想评论（见表 22-3）★★

表 22-3　思想评论

要点	具体内容
含义	又称“思想杂谈”“思想纵横”“每周评论”，它就某一社会现象、社会倾向、社会思潮等进行评析，注重思想指导、解惑释疑，旨在明辨是非，提高认识。具有针对性、逻辑性、论理性，是一种政论性文章
作用	①帮助读者明辨曲直是非，提高思想觉悟，做好当前工作。 ②在舆论宣传中独树一帜。 ③旗帜鲜明，切中时弊，说理透辟，文风朴实，为读者所喜闻乐见
写作要点	①选题切实，主旨高远。 ②有的放矢，鞭辟入里。 ③风格多样，文笔流畅

考点四：微型评论（见表 22-4）★★

表 22-4　微型评论

要点	具体内容
含义	指新闻性的署名小言论，一般都发表在要闻版的小言论专栏上。以新闻为由头，因事抒感，就实论虚，言之有物，短而有味，一般三五百字，又称为袖珍评论
特点	数量多，论题广，时效快，形式活，内容新，尖锐泼辣，群众性强

续表

要点	具体内容	
写作要点	短而新鲜	要有新闻由头或新的材料与角度；要有新的观点、见解和思路
	短而实在	要实际、实话、实在、实用
	短而尖锐	评论主题思想要高度集中，要善于把大道理化小，微言大义
	短而有文	要有文采，要用心构思，讲究修辞，锤炼语言

22.2　课后习题详解

1. 专栏评论是在怎样的时代背景下兴盛起来的?

答：(1)党的十一届三中全会以后，随着解放思想、实事求是的思想路线逐步深入人心，随着经济建设的蓬勃发展和新闻改革的稳步推进，20 世纪 70 年代末，在我国新闻传播业的百花园里，催生出一朵鲜艳的奇葩——专栏评论。社论、评论员文章、短评、按语等评论形式基本上是专业新闻工作者耕耘的园地，专栏评论除新闻从业人员可以撰写以外，还为广大业余通讯员和公众提供广阔的天地。

(2)媒体上的这一新生事物，最令人注目的是《人民日报》的“今日谈”。1980 年 1 月 2 日，在《人民日报》一版的右下角出现一个新的专栏“今日谈”，刊载王朴写的三篇短文《“锄头柄”与“栋梁材”》《岂可削足适履》《集腋可以成裘》。这三篇短文，以其来自生活的选题、侃侃而谈的说理和清新活泼的文风，立即受到读者的广泛赞誉，在新闻界内部也引起热烈反响。

(3)这种一举数得、广受欢迎的短文和栏目，仿佛评论园地里绽开的一束报春的小花，顷刻间迎来百花盛开的喜人局面：①《人民日报》二、三、四版相继办起专栏评论；②其他中央级报纸和各省、市、自治区及很多地、市报纸，包括一些电台、电视台，也先后办起大大小小的专栏评论。较有影响的有创办于 1978 年 1 月的《哈尔滨日报》的“大家谈”，创办于 1978 年 7 月的《解放日报》的“解放论坛”，以及后来陆续问世的《人民日报》的“人民论坛”、《解放军报》的“集思广益”、《中国青年报》的“求实篇”“青年观察家”和《河北日报》的“杨柳青”等。以三五百字小言论见长的专栏评论，较有影响的除“今日谈”外，则有《辽宁日报》的“每事议”、《北京日报》的“文明小议”、《四川日报》的“巴蜀小议”、《羊城晚报》的“街谈巷议”、《解放日报》的“新世说”、《文汇报》的“虚实谈”和《新民晚报》的“今日论语”等，几乎没有一家报纸不辟这种专栏。这是当前最受欢迎的评论形式，因为这种评论形式让群众走上论坛，直抒胸臆，反映了政治上的清明，同时也体现了群众办报的路线。

2. 专栏评论的显著特点是什么?

答：20 世纪 70 年代末，专栏评论在我国出现。专栏评论除了新闻从业人员可以撰写以外，还为广大业余通讯员和公众提供了广阔的天地。专栏评论的显著特点包括：

(1)取材广泛是专栏评论最显著的特点，大至国家大事，小至油盐酱醋、衣食住行，都可以议论。

(2)篇幅短小精悍，密切联系日常生活实际，面向普通人发言，由普通人发言，具有广泛的群众性。

(3)都是个人署名的评论，更便于显露作者个人的风格特色。

(4)以《人民日报》的“今日谈”为例，它具有以下特点：①鲜明的“今日感”，即时代感，贴近实际，贴近群众，反映现实生活，表达群众心声；②敢于抨击时弊，敢于揭露以权谋私、官僚主义等不正之风，较好地发挥舆论监督作用；③文风朴实，语言清新，形式活泼。

3. “时评热”是在什么样的社会文化背景下催生的?

答：当下方兴未艾的“时评热”的出现，有着深刻的社会和文化背景。概括起来，主要体现在三个方面：

(1)新闻本初意义上的回归。一些新闻从业人员对新闻报道很看重，而对新闻的分析与评论较为忽视。但随着读者文化层次的不断提高及生活节奏的加快，受众需求的信息不仅是“量”的诉求，更重要的是“质”的诉求，特别是随着厚报时代的来临，读者的阅读方式也由传统的“有序式阅读”向“跳跃式阅读”发展。

(2)满足公众话语权的必然产物。在正确引导社会舆论的同时，让广大受众也介入“品头论足”的社会生活，给公众提供自由表达的话语平台，是当代媒体人的共同责任。

(3)应对网络媒体挑战的一种现实反映。传统媒体应对网络媒体挑战的主要之策，是以“内容为王”，即在内容生产上下工夫，特别是在向受众提供对新闻的深入分析与权威评论上下功夫。新闻时评，正是因为有上述赖以生存的自由空间，才得以空前的繁荣和发展，才催生了一个与社会生活同步发展的“时评复兴时代”。

4. 何为新闻时评？其主要特征是什么?

答：(1)新闻时评，又称时事评论，简称时评。它是传播者借助大众传播工具或载体，对刚刚发生或发现的新闻事实、现象、问题，在第一时间表达自己意愿的一种有理性、有思想、有知识的论说形式。时评的“时”，不仅是新闻时效的“时”，更应是“时事”的“时”、“时代”的“时”。当下时评的最大魅力在于，说当今社会之热点，抓民众关心之焦点，破群众生活之难点，解民忧、释民惑、达民意，从而影响和引导受众，使人们对社会现象作出是与非的理性分析和正确评价，更好地认识社会，适应社会，服务社会。

(2)与传统新闻评论相比，新闻时评有以下几个明显的特征：

①应时而评，新闻性强。时效是时评的题中应有之义。有人称目前的时评为“新闻的新闻”“新闻背后的新闻”，主要表现在两个方面：a. 时评以新闻为最重要、最基本的要素，如果离开那些有较大价值的个别的、具体的新闻事实，如果不在第一时间发言，这样的新闻时评就失去自身存在的必要性和合法性；b. 论点的原创性和分析、论证过程的创新性，都比传统的新闻评论更具优势。

②缘事而发，寓理于事。缘事而发，要求以新闻事实为由头，因事抒感，有感而发；寓理于事，要摆事实，讲道理，通过对新闻事实的选择性、补充性叙述和点评来说理，而不是天马行空，长篇大论。有人把时评概括为四个境界：a. 把众所周知的道理讲清楚；b. 讲出别人想不出或讲不深的道理；c. 权威；d. 有情怀。

③内容贴近，题材广泛。新闻时评的内容，应该是人民群众普遍关注的、感兴趣的、希望进一步了解的东西。侧重点应该放在基层，多评述发生在百姓身边的人和事，围绕公众的生产生活做文章，立言为民，当好人民喉舌，多为人民鼓与呼。新闻时评的选题应该

是多方面的、全方位的，上至天文，下至地理，古今中外，包罗万象。生活五彩缤纷，时评也应该五颜六色；公众的需求千变万化，时评也应千姿百态。

④大众视角，“公民写作”。时评作者心里要装着公众，思考问题要从百姓视角出发，反映的意愿要从根本上代表公众的意志。这样的时评，才能从纷繁芜杂的新闻事实中提炼出与公众利益和价值最接近的新闻点，并通过分析、判断、综合，为公众解读信息，起到激浊扬清、扶正祛邪的舆论导向作用。与传统的评论相比，时评文体活泼、不拘形式，便于自由地、言之成理地表达意见，这使作者队伍范围由专家、记者扩大到公众，其潜在的作者是海量的。

5. 时评作者在进一步提高自身素养方面应注意哪些问题？

答：时评作者在进一步提高自身素养方面应注意以下几个问题：

(1)时评作者要全面提高自身素养

①学以立德。即通过学习，努力掌握科学的世界观和方法论，坚定理想信念，坚定正确的政治方向，做到清醒、坚定、全面，在多样之中有判断，多变之中有定力。

②学以增智。即努力掌握经济、科技、法律、管理、文学、艺术等方面的基本知识，使自己成为博学多才、视野开阔的多面手。

(2)坚持因时因地因问题而宜

①写时评，要防止急功近利，一味炒作，刻意追求“第一时间”。

②“时评”在突出时效性的同时应服从于政治性，最重要的是要在讲究及时性的同时，注重讲究“时宜性”，因时因地因问题而宜。

(3)不断激发新闻时评的生机与活力

①时评紧跟重要新闻事件、热点问题、热门话题，褒扬正义、鞭挞丑恶、建言社会，为构建和谐社会作出一点贡献。

②个性是时评的魅力所在，独特的风格不啻是时评作者综合素质的重要体现。

6. 思想评论在思想政治教育中有何独特作用？

答：思想评论是媒体上常见的一种署名评论形式，是作者针对社会上某种思潮、倾向、现象进行评析的文字体裁，着重于思想指导和论证评析，突出解惑释疑，明辨是非，澄清思想，提高认识，以达到一定的宣传教育目的。由于它具有强烈的针对性、严密的逻辑性、浓厚的论理性，通常又具备论点、论据、论证三要素，因而更接近于政论，也是一种政论性文章。

(1)思想评论，不管内容和风格怎样，其目的不是为讨论某一项工作，也不单是提出政策要求，而是侧重提高认识，澄清思想。这种评论，更注重采用随意的漫谈形式，把作者的观察、体验等个人化的感受写入文章，把社会表层信息下的思想文化内涵挖掘出来，字里行间充溢着一种平等交流的气氛。优秀的思想评论常被誉为开启人们思想“锈锁”的“金钥匙”和“不见面的指导员”。

(2)思想评论在舆论宣传中独树一帜，因为实际生活中的有些思想问题，用社论、评论员文章论述显得过分郑重，而用短评、杂文论述又嫌分量不够，这时采用思想评论并作醒目标题，往往能起独特的作用。优秀的思想评论，旗帜鲜明，切中时弊，说理透辟，文风朴实，为读者所喜闻乐见。

7. 思想评论的写作应注意哪些要求?

答: 思想评论的写作应注意以下要求:

(1)选题切实,主旨高远

①思想评论的主要评论对象是思想认识问题,旨在帮助读者提高思想认识和政治觉悟,因此选题要特别注意切合群众的思想实际,善于从群众角度提出问题和分析问题。

②分析问题时又要注意借助群众的意志、愿望和呼声,说出群众的心里话。

③在群众思想认识有所提高的基础上进一步阐明道理,拨动群众心弦,取得良好的宣传效果。

(2)有的放矢,鞭辟入里

思想评论着眼于做人的思想引导工作,既要坚持有的放矢、对症下药,又要注意就实论虚、鞭辟入里,增强评论的说服力和感召力。这样才能收到事半功倍的效果。

(3)风格多样,文笔流畅

思想评论,作为论是非、说短长,以解决思想问题为主旨的政论文体,一定要旗帜鲜明,文风朴实。思想评论还应提倡内容与形式的多样化。在内容上,大到党和国家长治久安的根本大计,小到同志间的长短是非,凡是与精神文明建设有关的话题都可以是评论的对象。这能扩大社会覆盖面,拓宽思想政治工作的渠道。在形式上,要新鲜活泼。

8. 微型评论的特点是什么?写作上应注意把握哪几点?

答: 微型评论是指新闻性的署名小言论,是新闻改革中由评论体裁衍生出的一种新文体,一般都发表在要闻版的小言论专栏上(广播、电视新闻节目中也辟有类似专栏)。这种评论往往以新闻为由头,因事抒感,就实论虚,言之有物,短而有味,一般三五百字,在报纸版面上是"豆腐块""火柴盒",又称为袖珍评论。

(1)微型评论的特点:数量多,论题广,时效快,形式活,内容新,尖锐泼辣,群众性强。

(2)微型评论写作应注意把握以下几点:

①短而新鲜。短是微型评论的主要特点,但要吸引读者,首先要新。新,一是要有新闻由头,或新的材料,新的角度;二是要有新的观点,新的见解,新的思路。

②短而实在。微型评论求新且求实,要实际、实话、实在、实用。

③短而尖锐。评论主题思想要高度集中,选好聚光点。好的微型评论,总是善于把大道理化小,微言大义。这要求在执笔为文时,从材料到观点,从角度到标题,都要别出心裁,"标新立异",闪发光彩。

④短而有文。微型评论同样要有文采。有新的材料和观点,还要用心构思,讲究修辞,锤炼语言。

9. 按微型评论的文体特点,写一篇500字左右的小言论,题目自拟。

答: 参考示例:

"给祖国拜大年"何错之有

教育部近日发出通知,要求全国各级各类学校,于春节期间组织学生参与"给祖国母亲拜大年"活动。

但出乎意料的是,该倡议竟然遭致部分网民的批评质疑。这就令人纳闷了,组织学生参与“给祖国母亲拜大年”活动，何错之有？

随着经济全球化和文化多元化的发展，情人节、圣诞节等西方节日迅速东渐，颇受一些年轻人欢迎；相比之下，端午、重阳等中国传统节日，则略显落寞。弘扬中国传统文化，加强传统文化在年轻一代中的影响力，已成为人们的共识。

近年来，为积极响应社会诉求和民众呼声，增强人们对传统文化的认同感，国家对全年休假制度进行了调整，将端午节、清明节、春节等传统节日纳入法定节假日，期望人们在这一天从事更多与传统节日有关的活动，使传统节日所蕴含的民族文化更好地传承下去，这无疑是一项有益的尝试，得到社会的普遍好评。

如今，教育部发出通知，要求各类学校在春节期间组织学生参与“给祖国母亲拜大年”活动，这也是对加强传统文化传承的积极作为。今年的春节是 2 月 14 日，正好是西方的情人节。如何加强传统文化的影响，让更多的人不忘春节，教育部此举无疑具有现实针对性，值得肯定和倡导。

当前，各国在国际上的比拼，已经不再是简单的经济实力、军事实力，而是包含了文化软实力在内的多方面、多层次的综合国力竞争。一些西方发达国家在保持经济实力领先的基础上，已开始进行文化软实力的输出，推广自己的思维方式和价值观念，以影响其他国家。在这种国际形势下，加强中国传统文化在国内外的影响力，增强国人对传统文化的认同感、自豪感，非常重要。

不少有识之士指出，积极开展传统文化教育，当从娃娃、从年轻一代抓起。因此，如何做到这一点，政府的积极作为，社会的支持响应，无疑是关键。

（来源：新华网）

10. 试分析下列《生命的尊严高于一切》（材料略）这篇新闻时评具备哪些特征？

答：这篇新闻时评具有以下几个特征：

（1）应时而评，新闻性强

时效是时评的题中应有之义。有人甚至称目前的时评为“新闻的新闻”“新闻背后的新闻”，这是很有道理的。它主要表现在两个方面：一是时评以新闻为最重要、最基本的要素，如果离开了那些有较大价值的个别的、具体的新闻事实，如果不在第一时间发言，这样的新闻时评就失去了自身存在的必要性和合法性；二是论点的原创性和论证、分析过程的创新性，都比传统的新闻评论更具优势。

《生命的尊严高于一切》这篇新闻时评在新闻事件（一名孕妇难产，其丈夫竟然拒绝在剖腹产手术单上签字，导致妻儿双亡）发生后迅速发表，具有极强的时效性。此外，作者提出的论点——生命的尊严高于一切，具有原创性；论证、分析过程具有创新性，所以该时评具有极强的新闻性。

（2）缘事而发，寓理于事

缘事而发，是要求以新闻事实为由头，因事抒感，有感而发；寓理于事，是要摆事实，讲道理，通过对新闻事实的选择性、补充性叙述和点评来说理，而不是天马行空，长篇大论。这篇时评是事、理、情三位一体高度融合的产物，据事说理，析事明理，因而“论”的成分要少一些，分析的成分则要多一些。在行文时，作者更多的是按照新闻事件本身的必然逻辑和内在联系去进行分析，更深刻、更专业、更理性地揭示新闻的本质，进而帮助受众认识新闻的价值，揭示新闻的内涵。同时，在这个过程之中，也完成时评的另一项重要任务——通过分析，帮助受众逐渐形成乃至建立起一个科学的、理性的看待新闻事件、认识新闻事件的思想方法。

这篇新闻时评以丈夫拒绝签字、医生不开刀的矛盾，导致孕妇和腹中孩子双亡的新闻事实为由，来论述医患问题，从而阐发尊重生命是医生的第一道德，医患需要互信的论点。作者将论点融于新闻事件进行分析，帮助读者理性看待、认识这件新闻事件。

(3)内容贴近

新闻时评的内容，应是人民群众普遍关注的、感兴趣的、希望进一步了解的东西。无论是政策解读，法规阐释，经济展望，还是社情反映，民意表达，市井传声，都应是群众关心的热门话题和热点事件。侧重点应该放在基层，多评述发生在百姓身边的人和事，围绕公众的生产生活做文章，立言为民，当好人民喉舌，多为人民鼓与呼。

此篇时评反映与人们生活密切相关的医患问题，反映当下百姓最关心的热点话题，从贴近普通百姓视角写时评，内容贴近人们的日常生活，为广大受众所关注。

22.3　考研真题与典型题

22.3.1　概念题

1. 微型评论

2. 思想评论

3. 专栏评论(华东师大 2017 年研；吉林大学 2016 年研；厦门大学 2013 年研；山东师大 2011 年研；北大 2007 年研；湖南大学 2005 年研；华中科大 2003 年研)

相关试题：专论(湖南大学 2014 年研)

4. 新闻时评(山西大学 2019 年研；安徽师大 2018 年研；江西师大 2016 年研)

相关试题：时评(湖南大学 2016 年研；中国地大 2015 年研；暨南大学 2012 年研)

22.3.2　简答题

1. 请简述新闻时评在中国传媒业发展的轨迹、当下的状况，及其对公共领域的贡献。(中山大学 2012 年研)

2. 当前新闻时评的特点和变化。(暨南大学 2009 年研)

相关试题：新闻时评的基本特征。(陕西师大 2012 年研)

22.3.3　实务题

1. 根据材料写作时评，不超过 800 字。(深圳大学 2018 年研)

参考材料：

深圳北站烂尾楼业主获赔 1.3 亿？造谣者已被行拘

深圳北站备受关注的最后一栋烂尾楼，经过漫长 7 年的拉锯式谈判后在 11 月 16 日正式开拆，随后，一则获赔 1.3 亿元的消息引爆舆论引起关注。昨日，记者从龙华警方获悉，警方侦查锁定谣言的始作俑者是房产中介孙某。目前，嫌疑人孙某已被依法行政拘留。

赔偿 1.3 亿元谣言引围观

11 月 16 日上午，深圳北站备受关注的最后一栋烂尾楼正式开拆，因为政府部门和业主均没有对具体赔偿金额予以通报，社交媒体、网站等平台开始流传出了各种版本，有的说600万，有的说5000万，更有好事者撰写消息称1.2亿元，最终这个数字涨到了1.3亿元，信息不胫而走，引起广泛转发、关注和讨论。

“赔偿1.3亿元”的消息传开后，涉事烂尾楼的业主杨女士被贴上了“最牛钉子户”“拆迁致富”等标签，然而面对记者追问，杨女士却笑言看到这个数字后她自己都“吓了一跳”，并立即予以了否认。民治街道办相关负责人也称1.3亿元确属谣言，希望市民不要传谣。

始作俑者被拘留

龙华公安分局刑警大队民警王镜裕告诉记者，龙华警方近期在工作中发现“深圳北站烂尾楼赔了1.3亿”信息。11月19日经民治街道办事处和拆迁业主澄清属于谣言信息后，在市局网警支队的支持下，龙华警方对谣言发布者进行核查，并于11月21日上午在龙岗坂田一房地产中介商铺将谣言的始作俑者抓获。目前，违法嫌疑人孙某已被依法行政拘留。

记者昨日下午在龙华公安分局民新派出所见到了嫌疑人孙某，男，龙岗坂田某房地产中介商铺老板。孙某告诉记者，他从事房地产中介工作已经有6年多，2016年开始，自己出来创业开了一家房产中介门店，11月16日在微信朋友圈看到有关“深圳北站钉子户被拆迁”的视频与信息后，自行估算出1.2亿元的赔偿数据，然后捏造“龙华最牛钉子户搞定，2012年2000万都不拆，现在赔偿1.2亿”不实信息通过微信朋友圈发布。“我朋友圈有2000多个好友，我原本是想拉一拉生意，想带动客户来买我们中介所的房子！”孙某说，他没想到消息会不断传播、发酵，最终产生这么大的不良后果。

警方提醒不造谣不传谣

据记者了解，关于拆迁类谣言引起广泛议论已不是一次两次了。2016年12月，罗湖水贝村村民举办盆菜宴，相关照片被传至网络后，有公众号添油加醋，炒作热点，发布了标题为“深圳水贝村拆迁每家赔偿至少2亿”的文章，引起舆论发酵。最终，3名涉事人员因造谣造成较大社会负面影响，被深圳警方依法拘留。

龙华警方提醒广大市民，不要随意转发不经确认的信息，更不要恶意编造、散布虚假信息。对故意编造、传播谣言、制造恐慌、扰乱社会秩序的违法犯罪行为，警方将依法严肃查处，决不手软。希望广大网民引以为戒，不信谣，不造谣，不传谣。

（来源：《深圳商报》，2017-11-22；作者：黄希平）

2. 根据材料撰写时评。（四川大学2018年研）

参考材料：

2017年10月16日下午，财新传媒发布公告，称将于11月6日起正式启动财经新闻全面收费，并通过“财新通”“周刊通”“数据通”“英文通”的“四通”产品，满足不同用户的阅读需求。目前收费过渡已经开始，购买《财新周刊》数字版（298元/年）就可成为用户，并在三周后平稳过渡为“财新通”用户（498元/年）。

财新网此前已属于“半收费”网站。其线上《财新周刊》、财新“数据+”和“财新英文”系收费产品，而发稿量最大的财新网则可免费阅读。而从今年9月下旬以来，财新网部分网稿已经开始收费或定时收费，10月初以来该网站已陆续推出每日收费稿件。

“在收费升级后，财新网主要新闻设为收费或分时收费——即48小时内免费，然后转入收费。”财新传媒副总裁、运营部负责人康伟平表示，财新网仍将有相当一部分内容免费，主要为常规性新闻、视频、图片、博客以及部分观点评论等。

对于此次“扛起收费大旗”，财新在公告中坦言，此举是“财新成立近八年来的一次商业模式转型，目的在于聚焦精准用户，倾力提供高质量原创财经新闻内容，也是借鉴国际同行经验，为寻求基业长青做出的重要探索”。

（来源：《北京日报》，2017-10-20）

3．根据所提供的新闻背景材料，写一篇新闻时评。（山东师大 2018 年研）

要求：①论点突出，论证充分、有力，论证结构严密；②自拟评论标题；③字数为 1000 字左右。

中新网 4 月 18 日电　17 日，一段“快递小哥被扇耳光”的视频引发网友热议，有网友发帖称，一位快递小哥不小心把一辆正在倒车的车剐了，之后车主下车又打又骂，根据网友上传的视频粗略统计，该车主一共扇了快递小哥六巴掌，整个过程中该快递小哥没有还手。

据了解，被打快递员小冯今年 27 岁，河北人，妻子怀孕 5 个月，为贴补家用小冯来京做快递员，怕家人担心一直没跟家里说这事。昨日，打人者李某因寻衅滋事已被警方依法处以行政拘留 10 日的处罚。

4．一段时间以来，“偶遇新闻”频现。有“偶遇”领导干部乘地铁、坐公交的，有“不经意”得知领导干部下乡调研自带方便面的。偶尔一起不足为怪，但“偶遇”成风则令人起疑。（中国传媒大学 2015 年研）

请紧密结合社会现实，根据以上话题写一篇报纸新闻评论。具体要求：自拟标题；篇幅在 1200 字左右。

5．请结合以下材料，自拟标题，写一篇不少于 1200 字的新闻评论。（苏州大学 2015 年研）

表演、旅游管理、市场营销、电子商务等这些曾经的“香饽饽”专业将被打入“冷宫”。教育部门最新公布的近两年来全国就业率较低的 15 个本科专业当中，这些专业都“榜上有名”。同时，去年 6 月发布的《2013 年中国大学生就业报告》就已警示，动漫、法学、英语等专业已经成为具有高失业风险的“红牌专业”。

在各地统计的就业率较低的本科专业名单中，法学专业在河北、内蒙古、浙江、安徽、福建、河南、湖北、新疆等多个省份的名单中屡屡“上榜”。中国校友会网曾调查中国各地区的高考状元，近 10 年选择就读法学专业近百人，在各专业中名列前茅。如今，这个专业几乎遍布高校，法学专业毕业生则持续遭遇就业尴尬。

针对入列的就业难专业，相关高校该如何应对？有专家建议，高校在 2015 年招生时，应对涉及的专业采取减招、隔年招生、停办或转向等措施，在培养目标上进一步调整，接轨社会需求，注重培养学生的综合能力和应用能力。但也有学者认为，低就业率也不能一棍子打死。在很多业内人士看来，就业率只是衡量人才培养质量的一个重要指标，因为很多基础学科就业情况虽不好，但社会仍然需要，不能简单地否定说这样的专业没有价值。

（综合新华社等媒体消息）

22.4　考研真题与典型题详解

22.4.1　概念题

1. 微型评论

答：微型评论即新闻性的署名小言论，是新闻改革中从评论体裁中衍生出来的一种新文体，一般都发表在要闻版的小言论专栏上（广播、电视新闻节目中也辟有类似专栏）。这种评论往往以新闻为由，因事抒感，就实论虚，言之有物，短而有味，一般三五百字，在报纸版面上是“豆腐块”“火柴盒”，又称为袖珍评论。微型评论的特点是数量多，论题广，时效快，形式活，内容新，尖锐泼辣，群众性强。微型评论写作应注意：①短而新鲜；②短而实在；③短而尖锐；④短而有文。

2. 思想评论

答：思想评论是媒体上常见的一种署名评论形式，又称“思想杂谈”“思想纵横”“每周评论”，它往往就某一社会现象、社会倾向、社会思潮等进行评价，注重思想指导、解惑释疑、旨在明辨是非，提高认识。由于它具有鲜明的针对性、严密的逻辑性、浓厚的论理性，加上论点、论据、论证比较完整，有比较浓厚的理论色彩，因而更接近于政论，也是一种政论性文章。思想评论的写作应注意：①选题切实，主旨高远；②有的放矢，鞭辟入里；③风格多样，文笔流畅。

3. 专栏评论（华东师大 2017 年研；吉林大学 2016 年研；厦门大学 2013 年研；山东师大 2011 年研；北大 2007 年研；湖南大学 2005 年研；华中科大 2003 年研）

相关试题：专论（湖南大学 2014 年研）

答：专栏评论即专论，是指在报纸固定的版面，特定的专栏中发表的评论。其最显著的特点是取材广泛，大至国家大事，小至油盐酱醋、衣食住行，都可以议论。而且选题角度小，篇幅短小精悍，密切联系日常生活实际，面向普通人发言，由普通人发言，具有广泛的公众性。从容量和篇幅来看，专栏评论大体可以分为三类：①以《人民日报》的“人民论坛”为代表，每篇一二千字，思想评论多；②以新华社的“新闻时评”为代表，每篇千字上下，针对性和指导性强；③以《人民日报》的“今日谈”为代表，每篇三五百字，以小见大，平易近人，以群众性作者为多。随着我国报刊专栏评论的繁荣，一支年轻的专栏作者队伍正在成长。专栏评论是前景看好的评论形式，它一定会孕育、培养出我们自己的评论家。

4. 新闻时评（山西大学 2019 年研；安徽师大 2018 年研；江西师大 2016 年研）

相关试题：时评（湖南大学 2016 年研；中国地大 2015 年研；暨南大学 2012 年研）

答：时评，即新闻时评，又称时事评论。它是传播者借助大众传播工具或载体，对刚刚发生或发现的新闻事实、现象、问题，在第一时间表达自己意愿的一种有理性、有思想、有知识的论说形式。时评的“时”，不仅是新闻时效的“时”，更应是“时事”的“时”。当下时评的最大魅力就在于，说当今社会之热点，抓民众关心之焦点，破群众生活之难点，解民忧、释民惑、达民意，从而影响和引导受众，使人们对社会现象作出是与非的理性分析和正确评价，更好地认识社会、适应社会、服务社会。

22.4.2　简答题

1. 请简述新闻时评在中国传媒业发展的轨迹、当下的状况，及其对公共领域的贡献。(中山大学2012年研)

答：(1)新闻时评的含义

新闻时评又称时事评论，是指传播者借助大众传播工具或载体，对刚刚发生或发现的新闻事实、现象、问题，在第一时间表达自己意愿的一种有理性、有思想、有知识的一种论说形式。时评的“时”，不仅是新闻时效的“时”，更应是“时事”的“时”。当下时评的最大魅力就在于，说当今社会之热点，抓民众关心之焦点，破群众生活之难点，解民忧、释民惑、达民意，从而影响和引导受众，使人们对社会现象作出是与非的理性分析和正确评价，更好地认识社会、适应社会、服务社会。

(2)新闻时评在中国传媒业发展的轨迹和当下的状况

①新闻时评专栏的产生(1996—1998)

1996年1月12日，《南方周末》新年改版，在“时事纵横”版开办“阅报札记”专栏(后来更名为“纵横谈”)，发表第一篇署名为鄢烈山的文章《卧榻之侧怎忍他人哀号》。从此，该栏目每周推出一篇鄢烈山主笔的时评文章，直至2001年4月。与传统新闻评论不同，“阅报札记”“纵横谈”点燃了新时评的星星之火。

②新闻时评专版的发展(1999—2001)

1999年，《中国青年报》率先开辟时评专版——“青年话题”，开创中国近代媒体设立独立评论版的历史。时评从“栏”发展为“版”，有着深刻的社会意义和理论意义。2001年，《北京青年报》在“今日社评”的基础之上创办“每周评论”版。“每周评论”突破了“青年话题”在版名上的含蓄与避讳，直接将“评论”的旗帜悬挂于版头。从此，“评论”“时评”“社评”等毫不隐讳地成为版面的名称、频道的名字。

③大众报时评版的兴盛(2002)

2002年3月4日，在《南方都市报》扩版为常规每日出报88版的当天，“南都时评”面世，《南方都市报》开始迈向“有厚度，更有深度”的主流媒体之旅，开创中国都市日报时评版的先例。在运作形式上，“南都时评”“齐鲁时评”等对同行媒体的时评运作有借鉴价值，比如：时评从不定期发表到定期发表，从散落于不同版面的栏目变成专版，从不定期版或数天一版变为每天两个版面以上。周期的确定、版位的明确、容量的扩大，都让受众感觉到时评的盛行。

④报网时评的互动(2003—2004)

2003年前后，一股“网络时评风”遍吹中国众多网站。如搜狐网的“搜狐星空”、新浪网的“新浪时评”等，它们都为时评设主题、为时评作者开辟专栏。在网络时评轰轰烈烈发展的同时，全国城市党报也纷纷开始开创时评版，并设立网络版，与新华网、人民网等新闻网站合作，互相转载、摘录，加速报网互动，深化传播效果。报网时评齐头并进的局面清晰呈现，并有“你中有我、我中有你、你我不分、互相补充”的态势。

⑤新时评的缩水与坎坷(2005—2006)

2004年4月，新浪、搜狐、网易等商业门户网站有影响力的原创时评频道和栏目均被有关部门叫停，为新时评的坎坷埋下转折的伏笔。2005年前后，一批报纸时评版停办、转型与缩水。2005 年初，运作不到一年时间，较受读者欢迎的《武汉晨报》时评版“说吧”关停。随后，《中国青年报》《武汉晚报》等媒体的时评版纷纷转型。

(3)新闻时评对公共领域的贡献

从上述新闻时评在我国媒体上的发展轨迹来看，在公共领域建构的过程中，新时评专栏的产生推进批判公共性的有效激发，新时评专版的发展促进“自治”精神的逐渐培育，大众报时评版的兴盛加速“公开性”“开放性”言说风气的初步养成，报网时评的互动推动平民主张的崛起，而新时评的缩水与坎坷也折射出公共领域建构的艰辛。

民主兴则时评兴，时评兴则民主更兴。伴随民主进程的不断推进、舆论空间的逐渐开放、传媒市场化的快速发展，时评成长的土壤会更加肥沃，生命力更趋旺盛，推进公共领域构建的道路将更加平坦。

2. 当前新闻时评的特点和变化。(暨南大学 2009 年研)

相关试题：新闻时评的基本特征。(陕西师大 2012 年研)

答：新闻时评又称时事评论，简称时评。它是传播者借助大众传播工具或载体，对刚刚发生或发现的新闻事实、现象、问题，在第一时间表达自己意愿的一种有理性、有思想、有知识的论说形式。

(1)当前新闻时评的特点

①应时而评，新闻性强

时效是时评的题中应有之义。有人甚至称目前的时评为“新闻的新闻”“新闻背后的新闻”，它主要表现在两个方面：a. 时评以新闻为最重要、最基本的要素，如果离开了那些有较大价值的个别的、具体的新闻事实，如果不在第一时间发言，这样的新闻时评就失去了自身存在的必要性和合法性。b. 论点的原创性和分析、论证过程的创新性，都比传统的新闻评论更具优势。

②缘事而发，寓理于事

缘事而发，就是要求以新闻事实为由头，因事抒感，有感而发；寓理于事，就是要摆事实，讲道理，通过对新闻事实的选择性、补充性叙述和点评来说理。作为“新闻的伴侣”的时评，无不是事、理、情三位一体高度融合的产物，据事说理，析事明理，因而“论”的成分要少一些，分析的成分则要多一些。在行文时，作者更多的是按照新闻事件本身的必然逻辑和内在联系去进行分析，更深刻、更专业、更理性地揭示新闻的本质，进而帮助受众认识新闻的价值，揭示新闻的内涵。

③内容贴近，题材广泛

新闻时评的内容，应该是人民群众普遍关注的、感兴趣的、希望进一步了解的东西。侧重点应该放在基层，多评述发生在百姓身边的人和事，围绕公众的生产生活做文章，立言为民，当好人民喉舌，多为人民鼓与呼。新闻时评的选题应该是多方面的，全方位的。

④大众视角，“公民写作”

时评作者心里要装着公众，思考问题要从百姓视角出发，反映的意愿要从根本上代表公众的意志。与传统的评论相比，时评文体活泼、不拘形式，便于自由地、言之成理地表达意见，这就使作者队伍范围由专家、记者扩大到了公众，其潜在的作者可以说是海量的。

(2)当前新闻时评的变化

①网络时评兴起——“微博时评”。在“人人都是自媒体”的时代，普通公民在微博中对新闻事件的转发、评论和点赞都是新闻时评的一种体现。然而，“微博时评”就像一个意见的自由市场，质量参差不齐，有可能会引导舆论走向偏颇。其次，“微博时评”的传播效果在一定程度上来说也是有限的，可见，类似于“微博时评”的网络时评，虽然给了普通大众自由表达的机会，但就长远来看，其传播价值远不如传统媒体。

②传统时评的创新与变革。2001 年 3 月，人民网退出原创评论专栏“人民时评”，每天在人民网主页显著位置刊发 1 ~ 2 篇署名时事评论，使母体《人民日报》的评论优势在互联网上延伸和发展。近几年来，“人民时评”在内容与形式上均有改进与创新，成为人民网点击率、热评率最高的栏目，是人民网发挥正确舆论引导作用的重要平台。

a. 内容创新。新改版的“人民时评”将目光聚焦在处于社会中下层的人群，并深入挖掘社会各阶层的心态，在舆论上发出了有力的声音，同时也起到了指导和监督各地执政者的作用。

b. 形式创新。新改版的“人民时评”在形式上摒弃了以往严肃、死板、苛刻的印象，坚持与时俱进，扬长避短，其最受读者追捧和业界欣赏的改变就是善用网络词汇和配图，轻松平实的语言加上风格独特的配图使得这个中国第一机关报瞬间“平易近人”起来。同时，人民网还设立了“言论频道”，对相关的议题广开言路，积极吸纳网友对时评文章进行讨论，大大提升了时评的传播效果，体现出了时评的价值。

22.4.3　实务题

1. 根据材料(材料略)写作时评，不超过 800 字。(深圳大学 2018 年研)

答：参考示例：

用事实说话，造谣者当拘

2017 年 11 月 16 日，深圳北站备受关注的最后一栋烂尾楼，经过漫长 7 年的拉锯式谈判后正式开拆。随后，一则获赔 1.3 亿元的消息引爆舆论引起关注。经调查，龙岗警方在龙岗坂田一房地产中介商铺将谣言的始作俑者抓获，并将违法嫌疑人孙某依法行政拘留。孙某称在微信朋友圈发布不实信息是为了“带动客户来买我们中介所的房子”，他没想到消息会不断传播、发酵，最终产生这么大的不良后果。

在此次事件中，因为政府部门和业主并未对具体赔偿金额进行通报，使得广大群众纷纷对该事件进行猜疑和自行捏造，这是行政部门的失职。但更大程度上，这是网络社会化媒体为谣言滋生和传播提供的平台。嫌疑人孙某想借拆迁高价来获取商业利益是他此次捏造谣言的目的，他朋友圈的 2000 余位好友为他此次谣言传播提供了扩散平台，并最终更大范围地传播出去。

网络技术和各种运用技术的发展，为讯息的传播提供了便捷。人人都成为了传播者，传播渠道有千千万万种，这节省了信息的流通时间，使得信息的传播越来越方便快捷，但同时由于传播者仅仅依靠口头交际、并未对所传播的信息进行追踪认证，从而导致所传播的信息真伪难辨，而这种并未核实过的信息再次经由传播者的人际圈广泛传播，最终造成了以讹传讹、谣言泛滥的结果。

网络空间不是法外之地，造谣传谣必将依法惩处。即使是在社交媒体上发布观点，也要“用事实说话”，要忠实、客观地立于事实，传播事实，不因自身原因而歪曲事实真相。

作为二十一世纪的中国特色社会主义社会的中国公民，我们应该增强自身的法律意识，严于律己，维护社会的和平与稳定。在法治社会的背景下，珍惜自身的言论自由、行为自由，用事实说话，不随意转发不经确认的信息，更不恶意编造、散布虚假信息。

2. 根据材料（材料略）撰写时评。（四川大学 2018 年研）

答：参考示例：

财新传媒试水收费：是机遇也是挑战

“有质量的新闻报道不应该是廉价的”，美国新闻集团掌门人鲁伯特·默多克在 2009 年做出了一个震惊全球传媒业的决定——新闻集团旗下所有新闻网站都将实施收费。而八年后，财新传媒宣布开启“全面付费”，财新网也成为国内第一家试水收费制的新闻网站。（10 月 20 日《北京日报》）

“中国读者享受免费的幸福程度太高了”，这是财新传媒总编辑胡舒立女士针对目前中国互联网“免费”模式的看法。从过去二十多年中国互联网媒体的发展来看，国人免费阅读的消费习惯已经培育起来，财新宣布正式启动财经新闻全面收费这一消息，必然让大多数已经习惯免费阅读的读者感到不太习惯。但事实上，财新宣布全平台付费，是让传媒行业从“免费阅读”这一非正常模式回归正常。

长期以来，传统新闻传媒行业在知识产权保护方面一直处于劣势，“传统媒体辛苦种草，新兴媒体免费放羊”的不平等格局一直存续，传统新闻媒体与新兴网络媒体的版权之争也与日俱增。

从版权保护的角度来讲，付费阅读无疑是对内容原创者最佳的保护途径之一。在传媒技术大变革的背景下，当下的媒体行业空前繁荣，但这不应该是传媒业野蛮生长的时代，而应当是有规则、有秩序发展的时代。而现实情况却是，大规模、有组织的侵权行为却愈演愈烈；尽管内容原创者或严厉谴责或通过法律渠道积极维权，但收效甚微。高昂的维权成本与收效甚微的反侵权成果之间不平衡，让内容原创者疲于应对，反过来更是助长了某些网络传播平台的侵权行为。面对这种现状，内容付费阅读是内容原创者对自身劳动成果的尊重和保护，是对持续输出优质内容原创者的物质保障。

对于读者而言，为有品质、有深度的新闻产品付费是消费者的一种责任。生产一条有深度的新闻产品是需要付出很多成本和代价的，其背后的记者、编辑需要花费很多时间和精力。财新传媒过去几年在财经领域报道不断深耕，其具有独家特色的系列报道，以及围绕财新传媒聚拢起来的一批有较高文化素养和高经济收入的客户群体，都是财新此轮全面收费改革的底气。随着优质内容的不断输出，以及内容原创者对自身劳动成果的保护，会有越来越多的读者形成为优质原创内容付费的习惯。

付费阅读会成为未来新闻媒体的发展趋势，作为媒体或者内容生产者一种新的变现渠道，是机遇也是挑战。内容付费会反促内容生产者提高自己的新闻产品质量，形成对内容生产者的正向激励，让内容生产者更加注重提高内容品质和深度。付费模式既是传媒行业一次商业模式的变革，也是内容生产理念的变化，财新传媒的此次试水无疑为新闻传媒业开了一个好头。

（来源：红网，2017-10-21；作者：任凯）

3. 根据所提供的新闻背景材料(材料略)，写一篇新闻时评。(山东师大2018年研)

要求：①论点突出，论证充分、有力，论证结构严密；②自拟评论标题；③字数为1000字左右。

答：参考示例：

快递小哥被扇耳光　暴露社会之殇

4月17日下午，一段“快递小哥被扇耳光”的视频引发网友热议。有网友发帖称，一位快递小哥不小心把一辆正在倒车的车剐了，之后车主下车又打又骂。根据网友上传的视频显示，该车主一共扇了快递小哥六巴掌，整个过程中该快递小哥没有还手。(4月18日　北青网综合)

当事件的整个过程被赤裸裸地置于公众眼前，人们不禁为快递小哥心疼喊冤，也对肇事者咬牙切齿。无独有偶，近年来这样令人发指的事件时有发生，老师殴打学生，父母虐待孩子，同龄人欺辱同龄人……每一个事件都牵动着社会的神经，刺痛着公众的心。面对这些层出不群的恶性事件，我们不禁追问：我们的社会到底怎么了？为什么物质文明的飞速发展，没能带动社会精神文明的协同进步，反而社会上出现了这么多的野蛮人？痛定思痛，我们看到了社会之殇，我们不得不承认社会上存在的一些不美好。

海纳百川有容乃大，山高万仞无欲则刚。宽容是中华民族的传统美德，流传千古，随着社会的发展，物质财富的增加，社会竞争日趋激烈，人们的生存压力也越来越大，导致社会上出现了一股浮躁之气，反映在个人身上表现为：对事急于求成，缺少脚踏实地的沉稳；对人过于苛刻，缺乏耐心和包容。“快递小哥被打”事件中肇事者就是如此，对待事情和别人缺少应有的理性和包容，充满了戾气和浮躁，俨然是一副“野蛮人”的嘴脸。这显然与我国社会主义精神文明建设背道而驰，更与构建社会主义和谐社会格格不入。

“快递小哥被打”事件，在一定程度上也影射出社会职业歧视现象。职业本无高低贵贱之分，所有的从业者都是通过自己辛勤劳动得以安身立命，理应得到同等的尊重。然而现实情况却是社会根据职业性质的不同对不同职业分别贴上了不同的标签，似乎坐办公室就是“高贵”，干苦力就是“卑贱”。快递员多为二十多岁的年轻男孩，在一些人眼中他们年龄小，又是送货的，无形中就看轻了他们，更谈不上对他们人格的尊重。想必正是由于肇事者心存这样的“邪念”，才有了对快递小哥连续掌掴的“霸气”，试问如果当时与其发生剐蹭的是开着奥迪宝马的老板，他还有像对待快递小哥那样的底气了吗？可悲！可叹！

人与人之间发生矛盾，车与车之间发生碰撞，本是社会生活中的一件小事，原本可以很好解决，但最终由于处理不当碰触到法律的红线，折射出公众法律意识淡薄之痛。一个物质文明高度发达的社会却缺失法治信仰，是一件可怕的事情，这是整个社会的悲哀。

社会的发展与进步不能只关注GDP增速，还要看社会的文明程度。加强社会精神文明建设任重道远，不要再让社会之殇成为公众之痛。

(来源：长江网；作者：刘艳春)

4. 一段时间以来，“偶遇新闻”频现。有“偶遇”领导干部乘地铁、坐公交的，有“不经意”得知领导干部下乡调研自带方便面的。偶尔一起不足为怪，但“偶遇”成风则令人起疑。(中国传媒大学2015年研)

请紧密结合社会现实，根据以上话题写一篇报纸新闻评论。具体要求：自拟标题；篇幅在1200字左右。

答：参考示例：

“偶遇”催生的亲民是“风”还是“秀”

一段时间以来，“偶遇新闻”频现。有“偶遇”领导干部乘地铁、坐公交的，有“不经意”得知领导干部下乡调研自带方便面的。偶尔一起不足为怪，但“偶遇”成风则令人起疑。

本来领导干部坐地铁、参加劳动都是再正常不过的事情，领导干部亦是百姓一员，做这些都在情理之中，为何在群众看来便成了作秀？

一些官员为彰显自己的亲民作风，宣传手法大张旗鼓，就算是扫马路，也要兴师动众，有工作人员跟随，有群众演员配合，有长枪短炮伺候，以便媒体报道。但这种做法因为过于高调，往往被民众质疑为“作秀”。现在一些官员学聪明了，“秀”还是要“秀”的，但要“秀”得不露痕迹，最好是让民众“无意”间看到自己的亲民行为，而后再广为传播。于是便有了形形色色的“偶遇新闻”，但是细心的群众从新闻、配图等细节处分析，均不难看出一些蹊跷之处，所以引来媒体和网民的质疑。

俗话说，群众的眼睛是雪亮的。偶遇领导就必须要真实，并建立在领导常态开展为民服务、体验群众生活务实的基础之上，当偶遇成为常态，那么又有谁会发出质疑之声呢？所以，领导干部必须要真正发扬实干精神，落实长期的具体行动，切忌演戏作秀。这样，偶遇领导也将不再是新闻，从而才能真正起到带头作用，成为党员干部学习的榜样，获得人民群众称赞之声。

说到“亲民秀”，在政治语境中并不是个贬义词。政治人物想向民众展示自己的施政理念、执政能力和个人魅力，“表演”是免不了的，如果时机和分寸把握得好，也能取得不错的效果。国外官员也经常搞“亲民秀”，像伦敦市长鲍里斯骑自行车上班；纽约市长布隆伯格坐地铁，都是在打亲民牌。这些官员在表演“亲民秀”时，当地民众的第一反应不是质疑，也不是反感，而是“见怪不怪”。为何到了我们这儿，官员做同样的事情，无论是大张旗鼓，还是低调的“偶遇”，就得不到民众的理解呢？

此中的关键在于，亲民作风不能仅仅表现在形式上，而要让民众切实感受到官员为民谋利的“内涵”。如果虚有其表，那些高调而直白的“亲民秀”，只会令人徒生反感，至于故弄玄虚的“偶遇”，更是贻笑大方。

总之，要消除“偶遇”领导的质疑，重点不在领导是否作秀上，也不在有多大的口号，而在于主角是否真正常态开展了为民服务活动。因为“偶遇”领导的背后应该是“常态”。

（来源：荆楚网，2014-11-05；作者：陈亦云）

5. 请结合以下材料（材料略），自拟标题，写一篇不少于1200字的新闻评论。（苏州大学2015年研）

答：参考示例：

高考专业选择热门的不如适合的

表演、旅游管理、市场营销、电子商务等这些曾经的“香饽饽”专业将被打入“冷宫”。教育部门最新公布的近两年来全国就业率较低的15个本科专业当中，这些专业都“榜上有名”。同时，去年6月发布的《2013年中国大学生就业报告》就已警示，动漫、法学、英语等专业已经成为具有高失业风险的“红牌专业”。

人们对一些热门专业的看法随着时间的推移而改变，新设的专业通常是顺应时代的变迁而设立的，反映了社会和科技发展的现实需要，有的甚至是有些超前的，可谓“小荷才露尖尖角，早有蜻蜓立上头”，预见了未来人才需求的趋势。如电竞专业从最初被批“玩物丧志”，到如今走进全日制本科高校甚至全日制重点本科高校，着力培养游戏策划和电子竞技运营与节目制作人才。再比如互联网相关的领域更新换代极快，需要培养大量的专业人才参与研发。人工智能、大数据技术引领科技潮流，大学也就顺理成章设立了相应专业。当然，学校自身专业设置也会考虑招生、就业等因素，只要招生容易，就业也不很困难，学校就有动力设置新的专业。

不过，高校新设专业也有一些受人诟病的地方。曾有机构就此问题做了专项问卷调查，数据显示，57.6%的受访者认为某些专业人才培养定位不明，学生成为“小白鼠”；48.1%的受访者认为高校新专业设置一味赶时髦，噱头大于内容；47.4%的受访者认为新设专业的师资、场地、设施配套不到位，寿命短；35.6%的受访者认为其废立随意，缺乏科学论证；35.5%的受访者指出招生简章说明不清楚或夸大其词；29.8%的受访者认为功利主义导向，忽视学术研究。

某211高校的媒体创意专业设立于2011年，只招收了三届学生，2014年就停止招生。当高校仅仅考虑经济收入和学校规模等利益因素时，社会新热点催设高校新专业，就会造成很大问题。另外，有些学校盲目跟风，开设的专业名称很时髦，但是学校并不具备相应的师资和教学条件。一个典型的例子是，前些年动漫产业发展很快，很多学校纷纷创办动漫专业，但是动漫产业对人才的专业水平要求更高，这样人才培养输出与市场需求就不匹配。

专业的冷热确实是“三十年河东，三十年河西”。曾经非常火爆的热门专业，十年之后可能就找不到对口工作，而昔日不被人看重的专业可能变成热门专业。例如，1977年恢复高考时，厦门大学文科录取均分最高的是中文系，其次是笔者考上的历史系，理科录取分数最高的是数学系。当时人们崇尚的是文史哲、数理化或者基础学科，而当年的会计专业据说是文科分数最低的专业。可是，20世纪90年代以后，会计学成为厦门大学最热门、录取分数最高、就业最好的专业，而文史哲等却成为相对冷门的专业。

又如法学专业。我国自恢复高考、改革开放以来，法学教育专业也经历了一个从热门到过剩的急剧转变。法学曾经被视为收入体面、前景光明的好专业，也是相当长时期内考生填高考志愿时的热门专业，于是许多高校一拥而上，几乎所有本科院校都办了法学专业。结果法学专业毕业生连年就业遇冷，从社会急需专业变为“部控专业”（又称“国控专业”，即国家控制布点的专业），到了被某些机构列为“就业红牌警告专业”的地步。

高考热门专业往往跌宕起伏，有些专业则是冷热交替。例如，因为“农”字打头，学生往往不大喜欢报考农业大学的专业。农学在20世纪90年代到新世纪初，有好些年都属于冷门专业，以至于许多农林大学曾经联合要求主管部门能够允许更名，去掉“农”字头。但农学是一个很大的专业类别，其中有一些与时俱进的时尚专业，如林学中有风景园林专业，草学发展出高尔夫草坪专业，酿酒工程分化出葡萄酒工程专业，动物医学中有宠物护理专业。尤其是现代农业技术发展很快，掌握相关技术，往往可以带动许多人致富，因此现在有些农学的专业也颇受考生的青睐。

因此，考生在选择报考专业时，不仅要看专业名称是否新颖动人，更重要的还是看是否符合自己的兴趣和专长。因为专业冷热不是恒定的，尤其是时代发展变化越快，未来机遇越是难以预测，而适合自己才是最好的。而高校在设置新专业时，不仅要看专业是否能抓眼球，更重要的是赋予新专业科学周密的规划设计和根底深厚的内容供给。因为毕竟专业不是办得越多越好，办好办强才算成功。

（来源：《光明日报》，2018-06-05；作者：刘海峰）

第二十三章　广播新闻评论

23.1　复习笔记

【知识框架(庖丁解牛)】

- 广播新闻评论
  - 广播新闻评论的主要特点
    - 特点
      - 新闻评论的共性
      - 广播新闻评论的个性
    - 广播新闻评论与报纸新闻评论的比较
      - 联系
        - 性质相同
        - 新闻评论共性
        - 报纸评论变为广播评论
      - 区别
        - 传播方式不同
        - 选题、论证、结构和语言上的不同
  - 广播新闻评论的写作要求
    - 选题面向公众，突出“热点”问题
    - 立论具体集中，善于就实论虚
    - 采取对话形式制作录音述评
    - 形式要多种多样，新鲜活泼
  - 广播新闻评论节目的发展

【考点难点归纳(厚积薄发)】

考点：广播新闻评论　★★★

1. 广播新闻评论的特点与写作要求(见表23-1)

表23-1　广播新闻评论的特点与写作要求

要点	具体内容	
特点	共性	①有的放矢，具有强烈的新闻性。 ②观点鲜明，具有高度的思想性。 ③面向基层，具有广泛的公众性
	个性	广播新闻评论是“有声评论”“口语化评论”
写作要求	①选题面向公众，突出“热点”问题。 ②立论具体集中，善于就实论虚。 ③采取对话形式制作录音述评。 ④形式要多种多样，新鲜活泼	

2. 广播新闻评论与报纸新闻评论的比较(见表23-2)

表23-2　广播新闻评论与报纸新闻评论的比较

要点	具体内容
联系	①性质相同：都是对当前具有普遍意义的新闻事件和重大问题发议论、讲道理，有着鲜明针对性和指导性的一种政论文体。 ②地位相同：报纸评论是“报纸的旗帜”“报纸的灵魂”。广播新闻评论是电台的“旗帜”与“灵魂”。 ③所有新闻媒介中的新闻评论都有它们的共性
区别	①广播新闻评论是“有声评论”和“口语化评论”。 ②二者的传播方式不同。 ③二者在选题、论证、结构和语言上有所不同

【考点拓展(触类旁通)】

广播评论的独特形式(见表23-3)

表23-3　广播评论的独特形式

要点	具体内容
广播谈话	①漫谈式广播谈话，即采用谈话的口吻，由播音员或主持人面对听众展开一种拟态交流。 ②对话式广播谈话，即变一人口播为两人(通常是一男一女)对播，它不仅可消除一人口播的单调感，而且通过一问一答、探讨切磋、关照呼应等方式，使谈话形成交流和互动
评论员(主持人)评论	①评论员(主持人)评论，即由评论员自己撰写(或参与撰写)并由自己播讲的评论，它是与播音员播诵的评论相对应的评论形式。 ②评论员(主持人)评论的优势：a. 以个人名义发表看法，具有较明显的个性化特征；b. 播讲自己写作的评论，有助于写作与播出方式的协调一致；c. 具有更强的时效性，更容易发挥广播快捷、灵活的优势
音响评论	①音响评论，即兼用实况音响、背景音响和解说及论述性语言表达内容的广播评论形式。 ②音响的作用包括：a. 充当由头，引出话题；b. 提供论据，佐证论点；c. 参与议论，烘托主题；d. 交待背景，渲染气氛

23.2　课后习题详解

1. 广播新闻评论与报纸新闻评论有何异同点?

答：广播新闻评论与报纸新闻评论的异同点如下：

(1)联系

①性质相同。广播新闻评论与报纸新闻评论都是对当前具有普遍意义的新闻事件和重大问题发议论、讲道理，有着鲜明针对性和指导性的一种政论文体。

②地位相同。报纸评论是“报纸的旗帜”“报纸的灵魂”。同样，广播新闻评论是电台的“旗帜”与“灵魂”。

③所有新闻媒介中的新闻评论都有它们的共性：a. 有的放矢，具有强烈的新闻性；b. 观点鲜明，具有高度的思想性；c. 面向基层，具有广泛的公众性。

④广播新闻评论与报纸新闻评论共性较多，有些报纸评论在广播中播出，也成为广播评论。

(2)区别

①广播新闻评论相对于报纸新闻评论而言，是“有声评论”和“口语化评论”。

②传播的方式不同。广播新闻评论是口播的，是说话，不是文章；是听的，不是看的；是稍纵即逝的，不是白纸黑字、可以反复看的。广播新闻评论靠声音传播，因而在传播快、广、感染力强和公众性广等方面占优势，而在稍纵即逝、不留痕迹方面又有其弱点。报纸新闻评论则在传播的速度、广泛性上处于劣势，在保存性和持久性上处于优势。

③由于传播方式上的不同，导致二者在选题、论证、结构和语言上有所不同。

2. 写作广播新闻评论要注意哪些问题?

答：写作广播新闻评论要注意如下问题：

(1)选题面向群众，突出“热点”问题

广播新闻评论强调面向公众，其选题要贴近社会实际，把重点放在公众共同关心和有密切关系的事物上，放在具有普遍指导意义的社会道德风尚、思想认识和作风问题上，要注意突出“热点”“难点”“疑点”“焦点”问题。如：①针对人们普遍关注而又议论最多的问题，给予正确的回答和指引；②针对公众中流行的错误观点和认识，及时加以澄清；③针对社会上某种容易忽视的倾向，提醒人们加以注意；④针对某种新人新事新风尚出现以后尚未被人们所认识，需要加以倡导；⑤针对当前工作中的薄弱环节，提示有关部门努力加以克服。

(2)立论具体集中，善于就实论虚

广播评论大部分都是广播短评，一般以新闻报道的某一客观事实或社会上存在的某一典型事实为立论的依据，因此确立的论点比较明确与具体，选择的论题范围与内容也相对集中。广播评论还要善于就实论虚、叙事出理。广播评论如能针对实际工作与社会生活中的一个具体事情展开议论，就易于具体、深入、亲切，为听众所接受。

(3)采取对话形式制作录音述评

广播评论通过充分发挥广播带音响的优势，采用记者甲、乙对话形式的述评与议论，穿插典型的采访录音，两者融为一体，就可组成对话形式的录音述评。

(4)形式要多种多样，新鲜活泼

广播新闻评论，可就某一问题单写评论，也可配合消息、通讯、听众来信写评论；可在节目前后作简短评述，也可就专门问题请有关单位答记者问或发表谈话等；可采用本台评论、记者述评，也可采用编辑的话、评论员文章等，做到不拘一格，充分发挥广播的长处。

3. 广播谈话类节目的发展前景如何?

答：(1)随着信息社会的发展，随着广大听众对广播传播的需求越来越高，广播评论不断得到开拓创新。20 世纪 90 年代中期以来，以中央人民广播电台的“新闻纵横”为代表，各省、市电台都陆续推出一批新闻评论性专栏，又称热点、焦点节目。这些节目，努力探索广播媒体的最佳表现形式，在唱响主旋律、打好主动仗方面逐步形成自己的风格。

(2)以“新闻纵横”为例，自创办之日起，把旗帜鲜明、文风泼辣作为追求目标，题材不分门类，对象不分尊卑，一律用党的方针政策、国家法律法规和人民群众公认的是非标准来衡量。开办以来，由于专栏视真实、公正为第一生命，基本上做到对是非褒贬分明，对报道准确无误。而且，专栏在强化广播特点、发扬广播特色上也不断开拓创新，主要措施是突出音响、突出实效、突出深度、突出结构变化，特别对广播潜能进行最大限度的开发。正因如此，许多听众把“新闻纵横”视为知己，每月都有上万封报告线索，反映问题或表扬有关部门、人物的来信寄到编辑部。其他如上海人民广播电台的“市民与社会”等栏目也是有口皆碑。

4. 联系学校实际，尝试给小广播电台写一篇500字左右的广播评论。

写作思路：可根据学校最新动态或与学校师生相关的、能够引发人们广泛讨论的新闻素材为由头来撰写广播评论，写作时应特别注意语言的口语化。

23.3 考研真题与典型题

23.3.1 概念题

1. 广播新闻评论
2. 广播短评
3. 录音评论(中国传媒大学2003年研)

23.3.2 简答题

广播评论要做到上口动听，在语言方面有什么要求?

23.4 考研真题与典型题详解

23.4.1 概念题

1. 广播新闻评论

答：广播新闻评论是广播评论的一种，是广播评论的核心。狭义上的广播评论是指广播新闻评论。广播新闻评论是专门供广播使用的新闻评论，是广播新闻媒介对当前具有普遍意义的新闻事件和重大问题发议论、讲道理，有着鲜明针对性和引导性的一种政论文体。广播新闻评论是广播电台宣传的旗帜，是广播新闻宣传的灵魂。广播新闻评论的特点是：①有的放矢，具有强烈的新闻性；②观点鲜明，具有高度的思想性；③面向基层，具有广泛的公众性。它是“有声评论”“口语化评论”。

2. 广播短评

答：广播短评是指内容单一、短小精悍、运用灵活的一种评论形式，通常为一事一议，阐明一个道理或一个主要观点，篇幅在500字左右，最长不超过千字。广播短评，一般以新闻报道的某一客观事实或社会上存在的某一典型事实为立论的依据，因此确立的论点比较明确与具体，选择的论题范围与内容也相对集中。

3. 录音评论(中国传媒大学2003年研)

答：录音评论是指以实况音响为论据的各种广播评论的总称。伴随客观事物发生的实况音响，只要具备证明或说明论点的素质，都可能成为广播评论的论据。其中用于表现事实的音响，属于事实性论据；用于表达采访对象对于事物看法的音响，属于观念性(理论性)论据。不过音响通常只是论据的一部分，只有与评论主体的解说或说明结合起来才能成为完整的论据。采制录音评论，要求根据证明或说明论点的需要，精心选择、剪裁音响，使之成为整个论述的有机组成部分；恰当处理与论述语言的关系，既保持论据的完整性，又使它与论点榫卯相应。同时严格划清论点与论据的界限，防止把采访对象表达自己的看法的录音讲话，与表达电台或作者的立场、观点的论点混同。

23.4.2　简答题

广播评论要做到上口动听，在语言方面有什么要求？

答：广播评论要做到上口动听，在语言方面的要求如下：

(1)应坚持语言的规范化、通俗化、口语化；力求语言的内在美、声音美、韵律美；坚持语、文一致的表达原则。

(2)努力克服广播中不规范的语言现象。

①要克服播音中语音不准确的现象。古人说："一言既出，驷马难追。"广播中一旦说错话，读错字，就无法更改，影响非同一般，广播电台的声誉也会受到损害。所以播音员应注意提高文化水平，丰富社会知识，消灭播音错读误读的现象。

②克服词汇方面不规范的现象。不规范主要是指滥用方言土语、文言词语、简称和生造词等。广播使用语言，要多注意全国的共性，少追求地方的特殊，这样才能使广播更好地为全体人民服务。广播提倡口语化。写广播稿用些书面语言不可避免，但滥用文言词的现象应该反对。最好多用口语词。

③克服词汇方面的歧义现象。广播是用来"听"的，但广播中的词汇有时读出来会造成歧义，应当尽量避免。

④克服广播语言在句法上的不规范现象。要做好广播宣传工作，需要下苦功夫学习语言。只有具备较高的分析和运用语言的能力，写起稿子来才能通顺流畅，准确无误。广播语言具有巨大影响和示范作用。规范广播语言，努力消除广播中不规范的语言现象，将会极大地促进汉民族共同语的发展，为全面建设小康社会作出积极贡献。

第二十四章　电视新闻评论

24.1　复习笔记

【知识框架（庖丁解牛）】

- 电视新闻评论
  - 电视新闻评论的兴起与特点
    - 电视新闻评论的定义和分类
    - 电视新闻评论的兴起
    - 电视新闻评论的特点
      - 多种传播符号凸显优势
      - 直观性带来受众面广
      - 亲近性带来更强的说服力
  - 制作电视新闻评论的“三个结合”
    - 从内容层面而言
      - 讲究时效，把握时机
      - 紧扣现实，服务大局
      - 有述有评，叙议结合
    - 从形式或技术层面而言
      - 形象思维与抽象思维相结合
      - 多种传播符号表达与理性思辨相结合
      - 主评与受众参与评说相结合
  - 电视评论性节目的喜与忧
    - 定义
    - 电视评论性节目的喜
    - 电视评论性节目的忧
      - 问题
      - 三大困惑
      - 改变措施

【考点难点归纳（厚积薄发）】

考点一：电视新闻评论的兴起与特点（见表24-1）★★★

表24-1　电视新闻评论的兴起与特点

要点	具体内容
含义	是运用电视传播手段制作的新闻评论，是电视传播媒介对当前重大新闻事件或重要社会问题发表意见、作出分析判断或述评的一种电视报道形式
分类	包括：①即兴点评，以口播形式出现；②电视专题评论

续表

要点	具体内容	
特点	多种传播符号凸显优势	报道词声音、同期声、字幕、照片等，可充分显示“形象化评论”的特色，评论手段更加丰富多彩
	直观性带来受众面广	①直观性强，信息代码少，受众可不受年龄和文化程度的限制。 ②画面本身会“说话”，无需再做文字上的描述，保留现场声可以让观众产生身临其境之感
	亲近性增强说服力	①电视图像有可视性，形象感人。 ②“面对面交谈”形式，产生“自己人效应”，可充分吸引观众。 ③引入多种评论者的同期声，使论据更为真实可信

考点二：制作电视新闻评论的“三个结合”（见表 24-2） ★★★

表 24-2　制作电视新闻评论的“三个结合”

要点	具体内容
内容层面	①讲究时效，把握时机。 ②紧扣现实，服务大局。 ③有述有评，叙议结合
形式层面	①形象思维与抽象思维相结合。 ②多种传播符号表达与理性思辨相结合。 ③电视评论员主评与受众参与评说相结合

【考点拓展（触类旁通）】

电视评论的构成要素（见表 24-3）

表 24-3　电视评论的构成要素

要点	具体内容
画面	指用摄影机或摄像机拍摄下来的，在银幕、屏幕或感光材料上呈现的形象。它由现场画面、资料画面、后期制作的图表和图像组成
同期声	指与电视画面同步出现的各种声音，包括人物的谈话和现场的各种实况音响，它是电视评论各种声音符号中最重要和最富感染力的组成部分
屏幕文字	指根据节目内容需要，在后期制作时运用电子技术叠加在画面上的文字。标题是屏幕文字的特殊形式。屏幕文字具有补充、说明、提示、强调、提炼、升华的作用
解说、论述性语言	指对节目内容的补充性介绍及评价、分析与议论，具体表现为画外音和主持人（或记者）出镜点评

24.2　课后习题详解

1. 电视新闻评论与报纸新闻评论有什么区别？

答：电视新闻评论与报纸新闻评论都具有新闻评论的新闻性、政治性、群众性和科学性等共性，区别在于前者是运用电视传播手段播出的新闻评论。电视新闻评论包括如下特点：

（1）多种传播符号凸显优势。电视新闻评论可以运用多种传播符号：报道词声音、同期声、字幕、照片、图表、图像等。因而可充分显示“形象化评论”的特色，将形象思维与逻辑思维紧密结合在一起，评论手段更丰富多彩。

（2）直观性带来受众面广。电视直观性强，信息代码少，受众可不受年龄和文化程度的限制。由于画面本身会“说话”，电视评论记者有时无需再做文字上的描述，保留现场声即可，这样能让观众产生身临其境之感。应该说，电视比报纸更具有“眼球吸引力”，画面活了，会说话，能吸引观众继续看下去，因而电视新闻评论的受众面较广。

（3）亲近性带来更强的说服力。电视图像有可视性，形象感人；电视评论节目主持人采用“面对面交谈”形式，产生“自己人效应”，可充分吸引观众；同时电视评论可引入多种评论者的同期声（包括现场采访中的议论评述），使论据更为真实可信，更具有强大的说服力。

2. 制作电视专题评论节目要注意哪些问题？

答：制作电视专题评论节目要注意以下几方面的问题：

（1）内容层面

①讲究时效，把握时机。能否适时地发表评论，将极大地影响电视台舆论引导功能的发挥。及时评论，就是尽可能缩短评论与所反映的新闻事实之间的时间差，以最快速度反映客观事物的发展变化。也要注意把握时机，重视因时因事制宜，做到适时、适宜、适度。

②紧扣现实，服务大局。一篇好的电视新闻评论，选题必须触及当前广阔的社会生活，把握时代脉搏，围绕热点、焦点和难点，选择针对性强、意义重大、主题深远的论题，要注意理性思考，抓住隐藏在新闻事件背后的本质，揭示问题背后的更深层次的矛盾，这样才能把问题说深说透，从而有利于问题的解决，更好地为党和政府的工作大局服务。

③有述有评，叙议结合。要重视和强调节目的评论性，解说词要有深度、力度，要画龙点睛、言简意赅。

（2）形式层面或技术层面

①形象思维与抽象思维相结合。电视是声画并重的艺术，声音和画面是电视最基本的两大要素。应注意调动一切手段，发挥电视现场感强、声画并茂的优势，注意选择那些具有很强画面感的报道对象。

实践表明，电视专题评论一定要善于将图像的形象化叙述和解说词、同期声的抽象化议论相结合，在视听交融中完成信息传递。总之，语言和画面的有机结合，默契互证，会使新闻评论更加具有感染力、说服力。电视专题评论一定要注重语言和画面的配合，防止声画“两张皮”的毛病，以收到声画相得益彰的效果。

②多种传播符号表达与理性思辨相结合。电视传播符号有语言符号与非语言符号两大体系、多种类别，电视专题评论应充分发挥其整体作用。譬如，图像、记者出镜头评论、被采访者叙述评说、播音员声音、现场音响、字幕、照片、图表等等，由理性思辨串联起来，就能增强电视专题评论的立体感与纵深感，产生全方位、多视角透视的效应。

③电视评论员主评与受众参与评说相结合。电视专题评论通常由评论员直接出镜头评述，评论员既是节目主持人，又是记者，在电视评论中起着核心作用。这就要求主持人既要懂得整体策划，又要会现场采访，还要会即席评说，并富有理性思考。而电视评论的论证主体，既可以是评论员，也可以是有关权威人士、专家与普通群众，这就是受众参与问

题。受众参与论证，主要由节目主持人或记者通过现场采访来实现。

3. 荧屏评论性新闻为何发展很快？

答：20世纪90年代以来，在我国五彩缤纷的荧屏上，评论性节目和谈话类节目方兴未艾，从中央电视台的“焦点访谈”“对话”等栏目的开播，到各地方电视台的焦点、热点板块节目的面世，各具特色的评论性节目相继荟萃一堂，一时间形成千姿百态、异彩纷呈的景观，这根植于上世纪90年代社会转型期中国大众的一种价值取向。总体来说，荧屏评论性新闻发展快的原因如下：

（1）人们的思想观点长期没有机会在公共场合得到沟通、碰撞和理解，如今有这个平台，可展示不同层面人们的看法和个性观点，就此自然而然地被卷入屏幕上的种种交流活动中。

（2）随着改革开放的不断深入，商品大潮的节节进逼，人们的价值追求越来越多元化，在审美取向上则是趋于个人化和平民化。观众开始有对娱乐、幽默、轻松节目的需求，并希望在节目中能找到一个参与其中表达自我的位置。因而，这类评论性节目一推出，就以鲜明的特色吸引着观众，受到各方面的关注，同时促进新闻节目质量的提高。

4. 中央电视台以“焦点访谈”为代表的一系列谈话类节目，为什么会广受欢迎？

答：1993年年底，中央电视台成立评论部，为电视评论的更大发展提供组织保证。中央电视台在推出“东方时空·焦点时刻”以后，从1994年4月1日起，又出台一档综合评论性专栏节目“焦点访谈”，整个栏目采用演播室主持和现场采访相结合的结构方式，使报道有着落、评论有依据，述与评相互支持，相得益彰，是典型的评论与深度的结合。中央电视台以“焦点访谈”为代表的一系列谈话节目广受欢迎，原因在于电视新闻评论除具有新闻性、思想性、群众性、科学性等共性外，还有自己独特的优势：

（1）多种传播符号凸显优势。电视新闻评论可以运用多种传播符号：报道词声音、同期声、字幕、照片、图表、图像等。因而可充分显示“形象化评论”的特色，将形象思维与逻辑思维紧密结合在一起，评论手段更加丰富多彩。

（2）直观性带来受众面广。其原因有以下几点：①电视直观性强，信息代码少，受众可不受年龄和文化程度的限制；②由于画面本身会“说话”，电视评论记者有时无需再做文字上的描述，保留现场声反而更加重要，可以让观众产生身临其境之感。电视比报纸更具有“眼球吸引力”，因而电视评论受众面更广。

（3）亲近性带来更强的说服力。其原因有以下几点：①电视图像有可视性，形象感人；②电视评论节目主持人采用“面对面交谈”形式，产生“自己人效应”，可充分吸引观众；③电视评论可引入多种评论者的同期声（包括现场采访中的议论评述），使论据更为真实可信，更具有强大的说服力。

5. 目前谈话类节目面临的主要难题是什么？发展前景如何？

答：（1）目前谈话类节目水平不一，参差不齐，有的表现还不够稳定。比较明显的问题包括以下方面：

①同质化问题突出。从上世纪90年代开始，模仿中央电视台“实话实说”的谈话类节目遍地开花，内容相当广泛，不少优秀栏目深受观众喜爱。但目前面临的最大困境，是各台谈话类节目彼此间模仿抄袭较为严重，创新不够，缺少精品。

②真实感有所丢失。原本应有的对“语言”规律本身的尊重，尤其是口头语言所传达的真实内容，以及所蕴含的真情实感和真实语境往往因照顾节目的“可视性”而受到冷落，削弱了语言真实、生动、自然的品格。

③无效沟通开始盛行。现场观众和嘉宾的谈话有时言不由衷，受制于人的感觉比较明显，缺乏纯真的语境和氛围。

④聚焦欠准，深度不够，缺少背景材料，虎头蛇尾等。

(2)谈话类节目虽然面临一系列挑战，但发展前景良好。

在网络评论和博客、微博的冲击面前，电视新闻评论面临新的考验。同纸质媒体的新闻评论相比，电视评论因不会被转发、传递而有更大的发展空间。如何做到“新闻立台”“评论强台”，如何更好体现和扩大电视评论的传播效应，是摆在广大电视工作者特别是电视评论工作者面前的迫切课题。只要紧跟时代步伐，不断改革、创新，电视新闻评论性和谈话类节目就一定能长盛不衰，永远走俏荧屏。

24.3　考研真题与典型题

24.3.1　概念题

1. 电视新闻评论(山东师大 2015 年研)
2. 电视专题评论
3. 主持人评论(吉林大学 2011 年研)
4. 谈话类评论(暨南大学 2018 年研)

24.3.2　简答题

1. 简述我国电视新闻评论节目的形成和发展过程。
2. 电视评论有哪些特点？它有什么优势？(华中师大 2014 年研)

相关试题：

(1)简述电视评论有哪些特点？(上海交大 2012 年研；四川大学 2012 年研)

(2)电视评论的特点与作用。(中国传媒大学 2011 年研)

(3)简述电视新闻评论的特征。(湖南大学 2010 年研)

3. 电视评论与报纸评论的联系和区别。(上海大学 2010 年研)
4. 电视专题评论制作要注意哪些问题？(湖北大学 2004 年研)
5. 电视评论屏幕文字的作用。(湖北大学 2007 年研)
6. 什么是电视新闻评论？电视新闻评论主要分为哪些类型？(安徽师大 2018 年研)
7. 简述我国新闻评论节目的发展历程，并结合广播新闻评论节目或者电视新闻评论节目的实例阐释你对新闻评论节目发展前景的看法。(中国传媒大学 2017 年研)
8. 简述电视画面在电视评论中的作用。(云南大学 2010 年研)
9. 电视评论的构成要素。(吉林大学 2007 年研)
10. 电视谈话体评论有哪些形式？(吉林大学 2013 年研)

24.3.3　论述题

1. 结合相关案例，分析电视新闻评论节目的宣传优势。

2. 结合具体的电视节目，论述电视图像评论的表现优势。(中国传媒大学 2006 年研)

3. 你认为中国电视新闻评论节目存在哪些问题，请举例分析。(中国传媒大学 2011 年研)

24.3.4 实务题

1. 根据所给材料写一则报纸消息，为所写消息配发一篇 3 分钟左右的本台评论。(中国传媒大学 2011 年研)

参考材料：

规范性文件，俗称“红头文件”。红头文件并非法律用语，是老百姓对“各级政府机关下发的带有大红字标题和红色印章的文件”的俗称。从制定机关的权限来看，行政法规的制定机关是国务院，规章的制定机关是 31 个省、自治区、直辖市人民政府，49 个较大的市人民政府，以及国务院各部门、各直属机构和具有行政管理职责的直属事业单位。而一般“红头文件”，有行政管理权的行政机关在行政管理工作需要时就可以制定。可见，“红头文件”实际上有广义与狭义之分。公众所关心关注的是指狭义上的“红头文件”。狭义的“红头文件”是专指行政机关针对不特定的公民和组织而制发的文件，这类文件对公众有约束力、涉及到他们的权利和义务，也就是法律用语所称的行政法规、规章以外的其他具有普遍约束力的规范性文件。

4 月 18 日，安徽省政府法制工作会议在合肥召开。这次会议以中国特色理论为指导，以贯彻落实国务院《全面推进依法行政实施纲要》为抓手，紧紧围绕市委、市政府的中心工作，认真贯彻落实科学发展观，总结了 2007 年的工作成绩，制订了 2008 年的工作计划。

其中，谈到科学规划市政府规范性文件制定工作。按照条件成熟、突出重点、统筹兼顾的原则，在充分征求意见的基础上，提请市政府下发了《2008 年度市政府规范性文件制定计划》，将市政府办公室、市发改委、市经委等 20 个部门提出拟出台的 36 件规范性文件列入 2008 年度市政府规范性文件制定计划(实际完成 28 件)，进一步增强了规范性文件制定的计划性。据市政府法制办主任石仲彬介绍，去年，全省各级政府法制机构对报送备案的规范性文件进行严格审查，对其中 154 件文件依法提出审查意见，要求制定机关整改。需要整改的文件数约占登记备案文件总数的 7.6%。

规范性文件备案审查，着重审查规范性文件制文主体是否合法，文件内容是否违反法律规定，文件执行主体是否超越法定职权，是否具有法定义务等方面，以合法性审查为主，同时兼顾适当性和对制定程序的审查，坚决纠正存在违法和明显不当问题的规范性文件。目前，我省 17 个设区的市政府已全部建立了规范性文件备案监督制度，一半以上的县级政府已经实现对其所属工作部门和乡镇人民政府规范性文件的备案监督。“四级政府、三级备案”的规范性文件备案体制正稳步推进。

此外，市法制办积极支持各县市区和市直各部门开展依法行政培训，先后为临泉、太和、经济开发区和市教育、国税、环保、审计、物价、国土、畜牧、经委、城关执法等部门行政执法人员 1600 余人讲授依法行政知识 100 多个课时，进一步提高了行政执法队伍的整体素质。对 4152 件行政执法证件进行了年审，为 1915 名行政执法人员办理了行政执法证件，基本保证了基层行政执法工作的需要。

2. 假如你是电视台的记者，为了报道该事件，写一条适合在镜头前表达的短评(150～300 字)。(人大 2015 年研)

参考材料：

7月10日下午5时许，湖南湘潭市雨湖区响塘乡金桥村乐乐旺幼儿园所属园车，在送幼儿回家途中，途径湘潭市交界的长沙市岳麓区干子村时，翻入水库。此事故共致11人遇难，包括8名幼儿和3位成人。事故发生地位于一山坳中，需经过一段长约2公里的水泥村路，再徒步行走一条小山路方可进入。

11日凌晨1点30分许，中新网记者在通往事发地途中看到，道路两旁停满了警车和其他车辆，每隔几百米的距离都有一名交警。逾百名警察和特警手持警棍与盾牌，快速徒步前往校车落水所在地。不少村民亦骑摩托车前往。记者抵达事故地点时，水库周围挤满了围观的村民，一位潜水员正在水库中搜救，水库旁停着一辆起重机，现场不断传来嚎哭声。一位伤心欲绝的中年妇女欲进入内场，但被警察拦下。

据当地村民介绍，校车落入的水库面积约10余亩，水深7～8米，平时用来养鱼和灌溉农田。10日傍晚时分，这辆平时在干子村接送村中幼儿上下学的校车，在送完一个村的孩童后折返到另一个村的途中突发事故。一位垂钓者发现水塘中若隐闪现灯光后报警。一位周姓村民告诉记者，校车内共有8个孩子、3个大人，包括2名幼教和1名50余岁的司机。凌晨4时许，起重机将落水校车打捞出水，11名遇难者遗体全部找到，其中幼儿8名，成人3名。

记者看到，该水库一面环山，四周长满了杂草和小树，无任何护栏。旁边则是一条可允许两车通行的石子路。从远处观望，这台落水的黄色校车挡风玻璃已碎，可明显看见一条静止弯曲的大腿。在起重机即将离开现场时，记者多次听到鞭炮声不间断响起。参与救援的消防官兵表示，因通往事故现场的山路狭窄且崎岖，救援车难以进入。

事故发生后，湖南省委、省政府高度重视，省、市有关领导立即赶赴现场指挥救援。目前，事故勘察、善后处置工作仍在进行。

3．结合材料，写50字以内的电视消息（自拟标题）；并结合材料和自身所掌握的相关知识，写500字的电视新闻评论（自拟标题）。（浙工大2014年研）

参考材料：

截止到2013年12月3日，《人民日报》连续11周关注“城镇化中的不良倾向”：

城镇化被房地产绑架，成了造城运动。历史街区、古建筑快速消亡。“当政府只想着如何卖地收钱的时候，什么样的经都会念歪，大拆大建也在所难免”。城镇化的普遍趋势是农民为了获得更高收入、寻求更好的生存发展机会而向城镇主动转移，但在我国的一些地方却由于政府靠行政权力驱动而形成了人为的造城运动。为短期内提高城镇化率，加上对土地财政的严重依赖，一些地方政府走上了大拆大迁、大拆大建、人兴土木的造城之路。近些年，建新区造新城、拆旧城造仿古城如同热病般在不少地方传染、蔓延。有统计数据显示：有12个省会城市要建55个新城；144个地级城市要建200个新城；161个县中有67个要建新城。已经公布的规划面积的96个新城，占地超过6000平方公里。全国还有不少于30个城市要斥巨资重建古城。最让人痛心的是，许多“打造”，走的都是将古城“打”掉再“造”仿古城的路子，部分国家历史文化名城岌岌可危，历史文化街区频频告急。

今年3月，住房和城乡建设部与国家文物局联合下发通知，对山东聊城、河北邯郸、湖北随州、安徽寿县、河南浚县、湖南岳阳、广西柳州、云南大理等8市县，因保护工作不力，致使历史文化名城和历史文化遗产遭到严重破坏、名城历史文化价值受到严重影响的情况进行了通报批评。据报道，自1982年首批国家历史文化名城公布至今，全国共有119个城市得此殊荣。它们中有曾经的各朝都城，有历史上的政治经济重镇，也有某些历史大事件的发生地。按规定，至少拥有两个历史文化街区的城市才能申报国家历史文化名城。但有专家表示，中国当下119个历史文化名城中，有将近20个已没有历史文化街区，将近一半的历史文化街区不合格。

与造城运动伴生的是房地产对城镇化的绑架。在许多地方，房地产几乎成了城镇化的代名词，城镇化完全被盖新楼、建新区取代。如，现有65万人的贵阳市贵安新区，规划10年内打造可容纳400万人的新城，几乎相当于贵阳市市域现有总人口；年财政收入仅3000多万元的呼和浩特市清水河县，却计划斥资60多亿元建新城，历时10年最终以烂尾收场。人为造城运动的另一畸形产物便是“鬼城”频现，内蒙古的鄂尔多斯康巴什新城便是典型。住宅空置率过高、楼房建设过度超过基础设施和人口聚集速度，是这些城市的典型特征。

24.4　考研真题与典型题详解

24.4.1　概念题

1. 电视新闻评论（山东师大2013年研）

答：电视新闻评论是指运用电视传播手段制作的新闻评论，是电视传播媒介对当前重大新闻事件或重要社会问题发表意见，作出分析判断或述评的一种电视报道形式。它是一种具有政治倾向性的以广大观众为对象的电视新闻体裁，是电视反映和引导社会舆论，实行舆论监督，指导生活和工作的重要新闻报道体裁。它在触及时事、反映诉求、表达主张、弘扬正气等方面具有明显的优势，特别是在媒介舆论监督功能的发挥上更是一枝独秀，受到公众的关注和赞誉。

2. 电视专题评论

答：电视专题评论，又称电视评论片，是指报道类纪实型的电视专题片，是电视深度报道最常用的节目形态。电视专题评论的基本特征是新闻性较强，反映当前重大新闻事件或社会普遍关注的热点和难点问题，有明显纪实风格，不允许外加虚假操作。但同时它也讲究艺术性，电视专题评论与电视新闻一样，强调报道词与画面的有机组合，是“双主体”的并重关系。

3. 主持人评论（吉林大学2011年研）

答：主持人评论是指主持人就某一热点问题发表自己的观点和见解的电视评论形式。这种评论既可以是在节目串联过程中由主持人结合新闻事件展开，也可以是在节目中单辟出一段时间，由主持人面对镜头发表意见。由于主持人对内容有更深入的了解，并且节目是以与观众直接交谈的方式播出，因此便于体现出个性化、人格化的传播优势，使评论有了更强的交流感。

4. 谈话类评论（暨南大学2018年研）

答：谈话类评论是指以谈话的语言、口吻及表达方式评价事物与分析问题，以聊天或交谈的手法，力图模仿或直接采用日常谈话的方式发表新闻评论的一种方式，是以广播或电视谈话的方式播出的新闻评论节目。在谈话类评论节目中，说、听双方处于平等交流的位置，以谈话的方式展开新闻评论，形成了类似直接交换意见、商讨问题的说理氛围，带有谈话式“类交流”的特点，具有双向色彩，可以唤起受众的参与感，促使受众进入主动收听(看)、主动思考的状态。同时，多种意见的交流与探讨，增强了信息的含量，也开阔了人们的思路。但是，谈话性评论对于嘉宾和主持人的水平要求较高，要求双方都对事件有比较深刻的了解，或具备相关领域的专业知识，才能达到预期的效果。广播谈话类评论包括漫谈式广播谈话、对话式广播谈话、座谈式广播谈话等节目形式。电视谈话类评论包括访谈式电视谈话、讨论式电视谈话、现场参与式电视谈话等节目形式。

24.4.2 简答题

1. 简述我国电视新闻评论节目的形成和发展过程。

答：我国电视新闻评论节目大致经历了如下发展历程：

(1)20 世纪 80 年代初期与中期开始起步

我国电视新闻评论的起步较晚，以中央电视台为例，在 20 世纪 80 年代初期与中期，只在《新闻联播》节目中设简短的编前、编后，配发少量短评(小言论)；直至 1987 年后，才开辟“观众论坛”“观察与思考”等栏目。

(2)1993 年底中央电视台成立评论部

随着新闻改革的深入，电视新闻评论也逐步发展并愈来愈受到观众的欢迎。1993 年年底中央电视台成立评论部，为电视评论的更大发展提供了组织保证。

(3)20 世纪 90 年代起，评论节目大量涌现

20 世纪 90 年代以来，在我国五彩缤纷的荧屏上，评论性节目和谈话类节目方兴未艾，从中央电视台的“焦点访谈”“对话”，到各地方电视台的焦点、热点板块节目，各具特色的评论性新闻相继荟萃一堂，一时间形成了千姿百态、异彩纷呈的景观。

①中央电视台。中央电视台在推出“东方时空 焦点时刻”后，从 1994 年 4 月 1 日起，又出台一档综合评论性专栏节目“焦点访谈”。电视新闻评论的视野更广、节奏更快、内容更丰富、形式也更多样化，出现了系列评论、连续评论、追踪评论等样式。在“焦点访谈”如日中天的时候，中央电视台还推出了“实话实说”“聊天”“朋友”等一批“谈话”类节目，这实际上也是一种评述性节目。

②地方台。在全国地方台中，开办新闻评论性节目较早的则有上海电视台的“新闻透视”，河北电视台和湖北电视台的“焦点透视”，广东岭南电视台的“一周新闻焦点”等。由于这些节目追求的是前沿性、知识化、谈话的深度和观众的参与，关注的是那些在全球经济浪潮裹挟之下，在前沿阵地兴衰沉浮、创新求异的中国人，提供的是一个视野开放、思维状态开放和心态开放的平台，因而受到广大观众的青睐。

2. 电视评论有哪些特点？它有什么优势？(华中师大 2014 年研)

相关试题：

(1)简述电视评论有哪些特点？(上海交大 2012 年研；四川大学 2012 年研)

(2)电视评论的特点与作用。(中国传媒大学 2011 年研)

(3)简述电视新闻评论的特征。(湖南大学 2010 年研)

答：电视评论是新闻评论体裁与电视媒介结合的产物，它作为一种传播手段和方式，与新闻报道最大的区别是，它以传播意见性信息为主要目的。由于传播方式的不同，它在

内容取向和表现形式等方面，有自己独特的个性。

(1)电视评论的特点(具体参见本章复习笔记相关内容)

(2)电视评论的优势

①电视评论有利于加强电视新闻舆论导向；

②电视评论有利于加强新闻政治性、群众性；

③电视评论有利于提高电视节目媒介地位；

④电视评论有利于中国电视走向世界。

3. 电视评论与报纸评论的联系和区别。(上海大学2010年研)

答：电视评论与报纸评论的联系和区别如下：

(1)电视评论与报纸评论的联系表现在，它们是新闻评论的两种形式，具有相同或相近的性质、地位、作用、基本特点等。

①性质。电视评论和报纸评论都是针对现实生活中新近发生的、具有普遍意义的新闻事件和迫切需要解决的问题而发议论、讲道理、直接发表意见的文体。它是对客观事物的一种反映，是人们对客观事物认识的结果。它反映客观事物的方法是比较概括和抽象的，主要通过分析说理的方法，从理论、政治、政策和思想上去启发和引导读者。

②地位。它们是新闻宣传的一种重要手段，是新闻宣传中不可或缺的一种重要体裁，是新闻宣传的旗帜和灵魂，在当今的舆论引导工作中得到越来越广泛的运用。与新闻报道相比，新闻评论是对新闻所报道的重要事件或重大问题进行分析议论，明确地指出新闻报道的思想政治意义，深化报道的主题，进而全面、准确地宣传党的路线、方针、政策。有的评论还根据新闻报道中提供的事实，从某个侧面或角度，借题发挥，提出一些引人深思的问题，启发读者。所以和新闻报道比较，新闻评论的宣传更全面，站得更高，看得更远。

③作用。电视评论和报纸评论都具有以下社会功能：

a. 引导。新闻评论帮助群众弄清客观事物的发展方向，区分先进和落后、正确和错误，明确应该赞成什么、反对什么。

b. 解惑。新闻评论通过对客观事物的具体分析，对群众最关心、最焦虑而又议论纷纷、莫衷一是的问题，做出明确的、实事求是的回答，为他们释疑解惑。

c. 表态。新闻评论作为一种直截了当的发言方式，在某些情况下，可以代表编辑部对当前的重要事件或问题表明态度。对于国内外的重大问题或对外关系中的问题，全国性的新闻媒介还可以通过发表评论的方式，表明党和政府的立场和态度。

d. 深化。新闻评论总是尽可能从思想、政策、理论的高度提出问题、解决问题，而不限于就事论事。

④基本特点。电视评论和报纸评论都具有新闻评论的一般性特点，包括以下方面：

a. 强烈的新闻性。新闻评论的新闻性主要表现在，它所评论的对象是当前重要的新闻事件和现实生活中需要解决的问题，它的内容是具有迫切的现实意义的。新闻评论可以针对一件新闻事实，或是针对一个事件、一种倾向、一个问题发言，但这些都必须是广大干部和群众最关心、最感兴趣的。

b. 鲜明的政治性。新闻宣传总是要反映一定的观点和倾向，代表一定的阶级、政党或政治集团的利益。有些新闻媒介虽然标榜不偏不倚的纯客观态度，但它们的立场和态度总是会在报道中特别是在言论中表现出来。自近代报刊产生以来，中外报刊概莫能外。

c. 广泛的群众性。新闻评论的群众性，首先表现在它的内容是广大群众最关心和最感兴趣的，是同人民群众的切身利益息息相关的，又是能反映人民群众的要求和呼声的。即使是专业性的新闻媒介，在宣传上也应该面向更大范围的受众，以求更充分地发挥作用。

d. 准确的科学性。新闻评论总是运用严密的逻辑思维对新闻事件进行评论，评论具有一定的科学性。

(2)电视评论与报纸评论的区别体现在，由于两种不同媒介的传播特点和传播手段、方式的不同，电视评论呈现出了与报刊评论不同的鲜明的个性特征，并由此产生或形成了一些独具特色的评论体裁和评论样式。

①在传播手段上。报纸评论是通过文字形成一篇独立、完整的文章发表在印刷媒介上，而电视评论则是一种视听结合的评论。在电视评论中，画面与屏幕文字直接诉诸受众的视觉器官，音响和解说、论述性语言诉诸听众的听觉器官，传播符号的多样性和感知的多通道，使受众有一种身临其境之感，使电视评论具有报纸评论所没有的现场感、真实性和说服力。

②在构成要素上。报纸评论主要是文字，而电视评论是多种传播符号综合运用的评论形式，包括文字符号(如标题、字幕)，图像符号(如画面、图片、资料、图表)和语言符号(如解说词、论述语言、同期声、音乐、背景音响)。

③在评论形式上。报纸评论主要是说理论述性的议论文章，而电视评论发挥其视听结合的优势，具有一些独特的评论形态，包括以下三个方面：

a. 谈话体评论。电视谈话是一种以人际传播的方式表现的大众传播活动，它主要包括访谈式、座谈式、论坛式三种形式。

b. 主持人评论。它是由主持人直接参与策划、写作、播出的全过程，并直接以个人的身份、用谈话的方式发表意见和见解的评论形式，融叙事性和哲理性、个性化和人格化于一体。

c. 电视述评。它是述评这种融新闻报道和新闻评论于一体的杂交品种在电视中的具体运用。它既报道事实，又对新闻事实做出必要的分析和评价。在篇幅上，述多于评，但述是手段，评是目的。

4. 电视专题评论制作要注意哪些问题？(湖北大学2004年研)

答：参见本章课后习题第2题答案。

5. 电视评论屏幕文字的作用。(湖北大学2007年研)

答：电视评论的屏幕文字，是指根据节目内容需要，在后期制作时运用电子技术叠加在画面上的文字。标题是屏幕文字的特殊形式。电视评论屏幕文字具有以下作用：

(1)补充、说明。字幕可以补充、说明画面无法表达的内容，如时间、地点、人物姓名及身份、事件的起因及结果等等；也可以以此来消除由于录音效果不好或因口音较重、口齿不清及外语谈话等造成的听知障碍和理解歧义。

(2)提示、强调。可以帮助刚刚打开电视机的观众了解评论的论题和内容，也可以帮助观众理解评论的见解和主旨。同时，由于标题的适时出现和论点的及时标明，评论的层次感和条理性也显得越发清晰，使线性传播的电视评论增添了节奏感，便于在人们的记忆中更长久地留存。

(3)提炼、升华。由于电视评论具有直观性和转瞬即逝的特点，也由于电视受众的文化程度和理解能力的差异比其他媒介更大，在电视评论中打出字幕，用以提炼论点、升华主题显得必不可少。与论述性语言相结合的论点性字幕，可以起到“画龙点睛”的作用。

6. 什么是电视新闻评论？电视新闻评论主要分为哪些类型？(安徽师大2018年研)

答：电视新闻评论是指运用电视传播手段制作的新闻评论，是电视传播媒介对当前重大新闻事件或重要社会问题发表意见，作出分析判断或述评的一种电视报道形式。它在触及时事、反映诉求、表达主张、弘扬正气等方面具有明显的优势，特别是在媒介舆论监督功能的发挥上更是一枝独秀，受到公众的关注和赞誉。电视新闻评论是一种具有政治倾向性的以广大观众为对象的电视新闻体裁，是电视反映和引导社会舆论，实行舆论监督，指导生活和工作的重要新闻报道体裁。电视新闻评论可分为两类：

(1)为电视新闻配发的编前、编后话以及节目主持人、记者的即兴点评，主要以口播形式出现。

(2)电视专题评论，又称电视评论片，将活动图像(同期声)、背景资料、字幕与夹叙夹议的评论报道词有机组合在一起，成为“形象化的政论”。

7. 简述我国新闻评论节目的发展历程，并结合广播新闻评论节目或者电视新闻评论节目的实例阐释你对新闻评论节目发展前景的看法。(中国传媒大学2017年研)

答：新闻评论是一种针对新近发生的新闻事件、亟待解决的社会问题或公众关心的社会话题发表议论，做出分析，提供解释，表明看法，直接反映媒介或作者的立场及态度，以反映舆论和引导舆论的体裁或节目形态的总称。广播新闻评论和电视新闻评论是新闻评论这种新闻体裁或话语形式，同广播、电视这两种分别形诸声音、音像的传播媒介相互结合的产物。

(1)新闻评论节目的发展历程

①新闻评论节目的萌芽(1958—1980年)

1980年7月，中央电视台参照《人民日报》的《今日谈》创作思路，开播了《观察与思考》，这是一档具有评论性的电视节目，尝试对电视新闻栏目化和专业化进行探索。这个节目的开播意味着电视新闻打破了一味的对于纸媒的单纯照念，但它并没有形成品牌，没有固定的播出时间与内容，因此，当时电视媒介的社会功能与属性还没有形成。

②新闻评论节目的早期发展(1988—1993年)

1988年中央电视台设立了评论组这一专门的新闻评论编辑组织，形成了由《观察与思考》《社会瞭望》两档新闻节目改组的全新节目《观察思考》，这是一档有栏目化特征的，比较成熟的电视新闻评论栏目，有了固定的主持人、包装手段及播出时间，于是拥有完全独立于报刊评论风格的评论语态。

在这一阶段，其他地方电视台新闻评论节目也有所发展：有了专职评论员及评论性主持人的介入；新闻节目有了更为大胆的蒙太奇手段；运用到了多种评论手法，如谈话评论、对话评论等；在题材上也有重要的突破。

③新闻评论节目的高速发展(1993—2008年)

1993年，央视在原来新闻评论组的基础上成立了新闻评论部，中国第一档实行制片人负责制的节目《东方时空》开播，并获得了成功。1994 年，央视将老牌节目《观察思考》和《东方时空》进行整合形成《焦点访谈》节目，成为中国电视新闻评论节目发展历史的标志性节目，是最有影响力的电视新闻评论节目之一。1996 年，有脱口秀性质的新闻评论节目《实话实说》成为一档有影响力的谈话类新闻评论栏目。

这一阶段，由于电视媒体成为了强势媒体，电视新闻评论节目得到了很大发展：出现了比较系统而专业的报道，电视新闻有分众化的趋势；评论方法、评论题材、评论影响的深度和广度得到了开发；由于各个电视台都开设了这样的新闻评论节目，节目模式内部竞争比较激烈；电视新闻评论节目开始尝试与观众平等交流，评论语态有了变化；通过打造和推广名嘴评论员来助推栏目的品牌化、节目的个性化。

④新闻评论节目的突破期(2008 年至今)

2008 年，中国电视新闻评论类节目多达数百档，由于经历了在行政主导和统一调度下的大事件——奥运会和汶川大地震，新闻媒体在这两个事件的报道广度和深度上都达到了一定的高度，电视新闻评论节目拉近了人民群众与事件发展、事件真相的距离，起到了积极的作用，体现出电视新闻评论节目人才培育的成果。与此同时，新媒体的迅速发展给电视媒体带来了冲击，由于媒介的变革，观众对于电视新闻评论栏目的“普遍关注”转为“个性关注”。进入自媒体时代后，有时候观众的评论比电视新闻评论更为精彩，电视新闻评论节目渐渐和自媒体接轨，进行媒介融合。

(2)电视新闻评论节目的发展前景

①电视评论类节目的某些形态(如电视述评与深度报道)间的分野将日益模糊，新闻与评论因素将呈现继续融合的趋势。

②电视评论类节目中的一部分将顺应分众化传播趋势，在选题范围、受众对象、节目形态与风格特色上有所区隔；谈话类节目中时事性、政治性“硬话题”将成为一类节目的追求，并与以“软话题”为主、带有一定娱乐性的谈话类节目分离。

③电视评论性节目中主持人(评论员)的作用将进一步强化，个性化特征将通过人格化特征得以更为充分的展现。一批从事其他媒介或领域的工作、具有新闻传播及相关学科理论知识与实践经验的资深人士将成为未来更具个人魅力和权威性的主持人，从而增加电视评论类节目的深度与厚度，并因此潜移默化地影响中国公众的审美取向与价值取向。

④新的传播媒介和新的传播技术将直接影响和介入电视评论性节目的发展，使其双向性、交互性特征获得新的表现方式和传播渠道，随之而来的是与此相配套的法制管理与行业规范的建立；传播者在意见性传播方面的主流地位将继续保持，其“把关人”角色将更多地展现在对信息(特别是意见性信息)的选择加工与传播上。

8. 简述电视画面在电视评论中的作用。(云南大学 2010 年研)

答：电视评论是指运用电视传播手段制作的新闻评论，是电视传播媒介对当前重大新闻事件或重要社会问题发表意见，作出分析判断或述评的一种电视报道形式。电视画面在电视评论中的作用如下：

(1)不同类型的电视画面有不同的作用

①口播评论的画面。这主要是播音员、主持人或评论员播讲的画面。这类画面展现点评过程，含有表情、动作，可以在一定程度上强化语言的表现效果。这种画面的表现功能，

同播讲人对于评论内容的理解和调动非语言的能力成正比。

②再现事物发生发展过程的画面。这类画面多数摄自事件的现场，直接再现事物、场景及其发展、变化的瞬间过程，可以给予人们身临其境的感受。它主要用来表现事实、支持和阐明论点，具有吸引视听、增强论述的说服力和感染力的表现功能。

③再现访谈过程的画面。这类画面以记录访谈过程为主，有时也展现访谈场合。如《温州：望“楼”兴叹》中在多个楼盘销售现场访问购房者，既呈现了购房者对于高房价、购销双方地位不对等、销售信息不透明等现象的强烈不满，也呈现了温州部分商品房混乱的销售现场、市民彻夜冒雨排队的景象。画面与声音相互配合，为论题提供了具体的时空环境，强化了语词的表现力和感染力，为观众理解高房价的各种不利影响和潜在危险起到了积极作用。

(2)电视画面的主要作用是提供富有实证力的论据

电视画面以具体、形象的“语言”表现事物、事件及有关的人、事、物、地域等，增强“叙事”的可信度，最大限度地消除人们对于事物认识的不确定性，以及由于文化水平、生活经验等方面的不同而形成的理解差异，满足观众“百闻不如一见”的心理需求。因此，恰当地运用画面，电视评论就获得了一种其他媒介的评论所不具备的说理手段，可以大大增强评论的说服力，使人易于接受。

9. 电视评论的构成要素。(吉林大学2007年研)

答：电视评论是多种传播符号综合运用的评论形式，包括文字符号(如标题、字幕)，图像符号(如画面、图片、资料、图表)和语言符号(如解说词、论述语言、同期声、音乐、背景音响)。具体如下：

(1)画面。画面是指用摄影机或摄像机拍摄下来的，在银幕、屏幕或感光材料上呈现的形象。画面是电视评论的基本构成要素之一，也是电视评论与报刊、广播评论最重要的区别要素。电视评论的画面一般由现场画面、资料画面以及后期制作的图表、图像等组成。画面的运用应注意以下几个基本原则：

①摆正画面在电视评论中的位置。让画面为展示事实和佐证论点服务，并以此为前提进行拍摄、剪辑和运用画面，使其成为电视评论的有机组成部分。

②恰当处理画面与解说、论述性语言的关系，避免生硬的声画对位和过分的声画分离。在“以视为主”的同时不能以画面代替必要的分析议论，让画面为引出、佐证、补充和强化论述性语言服务。

③在使用画面的过程中，应根据评论内容的需要调动各种画面形式，灵活运用各种画面的表现技巧和编排手段，使画面语言更为丰富，以增强其特有的表现力和感染力。

(2)同期声。同期声是电视声音符号系统中最重要、最有生命力的组成部分，一般是指与电视画面同步出现的各种声音，包括人物的谈话和现场的各种实况音响。与画外音、主持人(记者)的演播室点评及各类背景音响不同的是，它更具有现场感和表现力，而且具有更为鲜明的个性特征。在电视评论表现手段中，同期声与画面是无法分割的一个整体：①有了同期声，画面才显得真实可信；②有了同期声，才能够传达无法用画面语言传递的内容和思想；③有了同期声，才能够渲染气氛，增强评论的现场感。

(3)屏幕文字。电视评论的屏幕文字(即字幕)是根据节目内容需要，在后期制作时运用电子技术叠加在画面上的文字。标题是屏幕文字的特殊形式。作为电视评论的一种可视性因素，它具有以下几种作用：①补充说明；②提示强调；③提炼升华。

（4）解说与论述性语言。电视评论的解说与论述性语言既是对节目内容的补充性介绍，也是对节目内容的评价、分析和议论。它像一根链条，把画面与同期声串连起来，使整个节目成为一个完整的集合体。它还是编导者主体思想与个性风格的集中体现，电视评论的理论色彩与评析力度很大程度上借助于它表现出来。

①电视评论的解说与论述语言的功能：一为解释、补充，二为评点、生发；前者属于解说性语言，后者属于论述性语言。

②电视评论的解说与论述语言的特点和要求包括：a. 简洁流畅，具有口语化特征；b. 似断实连，与音响、画面互为补充；c. 逻辑严密，具有一定的思辨色彩。

10. 电视谈话体评论有哪些形式？（吉林大学2013年研）

答：谈话类评论是以电视谈话的方式播出的电视评论类节目。一般由记者（或主持人）主持，嘉宾或现场观众参与，在演播室或其他固定的场所，围绕某一新闻事件或公众关心的话题，通过访谈、讨论等面对面直接交流的方式进行。电视谈话类节目主要有三种形式：

（1）访谈式电视谈话。访谈式电视谈话即由主持人（或记者）在演播室（或其他固定场所）与谈话对象就某一事件或问题所进行的，以了解意见性信息为主的一对一或一对二的谈话式评论节目。在这类节目中主持人（或记者）以访为主，以提问为主；谈话者以谈为主，以回答问题、表明态度、发表议论为主。访谈的对象多为公众关心的新闻人物、社会知名人士或某方面的权威专家。

（2）讨论式电视谈话。讨论式电视谈话即由主持人（或记者）邀请有关方面的政府官员、专家权威或各方面的代表人士，围绕某一新闻事件或社会话题进行的座谈或论坛式的谈话节目。

（3）现场参与式电视谈话。现场参与式电视谈话即由主持人主持，由特邀嘉宾和演播室受众直接参与，就新闻事件或社会生活中公众关心及感兴趣的话题展开讨论或争鸣的评论形式。

24.4.3 论述题

1. 结合相关案例，分析电视新闻评论节目的宣传优势。

答：随着生活水平的不断提高，人们对各方面的认知要求越来越高。媒体必须提供给受众有价值的新闻评论，让观众了解事实的意义、影响以及处理方式，启发受众的思想，使新闻深入到观众的头脑之中，形成深度意义上的接受，而电视新闻评论节目具有独特的宣传优势。

（1）重要事件与独特观点

言论要达到效果，在选题上必须切中社会绷得最紧的那根弦。只有提出一系列契合社会热点和难点的问题，从不同的视角关注审视那些深刻、主流的社会现象，并在追问中体现独到见识和价值的媒体，才能真正做到与受众在情感上产生深层共鸣，在思想上达成深度共识。以《“欺”房是怎样产生的》为例，其选题并非重大题材，但它却和广大人民群众的生活息息相关。记者把一位消费者和政府有关部门的关系作为切入点，通过深入细致的明察暗访，将隐藏在新闻事实背后的本质性的东西揭示出来。同时，还将一组现场拍摄的开发商、消费者、消委会、银行、市民表现出来的迥然不同的态度展示给观众，增强了节目的可视性，给观众留下了极其深刻的印象。

由此可见，评论节目胜于一般的电视新闻，是因为它有思想、有观点、有视角，不仅推出具有吸引力的社会事件，还向观众展示独特的见解、新颖的观点、深度的追问、明确的立场，进而引发观众思考，让观众参与其中，让思想进入大脑。评论节目是信息管家、时事顾问、意见领袖。一篇好的新闻评论作品，只有好的选题显然不够，重要的是理解力、判断力和表现力。同时，电视是视觉艺术，如果说标题是评论的“眼睛”，那么《“欺”房是怎样产生的》这一标题就是整个节目的画龙点睛之笔，它简洁、生动、干净，让人真切地感受到了作品的立场、观点和态度。

(2)主持人的独特魅力与影响力

如果新闻评论是媒体的旗帜，那么主持人则是媒体的旗手。一个成熟、有影响力的电视台必然会有自己的名牌新闻评论主持人。

在电视新闻评论节目中，主持人担任着新闻评论员的角色，其一言一行、一举一动，极大地影响着节目的收视率。一个好的新闻评论员，能敏锐地感受、吸收、解读新闻信息，创造出有价值的新闻附加因素。新闻深度报道要吸引受众，必须办出特色，这就需要有个性化的主持人。

主持人的学识、风度、气质、亲和力以及深刻的见解、富有个性化的语言，成为了新闻评论类节目的重要构成元素。以“焦点访谈”为例，尽管主持人所表达的是媒体的观点，但该栏目始终提倡主持人的个性化表达，注重用主持人的人格魅力来塑造媒体形象。12 年来，“焦点访谈”成功地造就了中国一批著名的电视新闻评论主持人，代表中国主持人最高水平的“金话筒”奖，历届获奖者当中都有该栏目的主持人。同样，凤凰卫视的核心竞争力也是人才，以名记者、名主持、名评论员为内容的“三名”战略，使得像曹景行、阮次山、杨锦麟这样的新闻评论员成为凤凰卫视评论的活商标。

新闻评论员所具有的宽广的视野、广博的知识、快速解读的能力，使其能够在纷繁复杂的事实中找到最核心的脉络和最本质的原因。这些素质与能力都是由他们深厚的社会背景与经验所决定的，强烈的社会使命感和责任感，强烈的求新、求实的新闻操守，使得他们不断提高自身知识面，获得思维的创新和观点的确立。

(3)电视新闻评论直播时效性强

新闻竞争是时效性之争，“焦点访谈”开播第一天的节目“94 国债发行第一天”，以其报道和评析当天事件令观众耳目一新；在尼克松葬礼的当天看“一位载入史册的人”；在约旦和以色列签署和平协议的当天看“和平：使沙漠变绿洲”等，这些对观众来说已不再是新鲜事。此类国际时事述评是“焦点访谈”的拳头产品，也是中央电视台的优势所在。正是由于时效上的快、评论上的深、见解上的新、视角上的宽，广大电视观众才更加直观真切地感受到“地球原来是个村”，感受到中国已逐步成为世界大家庭中的一个成员。

直播评论即现场即时性评论，采用评论员演播室评论配合记者现场采访的方式进行，它不仅为观众呈现了新闻的冲击力、现场感，满足观众对知情权的强烈需求；同时及时配发权威的背景解读、趋势预测以及多方观点，深入真相与内幕，第一时间、第一地点，掌握第一解释权，实现新闻信息和价值判断最优化。凤凰卫视在新闻报道方面的一个重要形式，也为凤凰卫视赢得广泛关注和影响力的，就是新闻事件的现场直播评论，其新闻评论员以自己广博的学识、多方位的关注、个性化的分析和判断，评得准确、评得到位、评得独特，及时发出了自己的声音。

(4)基于新闻事实报道更具深度

任何一个新闻评论节目的策划与展开，都必须以新闻事实为依托，以深度报道为目标。“焦点访谈”是一档以深度报道为主、舆论监督见长的电视新闻评论节目，它始终坚持“用事实说话”的原则，采集、选择“领导重视、群众关心、普遍存在”的大量反映社会进步与发展过程中存在的问题，使其成为公众的焦点。节目所有的访谈均围绕某一问题、“事实”进行，利用深度报道的形式层层展现事实、剖析事实，用事实说话，对事件认真调查、深入追踪，对新闻资源蕴含的深层背景深挖细掘。它寓论断于叙事，通过对“事实”的一步步揭露，让观众在边看边思索的过程中潜移默化地接受媒体暗含的观点和态度，最终使传播生效，达到舆论监督的目的。

2. 结合具体的电视节目，论述电视图像评论的表现优势。（中国传媒大学2006年研）

答：电视评论中所运用的图像一般包括现场画面、资料画面及后期制作的图表、影像等。电视图像评论的表现优势如下：

(1)现场画面，是指记者在采访现场摄录下来的有关环境状况、事物状态及人们的动作、表情等真实情况的画面。它是电视评论各类画面形式中最重要、最基本的画面形式，也是最具现场感、真实性和表现力的画面语言。

现场画面的表现优势在于，它具有极其丰富的表现力，在纪实性上有其他媒介无法企及的真实性和完整性。同时，现场画面又兼有表情达意的功能。

(2)资料画面，是为表现节目主题而选用的有关事物原因、背景和发展脉络的以往拍摄下来的画面，包括影视资料和图片。这些画面能够使节目突破时空的界限，扩充节目的信息量，增强节目的可信性，使节目更有深度。在电视评论中，现场画面与资料画面的穿插运用，不仅可以扩充节目的信息量，还可以产生对比与反差，深化节目的主题。

(3)后期制作的图表、图像，是指为了节目主题及内容的需要，运用特技手法专门制作的表格、图形或活动影像。在电视评论节目中，经常出现诸如统计数据、地理方位等较为抽象和笼统的内容，而这些内容又往往是说明事物变化和表现事物间联系的重要依据。因此，制作各类图表、图形或活动影像，就可以起到化抽象为直观、变笼统为具体的作用，产生更好的传播效果。

例如，获1993年度中国电视新闻作品奖一等奖的《愿圣火长燃不灭——东亚运留给我们的思考》（上海电视台制作），在论述到上海市民的文明礼貌素质有待提高时，图像展示了“有的观众在看台上边看比赛边嗑瓜子”“有的观众在比赛尚未结束时匆匆提前退场”等，图像信息十分有力地证明了记者评述的道理。电视通过活动图像或照片定格的屏幕形象，使电视评论的论据比起报纸评论的论据更加真实形象与具体可信。

3. 你认为中国电视新闻评论节目存在哪些问题，请举例分析。（中国传媒大学2011年研）

答：(1)中国电视新闻评论节目目前存在的比较明显的问题

①同质化问题突出。从上世纪90年代开始，模仿中央电视台“实话实说”的谈话类节目

遍地开花，内容相当广泛，不少优秀栏目深受观众喜爱。但目前面临的最大困境，就是各台谈话节目彼此间模仿抄袭较为严重，创新不够，缺少精品。

②真实感有所丢失。原本应有的对“语言”规律本身的尊重，尤其是口头语言所传达的真实内容，以及所蕴含的真情实感和真实语境往往因照顾节目的“可视性”而受到冷落，削弱了语言真实、生动、自然的品格。

③无效沟通开始盛行。现场观众和嘉宾的谈话有时言不由衷，受制于人的感觉比较明显，缺乏纯真的语境和氛围。

④聚焦欠准、深度不够、缺少背景材料、虎头蛇尾等。

例如，即使是“焦点访谈”这样的名牌专栏，也存在模式单一、格式雷同的问题，有时给人的印象似乎是访多谈少，理性思考不足，引导力度不够。当年曾经盛极一时的“焦点访谈”如今也开始出现萎缩的趋势。

(2)从更高层面来审视，当前电视新闻评论的发展面临着三大困惑

①在当前社会环境下如何重新认识新闻，从表面看是评论的选题问题，实际上是评论的价值观和视角问题。

②在泛娱乐化的影响下，评论节目如何避免低俗化、边缘化和老化。

③评论节目如何突破原有的模式。

24.4.4　实务题

1. 根据所给材料(材料略)写一则报纸消息，为所写消息配发一篇3分钟左右的本台评论。(中国传媒大学2011年研)

答：参考示例：

依法促进“红头文件”规范化

依法促进“红头文件”规范化，这不仅仅是对自身政府形象的保护和珍惜，更体现了各级领导想民之所想的人本精神。

“红头文件”是专指行政机关针对不特定的公民和组织而制发的文件，这类文件对公众有约束力、涉及他们的权利和义务，也就是法律用语所称的行政法规、规章以外的其他具有普遍约束力的规范性文件。

众所周知，“红头文件”是行政机关实施法律法规、履行行政管理职能的一种重要载体和方式，传达着党和政府的声音，彰显着法制政府所具有的公开、公平与公正特性。

在过去较长一段时间内，中国的老百姓对“红头文件”可以说是情有独钟，将之视为政府送给民众的“定心丸”和“方向盘”，维护自身合法权益的“保护神”。比如，中央下发的“一号文件”连续六年锁定“三农”，就给老百姓带来了诸多看得见、摸得着的实惠。

但近年来，基层“红头文件”不规范、闹笑话，甚至违反法律规定的现象却时有发生。一些基层政府和部门之所以偏爱“红头文件”，无非是看中了“红头文件”的公信力和威慑力。

既然如此，在制定的过程中就更要严格执行规范性文件制定程序，并且加强对规范性文件的监督检查，坚决杜绝问题“红头文件”的出现。安徽省政府稳步推进“四级政府、三级备案”的规范性文件备案体制，并组织培训，积极倡导文件规范性。

规范性文件备案审查，着重审查规范性文件制文主体是否合法，文件内容是否违反

法律规定，文件执行主体是否超越法定职权，是否具有法定义务等方面，以合法性审查为主，同时兼顾适当性和对制定程序的审查，坚决纠正存在违法和明显不当问题的规范性文件。

这就相当于给文件制定者和文件执行主体一个法制和规范的“紧箍咒”，不仅能及时发现问题，还能起到很好的警示和防范作用。如此，方能使“红头文件”的发布科学规范、严肃公正，提升政府的形象和公信力。

（来源：中国共产党新闻网；作者：高福生）

2. 假如你是电视台的记者，为了报道该事件（材料略），写一条适合在镜头前表达的短评（150～300字）。（人大2015年研）

答：参考示例：

重视农村校车安全，已经是一个迫在眉睫的事，必须引起我们的高度重视。在农村，由于学校布局调整，大量撤并校，学生上学路途变远，校车的供给没有及时跟上。私人汽车、农用三轮车、摩托车充当校车。正规校车缺乏，造成“黑校车”泛滥，给孩子安全埋下了巨大隐患。悲恸之余，有关部门该拿出决心，负起责任，将事后的“积极善后”转变为事前的“无比重视”，增加校车配备，加强各个环节监管力度，莫让无辜的生命为一次次反思付出沉痛的代价。

3. 结合材料（材料略），写50字以内的电视消息（自拟标题）；并结合材料和自身所掌握的相关知识，写500字的电视新闻评论（自拟标题）。（浙工大2014年研）

答：（1）电视消息示例：

关注“城镇化中的不良倾向”

据悉，多地城镇化被房地产绑架，成了造城运动。历史街区、古建筑快速消亡，城镇化完全被盖新楼、建新区取代。

（2）电视新闻评论：

新型城镇化要加强古城保护

经过几十年的不断探索和实践，我国在古城保护方面取得了明显成效。但同时，随着社会经济的发展，特别是新型城镇化快速推进，在应对人口变迁、环境变化、经济调整等问题时，古城保护也面临巨大的压力和严峻的挑战。一方面存在拆古建新、拆真建假、破坏空间格局、改变山水脉络、过度商业开发、过多外迁居民等错误倾向；另一方面是缺乏对古城历史文化价值的深入研究，古城保护意识淡薄、保护理念不正确，造成了古城保护和利用的随意和无序，出现了简单化和趋同化的倾向。

城镇化进程中需注重古城保护，需将传承文化、保护历史记忆看作是城镇化整体布局的重要组成部分，使其成为实现城镇化发展目标的应有之意。

城镇化不能缺失文化之魂。一座城市的文化精神最终形成，必然有一个自上而下与自下而上结合及互动的过程，社会多元主体的参与及其与政府和市场关系的协调，是城市文化塑造过程中的一个新命题。对于城镇化的策划者来说，与其每个城市什么都想做，最后什么也没做好，还不如集中一点，发掘自己地方的优势，长期做下去，真正成为一个有特色文化的城市。具体来说，首先要制订富有特色和个性的城市规划。城市规划是一门大学问，讲究的是务实和保持个性。务实，意味着城市应当考虑客观条件和现实发展的需要，保持个性，就是要留住城市特有的“基因”，如地域环境、文化特色、建筑风格等。同时，维护好历史传承，留住城市的“命脉”，是保持城市特色的关键所在。城市的内在支撑点在于其特殊的环境，离开历史和文化，城市个性则无从谈起。而保护含有特殊文化遗产的古迹，无形中就留住了城市个性赖以存在的载体。

（来源：《山西日报》，2013-05-30；作者：郭艳；有改编）

第二十五章　网络新闻评论

25.1　复习笔记

【知识框架(庖丁解牛)】

- 网络新闻评论
  - 互联网催生网络新闻评论
  - 网络新闻评论的崛起
    - 优越性
    - 特点
      - 快速反应，网上热评
      - 公众参与，各抒己见
      - 由小见大，点到即止
    - 功能和作用
      - 配合党和政府的工作中心、重大部署
      - 围绕网上热门话题，释疑解惑，坚持导向
      - 开展有针对性的舆论斗争，澄清是非
      - 重大突发事件发生后，尽快披露事实真相
      - 把网上舆情跟踪、引导和有害信息处理结合
  - 网络新闻评论的特点与优势
    - 准确及时，快速反应
    - 旗帜鲜明，尖锐泼辣
    - 交互性强，穿透力大
    - 题材广泛，形式多样
  - 网络新闻评论的新拓展
    - 网报互动、网台互动，把网络新闻评论移植到传统媒体上
    - 博客、微博作为网络评论新形式，受到人们关注
  - 网络新闻评论的新课题
    - 责任意识欠缺，时有负面东西
    - 自产自销不够，质量有待提高
    - 缺乏自律自尊，热衷“群发”拼接
  - 微博网友言论：微博的定义、特点、影响、不足

【考点难点归纳(厚积薄发)】

考点：网络新闻评论　★★★

1. 网络新闻评论概述(见表 25-1)

表 25-1　网络新闻评论概述

要点	具体内容
含义	网络新闻评论是网民借助网站搭建的信息传播平台，就当前某重要新闻或某新闻事件进行议论和评述的文章
特点	包括：①快速反应，网上热评；②公众参与，各抒己见；③由小见大，点到即止
功能作用	①配合党和政府的工作中心、重大部署，开展正面引导。 ②释疑解惑，坚持导向。 ③开展有针对性的舆论斗争，澄清是非，掌握主动。 ④披露事实真相，以正视听，压缩谣言传播空间。 ⑤把网上舆情跟踪、引导和有害信息的处理紧密结合
优越性	及时把握社会的思想动向，敏锐地捕捉有倾向性、前瞻性的问题，研究分析其产生的缘由、发展趋势和社会影响，指出解决问题的方法
问题	①责任意识欠缺，时有负面东西。 ②自产自销不够，质量有待提高。 ③缺乏自律自尊，热衷“群发”拼接

2. 微博新闻评论(见表 25-2)

表 25-2　微博新闻评论

要点	具体内容
特点	①传播速度快，互动性强，个性更鲜明，写作更便捷。 ②注重新闻性，注重具体的事件与观点表达，使新闻与舆论融为一体。 ③具有很强的原创性、现场感、即时性
影响	①对社会话语空间的释放。 ②对传统媒体新闻评论的功能、内容与形式产生冲击
不足	微博的表达与传播是线性与曲线的交互和纠结，在实现表达的自由与便利的同时，难免也展示出表达的芜杂与隐忧

【考点拓展(触类旁通)】

网络评论专题(见表 25-3)

表 25-3　网络评论专题

要点	具体内容
概念	网络评论专题是以新闻网站为主体，经过选题、策划，综合各种资源，编辑制作的评论网页专题的形态。这是网站评论的一种重要和常用的形态。它比较充分地发挥了互联网聚合丰富资源的特点
特点	①一篇主体评论能够尽可能提供超链接的纵深扩展空间。 ②一篇主体评论不再是纸媒体的单篇评论，而是一个以评论为主体的丰富的、开放性的认识空间

25.2　课后习题详解

1. 网络新闻评论产生的社会背景和现实意义何在?

答：(1)网络新闻评论产生的社会背景

①20世纪人类最伟大的发明是互联网。互联网进入现代人们的生活后，不仅成为了一种工具，而且正在演化为一种政治。网络媒体的出现，揭开了人类文明发展史上新的一页。互联网是连接领导和网民的一个重要通道，是领导听取百姓意见的开放空间。中国网络媒体所显示出来的社会影响力、政治认可度、对重大事件的报道能力都清楚地表明，它已经成为中国的主流媒体之一。

②互联网出现以来，网络新闻以其及时性、丰富性、开放性、交互性和畅通性，吸引着越来越多的受众。它的发展速度之快，信息量之大，覆盖面之广，影响力之深，使传统媒体只能望其项背。

③网络以其极强的互动性，为公众的言论自由和表达自由提供了前所未有的空间。这一方面刺激了受众的表现欲和发言权，活跃了政治生活中的民主气氛；另一方面，也是对传统新闻评论的极大丰富和发展。正是在这样的时代背景下，网络新闻评论应运而生，而且呈蓬勃发展之势。

(2)网络新闻评论产生的现实意义

①网络评论和传统媒体的评论相比，有其不可替代的优越性。网络评论能及时把握社会的思想动向，敏锐地捕捉有倾向性的、有前瞻性的问题，研究分析其产生的缘由、发展趋势和社会影响，指出解决问题的方法，其最大特点就是快速反应，网上热评；公众参与，各抒己见；由小见大，点到即止。网络评论的迅猛发展，点击率的日益增长，既表明公众对话语权的珍惜，有强烈的参与意识，又说明网民已不再满足于从互联网上获取信息，还期望通过网络评论来得到对新闻事件的最新评价，从而提高自己的认知水平。

②网络评论的功能和作用显而易见，就目前而言，表现在这样几个方面：它可以配合党和政府的工作中心、重大部署，开展正面引导；可以围绕网上热门话题，组织有深度、有说服力的文章，释疑解惑，坚持导向；可以针对敌对势力的造谣、歪曲和攻击，开展有针对性的舆论斗争，澄清是非，掌握主动；可以在各种重大突发事件发生后，尽快披露事实真相，以正视听，把谣言传播的空间压缩到最低程度；此外，还可以把网上舆情跟踪、引导和有害信息的处理紧密结合起来。

随着时间的推移和实践的深化，网络评论在人们生活中的地位和影响，必然会越来越大。总之，网络评论的兴盛和发展，为不同人群对同一事件的坦陈己见提供更加便捷的平台，从而在帮助公众实现理想中的社会公器功能之一的“意见市场”功能上，大大前进了一步。

2. 网络新闻评论的显著特点是什么?

答：网络新闻评论的显著特点主要表现在以下方面：

(1)准确及时，快速反应。网络新闻的重要特点是快速及时，力求同步传递。网络评论同样如此，应以快速反应、先声夺人见长。网络评论的即时性不是以天计，而是以小时计，对国内外的各种有新闻价值的新闻即时发表评论，一般传送出1小时左右即可上网发表。今后这方面的时间要求会越来越高。

(2)旗帜鲜明，尖锐泼辣。网络新闻评论作为媒体的旗帜和灵魂，直接关系到媒体的社会影响、社会形象和诚信度。因此，评说世态万象，一定要旗帜鲜明、尖锐泼辣，不能吞吞吐吐、模棱两可。

(3)交互性强，穿透力大。网络评论拒绝任何形式的“话语霸权”，倡导自由探索，力主平等交流，为公众提供民主的讲坛，构建说话的平台。由于网络媒体交互性强，网上网下实行联动，与传统媒体往往要过一段时间才能了解受众的反应不同，它一般一在网上发布，就引来网民的评头论足，有人喝彩，有人反对，大家直抒胸臆，各陈己见，从而形成一种生动活泼的话语空间。

(4)题材广泛，形式多样。网络新闻评论涉及的问题十分广泛，大到国际国内重大事件，小到随地吐痰、小学生学业负担太重等社会问题，都可以引发议论。而且，切入的角度灵活多样，文章的风格也力求朴实、平易，充分注意到与普通的传播对象平等交流的关系。

网络评论还可以互相争鸣、互相探讨，针对同一题目也可以发表两种不同的意见，进行平等的、友好的讨论。网上的原创评论，还可以用漫画评论的形式来表达，同样能够做到别开生面，赢得很高的点击率。跟帖也是网络评论的一种形式，而且是一种短而精的评论。三言两语，随写随发，一针见血，一吐为快。

3. 近几年来网络新闻评论有哪些新的拓展？目前面临的主要课题有哪些？

答：(1)网报互动、网台互动是新闻传播领域的一个新事物，也是把网络新闻评论移植到传统媒体上的一大创造。这为传统媒体的评论注入了新的生机和活力，使其更有现实针对性，更有广泛的公众性。近几年网络新闻评论的新拓展主要表现在以下几个方面：

①网报互动、网台互动，把网络新闻评论移植到传统媒体上。网报互动、网台互动实现了报纸(电视台)对网络评论的资源共享，这既有利于调动网络评论员的积极性，也有利于进一步发挥网络评论的作用，扩大网站的影响。事实上，全国从中央到地方，不少网、报、台都有这方面的实践，都已取得骄人的业绩和创造新鲜的经验。

②博客、微博作为网络评论的一种崭新的表现形式，正越来越受到人们的关注。博客，是指上网者把包括日常生活、所思所想、时局信息等发布在自己的网络日志里，以引起网友的阅读兴趣。1998 年，世界上最早的个人“博客”网站——“德拉吉报道”率先捅出克林顿和莱温斯基的绯闻案，第一次向世人展示了“博客”的魅力。作为一种新兴的资讯载体，“博客”网站对公众的影响力越来越大。时下，不少网络评论作者都开放个人的“博客”网页，或把自己写的文稿收集进去，或随意发表自己对各种问题的看法和见解。“博客”“微博”这种新的评论形式正被越来越多的公众所认识，人们应积极而审慎地对待它。

(2)目前网络新闻评论面临的新课题

①责任意识欠缺，时有负面东西。网络的虚幻性和自由性使得人们在网上的言论有时可以不受社会规范的制约，加上互联网上管理不严、把关人缺失，也为一些虚假言论、不负责任甚至错误言论的横行提供便利，造成不良的社会影响。每一位网络评论作者，应该不断强化政治意识、大局意识、阵地意识和责任意识，应该自律、自尊、自爱，从而让网络新闻评论在反映公众诉求、通达社情民意，化解公众情绪方面，在推动整个社会走向健康、走向文明和谐的进程中，发挥积极的作用。

②自产自销不够，质量有待提高。现有网络新闻评论，自产自销不太稳定，多半还是刊载或转发传统媒体的评论，当然也有的直接利用链接方式将网友的评论送上网页。题材重复、写法老套的应景之作多，故弄玄虚、缺乏新意的表面文章多。网络评论一定要“严”字当头，在内容和形式这两个方面刻意求新，不断开拓，树立自己的权威优势，并最终打造自己的品牌，再发挥品牌效应，起到更好的舆论引导作用。

③缺乏自律自尊，热衷“群发”拼接。有的作者写好一篇网络评论，同时发向十几家媒体，搞“广种薄收”；还有的作者，常常采取一种“拼接”的复制法“写稿”；有个别作者，甚而将自己一年以前发表过的评论，拿来改头换面，轻易投给网站。

解决以上问题需要新闻评论者具有“铁肩担责任，热情铸文章”的志向、底蕴和胆识；要充分认清网络评论的综合性、渗透性、边缘化和易碎性的特点，少一点刻板和说教，多一点睿智和幽默，多运用“网络语言”，写出有深刻意义、能触及问题本质、为广大网民所欢迎和认同的文章。

4. 阅读2010年10月24日人民网播送的评论《依法理性表达爱国热情》(获第二十一届中国新闻奖新闻评论一等奖)(材料略)，试剖析它在选择论题、分析论证、布局谋篇和语言运用上有何显著特色?

答：网络新闻评论是网络媒体就当前新闻事件或事态发表的评价性意见。一篇好的网络评论能及时把握社会的思想动向，敏锐地捕捉有倾向性、有前瞻性的问题，研究分析其产生的缘由、发展趋势和社会影响，指出解决问题的方法。《依法理性表达爱国热情》就是一篇这样的优秀网络评论。

(1)选择论题

①《依法理性表达爱国热情》从“钓鱼岛事件”引发中国民众不理性的涉日游行入手，配合党和政府的工作中心、重大部署，开展正面引导。

②文章立意高远，作者准确把握社会的思想动向，旗帜鲜明、尖锐泼辣，疏导人们重新认识爱国热情。

(2)分析论证

①文章选择的是所有爱国的中国人民都关心的话题。通过引用领导人的讲话，来说明应坚持理性爱国，应怎样表达爱国之情。从国际关系、经济发展、大国风范等方面论证应该理性爱国的中心论点。

②论证有深度、有层次，感召力强，释疑解惑，坚持导向。

(3)布局谋篇

①文章开篇用中国外交部发言人的话引出主题，“我们主张，应当依法、理性表达爱国热情，对非理性、违反法规的行为是不赞成的。”紧接着用“钓鱼岛事件”引起受众的关注，肯定中国民众的爱国热情，这种做法很容易引起受众的共鸣。接着话锋一转，对民众的不理性行为进行反省：“在充分肯定大家爱国热情的同时，也要指出，怎样表达爱国之情、用什么方式表达爱国之情也至关重要。”然后从几个方面论证坚持理性爱国的必要性。

②文章层次清晰，一层一层地走向高处，引导着受众理解、接受。

(4)语言运用

本文没有华丽的辞藻，但是行文流畅，语言平易通俗，句句深入人心，很容易被人理解接受。此外，文章逻辑性很强，能够很好地引导读者思考。

25.3 考研真题与典型题

25.3.1 概念题

网络新闻评论、网络评论（湖南大学 2017 年研；上海交大 2012 年研；重庆工商大学 2009 年研）

25.3.2 简答题

1. 网络新闻评论有哪些主要特征和优势？（复旦大学 2010 年研）
2. 网络新闻评论对于传统新闻评论的发展。（暨南大学 2012 年研）
3. 网络评论有哪些表现形式？举例说明。（湖南大学 2016 年研）
4. 网络环境对评论写作有哪些影响？（湖南师大 2017 年研）
5. 网络评论与报纸评论主要有哪些区别？（山东师大 2015 年研）
6. 简述网络评论如何提高传播力和影响力。（暨南大学 2019 年研）

25.3.3 论述题

请结合实际论述网络新闻评论的发展现状及趋势。（中国传媒大学 2016 年研）

相关试题：举例说明网络新闻评论崛起的优势和其发展所面临的问题。（江西师大 2007 年研）

25.3.4 实务题

1. 结合案例，并结合网络知识版权、开放、共享，写一篇评论。（北大 2015 年研）

参考材料：

亚伦·斯沃茨（Aaron Swartz）是年少成名的计算机天才，著名社交网站 Reddit 联合创始人，web py 的设计者。

亚伦·斯沃茨亦是数字时代的罗宾汉，致力于网络信息开放，却因涉嫌非法侵入麻省理工学院（MIT）和 JSTOR（全称 Journal Storage，存储学术期刊的在线系统）被指控，将受到最高 35 年监禁和 100 万美元罚款的处罚。该案正在认罪辩诉阶段，而亚伦·斯沃茨却于 2013 年 1 月 11 日在其纽约布鲁克林的寓所内，用一根皮带上吊自杀，尸体随后被女友发现，年仅 26 岁。

(1)生平与工作

生平

1986年11月8日，亚伦·斯沃茨出生于芝加哥，其父罗伯特·斯沃茨是一名软件专家，母亲苏珊则是一个编织、缝纫和纤维材料艺术家。在一次访谈中他曾说："自我出生起就被计算机包围。在我出生前不久我们家就已经有了最早的Mac，因为我父亲经营着一家制造电脑运行系统的公司。我并不认为自己有什么特别厉害的计算机技能，我只是有一个很高的起点而已。"

工作

亚伦·斯沃茨对互联网世界的影响不可估量。12岁时，他写了第一个计算机程序，13岁时，因建造了一个非商业网站而赢得ArsDigita Prize奖。14岁时，他参与创造了RSS 1.0规格，并从那时起成为W3C RDF核心工作小组的成员，与约翰·格鲁伯(John Gruber)共同设计了Markdown排版语言，并参与了其他许多计划。亚伦曾在哈佛大学就读一年，之后以wiki平台为基础成立了Infogami软件公司，2000年，他用wiki技术开发了"theinfo"百科全书计划，2005年Infogami与Reddit合并，当时亚伦还不到20岁。

亚伦·斯沃茨是信仰网络自由的激进派分子，他成为反对美国政府禁止网络盗版法案的主要抗议者，在他看来，这个法案将导致大规模的互联网审查制度而使公众失去网络自由。2010年，亚伦沃茨设立了宣扬网络自由与隐私的"要求进步"(Demand Progress)组织，并成为该组织的灵魂人物，大力反对《禁止网络盗版法案》(SOPA)和《保护知识产权法案》(PIPA)。该组织通过电子邮件及其他媒体组织群众，针对特定议题向国会议员及其他意见领袖表达意见并施予压力。

(2)调查和起诉编辑

调查

亚伦·斯沃茨还是著名的黑客。2011年7月，美国麻省检察官控告亚伦电脑诈欺，因为亚伦攻击连接麻省理工学院网络上的一台电脑，并下载约400万份学术论文，检察官认为亚伦非法持有来自受保护电脑的资讯，且有意通过P2P网络散布，面临最高35年的牢狱之灾与100万美元的罚款。

亚伦·斯沃茨在一次集会上讲话

按照官方指控，亚伦进入JSTOR数据库时使用了假名"Gary Host"，缩写即为ghost(幽灵)。亚伦通过自己编写的脚本程序，使超过1300份期刊的每一期内容均一页一页地自动跳进他的电脑。理论上，他可以下载JSTOR数据库里的所有内容，从而把整座"仓库"都清空。

被捕后，亚伦在支付10万美元保释金后被释放，并把下载有数据的硬盘归还JSTOR，希望对方放弃起诉。在亚伦自杀的前两天，麻省检察官通知他的律师，如果不接受6个月刑拘的认罪协议，案件将于4月正式在波士顿开庭。

起诉

外界多半认为亚伦是受不了官司的压力才轻生，甚至将谩骂延伸至MIT，使得MIT校长下令调查该校于此案中所扮演的角色，但也有亚伦友人指出他平常即有忧郁症的倾向。而亚伦的家人却不认为他的自杀是出于个人原因："亚伦的死不仅是他的个人悲剧，而且是与充满恐吓、检察欺诈等犯罪审判体系斗争的惨烈结果。"

JSTOR案并不是亚伦第一次用自己的方式争取网络信息开放。2008年，他曾写了一个相似的程序以帮助大众免费从PACER（美国的公众电子法律文件资料库）下载联邦司法文书。当时美国政府曾立案调查此事，却并未因此将他送上法庭。

亚伦从未试图用自己的天赋为自己谋利，他所做的从来都只是为大众谋福利。作为Reddit的创始人，2006年Reddit被Condé Nast收购之后他曾赚了一大笔钱，但过得很不快乐。2006年，他在一篇博客中写道："我到被收购后的办公室工作的第一天就觉得受不了。午饭前我一直把自己锁在洗手间并哭泣不止。"在2007年的一次演讲中，他亦提到自己因为痛恨办公室生活而很快就被解雇，并罹患抑郁症，且有过自杀的念头。然而那时的他虽然不快乐，却因为那笔钱而依然能过衣食无忧的生活。直至JSTOR案发，他的积蓄面临被巨额罚款消耗一空的风险而使他压力剧增。

在朋友眼里亚伦是这样一个人："极富天分而有趣，是一个少年天才，亦是一个有灵魂和良心的人。"不像很多孤僻的天才。他拥有亲密的朋友和搭档，以及一个支持他、爱他的家庭。从Youtube上的视频来看，他亦是一个卓越的演讲家，站在台前，他总是充满自信而神采奕奕。

然而抑郁症就像一个幽灵，总是躲在阴暗处伺机向他伸出魔爪。他写在博客上的文字读来常让人心碎。在一篇名为"生病"的博客中亚伦写道："过去的几周我一直躺在床上，只能喝得下流质。这次，我又病了，而且是四种病——感冒、胃痛、偏头痛以及糟糕的心情一齐来袭。"他的母亲则说："我们一直知道他患有抑郁症，却从不知道他经历了如此多的痛苦。"

2. 请看《人民日报》记者采访深圳市2014年将要建设弃婴安全岛事件的材料，以人民日报微博评论员的身份拟写一条微评。（人大2014年研）

参考材料：

今年7月，针对建设婴儿安全岛问题，民政部发出通知，要求各地根据实际情况，扎实做好试点工作。

明年年初，深圳将建起广东省第一个"婴儿安全岛"，建安全岛是人道关怀，会不会鼓励遗弃？

一问：会否助长弃婴？

遗弃不可避免时更能保障安全

记者：建立安全岛，是否会造成变相地鼓励遗弃？

唐荣生：由于疾病、观念、性别等原因，弃婴的现象从未绝迹。对于弃婴行为，法律、制度等方面应该有相应的惩处，但就福利机构而言，面对弃婴行为的客观存在，与其伤害孩子，不如把孩子保护下来。

我们福利机构不会对弃婴者追究任何责任，只是希望能最大限度保障孩子的生命安全。设置安全岛也许改变不了遗弃的行为，但可以改变遗弃的结果。

孩子是父母的心头肉，不到万不得已肯定不会遗弃。安全岛不设摄像头，报警按钮也设置了延时功能，减少弃婴者的心理负担是必然的。但设置安全岛的目的就是希望在遗弃行为已经不可避免要发生的情况下，给无辜的孩子一个更能保障安全和健康的“避风塘”，而不是被遗弃在生命安全难以保证甚至无法生存的地方，因此并非客观上鼓励弃婴。

记者：深圳首个安全岛的筹备情况怎样？将如何发挥作用？

唐荣生：首个安全岛将设在深圳社会福利中心门外，由现有的保安亭改建而成，面积约 10 平方米。配置的设备包括婴儿保温箱、婴儿床、被动红外入侵探测器、空气清新器等，还将放置一些水、纸尿裤等用品，并定期更换。

安全岛设有延时报警按钮。弃婴者将孩子放入安全岛后，按动报警按钮，3 分钟后报警器会自动报警。工作人员就会第一时间赶去安全岛，将孩子送入更安全的区域，同时第一时间纳入收养程序。安全岛外要张挂“婴儿安全岛”标识。

二问：有何法律依据？

依据国际公约及国内法，保护儿童优先

记者：弃婴是不是一种犯罪？

唐荣生：弃婴是违法行为，区分两种情况：一是遗弃在能够得到救助的场所，其行为触犯了《刑法》第 261 条规定“对于年老、年幼、患病或者其他没有独立生活能力的人，负有扶养义务而拒绝扶养，情节恶劣的，处五年以下有期徒刑、拘役或者管制”，罪名为遗弃罪。二是遗弃在不能够得到救助的场所，其行为触犯了《刑法》第 232 条规定“故意杀人的，处死刑、无期徒刑或者十年以上有期徒刑；情节较轻的，处三年以上十年以下有期徒刑”，罪名为“故意杀人罪”。

记者：建专门为遗弃婴儿服务的安全岛，有法理上的依据吗？

唐荣生：首先依据生效的国际公约。我国加入的联合国《儿童权利公约》第 3 条第 1 款规定：“关于儿童的一切行动，不论是由公私社会福利机构、法院、行政当局或立法机构执行，均应以儿童的最大利益为一种首要考虑”。这说明，保护儿童是第一位的。惩罚成年人不以停止或削弱儿童保护措施为前提或条件。如果以“为犯罪提供便利”为由否定婴儿安全岛，实际上把儿童利益退居其次，认定反犯罪比保护儿童更重要。

同时，也依据国内法。父母遗弃亲生子女，就是不履行法定监护职责。根据儿童视角第一的法理，国家监护人此时应该出场保护被遗弃的儿童。

此外，安全岛“为犯罪提供便利”，这一说法也不成立。具有犯罪空间与提供犯罪便利二者性质完全不同。设立安全岛并无诱使犯罪的任何制度设计因素。

记者：安全岛不设摄像头，没有协同违法的问题吗？

唐荣生：安全岛不设摄像头与协同违法并无必然联系。不设置摄像头，旨在让送婴者解除心里顾虑，避免把成年人的顾虑直至伤害生命的消极举措与无辜的儿童捆绑一起，让社会人士认识到安全岛是比传统遗弃渠道更加安全、更加富有多重保障权益（如日后的医疗、康复、教育、就业、住房等服务)的儿童设施，并无反犯罪功能。

识别犯罪嫌疑人和侦破工作是公安机关的职责，与福利机构无关，福利机构并无义务和职权超出自身专业而设计反犯罪的设施设备，社会也不应该求全责备于福利机构。如果把反犯罪进展过多与嫌疑人可能利用的设施挂钩，进而否定保护儿童的设施，实际上是成人视角居先儿童视角，不仅有违法律精神，而且与高度的社会文明背道而驰。

三问：因为弃婴多发？

不是因为数量多，但的确需求更迫切

记者：深圳弃婴情况如何？是否频繁？

唐荣生：深圳市福利中心接收的弃婴，从2009年的每年200多人，到现在每年100人左右，总体上呈下降趋势。今年截至10月底，福利中心共接收弃婴92名。

不过，尽管福利中心接收弃婴数量近年来明显下降，但这并不包括未被发现、无法计数的弃婴。与此同时，一些影响恶劣的弃婴事件也时有发生。今年6月，一名男婴被遗弃在深圳南山区南光社区商业步行街的公厕里，时隔不到10天，深圳又一名出生不久的男婴被丢弃在了垃圾桶里，引起社会广泛关注。安全岛作为一个救助弃婴的“保底”设施，是希望能给这类群体提供一个可选择的方案，尽可能保全孩子的生命。

记者：目前福利院接收弃婴的来源是什么？为何会频频出现弃婴行为？

唐荣生：目前福利院接收的弃婴主要有两个来源。一是医院，父母在得知孩子存在先天性疾病等缺陷后，当即在医院将孩子遗弃。此外就是在天桥下等公共场所发现的弃婴。

但在实际中，安全岛接受的弃婴，极可能都是健全的孩子。这类婴儿被抛弃，大多因为出生后孩子的身份难以被社会认同，父母在茫然无助之下，才做出极端的行为，比如未婚妈妈。

深圳市宝安区检察院曾做过调查，5年来，深圳仅宝安区就发生了10起未婚妈妈杀婴案。该调查显示，社会地位低下及生存状态恶劣是未婚妈妈杀婴的根本原因。有观点认为，深圳移民城市的特性，也使得无人援手、求助无门成为悲剧产生的原因之一。因此，设置安全岛虽然不是因为深圳弃婴多，但深圳对安全岛的需求可能的确比其他城市更加迫切。

（对话人：吕绍刚　史维　深圳市福利中心主任　唐荣生）

25.4　考研真题与典型题详解

25.4.1　概念题

网络新闻评论、网络评论（湖南大学2017年研；上海交大2012年研；重庆工商大学2009年研）

答：网络新闻评论，即时评、政论，是网民借助网站搭建的信息传播平台，就当前某重要新闻或某新闻事件进行议论和评述的文章，每篇字数一般在五六百左右，也有的超过千字。网络新闻评论的特点包括：①快速反应，网上热评；②公众参与，各抒己见；③由小见大，点到即止。网络新闻评论的功能包括：①配合党和政府的工作中心、重大部署，开展正面引导；②释疑解惑，坚持导向；③开展有针对性的舆论斗争，澄清是非，掌握主动；④披露事实真相，以正视听，压缩谣言传播空间；⑤把网上舆情跟踪、引导和有害信息的处理紧密结合。网络新闻评论应及时把握社会的思想动向，敏锐地捕捉有倾向性、前瞻性的问题，研究分析其产生的缘由、发展趋势和社会影响，指出解决问题的方法。现阶段网络新闻评论的新课题主要有：①责任意识欠缺，时有负面东西；②自产自销不够，质量有待提高；③缺乏自律自尊，热衷“群发”拼接。

25.4.2　简答题

1. 网络新闻评论有哪些主要特征和优势？（复旦大学2010年研）

答：网络新闻评论，即时评、政论，是网民借助网站搭建的信息传播平台，就当前某重要新闻或某新闻事件进行议论和评述的文章，每篇字数一般在五六百左右，也有的超过千字。网络新闻评论的主要特征和优势如下：

（1）网络新闻评论的主要特征

包括：①快速反应，网上热评；②公众参与，各抒己见；③由小见大，点到即止。

（2）网络新闻评论的优势

①配合党和政府的工作中心、重大部署，开展正面引导；

②释疑解惑，坚持导向；

③开展有针对性的舆论斗争，澄清是非，掌握主动；

④披露事实真相，以正视听，压缩谣言传播空间；

⑤把网上舆情跟踪、引导和有害信息的处理紧密结合。

2. 网络新闻评论对于传统新闻评论的发展。（暨南大学2012年研）

答：网络新闻评论对传统新闻评论的发展主要体现在以下几个方面：普通受众的广泛和平等参与、言论空间的拓展、文本形式的创新。

（1）普通受众的广泛和平等的参与。从评论主体的角度来看，网络新闻评论可分为记者评论、专家学者评论和普通网民评论。评论主体的多元化，尤其是普通受众的广泛参与是网络新闻评论对传统新闻评论的一个重要发展。在网络虚拟社区中，人们隐去自己的真实地位和身份，依靠建立在逻辑和事实基础上的真理在网络上与他人平等交流。网络汇聚四面八方的声音，形成强大的舆论，影响政府决策，维护自身利益，推动社会进步。从这个角度来看，网络新闻评论对传统新闻评论的发展是革命性的。

（2）网络言论的拓展。网络评论使我国的言论空间得到极大的拓展，这是网络评论的另一个重要贡献。通过互联网，人们能够更加真实而且自由地表达自己的观点，对同一事物或现象的不同观点在网络上得以呈现并且交锋，使意见的多元化局面得以形成。尤其值得注意的是网络评论中批评性意见所占比例远远高于传统媒体，媒体的舆论监督功能在互联网空间得到更好的实现。网络能够为民意的充分表达提供一个平台，并能够容纳对同一事件的多种不同的声音，而这一进步与网络媒体在中国的兴起无疑有着直接的关系。

（3）文本形式的创新。网络评论虽然依然以文字为主，但其评论却出现新的交流方式和新的编辑组织形式。从网络新闻评论的发布平台的角度，可将网络新闻评论分为言论频道新闻评论、留言板跟帖和论坛评论。其中，言论频道的新闻评论基本上都是完整的评论文章，与报纸新闻评论并无本质区别，但留言板跟帖和论坛评论却是两种全新的评论形式，是网络新闻评论的特有品种。留言板是针对单条新闻所设置的交流与讨论平台，论坛则是针对社会某方面内容的交流与讨论平台。

网络评论在文本形式上的创新体现在言论频道新闻评论的编辑组织形式上。言论频道新闻评论利用网络的超链接功能，通过编辑点题的方式，进行议题设置，组织网民进行讨论；利用网络的超大容量功能，进行评论汇编，就某一热点讨论制作专题，为网友制作评论文集，建立评论数据库。

3. 网络评论有哪些表现形式？举例说明。（湖南大学2016年研）

答：网络评论是指在网络媒介上就新闻事件或当前事态发表的评价性意见。借助网络的优势，网络新闻评论已成为大众新闻评论的重要组成部分。目前，学术界对于网络评论的范畴尚处在探索阶段，对其表现形式的分类也有多种观点。具体而言，网络评论的表现形式有以下几种：

（1）按主体分。网络的评论形式按照评论的主体可以分为专家评论、编辑评论和网民评论。这些评论是不同类型的人对事件发表的看法。

①专家评论。这类评论一般是各行各业不同的人，针对自身所研究的专业领域发生的事情而发表的评论。其特点是专业性强且具有权威性，比如法律专家评论、军事评论。

②记者编辑评论。此类评论一般是新闻记者或新闻编辑在编写新闻之后发表的议论，此类评论多见于网络新闻的下方，极具时效性，多依附于新闻而发表。

③网民评论。这是一般民众，或者说非专业人士，对于某一事件发表的观点和看法。

（2）按载体分。按照网络评论的不同载体，网络评论的表现形式可以分为微信评论、微博评论、客户端评论、网站和网络论坛评论。

①微信评论。此类评论多随微信公众号推送，例如《中青评论》《红网红辣椒评论》《人民日报评论》，都是以微信订阅号为基础，向关注的人推送评论。此类评论，一般在固定的时间推送。

②微博评论。由于微博字数的限制，微博的评论一般适用于短评，语言精练、短小精悍。例如，“评论员杨禹”“新京报评论”等微博账号经常会推送时事评论。微博评论的特点是发表自由、推送自由，可以有良好的受众互动，但字数有限制。

③客户端评论。例如《人民日报》APP的时评版块，可以根据需要随时更新发表的评论，也可以转载。这类评论的特点是转载及时，更新及时。

④网站和论坛评论。此类评论多见于各类网站和网络论坛，网站评论如人民网的人民时评，凤凰网、中国网等也开设相应的评论栏目；论坛评论如天涯论坛的评论版块。

4. 网络环境对评论写作有哪些影响？（湖南师大2017年研）

答：网络环境对评论写作的影响主要包括三个方面：

（1）网络环境对评论风格的影响。网络传播的即时性、交互性，使成熟的网络评论作者更为重视交流性语言的使用。同时，互联网更为自由的表达环境丰富了评论的形式和语态，这表现在一些网络评论独特的节奏、结构和戏谑风格之中，还往往表现在通过戏仿经典作品而对新闻事件进行评论。这种纯粹形式层面上的写作追求，是为了增强其在网络传播中的能量，尽管它实际上接近于传统报刊的杂文创作手法。

（2）网络技术、资源对评论写作的影响。互联网丰富的资源和海量空间，以及特殊的超链接技术，给网络评论提供了这样一种可能：将评论文本与更多的网络资源（页面、音频、视频）相连接，从而拓展阅读空间，优化阅读效果。尤其值得注意的是，它利用了互联网的超文本链接功能，巧妙地把他人的作品和观点“编织”到自己的文本之中，其超链接的引文在文中安排得非常自然，一点也不影响行文的流畅。体现在文本中的链接点，往往并不是简单地利用别人作品的标题或引文，而是对他人观点进行提炼和概括。有时，一句话之间，已链接了两篇文章。

（3）网络人际环境对评论作者的影响。以往的评论写作实际上是单向传播、间接反馈的。写作的效果与传播的效果一般难以直接看到。互联网传播的即时性使评论作者直接面对无数匿名的读者和可能是毫不客气的批评。评论者在报刊上发表文章的那种精英意识会自然受到约束，其说话的口气会更有余地，更加考虑到批评和反驳。

5. 网络评论与报纸评论主要有哪些区别？（山东师大2015年研）

答：互联网出现以来，网络新闻以其及时性、丰富性、开放性、交互性和畅通性，吸引着越来越多的受众。它的发展速度之快，信息量之大，覆盖面之广，影响力之深，使传统媒体只能望其项背。网络以其极强的互动性，为公众的言论自由和表达自由提供了前所未有的空间。一方面刺激受众的表现欲和发言权，活跃政治生活中的民主气氛；另一方面，也是对传统新闻评论的极大丰富和发展。正是在这样的时代背景下，网络新闻评论应运而生，而且呈蓬勃发展之势。网络评论与报纸评论的区别体现在：

（1）评论主体。报纸评论的主体相对特定，一般是报纸特邀的各个领域的专家，或者是由报社编辑发表社评，而网络评论的主体则基本上是不特定的，门槛较低，可以说，只要有一台能联网的电脑，就是一个潜在的网络评论主体，当然在这其中我们应该注意到，网络评论在某些特定领域，具有与报纸评论一样的属性，最典型的就是各个大型门户网站的评论，这些门户网站可以说就是一张立体化的报纸，其中的评论文章有许多是出自行业专家之手，或是直接摘自报纸。

（2）传播手段。报纸评论是通过文字形成一篇独立、完整的文章发表在印刷媒介上，而网络评论则能够利用媒介优势，准确及时，快速反应。网络新闻的重要特点，是快速及时，力求同步传递。网络评论同样如此，应以快速反应、先声夺人见长。网络评论的即时性不是以天计，而是以小时计，对国内外的各种有新闻价值的新闻即时发表评论，一般传送出1小时左右即可上网发表。今后这方面的时间要求会越来越高。

（3）交互性。报纸评论主要是利用文字，但无法获得读者反馈。网络评论交互性强，穿透力大，拒绝任何形式的“话语霸权”，倡导自由探索，力主平等交流，为公众提供民主的讲坛，构建说话的平台。由于网络媒体交互性强，网上网下实行联动，与传统媒体往往要过一段时间才能了解受众的反应不同，它一般一在网上发布，就引来网民的评头论足，有人喝彩，有人反对，大家直抒胸臆，各陈己见，从而形成一种生动活泼的话语空间。

（4）公信力。公信力是报纸等传统媒体面对新兴网络媒体的强大冲击时打出的一张好牌。网络在我国的大发展，不过十几年的时间，退回到十年前，网络还是一种奢侈品。直到今天，虽然已经出现了几家较大的互联网公司，但是我们的互联网产业也还远没有到达成熟的地步，仍然在大踏步的发展。短暂的发展史和不成熟的发展现状，以及网络自身性质所带来的问题，使得网络评论的公信力并不够强大。

6. 简述网络评论如何提高传播力和影响力。（暨南大学2019年研）

答：网络评论是指在网络媒介上就新闻事件或当前事态发表的评价性意见。相较于传统媒体的新闻评论，网络评论具有时效性、互动性、动态性等特点，但同样也存在传播力和影响力相对薄弱的问题。在新媒体时代，网络评论若要提高传播力和影响力，需要做到以下几点：

(1)注重网络评论的写作

①一篇好的网络评论首先要选好评论由头，新闻评论是由新闻事实引发的，新闻事实是否值得评论，直接决定着评论写作的成败。评论由头要有针对性和现实意义，符合接近性、重要性、显著性、趣味性等新闻价值要素。

②网络评论的标题制作很重要。网络评论有它的特殊性，网上信息量巨大，网络评论很容易被淹没。一个吸引人的标题显得尤为重要。在标题的拟定中，要保证导向正确，观点鲜明、表达到位。好的网络评论的标题，不仅语言生动、观点鲜明，还应该让最有新闻价值的要素，如人物、地点、事件等有所体现。只有这样才能吸引网友阅读，也才有可能达到良好的传播效果。

(2)在准确真实的基础上求快

在新媒体环境下，信息传播比以往任何时候都更能体现先声夺人的特点，即谁先发出声音，谁就在传播上获得了首因效应。所以"快"是体现网络评论价值的关键要素。但是网络新闻评论在追求速度的同时，一定要建立在准确、真实的新闻事实基础之上。以假新闻作为评论由头，做评论论据，直接影响了网络评论的真实性、思想性和影响力。因此如果有条件，就要靠第一手资料写评论，避免虚假新闻评论。保证了网络评论的真实性，才能吸引更多的潜在网民去浏览阅读，也能够提高媒体的影响力和传播力。

(3)力求原创和独特，追求思想性

如今的网络新闻评论同质化现象严重。各大网站中，新闻都是转载而来，内容差不多，评论也几乎千篇一律。有些作者写的网络评论一稿几投，造成各大网站的评论趋于雷同，没有自身特色和个性。长此以往，也会削弱网络评论的影响力，流失网民的点击量。要想做出网站的特色来，就要透过相同的新闻事实、评论由头，阐述出独特的、有价值的观点，做到"言人之所未言，发他人所未发"。好的新闻评论应当锋芒毕露，有思想，有见解，有相当大的自由度。

(4)进行媒体融合，有效运用新形式

网络媒体虽然发展迅速，网民也日益扩大，但是在影响力、传播力上与传统媒体相距甚远。有效利用传统媒体的优势，可以极大的提高网络评论的影响力。如上海的东方网和党报《解放日报》合作，及时将该报理论版上《群众点题，专题回答》专栏内的文章在网上刊出，并把网民对理论文章的意见和出的题目反馈给报社。这样做，既扩大了东方网和《解放日报》理论宣传的影响，又有助于报社改进工作，使理论宣传更有针对性，更加贴近实际，更为生动活泼。这种与传统媒体的联合，能够实现资源的有效共享，既有利于调动网络评论员的积极性，也有利于进一步发挥网络评论的作用，扩大网站的影响。

25.4.3 论述题

请结合实际论述网络新闻评论的发展现状及趋势。(中国传媒大学2016年研)

相关试题：举例说明网络新闻评论崛起的优势和其发展所面临的问题。(江西师大2007年研)

答：网络新闻评论是指在网络媒体上就新发生的或还未发表但具有新闻价值的事实迅

速、及时进行评述，阐明道理，直接发表意见的文体。它包括网络媒体评论与网民新闻评论。网络媒体评论是传统新闻评论的延续，一般指网络媒体就某个重要的新闻事实或新闻事件发表的评论、意见或看法。网民新闻评论是网民借助网站搭建的信息传播平台，就当前某重要新闻或某新闻事件进行议论和评述的表达。

(1)网络新闻评论的发展现状

①网络媒体新闻评论的定位。网络上的新闻信息量之大是传统新闻媒体无法相比的。从传播的角度而言，当信息量增大到一定程度，接受传播的公众必然会对信息的排序和筛选提出要求，进而希望有人能对关键新闻信息，进行有说服力的、权威的分析和解释。另一方面，人们在互联网上获取信息的习惯也对网络媒体的舆论引导提出了新的要求。目前，国内不少网站充分利用网络媒介的优势，纷纷开设新闻评论栏目，明确栏目定位，打造评论品牌，将其发展成为自身的竞争力。例如，人民网提出“围绕舆论关注的焦点、民众关心的热点、党和政府工作的重点”的理念，建立《人民时评》栏目；东方网提出“天下大事，均可评论”的观点，建立《今日眉批》栏目；此外还有搜狐网的《在线时评》、千龙网的《千龙时评》等，网络新闻评论正在逐渐走向专业化。

②网络新闻评论的特点。网络新闻评论处于新闻评论和互联网的交汇点，它在传统媒体评论内容和形态上异化出自己的特点：

a. 准确及时，快速反应。网络评论以快速反应、先声夺人见长。网络新闻评论不受时间和版面等生产流程上的限制，对国内外的各种有新闻价值的新闻即时发表评论，迅速编辑发表，广泛传播开来。

b. 旗帜鲜明，尖锐泼辣。新闻评论作为新闻媒体的旗帜和灵魂，直接关系到其社会影响、社会形象和权威度。新闻评论要求旗帜鲜明，不能吞吞吐吐，模棱两可。网络新闻评论深受网络表达自由、开放、直白等特点的影响，很多网络新闻评论锋芒毕露，有思想、有见解，自由表达，语言风格尖锐泼辣、直击人心。

c. 交互性强，穿透力大。网络新闻评论倡导自由探索，拒绝“话语霸权”，力主平等交流，为公众提供民主的讲坛，构建说话的平台。例如，在“小凤雅之死”事件中，与传统媒体的受众反馈迟缓不同，由于网络媒体交互性强，线上线下联动，在事件伊始，网民们直抒胸臆、各陈己见，对案情的发展走向产生了重大影响。

d. 题材广泛，形式多样。网络新闻评论涉及的题材十分广泛，大到国事，小到民生，都可以引发议论，营造出广阔的讨论空间。同时，网络新闻评论切入的角度灵活，形式多种多样，文章风格也因人而异。

③网络新闻评论存在的问题。网络新闻评论作为传统新闻文体在互联网时代的新发展，是一种新生事物，在发展过程中还存在一些亟待解决的问题，主要表现为以下几方面：

a. 网络媒介优势没有充分发挥。网络新闻评论在较短的发展时间内构建了较好的形式和内容，但网络平台在新闻评论领域的优势还没有被充分挖掘，平台的整体运营情况还不够理想，形式较单一。很多网站评论频道从栏目设置到页面形式，都过于简单，个性不鲜明。网络新闻评论也没有借助网络媒介的多媒体优势完成问题突破，其表现形式较为单一，没有实现图文并茂、视听共赏的效果。

b. 传统媒介优势没有充分借鉴。新闻评论作为一种传统新闻文体，其历史由来已久，发展相对成熟，传统媒体树立已久的权威性和公信力已经深入人心。相比之下，网络新闻评论发展时间短、发展模式不完善，且网络环境中的虚假信息、过激评论很多，影响了人们对网络新闻评论的接受，甚至一些传统媒体旗下的新媒体也片面追求新媒体传播效果，反而抛弃了作为传统媒体所积累的媒介公信力，不利于自身发展。

c. 网络空间道德失范现象严重。人们在相对自由的网络空间容易失去自我约束力，在复杂多元的网络社会中，道德失范现象层出不穷。反映到网络新闻评论上，主要表现为网民因为网络的匿名性，在发布评论时畅所欲言、毫无顾忌，导致评论内容不适于公共传播，甚至出现具有煽动性和破坏性的言论。对此，网站管理者应当强化对网络新闻评论内容的审核和管理，做好正确的舆论引导。

d. 网民新闻评论理性不足。互联网的飞速发展为公众的言论自由和表达自由提供了更大的空间，但是由于网络媒介、网民的素质和水平差异较大，网上发布的文章或意见的内容质量良莠不齐。一些网络评论缺乏理性思考，或者情绪化严重，或者意见过于偏激，直接影响了发布媒体和网站的名誉，也污染了网络传播环境。

e. 网评人才数量不足、素质不高。精彩的新闻评论需要评论者对于新闻事件能够发布深刻、独特的见解，这要求新闻评论者具备一定的专业素质、巨大的知识储备、开阔的视野以及良好的书面表达能力。在此基础上，网络新闻评论还要求网评者具备互联网思维，对网络技术和网络表达特点相对熟悉，但现实中此类人才较为匮乏，也使得网络新闻评论的发展不尽如人意。

(2)网络新闻评论的发展趋势

①以网站原创评论为发展重心。当下网络评论作品同质化现象严重，随着网络媒体竞争日益激烈，突出网站原创将成为各大门户网站、新闻网站发展的重心。人们讨厌千篇一律的内容，因此只有网站原创评论夺得头筹，才能带动整个网络新闻评论版的关注度。新闻类网站应当以自己的新闻信息优势为基础，做好专业的新闻评论工作，而商业类网站可以将论坛、博客、微博、社交讨论组等作为阵地，以优质优良的采编团队为后盾，筛选出具有意见性的原创性言论。

②从“口述人”到“立言者”。网络新闻评论发展之初，作为一种传统文体在网上的延伸，往往是当重大新闻事件发生后，采写记者、编辑以口述人的姿态代表大众发声，形成意见。如今网络已经成为大众获知新闻信息最重要的渠道，网络媒体已经不再满足于复述新奇观点、夺人眼球，而是立稳所论，在众多信息中找准问题，把握发展趋势，争当舆论领袖。同时，随着近年网络新闻采编模式的逐渐成熟，从业人员在数量和质量上都有了极大的突破，使得网络评论以异军突起的态势得以与传统媒体争锋。

③页面设计上寻求突破，重视对采编队伍的培养。随着网络技术的发展，网络媒体将会重视网络新闻评论页面的设计，例如腾讯网“今日话题”栏目自开办以来，几年之内对其色调和整体布局都进行了大的调整，力求页面清晰条理、井然有序，更加符合受众的阅读习惯。此外，网络新闻的采编队伍将会得到重点培养，便于为网络新闻评论输送人才，促进该类栏目的长久发展。

④跨平台运营将会普及。微博、微信等社交平台日益兴起，成为人们获取信息的主要渠道之一。社交平台传播基于人们的社交关系网，呈现“病毒式”传播的特点。因此，为了

扩大网络新闻传播的影响力和受众覆盖率，网络媒体必将加强与各类社交平台的合作，鼓励、吸引人们在看完评论后直接分享到其他平台上，并发表各自的评论意见。这样的传播方式将会有效扩大舆论影响力，提高网评者和发布网站的知名度。

当下，我国网络新闻评论事业进入了发展的“快车道”，在前进的路上不会总是一帆风顺，有“阳光明媚的日子”，也会有“狂风暴雨的时候”。当这列引领新闻评论发展的“快车”能够平稳快速地向前运行时，将会对整个中国网络新闻事业的发展产生积极影响。

25.4.4 实务题

1. 结合案例(材料略)，并结合网络知识版权、开放、共享，写一篇评论。(北大2015年研)

答：参考示例：

网络资源要共享，知识产权需保护

亚伦·斯沃茨是一位信仰网络自由的激进分子，他成为反对美国政府禁止网络盗版法案的主要抗议者，在他看来，这一法案将导致大规模的互联网审查制度施行而使公众失去网络自由。2011年7月，美国麻省检察官控告亚伦电脑诈欺，因为亚伦攻击连接麻省理工学院网络上的一台电脑，并下载约400万份学术论文，检察官认为亚伦非法持有来自受保护电脑的资讯，且有意通过P2P网络散布，因此他将面临最高35年的牢狱之灾与100万美元的罚款。

网络的普及已成为不可逆转的趋势，人类越来越多的创造性智力成果将通过网络提供的平台实现共享，然而有关保护知识产权的法律却依然未将网络空间完全置于其管辖范围内，网络知识产权保护问题亟待解决。

知识产权又称智力成果权，是指自然人、法人以及非法人团体依法对其脑力劳动所产生的创造性智力成果所享有的权利。网络智力成果应该得到共享。随着我国民主化进程的推进以及互联网的不断发展，网络自由成为了一种新兴的表达自由的方式，其对促进言论自由的多元化发展起到了重大作用。因此我们必须有效地引导网络言论、对网络资源进行保护，并予以适当规制，从而保护公民、法人和其他组织的合法权益，维持和谐稳定的社会秩序。

网络资源共享是建立和增强社会信任的重点，可以及时有效地实现网络联动，多方位，多层次信息沟通，有利于信息公平，削弱信息垄断的程度。一方面要兼顾网络资源的共享，但这个前提也应该建立在知识产权的保护上。

亚伦的行为毫无疑问地侵犯了麻省理工学院的知识产权，尽管网络资源共享，网络自由成为了慷慨，然而，在创作人不允许的情况下，这样的共享实质上构成了掠夺和侵权，是对创作者的不尊重，是对他人智力劳动的亵渎。

网络空间是一个共享的平台，凡是上传至网络的内容只要不受特殊限制，一般均可以通过搜索引擎检索到，并可以提供下载服务，这一特性无疑加速了信息的传递，扩大了信息内容和覆盖范围，有利于知识财富的社会共享，促进同行业各单位共同发展。但是，网络的共享特性从法学角度上看，却在一定程度上对知识产权构成侵犯。

网络知识产权侵权行为集中在未经许可擅自上传、直接盗用、引用时不注明等现象中。许多人在网络提供的共享平台上获取资源是为了丰富自己的成果，这会不可避免地引用他人的成果，网络环境中的参考文献是共享的，所有网民均可检索并引用，关键在于网络参考文献的使用权限不明确，而多数网民未形成自觉的意识，在引用时不注明出处及作者，显然这属于对知识产权的侵犯。为了保护知识产权，我们需要从哪些方面努力呢？

首先，完善知识产权法。扩展知识产权法的管辖范围，将网络空间完全纳入其调控范围内，对知识产权法律条文加以完善，明确知识产权所有者、成果使用者之间的权利义务关系，对网络知识产权侵权行为进行界定，重构知识产权法体系，增强网络环境中知识产权法的法律效力。

其次，知识产权所有者应设置权限。知识产权法律应将现实世界与网络空间结合起来，明文规定知识产权所有者应在创造性智力成果诞生之日起为其设置权限，可设置为无条件共享、有条件共享、不允许共享等，没有声明权限设置的默认为允许网络共享和无条件引用，但必须在引用时注明以尊重知识产权。未经许可擅自上传视为侵权，可追究其法律责任，直接盗用或引用时不注明可遵照现实法律规定对当事人进行处罚。

最后，在合法使用的前提下允许网络共享。当前，网络空间发展迅速，未来人类的创造性智力成果趋于社会共享，我们不能因部分人对知识产权的侵犯而取缔网络共享。但是我们更应当重视网络时代的知识产权保护问题，必须将网络共享控制在合理的范围内，使网民通过合法的方式引用他人成果，同时让知识产权所有者获得应当的权益。

2. 请看《人民日报》记者采访深圳市 2014 年将要建设弃婴安全岛事件的材料（材料略），以人民日报微博评论员的身份拟写一条微评。（人大 2014 年研）

答：参考示例：

生命可贵，弃婴更需社会呵护。2014 年初，深圳将建成广东首个“婴儿安全岛”，通过国家干预为弃婴的生命“保底”。有民众质疑此举会变相鼓励弃婴行为，甚至有协同违法之嫌。这些质疑不无道理，但在弃婴行为客观存在的前提下，与其伤害，不如保护，婴儿安全岛需要社会更多的包容和检验。（134 字）

第二十六章　文艺性政论——杂文

26.1　复习笔记

【知识框架（庖丁解牛）】

- 文艺性政论——杂文
  - 杂文是一种文艺性政论：短小、锋利、隽永、内容广泛、形式多样
  - 杂文与新闻评论
    - 相同点
      - 都取材于现实生活，都有扶正祛邪的战斗功能
      - 都属于议论文
      - 都需要诉诸于逻辑的理性思考
    - 不同点
      - 杂文是形象思维与逻辑思维的有机结合
      - 杂文阐述政治观点时要有文学因素
      - 杂文应当含蓄而典雅，有独特的创意和风格
  - 杂文的主要特征
    - “感应神经”
    - 杂而有文
    - 旁征博引
    - 短小精悍
  - 杂文写作的基本要求
    - “砭痼弊常取类型”
    - 学会小题大做
    - 富于联想
    - 善用讽刺与幽默
    - 巧妙用典
    - 注意语言的生动有味

【考点难点归纳（厚积薄发）】

考点：杂文　★★★（见表26-1）

表26-1　杂文

要点	具体内容
定义	杂文是文学体裁之一，是一种直接而迅速地反映现实生活，有着兴利除弊、激浊扬清的战斗功能的文艺性政论。以短小、锋利、隽永为特点，内容广泛、形式多样
主要特征	包括：①“感应神经”；②杂而有文；③旁征博引；④短小精悍
写作要求	包括：①善于抓典型；②学会小题大做；③富于联想；④善用讽刺与幽默；⑤巧妙用典；⑥语言生动有味

续表

要点		具体内容
杂文与评论	相同点	①都取材于现实生活，都有扶正祛邪的战斗功能。 ②都属于议论文，都要对现实生活的种种现象作出科学分析，并阐明自己的观点。 ③都要诉诸理性思考，要注意调动逻辑的力量
	不同点	①杂文是形象思维与逻辑思维的有机结合。 ②杂文既要有鲜明的政治见解，又要有文艺的色彩和诗的语言。 ③杂文应含蓄而典雅，有独特的创意和风格。杂而有文，是杂文与一般政论的区别所在

26.2　课后习题详解

1. 什么叫杂文？它与新闻评论有何相同点与不同点？

答：(1)杂文是文学体裁之一，是一种直接而迅速地反映现实生活，有着兴利除弊、激浊扬清的战斗功能的文艺性政论。以短小、锋利、隽永为特点，是一种内容广泛、形式多样的战斗文体。

(2)杂文与新闻评论比较：

①杂文与新闻评论的相同点：

a. 都取材于现实生活，都有扶正祛邪的战斗功能。

b. 都属于议论文，都要对现实生活的种种现象作出科学分析，并阐明自己的观点。

c. 都需要诉诸逻辑的理性思考，要注意调动逻辑的力量。

②杂文与新闻评论的不同点：

a. 杂文是形象思维与逻辑思维的有机结合。

b. 杂文要有鲜明的政治见解，但它阐述政治观点的形式，又要有文艺的色彩和诗的语言。倘一篇杂文没有文学因素，缺乏一种独特的“味道”，就不称其为杂文。

c. 假物以彰之，寄物以托之，好的杂文应该含蓄而典雅，有独特的创意和风格。杂而有文，是杂文与一般政论的区别所在。

2. 杂文有哪些主要特点？

答：杂文的主要特点有：

(1)“感应神经”。战斗性是杂文的灵魂。杂文“有着时代的眉目”，是时代的“感应的神经”“攻守的手足”“作者的任务，是在对于有害的事物，立即给以反响或抗争”，杂文应该“是匕首，是投枪，能和读者一同杀出一条生存的血路的东西”。杂文的这种战斗功能可以使作者和社会现实脉搏息息相通、一起跳动。每当社会生活中出现新的变化，杂文总是率先出现，以快捷的速度、鲜明的风格，言简意赅地表达人们的思想和意见，加快事物发展的进程。

(2)杂而有文。杂文是一种文艺作品、有“文”的含义之一，即要有形象思维。入题和收煞要有艺术的构思，证明和反驳要机智而富有想象力，过渡和照应要有波有澜，语言要有庄有谐、有声有光。写好一篇杂文，必须将逻辑思维与形象思维结合起来。

(3)旁征博引。一篇出色的杂文，除要有深刻的思想、鲜明的观点、形象化的语言外，还应有丰富的知识。通过有趣的典故、巧妙的比喻、耐人寻味的幽默、辛辣的讽刺，“给人愉快和休息”。为达到这个目的，古往今来、天上人间、地方风习、街头即景、微观世界、历史典故……均可旁征博引，只要运用得当，把各种知识贯通起来，把各种现象联系起来，用以阐明观点，会使杂文增加色彩，增加说服力。

(4)短小精悍。杂文的短由其性能所决定。杂文的短和快，既是斗争形势的迫切需要向它提出的战斗化要求，也是杂文的艺术风格、艺术特点所固有的规律。为将宏大的题旨、丰富的思想熔铸其中，须在“精”字上下功夫。

3. 怎样理解杂文是“感应的神经”？

答：杂文是文学体裁之一，是一种直接而迅速地反映现实生活，有着兴利除弊、激浊扬清的战斗功能的文艺性政论。以短小、锋利、隽永为特点，是一种内容广泛、形式多样的战斗文体。之所以说杂文是“感应的神经”，是因为：

(1)战斗性是杂文的灵魂。抽去这个灵魂，杂文就不为杂文。鲁迅先生认为，杂文虽然“不敢说是诗史”，但它“有着时代的眉目”，是时代的“感应的神经”“攻守的手足”“作者的任务，是在对于有害的事物，立即给以反响或抗争”，杂文应该“是匕首，是投枪，能和读者一同杀出一条生存的血路的东西”。

(2)在高举中国特色主义伟大旗帜，为夺取全面建设小康社会新胜利而奋斗的今天，杂文的生命力，也同样首先在于它的战斗性。杂文的这种战斗功能可以使作者和社会现实脉搏息息相通、一起跳动。每当社会生活中出现新的变化，杂文总是率先出现，以快捷的速度、鲜明的风格，言简意赅地表达人们的思想和意见，加快事物发展的进程。

(3)杂文在针砭、批判一切妨碍、破坏现代化建设的思想和行为的同时，也满腔热情地讴歌褒扬一切推进现代化建设的新人、新事、新风尚。

4. 杂文的文学因素主要体现在哪里？

答：杂文的文学因素主要体现在以下几个方面：

(1)杂文写作要“砭痼弊常取类型”，抓住典型的人和事；要学会小题大做，大处着眼，小处入手；要富于联想。语言文字方面，要善用讽刺与幽默；巧妙用典，既要切题活用，又要推陈出新，既给人知识，又增加杂文的艺术色彩和说理力度；杂文的文学因素主要体现在杂文语言的生动有味。

(2)无论是说理浓重的杂文，还是抒情强烈的杂文，甚至是以知识趣味见长的杂文，都要注意语言的生动有味。

①杂文讲究语言锤炼，同一意思可能有完全不同的句子表达。

②文绉绉中突然杂以俚语，极深奥的道理却用大白话说出，长句短句，古文白话，信手拈来，能放能收。

③杂文要有自己特有的语言，要会说寓意深长的话，说有趣的话。

④杂文语言的特色，应该加上精练、简洁、含蓄、多彩等要求，还要善于把抽象化为形象，把生活中许多具体可感的、人所共知的现象联系起来，“假象取耦，以相譬喻”，把深奥的道理用浅显的事例说出，使妇孺皆知。

(3)好的杂文，应该有浑然天成、举重若轻的阅读效果，让读者既受到思想的启迪，又得到美的艺术享受。

5. 尝试写一篇1000字左右的杂文。

答：参考示例：

我看文化热

我们已经有了好几次文化热：第一次好像是在八五年，我正在海外留学，有朋友告诉我说，国内正在热着。到八八年我回国时，又赶上了第二次热。这两年又来了一次文化批评热，又名“人文精神的讨论”。看来文化热这种现象，和流行性感冒有某种近似之处。前两次热还有点正经，起码介绍了些国外社会科学的成果，最近这次很不行，主要是在发些牢骚：说社会对人文知识分子的态度不端正，知识分子自己也不端正；夫子曰，君子喻于义，小人喻于利，我们要向君子看齐——可能还说了些别的。但我以为，以上所述，就是文化批评热中多数议论的要点。在文化批评热里王朔被人臭骂，正如《水浒传》里郓城县都头插翅虎雷横在勾栏里遭人奚落：你这厮若识得子弟门庭时，狗头上生角！文化就是这种子弟门庭，决不容痞子插足。如此看来，文化是一种以自我为中心的价值观，还有点党同伐异的意思；但我不愿把别人想得太坏，所以就说，这次热的文化，乃是一种操守，要求大家洁身自好，不要受物欲的玷污。我们文化人就如唐僧，俗世的物欲就如一个母蝎子精，我们可不要受她的勾引，和那个妖女睡觉，丧了元阳，走了真精，此后不再是童男子，不配前往西天礼佛——这样胡扯下去，别人就会不承认我是文化人，取消我讨论文化问题的权利。我想要说的是，像这样热下去，我就要不知道文化是什么了。

我知道一种文化的定义是这样的：文化是一个社会里精神财富的积累，通过物质媒介（书籍、艺术品等等）传诸后世或向周围传播。根据这种观点，文化是创造性劳动的成果。现在正热着的观点却说，文化是种操守，是端正的态度，属伦理学范畴。我也不便说哪种观点更对。但就现在人们呼吁的“人文精神的回归”，我倒知道一个例子：文艺复兴。这虽是个历史时期，但现在还看得见、摸得着。为此我们可以前往佛罗伦萨，那里满街都是文艺复兴时期的建筑，这种建筑是种人文的成果。佛罗伦萨还有无数的画廊、博物馆，走进去就可以看见当时的作品——精妙绝伦，前无古人。由于这些人文的成果，才可以说有人文精神。倘若没有这些成果，佛罗伦萨的人空口说白话道：“我们这里有过一种人文精神”，别人不但不信，还要说他们是骗子。总而言之，所谓人文精神，应当是对某个时期全部人文成果的概括。

现在可以回过头去看看，为什么在中国，一说到文化，人们就往伦理道德方面去理解。我以为这是种历史的误会。众所周知，中国文化的最大成就，乃是孔孟开创的伦理学、道德哲学。这当然是种了不得的大成果，如其不然，别人也不会承认有我们这种文化。很不幸的是，这又造成了一种误会，以为文化即伦理道德，根本就忘了文化应该是多方面的成果——这是个很大的错误。不管怎么说，只有这么一种成果，文化显得单薄乏味。打个比方来说，文化好比是蔬菜，伦理道德是胡萝卜。说胡萝卜是蔬菜没错，说蔬菜是胡萝卜就有点不对头——这次文化热正说到这个地步，下一次就要说蔬菜是胡萝卜缨子，让我们彻底没菜吃。所以，我希望别再热了。

（来源：《晚报文萃》；作者：王小波）

26.3　考研真题与典型题

26.3.1　简答题

杂文的写作要求有哪些?

26.3.2　论述题

简述新闻评论与杂文的基本区别。(中国人民大学2005年研)

26.3.3　实务题

“古道西风瘦驴”?——以此为题，参照第十届全国青年歌手大赛的综合素质考试情况，写一篇短评或杂文，1000字左右。(中国社会科学院2003年研)

26.4　考研真题与典型题详解

26.4.1　简答题

杂文的写作要求有哪些?

答：杂文是文学体裁之一，是一种直接而迅速地反映现实生活，有着兴利除弊、激浊扬清的战斗功能的文艺性政论。以短小、锋利、隽永为特点，是一种内容广泛、形式多样的战斗文体。杂文的写作要求包括以下几点：

(1)“砭痼弊常取类型”。“砭痼弊常取类型”是指，批判错误的东西，要善于抓住典型的人和事。这是杂文写作的一个重要的方法。写杂文要善于“取类型”。这个“取类型”的过程，是杂文作者将逻辑思维与形象思维结合的过程，也是用极省俭的笔墨，抓取能够反映事物本质的一点一滴，放到杂文这台小小的显微镜下，进行解剖研究的过程。

(2)学会小题大做。学会小题大做，首先要做到取材要小。应当大处着眼，小处入手。要努力做到三“小”：题目小、角度小、口子小。“大做”是指并不去讲些人所共知的大道理，而要善于从小题目中分析出一些能给人以启发的新思想，能做到言有尽而意无穷则更好。

(3)富于联想。根据事物之间具有接近、相似或相对的特点，进行由此及彼、由表及里的思考，产生丰富的联想，有助于抓住事物的本质，触及问题的要害。

(4)善用讽刺与幽默。从某种意义上看，幽默也是一种讽刺，是一种含笑和轻松的讽刺。讽刺也常常伴有幽默。讽刺和幽默是智慧的表现。严密的逻辑，严肃的说理，辅之以讽刺和幽默，思想的力量就能施展得更加充分。两类不同性质的矛盾，运用讽刺和幽默的写法完全不同：①对于阶级敌人的讽刺，是嬉笑怒骂，皆成文章，但触到之处，必须是对手的致命伤；②对同盟者和自己队伍里同志的讽刺，不能用这个办法；解决人民内部矛盾，也可以运用讽刺和幽默，但这种讽刺，是热讽，而不是冷嘲。

(5)巧妙用典。典故运用得巧，能给人以知识，能增加杂文的艺术色彩，也能使杂文的说理更加有力。典故的内容很广泛，成语、寓言、谚语、中外历史故事，都属于典故的范畴。广义而言，名人格言、诗词歌赋、科学史话、异闻轶事等等，也可以当作典故来运用。巧用典故需注意以下方面：①典故可作为杂文的题目或篇名，成为借题发挥的由头；②典故，最要紧的是切题，确切是用典的第一要义；③用典故还要注意推陈出新；④在运用典故时，最重要的是把典故用活。

(6)注意语言的生动有味。杂文要有自己特有的语言，要会说寓意深长的话，说有趣的话。杂文语言的特色，除力求准确、鲜明、生动以外，还应该加上精练、简洁、含蓄、多彩等要求，还要善于把抽象化为形象，把生活中许多具体可感的、人所共知的现象联系起来。

26.4.2 论述题

简述新闻评论与杂文的基本区别。(中国人民大学2005年研)

答：新闻评论与杂文的基本区别，表现在二者的含义不同及各自特点的不同。

(1)新闻评论与杂文的含义

①新闻评论是针对现实生活中新近发生的、具有普遍意义的新闻事件和迫切需要解决的问题而发议论、讲道理，直接发表意见的文体。它包括社论(本台评论)、评论员文章、短评、编者按语、专栏评论、述评、杂感随笔、广播评论、电视评论等体裁，是报刊、通讯社、广播、电视等新闻媒介的评论文章(或节目)的总称。它是一种政论性的新闻体裁，是新闻宣传的一种重要手段。

②杂文是一种文学体裁，但又不同于一般的文艺作品，还具有政论的性质。杂文兼有文学和政论的特点，是介乎文学和政论之间的一种边缘体裁。杂文是一种特殊的政论，文艺性的政论。

(2)新闻评论的特点

①强烈的新闻性。主要表现在它所评论的对象，是当前重要的新闻事件和现实生活中需要解决的问题，它的内容具有迫切的现实意义。

②鲜明的政治性。主要表现在它针对那些具有政治意义的问题发言，围绕重要的政治事件以及在贯彻执行政策过程中的各种问题，进行实事求是的分析，阐明党的立场和主张。

③广泛的群众性。主要表现在它的内容为广大群众最关心和最感兴趣，是同人民群众的切身利益息息相关，又能反映人民群众的要求和呼声；它的论述方式也要考虑读者的特点，照顾他们的兴趣爱好和接受能力，为他们所喜闻乐见。新闻评论的群众性还要求新闻媒介尽量吸引广大群众关心评论工作，参加评论的写作。

(3)杂文的特点

①敏锐地反映现实斗争。主要表现为：杂文是“感应的神经”“攻守的手足”；杂文有坚定的立场，鲜明的态度；杂文和人民同呼吸共命运。

②锋利隽永的文风。主要表现为：“生动、活泼、有益，而且也能移人情”“砭痼弊常取类型”；内容与技巧并进。

③简洁多样的形式。主要表现为：简洁而有骨力；画眼睛，抓要害；可省处绝不硬添。

26.4.3 实务题

“古道西风瘦驴”？——以此为题，参照第十届全国青年歌手大赛的综合素质考试情况，写一篇短评或杂文，1000字左右。(中国社会科学院2003年研)

答：参考示例：

“古道西风瘦驴”和“起码要求”

5 月 15 日早上，刚刚在央视“东方之子”里看过对余秋雨的访谈，又在“青年话题”版读到一篇《“全面”要求是否是一种虐待》的妙文，话题都是关于日前进行的全国青年歌手电视大赛文化素质测试的。看了之后，忍不住想说几句。

马致远的《天净沙·秋思》，是许多稚齿小儿都会背的。但歌手将其中的“古道西风瘦马”背成“古道西风瘦驴”，弄得作为评委的余秋雨先生哭笑不得。余秋雨说，本来是想批评几句的，说说音韵知识，后来想想还是不说了。但这样的“错”，几乎错成了“经典”。当然，我们不应该苛责歌手，但如果为其辩护，认为这样的“考试”太残酷，要求太高太全面，则实在有点匪夷所思。那篇《“全面”要求是否是一种虐待》，就是这样一篇辩护词。

该文开篇问：“每每看到歌手们在评委设置的素质题面前，或手足无措或故作自信地出错时，我总在想一个事：这种要求全面发展的考核，是不是对人的一种虐待?”虐待可是一种违法犯罪行为，这些评委竟然设置题目在亿万观众面前公然“虐待”参赛歌手，那还得了！

文章说：“唱歌就是唱歌，只要歌喉动听，与‘全面素质’何干？我也想对评委和出题的人说，你们去唱唱!”看看，连“基础”与“专业”这两个不同的概念都没完全弄懂，就在这里大发高论了。不要忘了，评委里头大多是歌唱家，登台唱几句绝对没问题，那么你不如干脆说：余秋雨啊，你这个文化素质考题的评委，怎么不上台“美声”一把、“通俗”一把或者“民族”一把?

该文还说：“没有斯坦尼斯拉夫斯基，关汉卿也成了戏剧大师；不认识甲骨文，新凤霞一样唱好了评剧。”听这样的怪论，我忍不住就要想起张铁生的白卷，想起“我是中国人，何必学外文；不懂 ABC，照样做革命的接班人”的“名诗”。遥远的关汉卿当然不知道新近的斯坦尼斯拉夫斯基，但不要忘了他做过太医院尹，博学能文，会吟诗，懂篆刻，喜丝竹，不仅能编剧，而且能登台表演；不说新凤霞识不识得甲骨文，她确是文盲出身，但不要忘了她通过学习和努力，变成了一位作家，写出了数百万字的文章。

歌手参赛，那只占 1 分的文化素质题，大抵是“我国古代的四大发明是什么”的常识性题目，并不是出题人“掌握着话语权，出题目难人”。评委只要求你知道小学课本里 1 + 1 等于几的常识，而不是要求你知道歌德巴赫 1 + 1 的猜想怎么求证；只要求你知道“四大名旦”都是男的，而没要求你知道他们都演过哪些剧目、剧情如何。当然，你不知道也没有“关系”，只扣 1 分半分的，与 100 分的总分相比只是个零头。

这一切都说明，那些文化素质考题，只是“起码”要求，而非那篇妙文所说的“全面”要求，只是“常识”要求而非什么“高深”要求。这些起码的常识性知识的要求，其实并不是对于一个歌手、歌星的要求，更是对一个民族的全员的要求。